図説 現代心理学

[四訂版] 金城辰夫 監修　山上精次・藤岡新治・◯◯◯◯ 共編

培風館

執筆者一覧

〈 〉内は分担の章を示す。

金城 辰夫（きんじょう たつお）
専修大学名誉教授，文学博士
1953年 東京大学文学部卒，東京大学大学院人文科学研究科心理学専攻修士課程修了 〈0章〉

下斗米 淳（しもとまい あつし）
専修大学人間科学部教授，博士（文学）
1984年 学習院大学文学部卒，学習院大学大学院人文科学研究科心理学専攻博士課程修了 〈1章〉

藤岡 新治（ふじおか しんじ）
専修大学名誉教授，医学博士
1973年 専修大学文学部卒，中京大学大学院文学研究科心理学専攻修士課程修了 〈2章2・1～2・3〉

国里 愛彦（くにさと よしひこ）
専修大学人間科学部准教授，博士（医学）
2006年 群馬大学教育学部卒，広島大学大学院医歯薬学総合研究科創生医科学専攻博士課程修了
〈2章2・4～2・5〉

村松 励（むらまつ つとむ）
専修大学人間科学部教授
1974年 東京都立大学人文学部卒 〈2章2・6〉

山上 精次（やまがみ せいじ）
専修大学名誉教授
1972年 東京大学文学部卒，東京大学大学院人文科学研究科心理学専攻博士課程修了 〈3章〉

澤 幸祐（さわ こうすけ）
専修大学人間科学部教授，博士（心理学）
1996年 大阪大学人間科学部卒，関西学院大学文学研究科心理学専攻博士課程後期課程修了 〈4章〉

大久保 街亜（おおくぼ まちあ）
専修大学人間科学部教授
1994年 明治学院大学文学部卒，東京大学大学院人文社会系研究科博士課程修了 〈5章〉

中沢 仁（なかざわ ひとし）
専修大学人間科学部教授
1988年 東京大学教養学部卒，東京大学大学院人文科学研究科心理学専攻博士課程単位取得退学 〈6章〉

石金 浩史（いしかね ひろし）
専修大学人間科学部教授，博士（心理学）
1995年 東京大学文学部卒，東京大学大学院人文社会系研究科博士課程修了 〈7章〉

高砂 美樹（たかすな みき）
東京国際大学人間社会学部教授，学術博士
1984年 筑波大学人間学類卒，筑波大学大学院博士課程心理学研究科修了 〈コラム〉

本書の無断複写は，著作権法上での例外を除き，禁じられています。
本書を複写される場合は，その都度当社の許諾を得てください。

はしがき

　本書は，心理学に初めて接する学生ならびに一般の読者を対象として，その分野の知識の内容と，それらがどのような研究を通じて得られたかを，ヴィジュアルに理解できるように，図や表などを多用して解説したものである。

　心理学は，かつては哲学の中に含まれていたが，人間性の理解を目指す生物科学や社会科学や人文科学の進展とあいまって，〈心〉と呼ばれるものについても，深く思索をめぐらすだけにとどまらず，実証的に，できれば科学的な方式にしたがって調べてゆこうとする気運が高まり，そうした趨勢を背景にして，19世紀半ばを過ぎて やっと1つの独立した分野として成立することになった学問である。しかしその後は，心的機能や心的過程についてさまざまな理論的考察が試みられ，また，それらを検討するためのアプローチの手法が考案されたり，各方面から導入されたりして，この分野の展開は急速に進むことになった。そして現代の心理学は，おそらくは人間性理解にとって欠くことのできない知識を，広範囲にわたって数多く蓄積しつつある段階にまで達してきている。もちろん，そこでの諸知識は，けして十全ではないし，また確実とまではいい切れない面をもつが，一般からの強い興味と関心が向けられているなかで，現段階での諸成果を開陳することは，それなりの意義をもつといえよう。

　心理学は，その成立の経緯から察せられるように，理論的な説明を別にすれば，多くの場合，研究の成果を，各種のイラストレーションを用いて，あるいはそれを付けて発表してきている。したがって，その知識を解説するに際しても，図や表などを用いて伝達を行うのに適した分野である，ということができる。加えて，学生諸氏や若い読者諸氏は，従来の活字的情報からよりは，テレビなどの映像的なメディアを通じて種々の知識を理解し吸収することになじんでいると思われる。したがって，伝達にあたっては，若い世代向きの形式が当然好ましいであろう。しかしながら，伝達の場にヴィデオやスライドを映写する設備や機器が整えられているとは限らないし，また，たとえそれらが利用可能であったとしても，後にそこで示されたものを確認してみる必要は残るであろう。それらの点を考慮して，本書では，いわゆる「目で見る」的な図説の形式がとられている。

　心理学は，〈心〉に関する多方面からのアプローチの合流として形成されてきた分野である。したがって，内容的に，ひとりの筆者ですべての領域をカバーすることは，とうていかなわぬことである。そこで，それぞれの領域の特殊講義を専修大学で担当しておられる諸先生のご協力を得て，本書の内容の充実をはかることとした。紙数に制約があるので，文章的な説明はやや簡略化されてはいるが，それを補うだけの図や表などが豊富に盛り込まれている。また，相互連関する事項には，できるだけ参照マークを付けるように心掛けたので，それによっても理解は助けられるであろう。なお，図・表等については，たくさんの原書・訳書・解説書などから引用をさせていただいているが，その出典はすべて巻末に明記してある。

　最後に，本書のような形式のものを快くお引受け下さった培風館と，短時日の間に多数の図や表などを然るべくレイアウトされるのに惜しみないご尽力をして下さった後藤昌之編集部長を初め編集部の方々に，深謝の意を表する次第である。

1990年3月

　　　　　　　　　　　　　　　　　　　　　　　　　　　　　　　　金城　辰夫　記

改訂にあたって

　前版との大きな違いは，まず，白黒刷りであったものが緑色を加えた2色刷りになったことである。これによって，図や表の中の差別化がより明瞭になり，それを通じて内容上の理解もより容易になるのではないか，と思われる。さらに，各章の末尾には，それぞれの章の中で取り上げられた内容を箇条書的に整理し，他の章で参照できるものについても触れた「まとめ」を追加付記した。これによって，その章で何を学習したかが再確認できるであろうし，他の章との関連をも知ることができるのではないか，と思われる。

　また，内容面では，4つのトピック的なコラム記事を1章・4章・5章・6章の後に挿入追加して，章内では取り上げきれなかった内容についての補充を行ってみた。さらに，2章のパーソナリティの節では，新たに'ユング'の考え方の解説を加えてある。そして，3章では，近年発展してきている'自己過程'研究の成果についての解説の節を，新たに追加補充して設けた。これらによって，前版より，いくらかではあるが幅広く充実した知識が得られるのではないか，と思われる。なお，そのほか，適切さを考えて図あるいは表の削除と補填を行った箇所があるし，1章では'情動'を概念の広さと解りやすさに基づいて'感情'としてみた。

　最後に，改訂版の製作にあたって，貴重なご意見を下さり，また執筆者を督励下さり，編集をすすめて下さった培風館編集部顧問の後藤昌之氏に心からの謝意を表します。

1996年3月

　　　　　　　　　　　　　　　　　　　　　　　　　　　　金城　辰夫　記

三訂にあたって

　初版が1990年に発行され，6年後に改訂版(1996年)が発行されている。それからすると三訂版はもっと早く発行されて良かったはずである。しかし，この間，初版，改訂版の編集をなさった金城辰夫先生が，大学を定年退職され，編集が山上・藤岡に引き継がれた結果，慣れない作業にとまどい，大幅に発行が遅れることになってしまった。やっと発行にこぎつけ，今，安堵の胸をなでおろしているところである。

　三訂版の編集方針は，初版からの方針である「目で見る的な図説の形式」，すなわち，見開きのページの半分は文章，半分は図表とすることを継承し，「社会的な心理現象→個人的，個別的心理現象→基礎心理学」の流れにそって章立てをし，編集を行った。そして，大学・短大の教科書として使用されることを想定し，オーソドックスな内容にし，できるだけ最新の情報をわかりやすく記載することを目指した。ご使用をしていただいて，不備な点などお気づきになられたことがあれば，是非ご指摘いただきたい。今後の改訂に際し，活かしていきたいと思っている。

　三訂版では執筆者が，大幅に入れ替わることとなり，内容も新しいものに書き換えられている。新執筆者は，三訂版の編集会議を行った当時，専修大学で心理学関係の講義を受け持っていた先生方であり，ご協力をお願いし，快く引き受けていただき感謝している。

　最後に，本書の編集会議から上梓まで約2年半を要することとなった。その間，粘り強く執筆を促し，本書の出版にご尽力いただいた編集部の近藤妙子氏に，感謝の意を表する次第である。

2006年1月

編　者　記

四訂にあたって

　2006年の三訂版の後，10年の年月を経て，ここにようやく四訂版を上梓することができた。四訂版でも，専修大学で心理学関係の講義を担当している先生方を中心に執筆をお願いした。この10年間に，専修大学では学部の再編や日本心理学会第76回大会の主催など，大きなイベントが重なり，改訂のタイミングが遅れたが，結果としては，その間の心理学にみられた新しい展開を織り込むことができ，また気鋭の若手中堅の研究者を新たに執筆者に迎えることができた。

　四訂版では，学術会議による「大学教育の分野別質保証のための教育課程編成上の参照基準（心理学分野）」（2014年）において，教養教育として心理学で学ぶべき素養や学習を深めるべき点として挙げられている次の4点を強く意識した「部」構造を新たに導入した（括弧内が学術会議による参照基準）。

　　第Ⅰ部　心理学の社会的役割（心理学の社会的役割）
　　第Ⅱ部　心と行動の発生と展開（心と行動の多様性と可塑性）
　　第Ⅲ部　心と行動の普遍性（心と行動の普遍性）
　　第Ⅳ部　心のはたらきとしくみ（心のはたらきとは何か）

　章立てを学術会議の参照基準と対応付けたことにより，各大学において教養心理学科目のラーニング・アウトカムズやルーブリックの作成が容易に行えるようになった。

　また四訂版では，各章の最後に，それぞれの章の内容に関連して，心理学史上重要な役割を果たした心理学者のエピソードをコラムとして入れた。心理学の横（領域）の広がりに加えて，縦（歴史）の奥行の深さを学び，感じてもらえるものと期待している。

　その他，四訂版では，下に示した培風館のホームページへアクセスすることによって，紙幅の制約によって割愛せざるを得なかった図や動画などの資料を閲覧，ダウンロードできるようにした。また本書を教科書として使用されている先生方や，心理学を学ぶ学生の皆さんからのご意見やご要望に応じて，補足的な説明資料などを随時下記ホームページにアップロードすることになっている。

　最後になったが，培風館の近藤妙子氏には，企画の第1段階から本日に至るまで，言葉に尽くせないほどお世話になった。編者，執筆者一同，心から感謝申し上げたいと思う。

2016年1月

編　者　記

培風館のホームページ
　http://www.baifukan.co.jp/shoseki/kanren.html
から，カラー図版，動画，補足解説などにアクセスできるようになっている。参考にして有効に活用していただきたい。

目　次

0. 心理学とは —————————————————————————[1〜4]
- 0・1　心理学の対象と方法 ……………………………………………… 1
- 0・2　心理学の諸領域 …………………………………………………… 2

I部　心理学の社会的役割

1. 社会的行動（社会心理学）————————————————————[5〜34]
- 1・1　社会的存在としての自己 ………………………………………… 5
    - 1・1・1　自己の形成　5
    - 1・1・2　自己確証過程　6
    - 1・1・3　アイデンティティ　8
- 1・2　社会的行動の個人基盤 …………………………………………… 8
    - 1・2・1　認知の社会的側面　8
    - 1・2・2　対人認知　8
    - 1・2・3　対人関係認知　10
- 1・3　個人間の社会的影響 ……………………………………………… 12
    - 1・3・1　非言語的コミュニケーション　12
    - 1・3・2　説得的コミュニケーション　14
    - 1・3・3　自己開示と自己呈示　16
- 1・4　対人関係の形成と親密化 ………………………………………… 18
    - 1・4・1　対人魅力　18
    - 1・4・2　親密化過程　20
    - 1・4・3　親密化機序　20
    - 1・4・4　社会的痛み　22
- 1・5　集団構造化 ………………………………………………………… 22
    - 1・5・1　コミュニケーション・ネットワーク　22
    - 1・5・2　リーダーシップ　24
    - 1・5・3　社会的ジレンマ　26
- 1・6　集団内の社会的影響 ……………………………………………… 26
    - 1・6・1　集団内パフォーマンス　26
    - 1・6・2　集団意思決定　28
- 1・7　集合現象 …………………………………………………………… 30
    - 1・7・1　群衆行動　30
    - 1・7・2　普及と流行　30
    - 1・7・3　マス・コミュニケーション　30

2. パーソナリティと適応（臨床心理学）———————————————[35〜70]
- 2・1　パーソナリティ …………………………………………………… 35
    - 2・1・1　パーソナリティの理論　35
    - 2・1・2　パーソナリティの記述　38
- 2・2　心理アセスメント ………………………………………………… 42
    - 2・2・1　パーソナリティ理解の方法　42
    - 2・2・2　心理テストについて　42
    - 2・2・3　心理テストの標準化　42
    - 2・2・4　パーソナリティ検査　44
    - 2・2・5　知能検査　46

2・3 適　応 50
　　2・3・1 適応の多様な側面　50　　　　　2・3・4 ストレスと反応　52
　　2・3・2 フラストレーションと反応　50　2・3・5 防衛機制　54
　　2・3・3 コンフリクトと反応　52
2・4 不適応の問題 56
　　2・4・1 発達期に生じる心理的問題　56　　　強迫症　60
　　2・4・2 統合失調症スペクトラム障害　58　2・4・5 摂食障害　60
　　2・4・3 うつ病と双極性障害　58　　　　2・4・6 パーソナリティ障害　60
　　2・4・4 不安症，心的外傷後ストレス障害，2・4・7 不登校とひきこもり　61
2・5 心理的援助（心理的介入） 61
　　2・5・1 クライエント中心療法　62　　　2・5・4 遊戯療法　64
　　2・5・2 精神分析療法　62　　　　　　　2・5・5 家族療法　64
　　2・5・3 行動療法と認知行動療法　63　　2・5・6 日本の文化に合った心理的援助　64
2・6 非行・犯罪 65
　　2・6・1 少年非行　66　　　　　　　　　2・6・3 非行の類型　66
　　2・6・2 非行・犯罪の研究方法　66　　　2・6・4 非行の促進要因と抑止要因　68

II部　心と行動の発生と展開

3. 成熟と成長（発達心理学）———————————————[71～100]

3・1 発達とは何か 71
　　3・1・1 研究対象　71　　　　　　　　　3・1・2 研究方法　72
3・2 遺伝と環境 74
　　3・2・1 家系研究　74　　　　　　　　　3・2・5 初期経験とは何か　80
　　3・2・2 養子研究　76　　　　　　　　　3・2・6 刻印づけ（インプリンティング）　80
　　3・2・3 双生児法　76　　　　　　　　　3・2・7 エピジェネティックス　82
　　3・2・4 運動発達における成熟と学習　78
3・3 認知の発達 82
　　3・3・1 知覚の初期発達　82　　　　　　3・3・2 初期学習　86
3・4 言語と知能の発達 88
　　3・4・1 言語の発達　88　　　　　　　　3・4・2 知能の発達　90
3・5 社会的発達 92
　　3・5・1 社会化と母子相互作用　92　　　3・5・4 エリクソンの発達説　96
　　3・5・2 愛着の形成　94　　　　　　　　3・5・5 道徳観の発達　96
　　3・5・3 遊びの発達　94

4. 学習と動機づけ・情動（行動心理学）————————————[101～125]

4・1 学　習 101
　　4・1・1 同一刺激に対する学習　102　　　4・1・3 道具的条件づけ　108
　　4・1・2 古典的条件づけ　102　　　　　　4・1・4 社会的学習　114
4・2 情動・動機づけ 114

4・2・1	動機づけの基礎 114	4・2・5	情動の由来 118
4・2・2	動機づけの種類 114	4・2・6	情動と認知 119
4・2・3	動機づけの理論 116	4・2・7	情動の種類と表出 120
4・2・4	動機づけの阻害 118	4・2・8	情動・動機づけと健康 121

III部　心と行動の普遍性

5. 記憶・言語・思考（認知心理学1） ―――――――――――――[125～154]

5・1 記　憶 ·· 125
- 5・1・1　記憶とは何か　125
- 5・1・2　記憶を調べる　126
- 5・1・3　記憶を分類する　126
- 5・1・4　長期記憶の特徴　130
- 5・1・5　記憶の忘却と変容　132
- 5・1・6　知識の表現　134
- 5・1・7　日常の記憶　136

5・2 言　語 ·· 138
- 5・2・1　言語とは何か　138
- 5・2・2　単語の理解　139
- 5・2・3　文の理解　140
- 5・2・4　言語の産出　142
- 5・2・5　コミュニケーションとしての言語　142

5・3 思　考 ·· 144
- 5・3・1　思考とは何か　144
- 5・3・2　問題解決　144
- 5・3・3　推　論　146
- 5・3・4　意思決定と判断　148

IV部　心のはたらきとしくみ

6. 感覚・知覚（認知心理学2） ―――――――――――――――[153～180]

6・1 感覚と知覚 ·· 153
- 6・1・1　刺激から感覚・知覚へ　153
- 6・1・2　感覚・知覚系の分類　154

6・2 感覚的機能 ·· 154
- 6・2・1　刺激の感受　154
- 6・2・2　刺激の次元と感覚の次元　156
- 6・2・3　感覚機能の時間的変化　160
- 6・2・4　刺激間の時空間的影響　160

6・3 知　覚 ·· 162
- 6・3・1　知覚の恒常性　162
- 6・3・2　図と地の知覚　164
- 6・3・3　群化知覚　166
- 6・3・4　幾何学的錯視　166
- 6・3・5　主観的輪郭　166
- 6・3・6　音像の分離知覚　166
- 6・3・7　知覚的補完　166
- 6・3・8　知覚における文脈の効果　168

6・4 顔の知覚（視覚） ·· 168

6・5 空間知覚と定位（位置の知覚） ·· 169
- 6・5・1　奥行きと距離の知覚　169
- 6・5・2　視覚における物体の運動の知覚　172
- 6・5・3　音源の定位　174
- 6・5・4　嗅覚における定位　174
- 6・5・5　触覚における物体知覚と空間的定位　176

6・6 能動的な知覚 ·· 178

7. 心的活動の生理学的基礎（生理心理学） [179〜201]

7・1 ニューロン ... 179
- 7・1・1 ニューロンの構造　179
- 7・1・2 ニューロンの機能　179
- 7・1・3 ニューロン活動の調べ方　181

7・2 神経系の区分と構造 ... 182
- 7・2・1 脳　182
- 7・2・2 末梢神経系　184

7・3 脳の非侵襲的測定 ... 185
- 7・3・1 構造的測定（CTスキャン, MRI）　185
- 7・3・2 機能的脳イメージング　185
- 7・3・3 脳波　186

7・4 知覚と神経機構 ... 186
- 7・4・1 初期過程　188
- 7・4・2 特徴抽出　188
- 7・4・3 背側路と腹側路　188

7・5 記憶と神経機構 ... 190
- 7・5・1 脳損傷部位と記憶障害　190
- 7・5・2 記憶に関連する脳領域とメカニズム　192

7・6 情動と神経機構 ... 192
- 7・6・1 大脳辺縁系による評価　192
- 7・6・2 視床下部および脳幹による身体反応の喚起　192
- 7・6・3 前頭葉による制御　192
- 7・6・4 情動と記憶　194

7・7 前頭葉 ... 194
- 7・7・1 前頭葉の損傷と人格変化　194
- 7・7・2 前頭前野の機能　194

7・8 睡眠 ... 194
- 7・8・1 レム睡眠とノンレム睡眠　194
- 7・8・2 睡眠の機能　196
- 7・8・3 概日リズムの中枢と睡眠　196

7・9 脳の側性化 ... 196
- 7・9・1 失語症と言語野　196
- 7・9・2 分離脳患者の研究　196

図・表の出典 ... 202

索引 ... 207

コラム
1. ジェームズ ... 33
2. フロイト ... 69
3. ピアジェ ... 100
4. ワトソン ... 123
5. ヴェルトハイマーとゲシュタルト心理学者たち ... 151
6. エビングハウス ... 178
7. ヴント ... 200

心理学とは

　心理学は，ひとことでいうならば，〈心〉を科学的に研究する学問分野である。したがって，物理学が物質界のことを科学的に研究し，生理学が生体・身体界のことを科学的に研究している，という場合にかなり近いことになり，対象が〈心〉であるところだけが違うことになる。しかし，心と呼ばれるものが，物質や身体のようには対象化・客観化しにくい面をもっているために，つまり，各個人の内側にあるものとして主観的に体験される性質をももっているために，それを客観的・実証的・科学的に研究しようとする動きがでてきたのは，やっと19世紀に入ってからのことである（章末コラム記事参照）。

　では，心とは何かということになる。主観的あるいは体験的にみると，私の心は，何かを感じたり，想像したり，考えたりするし，何かを欲したり，意思したりするし，ときには動揺したりもする。こうしたことを，われわれは誰でもある程度意識することができる。そこでまず，この〈意識〉そのものが〈心〉であると考えられた。この考えに従えば，個人的に自分の意識を調べれば，あるいは深く意識すれば，心を知ることができるようになるであろう。

　しかしながら，やがて，自分のある〈意識〉を別の意識をもちながら分析すること自体がたいへんな困難をともなううえに，意識に現れるものだけでは，心と呼ばれる何かの全体を知るには不十分なことが明らかになった。すなわち，何かを感じ，考えるというときに，意識に現れうるのは，感じ・考えた何かのことであって，そこにいたるまでの〈心の過程〉の方は意識されず，無意識的なのである。また，何かをしたいというときに意識されるのは，したい何かであって，どのようなわけでそれをしたくなったのかの〈心のはたらき〉の方は無意識的なのである。結局は，そうした心のしくみやはたらきについては，各自がなんらかの仕方で解釈し，推定しているにすぎないことがわかってきた。

　一方，自然科学は，細かい観察を行い，そこから因果性やしくみやはたらきについての仮説をたて，それらが事実かどうかをさらに詳しく観測・測定し，実験的に確かめる，という方法によって，物理現象や生体・身体現象を生じさせるものに関する確実な知識を積み重ねながら発展してきている。そこで，精神現象や行動を生じさせる心的活動あるいは心的過程・心的機能についても，結局はそれらが直接経験できるものではなく，解釈され，推量され，推定されるものであるならば，各自の〈意識〉に現れるものを主観的に解釈するだけにとどまらず，科学的な方法をみならって，観察・評定・測定のできる表現的・行動的な資料(データ)を細かく集めて，そこから仮説をたてたり，理論をつくったりして，さらにできれば実証的・実験的に確認しながら確実な知識を積み重ねていくのが良策である，と考えられるようになった。

　したがって，現代の心理学とは，心的過程や心的機能を客観的な資料に基づいて，可能なかぎり実証的に科学的方式に則り(のっと)ながら解明しようと志している分野である，ということになる。

0・1　心理学の対象と方法

　心理学で知りたいと願っているものは，いうまでもなく〈心〉と呼ばれている何かである。しかし，その何かは直観的にはおおよそわかるような気もするが，立ち止まって考えてみると，細かいところや正確なところについては，よくわかっていないことばかりである。そこに，心理学という学問の成り立つ理由がある。

　そこでまず，自分以外の人の心を知ろうとするときのことを考えてみよう。われわれは，その人のしていることを注意深く観察し，ときに話していることに耳を傾けて，そこからその人の今の心はこうで

あるとか，ああであるという解釈を下す。それは，相手の人の心の状態や動きについての仮定的な推察でしかない。じつは，自分の心についても，それと似た道筋をたどって仮定的な推察をしている。つまり，自分のそれ以前にしたこと，そして感じたことや考えたこと，さらには，しようと思っていることや，こうではないだろうかと思っていること，を記憶していて，それらを思い起こしながら自分についての解釈を下しているからである。ただし，他者の場合は，その人が外に表現してくれる行動だけが推察にあたっての手がかりであるが，自分の場合には，自分が思い起こし，意識していることを自分の心を知る手がかりとして利用できる点で大きな違いがある。しかし，われわれの意識は，それがいかに豊かな内容をもつとしても，それをなんらかのかたちで表現してみなければ，自分だけにしか利用できない主観的なものとして終わってしまう，という欠点がある。

以上のことは，心理学の対象と方法の概略を示している（図 0-1 参照）。知りたいことは，心と呼ばれる何かのしくみやはたらきであるから，対象はこの〈心的過程〉や〈心的機能〉ということになろう。そして，それらを推定し知るには，外に表現されたさまざまな行動や意識内容が手がかりとされるから，直接の対象は，客観的にとらえることのできる〈行動〉と〈意識〉ということになる。ところで，もう少しつきつめて考えてみると，じつは他者や自分が，あるときになぜ，ある種の行動をし，なぜある種の意識をもつようになるのかについての予想ができることに最終の目標があって，そのために，心的過程や心的機能に関する規則性を細かく確認しようとしている，ということもできる。つまり，心へ関心が向けられるきっかけとしては，対人関係のなかで対処するべく，他者の行動や意識（気持ちや思い）を予想し，自分についても同様の予想をすることがはじまりになっている，とも考えられるからである。

学問としては，人間の行動や意識を支えている機能や，それらが生じてくる過程を正しく知り，事実に従って説明することが目標である。いずれにせよ心的過程や心的機能は推定されるしかないものであるが，間違いのない推定を導くには，できるだけ客観的で有効な資料（事実）を集めなければならない。その資料の収集の仕方が，方法上の重要な部分となる。さらに専門的には，収集された資料をどのように処理し解析して，妥当な推論を行い結論を導くかが，また方法上の重要な部分であることはいうまでもない。実際の研究方法の例は各章のなかで詳しく示されるので，ここではごくおおまかに述べておく。

資料収集の基本は〈観察〉である。日常生活場面で，ときに応じて他者の行動や自分の意識の変化をできるだけあるがままに，経過に従って観察し記録する方式は，自然的観察といわれる。しかし，単なる思いつきの観察では不十分なので，研究目的に沿って行動や意識についての分類があらかじめなされたうえで，分類に従って，あるいはそのうちのある種のものに限って重点的に，観察・記録を行っていく方式がとられる。これは，組織的な観察である。

組織的な方法としては，〈行動観察法〉，〈面接法〉，〈事例研究法〉，〈意識（質問紙）調査法〉，〈検査法〉といったものがあげられるが，観察にあたっては，組織的になるほど，状況が限られたり，人為的に設定されたりする度合いが大きくなるし，観察される行動や意識も，記録としての資料の解析を客観的にする目的から，数値化・数量化されることが多くなるので，いわゆる観察というよりは，〈評定〉そして〈測定〉と呼んだ方が適切なものになる。最も組織的な方法が〈実験法〉である。実験法では，研究者の仮説または理論に従って，かなり人為的・人工的な状況ないし条件が設定されるし，さらに，そこでの特定の行動ないし反応が，単に観察・評定されるにとどまらず，特殊な機器を用いて測定される場合もでてくる。

0・2 心理学の諸領域

歴史的にみると，心理学という分野は，心のしくみやはたらきを解明しようと志していたさまざまな流れが合流して成立してきたものである。そして，それらがひとつの分野としてのまとまりを成したのは，おそらく20世紀になってからである，といってもさしつかえない（章末コラム記事参照）。それは，心が非常に多面的であり流動的であって，とらえにくいものであるところからきており，その心的過程・機能を，どの観点から，どの側面について，どんな方法を用いて研究し，アプローチするかに

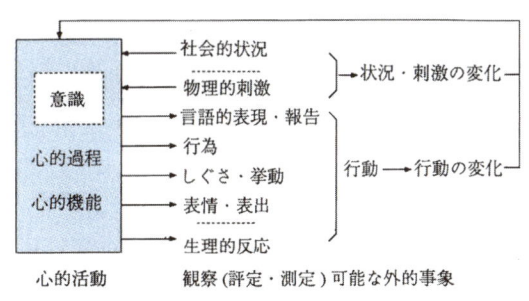

図 0-1　心理学の対象と方法を考えるための図式
心的活動の規則性を推定するために，関連する外的事象についての客観的な観察・測定がなされる。

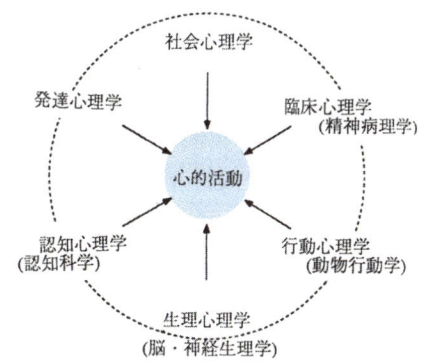

図 0-2　心理学の諸領域
（　）内のものは，学際的関係の深い他分野の領域。

よって，重点の置き方が少しずつ違っていたことからきている。現代の心理学においても，広い意味での対象と方法については一致したコンセンサスに従っているが，どの側面に重点的にアプローチするかによっておおまかな領域化をしてみることができる（図 0-2 参照）。

「社会心理学」は，社会的・対人的環境下で生じる諸行動の分析を通じて，1 対 1 の人間関係や小グループ内での人間関係，そして組織的グループの生成や社会的事象に対する態度の形成などにかかわる心的過程・機能についてアプローチをし，理論化を行い，実験的研究をしている領域である。社会学がより大きな共同体の，より長期的な変動の背景を巨視的(マクロ)にアプローチするのにくらべ，集団を問題にするにも個人を中心に微視的(ミクロ)にアプローチする点で異なるが，重なり合うところもある。

次に「臨床心理学」という領域があげられるであろう。それは，日常生活で生じる心理的な悩みやストレスからくる心理的変調を，カウンセリングなどを通じて和らげ，治療する作業のなかで，現実の社会的環境に適応する際の心的過程・機能について，了解的な方法に基づきながらアプローチをし，理論化を行っている領域である。逸脱度の大きい精神的変調を扱う分野としての精神病理学の一領域である「異常心理学」と重なり合っていて，異常から普通正常の心的活動を推定していくという方向づけをもっている。

「発達心理学」は，赤ん坊から子どもに育ち，青年になり，成人し，さらに老人に至るまでの心的機能・過程の成長・発達・変化のしくみについてアプローチをし，理論化を行い，実験的研究もしている領域である。年齢的な区分をして，「乳幼児心理学」，「児童心理学」，「青年心理学」といった名称で呼ばれることもある。そこには他の領域での研究問題がすべて含まれるが，それらを発達という観点から扱うところに特徴がある。また，あらゆる心的機能は社会的・文化的環境のなかでの諸経験を通じて発達するから，環境を用意する教育の分野との交流の多い領域となっている。

「行動心理学」は，主に行動的な資料に基づいて，心的機能の生物的な側面や経験を通じての行動変容の心的過程についてアプローチをし，理論化を行って，観察的・実験的研究をしている領域である。生物学の一領域である動物（比較）行動学や条件反射研究から方法面で強い影響を受けており，「生理心理学」とともに，人間の生物学とでも呼べるものへの方向づけをもっている。

「認知心理学」は，主として認識・認知あるいは意識現象にかかわる心的過程・機能についてアプローチをし，理論化を行い，実験的研究をしている領域である。認識・認知とは，知覚や記憶や思考といった過程・機能の総称であり，言語と深い関係をもつ。近年，コンピュータ技術や情報工学の進展に刺激されて，認知を人間の情報処理過程とみなして研究をすすめる動向がもたらされ，人工知能の考案を目指す，知識工学あるいは認知科学と呼ばれる領域との交流が活発である。

「生理心理学」は，その名が示すように，生理学と心理学の学際的領域であって，心的機能・過程の基礎にある脳あるいは中枢神経系のしくみやはたら

きについて，主に実験的方法を用いてアプローチをしている領域である。〈心〉は〈脳のはたらき〉に依存し，対応しているという観点から，脳のいろいろな部位に操作を加えたときの行動上・意識上の変化を見たり，ある種の行動や意識に異常のあるときに脳のどの部位に障害があるかを調べたり，などの研究がそこでは行われている。

　以上，心理学の分野を，便宜上，学際的関係にある隣接分野も考慮に入れながら領域化してみたが，どの領域においても，心的活動における規則性を個人差も含めて解明していくことを目標としているので，各領域が方法上多少の違いはあるとしても，同じ心的機能・過程を研究対象とすることになり，その意味で，隣接諸分野との交流に増して各領域間の交流が密接になされており，したがって相互に重なり合って，全体としての心理学の分野を構成している，といわなければならない。本書では解説を進める都合上，とりあえず前記の領域化に従って，以下の各章が設けられている。

■ 0章の参考図書

森正義彦・篠原弘章 (2007). 心理学研究法（心理学の世界　基礎編 1）　培風館
大山　正 (2010). 心理学史―現代心理学の生い立ち―　サイエンス社

■ 現代心理学の基礎を築いた人びと

　物理学者・数学者であったフェヒナー(Fechner, G. T., 1801～1887)は，『精神物理学要綱』(1860)で，主観的感覚の絶対(刺激)閾・弁別閾の測定法を，生理学者ウェーバー(Weber, E. H., 1795～1878)の『触覚論』(1834)を基礎に明確化し，物理的刺激の量と，主観的心理量としての感覚の大きさとの関係を数式化して示した(6・2・1参照)。

　生理学者・物理学者のヘルムホルツ(Helmholtz, H. von., 1821～1894)は，『視覚論』(1856～66)で，ヤング(Young, T., 1773～1829)の『光・色の理論』にしたがって，赤・緑・菫(青)の光にそれぞれ敏感に反応する視神経線維の活動の混合ですべての色覚が生じるとする「三原色説」を示し，『聴覚論』(1863)で，蝸牛内基底膜の長さの違う聴神経線維が，音波に合わせてそれぞれ共鳴することで音の高さの感覚が生じるとする「共鳴説」を示した(7・5参照)。

　もとは生理学者であったヴント(Wundt, W., 1832～1920)は，『生理学的心理学綱要』で，心理学は「霊魂の学」ではなく「直接経験(意識)の学」であるとし，一定条件下で生じる意識を自己観察(内観)する実験を通じて心的要素を分析的に見いだし，それらの結合の法則を定めることを提唱して，1879年に初めての心理学実験室を設立した。

　貴族ゴールトン(Galton, F., 1822～1911)は，『人間の能力とその発達』(1883)で，感覚的機能の測定法のほかに，連想語検査法やイメージ調査法(質問紙法)による研究結果を示した。

　フロイト(Freud, S., 1856～1939)は，『夢解釈』(1900)で，それ以前の事例研究から得ていた「無意識」と「意識」にかかわるいくつかの精神分析学の概念を示した(2・1・1と2・5・2参照)。

　ビネー(Binet, A., 1857～1911)は，『異常者の知的水準の診断のための新方法』(1905)で知的障害児と普通児を見分ける知能検査法を考案して示した(2・2・5参照)。

　マクドゥーガル(McDougall, W., 1871～1938)は，『社会心理学入門』(1908)で，人間に備わる生得的な本能を列挙し(4・2参照)，それらによって社会的行動の説明を行った。

　ヴェルトハイマー(Wertheimer, M., 1880～1943)は，『運動視の実験的研究』(1912)で，仮現運動の研究から，この現象(知覚)が要素的感覚には分解できない全体的性質に規定されているとするゲシュタルト学説を提唱した(6・3・3参照)。また，ケーラー(Köhler, W., 1887～1967)は，『類人猿の知恵試験』(1917)で，チンパンジーの問題解決行動が場面全体への「洞察」に基づいて生じることを示した(5・3・2参照)。

　ワトソン(Watson, J. B., 1878～1958)は，『行動主義者の観点からみた心理学』(1919)で，内観法は心理学の方法としては客観性がなく，観察対象と観察者は別個でなくてはならないとし，「行動の科学」を提唱した。

　1921年には，精神医学者クレッチマー(Kretschmer, E., 1888～1964)の『体格と性格』の初版，分析心理学者のユング(Jung, C. G., 1875～1961)の『人間のタイプ』(ともに，2・1・2参照)，そして，精神医学者ロールシャッハ(Rorschach, H., 1884～1922)の『精神診断学』(2・2・4, (3)参照)が出版された。

I部

心理学の社会的役割

　心理学は，人間を理解する上で基幹となる重要な学問分野の一つであるだけではなく，社会においてさまざまに応用されている，極めて優れた実学でもある。たとえば，災害心理，消費行動，政治や世論，産業・労働心理や教育心理，精神的健康の促進や病理・犯罪等の社会的不適応の予防と治療など，社会そのものや社会を構成する私たち個人の暮らしに役立てられている。同時に私たち一人ひとりが自身の心の問題を自ら適切に理解し管理できる「心理学マインド」をもてるようになることにも寄与している。第I部においては，私たちが快適に社会的生活を送る上で，特に日々の生活と密接に結びつきながら大きな貢献を果たしている社会心理学と臨床心理学について，その基礎を学んでいく。

1 社会的行動（社会心理学）

　かつて，社会心理学の始祖の1人とされるレヴィン(Lewin, K.)は，$B=f(P, E)$という定式を使い，人の行動(Behavior)は自身のパーソナリティ(Personality)とその人がおかれている環境(Environment)との関数によって生み出されるものであると論じた。しかし現代では，パーソナリティを，人柄や能力のような心理的特徴だけではなく個人の神経生理的特徴も含んでより広義にとらえるようになってきており，また一方の環境についても，物理的・地理的環境よりはむしろ〈社会的環境〉に力点をおいて考えられている。ここでいう社会的という言葉は，他者の存在を前提とするという意味である。したがって社会的環境とは，他者が傍らに存在している事態のことであり，具体的には対人場面や対人関係，集団などを示している。

　レヴィンの定式に従えば，善人であっても，ある社会的環境におかれると悪い行動をとることもあるし，逆に悪人であってもある社会的環境下では善い行いをすることになる。私たちの誰もが人間性の良悪両面，適応と不適応のどちらにもなる可能性を等しくもっており，そのいずれになるかは，この社会的環境によって強く規定されているのである。

　私たちが日々じつに多くの時間を過ごしている社会的環境のあり方は，自分や他者，対人関係など，自身がおかれている環境そのものの捉え方（認知）にまず影響を与える。そしてそこでの認知に従って，私たちは現時点での環境にさまざまなはたらきかけをおこし，それによって環境は新たに姿を変えることになる。このように，私たちの社会的行動と社会的環境とは相互に影響を及ぼし合っているのである。

　本章では，まず，人の社会的環境への認知をみる。その上でその社会的環境へのはたらきかけをふまえて，どのように社会的環境が変化していくかについて検討する。そしてこの過程が繰り返された結果としての，集団の動態やより規模の大きな集合現象を扱う。そして，社会的行動の法則に関わる基礎論を検討しながら，それらが日常生活とどのように関係しているかを考えていく。

1・1　社会的存在としての自己

　社会的環境を構成する要素の1つとして自己をとりあげ，人が自分をどのように認知し，自分らしさを獲得していくかについてみていく。

1・1・1　自己の形成

　もし自己紹介を求められれば誰でも，名前や年

齢，趣味，性格や習慣などを語ることができる。ここで語られる，性格や能力などについて自分が自分に対して比較的持続的に有している概念，またそれらを統一的に表現できる本質的な特性概念を〈自己概念〉という。では，この自己概念はどのように形成されてくるのであろうか。

ジェームズ(James, W.)は，自分を評価する過程を説明するためには，まず自己を「知る自分」としての〈主我〉(I)と「知られる自分」としての〈客我〉(me)とに分ける必要があるとした。そして，Iがmeをとらえるところから，物質的自己，社会的自己，精神的自己が形成されてくると論じた(図1-1)。この形成過程について，クーリー(Cooley, C. H.)は他者存在を強調する。人は，自分の言動が他者にどのように受け取られ，それがいかに評価されているかを想像することによって，自分について自ら感情的評価が下せるようになると主張した。このように，他者はあたかも自分を映し出す鏡のようなはたらきをしているのであり，自己の発生過程には他者が必要不可欠と考えたのである。この鏡の中に映っていると想像して得られた自分の姿は，後世の研究者により〈鏡映的自己〉と呼ばれる。しかしここで他者が映し出してくれる自分の姿とは，あくまでその他者が所属する集団に認められる経験や考え方，習慣などに照らして評価された結果に他ならない。同様に自分の言動が他者によりいかに評価されているかを想像する際にも，自分の所属集団を基準とすることになる。ミード(Mead, G. H.)は，自分の所属する集団の成員を総じて「一般化された他者」とし，その「一般化された他者」が一致して特定の対象に向ける態度や評価を「一般化された態度」と呼んだ。そして自己の姿は，Iが，「一般化された他者」がmeに対していかなる「一般化された態度」を示すかを考えることにより獲得できると論じた。こうして自己には，所属する集団(仲間，学校，地域，国，文化圏)の色彩が必然的に帯びることになるのである。

鼻の頭に口紅をつけられた乳児を鏡の前に座らせてみると，2歳前後には，鏡映像ではなく自分の鼻に触る行動ができるようになる。また3歳頃には，自分の行動が他人の思惑とずれていることに気づくと当惑するようになることを示した研究がある(表1-1)。このようにかなり早い時期から，Iとmeは分化し，それと共に他者や集団という社会的環境を介して自己は形成されていくものと考えられる。

1・1・2 自己確証過程

早い時期から他者を介して形成される自己概念であるが，たとえば明るいと思っていたのに友人から暗いと言われるといった場合のように，私たちの自己概念は，その他者によってまた変容の圧力に日常さらされ続けている。またそのような事態になると，自己概念は本来動揺しやすいものである(図1-2)。しかし一方，自己概念には比較的長い時間安定しており大きく変化しない側面もある。本来動揺しやすく，かつ日々変容圧にさらされながらも，自己概念が持続的に安定しているのはなぜであろうか。

人には，変容圧に抵抗し自己概念を安定的に維持する傾向があること，さらには既有の自己概念が間違っていないと考えられる証拠さえ作り出してしまう傾向のあることが明らかにされてきた(表1-2)。表1-2にまとめられている認知的・行動的傾向によって自己の安定性がはかられていく心理過程は〈自己確証過程〉と呼ばれる。これらはそもそも人が情報処理や対人場面で潜在的に有している反応傾向であるため，本人には意識されない。私たちは意識しないままに，社会的環境を作り変えてまで既有自己概念の安定化をはかろうとしているのである。

自己概念の安定化は，その時々で，たとえばこんなことが好きな自分とかあんなことは不得意であるという自分についての認知が変わらないことを意味している。そのため，行動に一貫性が生まれ，日常的にどのように行動するかなどと悩ましく感じないで済む。しかし，発達や成長，教育や指導，カウンセリング等の言葉があるように，私たちは変わるべき時に変わる必要がある。自己確証過程は，たまたま自分の望ましくないところに目がいったばかりに不適切な自己概念をもってしまうと，自分でも意識しないままそれを保有し続けてしまうことにもなりかねない点を，私たちは知っておくべきであろう。

一方で，既有の自己概念についてありのままにとらえて評価をしたいと思う場合には，〈社会的比較〉が行われることになる。たとえば自分の考えの正しさであるとか，欲求の強さなどの心理的特徴をどのように把握し評価するのであろうか。もっとも一般的にとられる方法は，自分と同じ立場や状況にある他者との比較である。自分の足の速さを知りたけれ

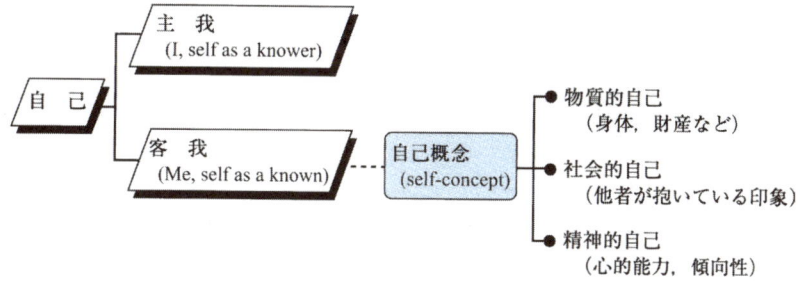

図1-1 自己の構造(James, 1892; 池上・遠藤, 1998)
「自分とは何者か」と知ろうとしている自分(主我)が知られる対象としての自分(客我)を把握し、評価した結果、自分概念ができあがる。

表1-1 母親の報告による当惑反応の出現(Buss, 1980)

年齢	比率[a]	%
3	3/14	21
4	2/20	10
5	15/30	50
6	28/39	72
7	35/49	71
8	34/50	68
9	30/50	60
10	24/32	75
11	13/21	62
12	13/18	72

[a] 分子は当惑を示した人数、分母は総人数を示す。
3歳頃には当惑が現れ始める。これは、自分の行動がまわりの他者の思惑とずれているか否かについて理解ができるようになっていることを示している。

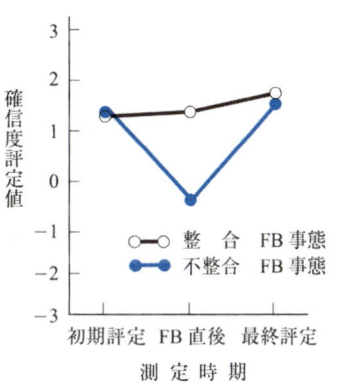

図1-2 他者評価による既有自己概念の確信度変化(下斗米, 1988)
心理テストによって客観的にある自己概念特性(たとえば明るい)を強く有していると判定され、また自分でも主観的にその特性を持っていると考えている実験参加者に対して、初対面の他者と実験室内で会話をしてもらった。会話の最中、相手から、その特性通りの印象をもったことが伝えられた("お話していてとても明るそうな方という印象をもちました")条件と、正反対の特性の印象が伝えられた("お話していてとても暗そうな方という印象をもちました")条件を設けた。前者は自己概念と整合した他者の評価がフィードバックされた事態「整合フィードバック(FB)事態」、後者は「不整合FB事態」に参加者が置かれたことになる。客観的にも主観的にも明確な自己概念であったにもかかわらず、初対面の他者からの不整合な評価にさらされただけで、既有自己概念の確信度は大きく落ちた。他者の一言でさえ確信度が落ちるほど、自己概念は動揺しやすいことがわかる。なお、最終評定時には、実験操作により、参加者の確信度と実験前の状態に戻している。

表1-2 既有自己概念の安定性を図る諸反応(Greenwald, 1980 ; Swann, 1983 ; 下斗米, 1998)

認知的反応	行動的反応
① 認知の自己中心性	① サイン・シンボル表示
② ベネフェクタンス	② 相互作用相手の選択
③ 認知の保守性	③ 相互作用相手の唱導

認知的反応として、自己概念を支持する情報だけを注目し記憶にとどめたり(自己中心性)、自分の価値を低める恐れがある情報を受け入れず(ベネフェクタンス)、自己概念と矛盾する情報も歪めて整合しているかのように思いこんでしまう(保守性)傾向がある。また行動的反応として、まず既有自己概念を連想させやすいサインを送ったりシンボルを示すこと(サイン・シンボルの表示)があげられる。
　たとえば、活動的という自己概念をもつ人にとっては、スポーティーな服装を心がければ、まわりの人は自分のことを活動的な人だと考えてくれる可能性が高まり、結果的に既有自己概念通りの評価を受けやすい環境を作り出す。また自己概念通りの見方をしてくれる人とだけ交流(相互作用相手の選択)すれば、自己概念と不整合な評価にふれる心配がない。しかし、時には不整合な評価をする人に対しては、その人とのつきあいの中で既有自己概念を強調するようにふるまって、相手の評価を既有自己概念の方へと誘導していくこと(相互作用相手への唱導)も行われやすい。

ば，自分と同じ年齢の他人とタイムを比べればよい。ただし，ありのままをとらえようとするのではなく，自尊感情が脅威にさらされ自己概念を防衛しようとする場合には自分よりも劣る人との比較（〈下方比較〉）が，逆に自分の不十分さを自覚の上でより向上しようとする場合には，自分より優位な他者との比較（〈上方比較〉）が行われやすい。

1・1・3　アイデンティティ

〈アイデンティティ〉とは，エリクソン（Erikson, E. H.）が体系づけた概念である。彼によれば，アイデンティティには2種類ある。一つは，私は他の誰とも違う唯一で独自な存在であるという独自・不変性と，これまでも私ならこれから先も私であり続けるという連続性の2つの感覚をもつ自分であり，もう一つは社会の中で是認されるカテゴリ（たとえば職業や身分など）に所属している自分である。そして，これら2つに矛盾や不整合を感じないことによって得られる安定感や自尊感情を，アイデンティティの本質ととらえた。自己概念の中でも，最も自分らしいところ，あるいは自分らしいという感覚であると言える。

エリクソンの定義にもあるように，アイデンティティは2種類に分けることができる。一つは自分が他者とは異なる存在であると理解される〈個人的アイデンティティ〉であり，もう一つは，社会一般に共通の理解が得られる集団や階層の成員として自覚される〈社会的アイデンティティ〉である。しかし近年では，この2つは完全に独立したものではなく，むしろ連続して獲得されていくものと考えられるようになってきている。この考え方は，ターナー（Turner, J. C.）によって〈自己カテゴリ化理論〉と名づけられている。人は，さまざまな他者と自分との間の類似性を査定して，自分と似ている者と似ていない者とにカテゴリ分けを行う。似ている者同士は自分の所属している〈内集団〉であり，そうではない者は〈外集団〉である。そして内集団成員の類似性と外集団成員との異質性が共に最大化した時，強固な社会的アイデンティティが得られるとする。同時にその内集団の中で，自分と他の成員との異質性が最大であれば，強い個人的アイデンティティが獲得されると考える。この理論にしたがえば，社会的アイデンティティがまず，自分らしさを自覚する上で満たさなければならない条件ということになり，その後に内集団成員との間で個人的アイデンティティが獲得されることになる（図1-3）。このように，自分らしさとは，決して社会的環境と切り離されて獲得されるものではないのである。

私たちのアイデンティティはたまたま共存していた人々との間で形成されていく。したがって，もしも私たちが自身のアイデンティティを見直そうとするのであれば，新たな対人関係や集団を求め，社会的環境を変えることが何よりも必要になるのである。

1・2　社会的行動の個人基盤

社会的環境の構成要素には，自己の他に，他者や対人関係があげられる。私たちは，他者や対人関係について，いかなる独特な認知の仕方をするものであるかをみていく。

1・2・1　認知の社会的側面

ある対象を言語的に意味づけ，行動の準備に役立てるよりも先に，見る・聞く・味わうなど身体の器官を通してまず環境の情報を身体に受け入れ感じる段階がある。この段階は一般に〈知覚〉と呼ばれる。私たちは，この知覚の段階においてさえ，対象がもつ社会性によって影響を受けてしまう。たとえば，硬貨は実際よりも過大視され，更にその過大視が，経済的に裕福な人よりも裕福でない人の方において顕著であった（図1-4）。また単眼にそれぞれアメリカ的風景とメキシコ的風景を同時に見せたところ，アメリカ人ではアメリカの風景を，メキシコ人はメキシコの風景を優先させて知覚した。対象がもつ社会的な価値や，対象が知覚者の文化に馴染みのあるものであるかどうかで知覚に差異が生じたのである。その他，社会で忌み嫌われる言葉は気づきにくく（図1-5），逆に自分にとって興味のある対象は速く知覚される傾向（図1-6）がある。

1・2・2　対人認知

〈印象形成〉とは，他者に関する断片的な情報から，その人に対して統一のとれた人物像を作り出すことである。たとえば初対面であれば，当然相手に関する情報はきわめて断片的で表面的なものに限ら

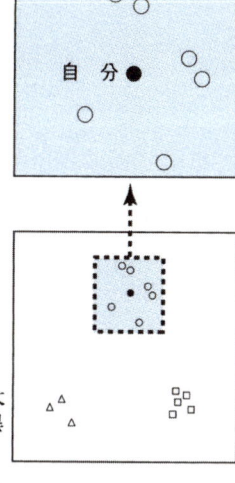

▶個人的アイデンティティ
（自己と内集団成員との間に知覚される差異が最大化したとき）

▶社会的アイデンティティ
（内集団成員の類似性が最大化し，外集団成員との差異が最大化したとき）

図1-3　自己カテゴリ化（Turner, 1987; 池上・遠藤, 1998）
社会的アイデンティティの獲得後，所属集団内の他成員との差異にもとづき個人的アイデンティティが形成される。社会的・個人的アイデンティティはこのように連続して獲得される。

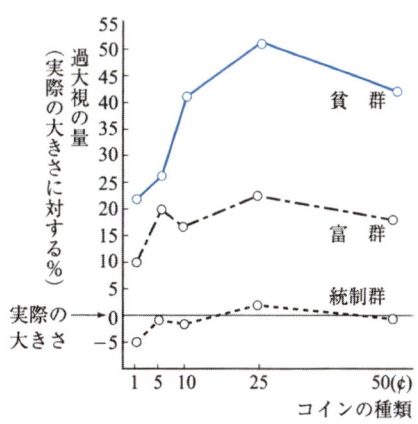

図1-4　価値や欲求による知覚的促進（Bruner & Goodman, 1947）
10歳の子どもたちは，スクリーンの上に，1, 5, 10, 25, 50セントの各硬貨とそれぞれ同じ大きさの光の輪をつくるように言われた。この作業を硬貨ではなく厚紙で行った子どもたち（統制群）はほぼ正確にその大きさを判断することができたが，実物の硬貨において過大視され，とくに経済的に余裕のない家庭の子ども（貧群）で強く生じていた。硬貨がもつ社会的な価値の大きさや硬貨に対する知覚者の欲求の強さが，知覚に影響を及ぼしたと考えることができる。

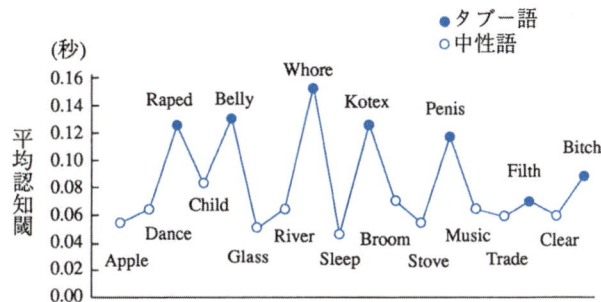

図1-5　知覚的防衛（McGinnies, 1949）
社会一般にタブーとされている単語（Raped, Belly 等）を瞬間露出器で被験者に提示したところ，普段会話で口にすることに何ら抵抗のない感情的に中性的な単語（Apple, Dance 等）に比べて，長い時間その単語を見せられないと読み取ることができなかった。人には見たくないものを無意図的に見ないようにする傾向があることを示している。

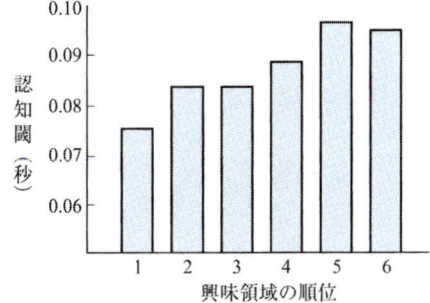

←図1-6　知覚的鋭敏化（Postman, Bruner, & McGuinnies, 1948）
経済や政治，宗教などの6領域を設定し，各領域に関連する言葉が6語リストアップされた。この6語は，文字数や聞き馴染みの程度が同じであったが，各領域においてその領域に興味や関心のある人であれば必ず価値をおく言葉からあまり価値をおかない言葉まで，価値の程度が事前に調べられ，順序づけられていた。参加者は，この合計36語をそれぞれ0.01秒の短い時間で提示され，何という言葉であったか読み取るよう求められた。読み取れなければ提示時間を少しずつ長くして，正しく読めた時間が測定された。実験の結果，いずれの領域においても，参加者は，興味や関心のある言葉ほど早くその言葉を読み取ることができた。興味や関心のある対象には，知覚が鋭敏になる様子がうかがわれる。

れてしまう。しかしそれでもなお，私たちは，ほんの短い時間の中で情報収集と推測の2つの過程を経ながら，その相手の全体像を抱くことができる。〈対人認知〉は，これらの過程に影響を及ぼす種々の要因によって規定される。

本来，人が自己を認知する際に重視している特性は，他者を認知する場合にも注目されやすい(図1-7)。自己概念により，注目する他者の情報が異なるのである。しかし同じように注目していても，最初に得た情報が全体像に強い影響を及ぼす〈初頭性効果〉や，逆に最も後発で最新の情報が強く影響する現象〈新近性効果〉が認められる(表1-3)。またたとえば「暖かい－冷たい」という特性語は，他の語よりも全体像の好ましさを大きく左右させる(表1-4)。全体像の形成に中心的な役割を果たす中心的特性と，相対的に影響力の少ない周辺的特性がある。このように，私たちは対人認知に際して，収集した情報のすべてを均等な重みで処理しているわけではないのである。

明朗な人は社交的とか，やせた人は神経質であるなど，ある情報をもとに別の特徴の有無を判断してしまうことがある。私たちは，これまでのさまざまな対人経験を元に作り上げてきた，自分なりの無意図的で主観的な人間観をもつ。これは〈暗黙の性格観〉と呼ばれる。限られた情報から全体像を形成させることは，経済的である反面，対人認知を誤らせる可能性も大きい。また，"あばたもエクボ"と言われるように好意を抱く他者の特徴を肯定的に見てしまう傾向〈光背効果〉(後光効果，ハロー効果ともいう)や，好意を抱く相手と自分を過度に似ていると評価する傾向〈仮定された類似性〉も認められる。このように情報収集と推測の2つの過程は，多くの要因の影響を受け，他者像が限定され歪曲されてしまうのである。見る側・見られる側いずれにおいても，自分や他者の本質を大きく見誤らないために日頃留意しておく必要がある。

1・2・3　対人関係認知

自分自身やある他者1人に対する認知だけではなく，複数の人々の関係について認知し評価をすることもよくある。私たちは，複数の人々全てを一度に全体的に評価をしているわけではなく，処理に負担の少ない要素に分解してその要素毎の評価を下しておいた上で，それらを体系づけて対人関係全体について認知をしていると考えられる。

(1) 均衡理論

今自分を含む対人関係や集団を，最小限のサイズとして，認知者である私(P)，他者(O)と別の対象者・物(X)の3者関係から考えてみる。この時，処理しやすい要素は，「PのOに対する関係」「PのXに対する関係」「Pによって認知されたOとXとの関係」である。各要素は，ポジティブ(＋)かネガティブ(－)のいずれかで評価される。たとえば，PがOを好きというように心情面でポジティブならば＋で表現でき，あるいはPとOが成員であったり，OがPの持ち物である鞄であれば，それぞれは成員性や所有関係という点で同じくポジティブとされる。逆に，嫌いであったり，あるいは成員性や所有関係がなければ，ネガティブである。その上で，いったん分解した要素毎の評価は，この＋ないし－の3つの評価記号を積算するかたちで体系づけられていくと考えられるのである。積算結果が＋であれば，現時点での対人関係は認知者にとり安定的で居心地のよい均衡状態にあると感じられる。しかし逆に－である時，認知者には心理的な不快感を禁じ得ない不均衡状態であると判断される。したがって，もしもこの不快な対人関係におかれていると判断された場合には，その不快感を低減するために，3つの要素評価のうち少なくともどこか1つを変化させて，積算結果を不均衡である－から均衡状態の＋に引き戻そうという試みが生み出されていく。人は本来均衡を志向する存在であるという人間観のもとで，対人関係が認知されていくとする考え方は，〈均衡理論〉と呼ばれている(図1-8)。

この考え方はハイダー(Heider, F.)によって理論化されたものであるが，あくまで認知者Pの認知世界における均衡がもっぱら問題とされている。これに対して，成員の逸脱から引き起こされた対人関係の不均衡をめぐり，コミュニケーションや拒絶，対人関係内の同質性など，実際の具体的な社会的行動の発生や対人関係の変化を説明・予測する〈A-B-Xモデル〉がニューカム(Newcomb, T. M.)によって提唱され，社会心理学領域における多くの諸課題の理解に援用されている(図1-9)。

(2) 認知的不協和理論

人は本来均衡を志向する存在であるため，その人

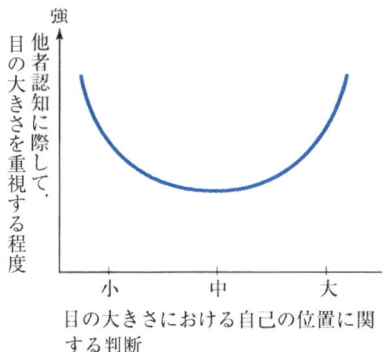

図1-7 自己・他者認知間の次元共通性(Hirschberg, Jones, & Haggerty, 1978; 林, 1982)
目が大きいあるいは小さいところが自分の相貌を語る上で欠かせないと考えている者ほど，他者の相貌知覚においても目を重視する傾向がある。

表1-3 実験に用いたリストと形成された印象
(Asch, 1946：長田, 1990)

順序	リストA	リストB
1	知 的 な	ねたみ深い
2	勤 勉 な	頑 固 な
3	衝動的な	判断力ある
4	判断力ある	衝動的な
5	頑 固 な	勤 勉 な
6	ねたみ深い	知 的 な
一般に形成された印象	この人は，有能な人物です。しかし，それほど重大なものではないが欠点もあります。	この人は，問題をもった人間です。そのため，もてる能力を発揮することも出来ません。

1人の人物の特性として6語を一定時間間隔で読み聞かせた後に印象を尋ねたところ，リストAは好人物，リストBでは悪い印象が形成された。はじめに呈示された特性語によって全体の印象が方向づけられることがわかる。

表1-4 印象形成における中心的特性と周辺的特性の効果(Asch, 1946)

	暖かい n=90	冷たい n=76		暖かい n=90	冷たい n=76
寛大な	91	8	社交的な	91	38
賢 い	65	25	人気のある	84	28
幸福な	90	34	人情のある	86	31
良い性格の	94	17	愛他的な	69	18
ユーモアのある	77	13	想像力に富む	51	19

実験者からある人の特性であると言われて7語を読み聞かされた後，参加者はその刺激人物に対する全体印象を作った。7語のうち1語だけ「暖かい」としたリストと「冷たい」としたリストでは，「暖かい」があるだけで望ましい人物像を抱いた人の割合が顕著に多くなっていた。表中の数字は，各リスト条件の参加者のうち，各特性語が自分の思い描いた人物像に当てはまっていた人の割合(%)を示す。

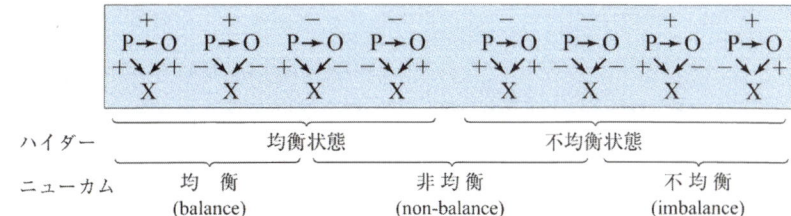

図1-8 P-O-X関係における均衡・不均衡(Heider, 1958; Newcomb, 1961)
個人の認知世界を均衡・不均衡状態に区分したハイダーに対して，ニューカムはコミュニケーションの発生を生じさせる程度から均衡・非均衡・不均衡に分けた。

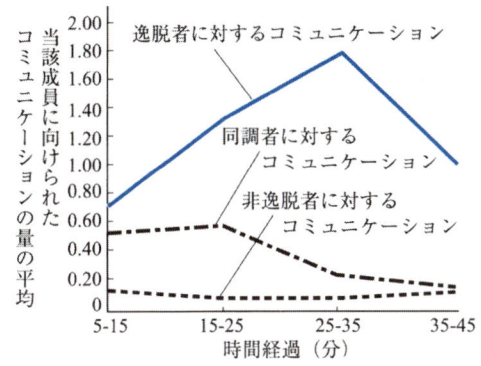

← 図1-9 他成員から逸脱者，同調者，非逸脱者へのコミュニケーション量の変化(Schacter, 1951)
集団合意に反して自説を主張し続ける逸脱者に対して，集団合意に従うようコミュニケーションが発生していき，集団の均衡が図られていく。しかしこのような斉一性圧力に屈せずに不均衡状態が続くと，一転コミュニケーション量が急激に減少し，逸脱者との関係を断ち切ることで集団が均衡状態に戻ろうとする。

が起こす諸行動もこの志向性によって規定されている。フェスティンガー(Festinger, L.)による〈認知的不協和理論〉は，均衡への志向性を基盤におきながら，広く人の社会的行動の原理の1つとして展開されてきた考え方である。私たちの頭には膨大な知識(認知要素)が格納されている。しかもそれらの要素は，それぞれに体制化され整理された上で保持されている。この整理のされ方は多種あるが，不協和理論によれば，まず情報は互いに関連しているもの同士の場合と無関連なもの同士とに大別され，つぎに関連するもの同士の中では，不協和な関係と協和的関係に分けられる。不協和な関係とは，たとえば，2つの既存の要素が論理的矛盾を起こす場合であるとか，これまでの過去の経験ではあり得なかった新たな事象が経験された場合，あるいは文化的慣習と大きくかけ離れた事態が起こった場合などである。雨の中，傘も持たずにいるのに濡れていない場合や煙草がガンの主要な原因であることを知っていながら喫煙をしている自分を意識している場合を例にすれば，傘無しで雨の中にいることと濡れていないこと，煙草がガンの原因であることと喫煙している自分，という2つの要素は不協和な関係にある(図1-10)。不協和は，均衡理論で言えば不均衡に対応しており，不均衡と同様に不協和な状態におかれると，人は心理的な不快感を喚起せざるを得ない。したがって人は，まず真っ先に不協和な状態の回避という行動をとるのであるが，回避ができない場合には，2つの要素を協和関係に戻すためにさまざまな行動を起こすようになると考えられている(図1-11)。もはや均衡への志向性に関わる議論は，対人関係の事象だけにとどまらず，人の社会的行動の原理にまで拡張されているのである。

均衡理論も不協和理論も，それぞれに適用範囲や理論的骨子に違いは認められるものの，共通に，人は，整合した認知世界を追求しようとする存在であるという人間観を基盤としている。この意味で，これらの考え方はまとめて一般に〈認知的整合性理論〉と呼ばれている。

1・3 個人間の社会的影響

私たちは，認知にもとづき環境へはたらきかける。次に，社会的環境へのはたらきかけとしてのコミュニケーションと，それに伴う個人間の社会的影響の授受をみていく。

1・3・1 非言語的コミュニケーション

コミュニケーションは，伝達される情報や意味とそれらを伝達する手段(チャネル)なくして成立しない。このチャネルは多様であるが，まずは音声を伴うか否かに大別できる(図1-12)。音声チャネルの中で言語が用いられる時，そこでのコミュニケーションを〈言語的コミュニケーション〉(VC：verbal communication)，それ以外のチャネルによるものを〈非言語的コミュニケーション〉(NVC：non verbal communication)という。前者は意図的である場合が多く，後者は逆にほとんど意識されないことがふつうである。NVCは，VCの補助だけではなくNVC自体に次に述べるように独自の機能をもっており，個人間のコミュニケーションは，VCよりもNVCによって成立している場合の方が多いのである。

(1) 表　情

"顔に書いてある"などとよく言われる通りに，表情はチャネルの1つになっている。人の基本的感情はそれぞれ特定の表情パタンと対応しているので，表情を見れば他者の感情を推測することができる(図1-13)。また，めがねをかけている人は知的と見なされやすいなど，パーソナリティ推測の材料にもなっている。さらに，女性が歯を見せて微笑む場合よりも口を閉じて微笑む場合の方が，男性からの接近行動が増えるとの報告があり，他者行動の制御にも機能しているのである。

(2) 視　線

"目は口ほどにものを言う"など，目に関する言い回しはじつに多い。それほどに視線は重要なチャネルであることがわかる。好意をもつ相手にはそうでない他者よりも多くの視線が注がれ，また見られる方も視線を多く向ける他者から好まれていると判断しやすい。視線によって無意識のうちに好意を表出させており，また他者の視線によって好意の表明と理解しているのである。しかし，あまりにも過度に視線を向け過ぎると威圧的な印象をもたれてしまう。視線は，好意の表出・表明と共に，威嚇の手段としても機能しており，発言の機会をとらえるなどして適宜，視線をはずしたり投げかけるなどが肝要となる。

認知要素の例
a. 私は，タバコをよく喫う。
b. タバコは，神経の疲れをいやすはたらきをする。
c. タバコは，肺ガンの主要な原因である。
d. 私は今朝寝ぼうした。

認知要素間の関係
― 関 連 ―― 協 和 ……例：a と b
　　　　　└ 不協和 ……例：a と c
― 無関連 ………………例：a と d

図 1-10　認知的協和と不協和（Festinger, 1957）
認知要素間の関係は，論理的一貫性や慣習などを基準に協和・不協和に大別されてとらえられる。

私は1日に30本ほどのタバコを吸うヘビースモーカーである　　タバコを吸う人は肺ガンや心臓病になりやすく，平均寿命も短い
↓
2つの認知間に矛盾や不一致が生じる
↓
認知的不協和の発生
↓
不協和は不快感や緊張を喚起する
↓
不協和の低減，増加の回避へと動機づけられる
↓

認知の変化	行動の変化	新たな認知の付加	新たな情報への選択的接触
"タバコと肺ガンや心臓病との因果関係はまだはっきりしていない"と考える，など	決心してタバコをやめてしまう，など	"タバコにはストレス解消の効果があり，プラスの面がある"と考える，など	タバコの有害性を主張する情報を避ける，など

図 1-11　認知的不協和理論（Festinger, 1957；上野，1994）

　　　　　┌ 音声的 ┬ 1. 言語的（発言の内容・意味）
　　　　　│　　　　└ 2. 近言語的（発言の形式的属性）┬ 音響学的・音声学的属性
対人コミュニケーション　　　　　　　　　　　　　　　　└ 発言の時系的パターン
　　　　　│
　　　　　└ 非音声的 ┬ 3. 身体動作（視線，身振り，姿勢，接触，顔面表情）
　　　　　　　　　　 ├ 4. 個人間距離（空間行動，距離）
　　　　　　　　　　 ├ 5. 人工物の使用（衣服，化粧，アクセサリー，標識類）
　　　　　　　　　　 └ 6. 物理的環境（家具，照明，温度など）

図 1-12　対人コミュニケーションの分類（大坊，1986 を一部改変）
□ は VC，それ以外は NVC である。

(1) 　(2)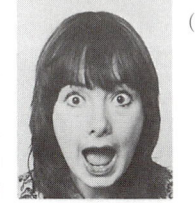
(3) 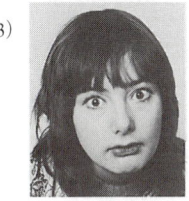　(4)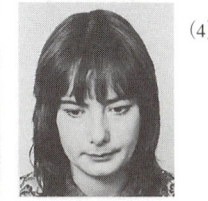
(5) 　(6)
(7)

図 1-13　感情の表出（Argyle, 1975）
人には生来備わっている感情がある。(1) 幸福，(2) 驚愕，(3) 恐怖，(4) 悲嘆，(5) 怒り，(6) 嫌悪，(7) 関心の表情と見えるように，表情は感情伝達機能をもつ。

(3) 個人空間

日常，物理的なものによって区切られた〈なわばり〉とは違って，何もないのに他者にある距離以上近づかれると気詰まりや落ち着かない気分を感じることがよくある。この，自分の身の回りに張り巡らされていて他者からの侵入に不快感を禁じ得なくなる領域を〈個人空間，パーソナル・スペース〉という。私たちは，さまざまな距離帯の個人空間を使い分けながら，親密さの表現や，交渉事への利用，他者への攻撃の抑制などを図っている（図1-14）。こうした機能をもつ個人空間は，建築や人間工学においても応用されている。

(4) VC・NVC の矛盾

VC は意図的であるのに対して NVC は意識されないことが多いために，〈虚偽〉場面では，VC と NVC との関連が崩れていくことが多く観察される（表1-5）。VC では上手に嘘をついているつもりであっても，NVC が内面を表出してしまう。虚偽を受けないようにする上には，過去と現在の NVC の一貫性及び VC との矛盾に着目することが肝要となる。

1・3・2 説得的コミュニケーション

私たちは，コミュニケーションを介して他者との間で影響を及ぼし合う。では，どのような時に影響があったと言えるのであろうか。一般に，他者がもつ既有の〈態度〉がコミュニケーションによって変容した場合に，影響があったと見なす。態度とは行動を生み出す準備状態のことであり，認知，感情，行動の3成分から態度のあり方が測定される（図1-15）。また，他者がもつ既有の態度の変化を意図したコミュニケーションは，〈説得〉または〈説得的コミュニケーション〉と呼ばれている。説得は，いかなる特徴の環境下であるか，またどのようなはたらきかけ方をするかによって，態度変容の度合いが左右されることとなるのである。

(1) 送り手側の要因

送り手が魅力的であると，その人からの説得によって態度変容が生じやすい。また，論題について自分にはない専門的知識を有している（専門性）と思う他者や，いつでも歪めずありのままを伝えてくれている（信頼性）と思う相手，すなわち信憑性の高いと思う他者であると説得の効果が大きくなる。ただし，信憑性の高低による説得効果の差異は，時間の経過と共に減少していく（図1-16）。しかし，同じメッセージであっても送り手に対する評価によって説得効果が異なるという事実は，私たちがメッセージを処理するよりも先に，まず説得者の属性に引っ張られやすいことを示している。相手の属性に関わりなく，その人の論説そのものを意識的に検討しようとする態度が，自分にとって不都合な影響を受けないようにするために重要であると言えよう。

(2) メッセージとチャネルに関わる要因

ある立場に好意的な意見だけで構成された一面的メッセージは，受け手が最初からその立場に好意的である場合には説得効果をもち，逆に最初から反対の立場をとる人や知的水準の高い人に対しては，その立場の欠点など指示し得ない情報も合わせて提示する両面的説得が有効である。また一般に，恐怖を喚起させた上での説得は効果が大きい。しかし過度

個人空間
- ① 密接距離 (intimate distance)
  - 近接相 (0～15 cm)：愛撫，格闘，慰め保護のための距離
  - 遠方相 (15～45 cm)：手を伸ばすことにより容易に接触の図れる距離
- ② 個体距離 (personal distance)
  - 近接相 (45～75 cm)：手足を使い相手の行動に身体的に影響を及ぼせる限界距離
  - 遠方相 (75～120 cm)：両者が手を伸ばし合って接触が可能となる距離
- ③ 社会距離 (social distance)
  - 近接相 (1.2～2.1 m)：身体接触や表情の微妙な変化の把握が困難な距離
  - 遠方相 (2.1～3.6 m)：相手の姿全体が見やすい距離
- ④ 公衆距離 (public distance)
  - 近接相 (3.6～7.5 m)：相手の様子がわかりにくく，個人的関係が成立しにくくなる距離
  - 遠方相 (7.5 m 以上)：表情をつかめず，言葉の細かいニュアンスも伝達されにくくなる距離

図 1-14　個人空間の機能的距離帯 (Hall, 1955)
米国北東部沿岸地域に在住する人々を観察した結果，4つの距離帯が認められ，さらに各距離帯は近接相と遠方相で異なる機能を担っていると考えられる。

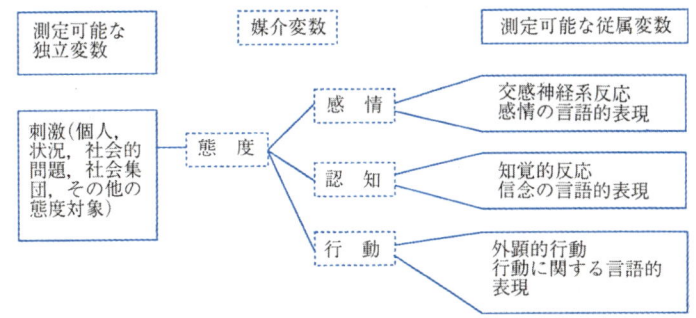

図 1-15　仮説的構成概念としての態度とその3成分(Rosenberg & Hovland, 1960)
　ある事物が刺激となり態度が形成されると，その態度を媒介して，人の感情や認知，行動という直接観察可能な反応が生み出される。感情的成分とは刺激対象についての快─不快のことであり，認知的成分は本人の主観によって評価された刺激対象の特性のこと，行動的成分とは刺激対象への接近─回避傾向のことである。これら3成分のどれ一つとして見落とすことなく観察をしなければ，ある人の態度を理解したことにはならない。

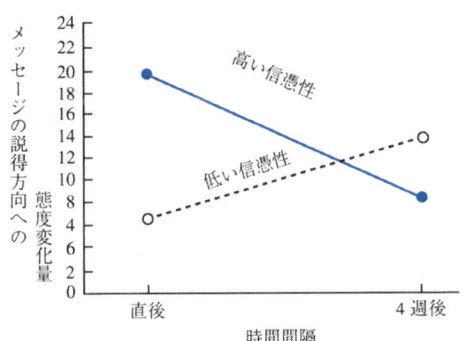

←図 1-16　忘却効果とスリーパー効果(Hovland & Weiss, 1951)
　説得を受けた直後では，送り手の信憑性が高い場合に受け手の態度変化は大きいが，時間の経過と共に説得の効果は減衰していく(忘却効果)。しかし，信憑性の低い送り手からの説得効果は，直後にはあたかも眠っていたかのように低いが，徐々にその効果は現れる(スリーパー効果)。そして4週間後には信憑性高・低条件間の差がなくなってしまうことがわかる(見た目にはクロスして見えるが，統計的には差がない)。

表 1-5　虚偽前後に特徴的な非言語的行動(O'Hair, Cody, & McLaughlin, 1981)

	教示後 虚偽	教示後 真実	虚偽直前 虚偽	虚偽直前 真実	虚偽反応時 虚偽	虚偽反応時 真実	虚偽反応後 虚偽	虚偽反応後 真実
発話の潜時(T)	1.37	1.69[b]	.77	1.33[a]	1.56	1.86	1.33	1.48
発言時間(T)	2.54	2.86	1.20	2.26[a]	3.73	3.94	5.89	6.72
視線交叉の割合	.74	.74	.75	.68	.73	.70	.68	.71
肯定的うなづき	.08	.07	.11	.05[b]	.12	.13	.11	.08
微笑の割合	.13	.13	.02	.07[b]	.07	.09	.04	.06
姿勢変化の割合	.00	.01[a]	.03	.01	.02	.05	.02	.01
身体操作の割合(1)	.17	.13	.26	.11[b]	.24	.10[b]	.25	.15
顔面操作の割合(2)	.04	.02	.07	.03	.04	.01	.04	.04
肩をすくめる	.00	.00	.02	.02	.03	.02	.01	.00
例示的動作の割合(3)	.02	.02	.00	.00	.01	.08	.04	.05
脚(足)の動作の割合	.05	.09	.01	.05	.05	.08	.08	.10

a)は $p < .01$，b)は $p < .05$ で統計的に有意な差があることを示す。
(1) 身体のある部分を使って他の部分に何かをする動作(例：手の甲をなでる，など)，(2) 顔の顎をさする，額を触る，などの行為，(3) 主に手や腕を使って言葉などを補う動作(例：ものの形を手で示す，など)
数値はTが時間(秒)，他は各指標の持続時間を総相互作用時間で除した割合である。
　虚偽場面では，覚醒水準が高まり反応が誘発されやすくなる一方で，不安や自責などから緊張が高じて行動が抑制されやすくなる。この両極端の心理状態から，特に非言語行動について，あるチャネルは活性化し別のチャネルでは不活発になるという特徴が認められる。

に恐怖を与え過ぎるとかえって逆効果となる(表1-6)。これは，あまりにも強い恐怖感は，送り手の意図に対する疑念や反発を招きやすく，またその恐怖が現実として自分に起こる可能性(リスク知覚)を低く見積もってしまうために生じるからである。さらに，メッセージの反復回数と態度変容量とが逆U字の関係にあることも示されている。ある程度の反復ならばメッセージが記憶に残りやすい点で説得される可能性が高まるが，過度に反復されると自己の行動選択の自由が脅かされたように感じて〈心理的リアクタンス〉が起こり，あえてメッセージ内容とは異なる方向への態度がとられやすくなるためである。

(3) 受け手側の要因

受け手の説得の受けやすさを，被説得性という。自尊感情の低い人，抑うつ傾向の強い人，社会的不全感の強い人，権威主義的な人は被説得性が高いなど，パーソナリティ特徴と被説得性との関係に関しては膨大な研究がある。これらに対して，たとえば論題に対する知識量や自我関与などの人のより変動しやすい属性と被説得性との関係についても多く研究されている。知識量の多い人や自我関与の高い人はおおむね説得されにくい。しかしこれらの人は，メッセージに対する精緻化能力を備えているために，ひとたび説得されると心服の度合いが非常に大きく，劇的な変容を起こしやすい。

(4) 要請技法

説得は影響意図を言語的に明示するのに対して，変容させたい方向とは異なる行動を相手にとらせることにより，しかし最終的には意図の通りに他者の態度や行動を変容させていくはたらきかけを〈要請〉という。認知的整合性(一貫性原理)や，他者からのはたらきかけと同じものを同程度に返さなければならないという〈返報性原理〉，また10万円の品物は高く感じるが，100万円の品物と比較をすると10万円の品物も安く感じられるといった〈対比効果〉などがある。これらが巧みに利用された〈要請技法〉がとられると，私たちは他者からの要請を承諾しやすくなる(表1-7)。これらの技法は，たとえばセールスマンなど影響を及ぼす立場にある人々によってしばしば現実に用いられている。

1・3・3　自己開示と自己呈示

コミュニケーションには，説得や要請の他に，自分のことを主に言語的チャネルを用いて他者に伝える〈自己開示〉もある。悩みを打ち明けたり，あるいは思い出や今の気持ち，自分の趣味について話すなど，ふだん何気なく行っている自己開示は，じつは社会的環境において多くの重要な機能を果している(表1-8)。自己開示の機能は，開示者と被開示者との関係を進展させたり，お互いの損得を統制し合うといった個人間機能だけではない。自分がひどく傷ついた出来事(外傷体験)を自己開示している人としないでいる人とでは，開示直後ばかりでなく，後々にまで開示者の心身両面での健康に差が生じることも確認されている。自分のストレスが緩和されたり，考えがより明確になったり，自分の考えの正しさを評価できるようになるなど，開示者本人に対しても影響を及ぼすのである。

ありのままの自分を伝える行為は自己開示であるが，自分を良く見せたり逆に悪く見せるために，あえて自分の情報を歪曲させたり偽って他者に伝える行為は〈自己呈示〉と呼ばれる。これは，現状よりも自分を有利にすることを意図して行われる場合と現在の苦境からの回復を意図した場合とに大別でき，前者を〈自己主張的自己呈示〉，後者を〈自己防衛的自己呈示〉という。多分に利己的で戦略的な

表1-6　口腔衛生への説得に対する恐怖喚起の効果(Janis & Feshback, 1953)

変化の様態		強度条件 ($n=50$)	中等度条件 ($n=50$)	最小限度条件 ($n=50$)	統制群 ($n=50$)
講義の方向へ変化	①	28 %	44 %	50 %	22 %
講義と反対の方向へ変化	②	20 %	22 %	14 %	22 %
変化なし		52 %	34 %	36 %	56 %
同調についての正味の変化	(①−②)	+8 %	+22 %	+36 %	0 %

高校生に口腔衛生について講義を通して説得をした際，恐怖をきわめて強く喚起させた強度条件，恐怖が中等度である条件，最小限度の条件，恐怖を喚起させなかった条件で，その説得効果を比較した。結果は，中等度・最小限度条件で効果が高く，過度な恐怖を喚起させた条件では統制条件と同程度の効果しか認められなかった。

表 1-7　主要な要請技法

段階的要請法(foot-in-the-door technique)
　最初に承諾の得られやすい小さな要請をして受け入れさせ，その後承諾させた小さな要請と関連づけながら段階的に少しずつ大きな要請を積み重ねて，最終的に目標とする本来の要請を受け入れさせようとする。スモール・ステップと一貫性の行動原理を利用した技法である。

譲歩的要請法(door-in-the-foce technique)
　まず始めに，必ず断わられるであろう大きな要請を行い，相手にそれへの拒絶を確実にさせた上で，その後あたかも譲歩したかのように拒絶された大きな要請を取り下げて，本来の要請を行う。相手も譲歩したのだから自分もしなければならない（返報性の規範）という気持ちを起こさせて，要請を承諾させやすくしようという技法である。

承諾先取要請法(low ball technique)
　最初に好条件をつけて要請を取りつけてしまう。その後，謝罪や釈明，理由づけなどを行いながら，当初の好条件をなくして本来の要請に近づけていく。一度承諾したことを翻すことに伴う抵抗感を利用し，謝罪や理由づけで承諾を維持させ，本来の要請を承諾させやすくしようという技法である。

表 1-8　自己開示の機能

a.　表出(express)機能
　　外傷体験に伴う心身へのストレスや心理的緊張が解放される。感情浄化(カタルシス)ができる。

b.　自己明確化(self-clarification)機能
　　現在や過去の自己の状態が把握し直せる。自己の意見や態度などの曖昧さが低減され，一貫性のとれた自己の姿が定位できる。

c.　社会的妥当化(social validation)機能
　　自己の意見や態度，自己のおかれている環境への認知などについて，相手の開示内容との一致・不一致から，その妥当性を評価できる。

d.　関係性発達(relationship development)機能
　　自己のどのような事柄をどの程度開示するか，いかなるタイミングで開示するかなどにより，そこでの対人関係の形成や維持，進展が規定される。

e.　社会的統制(social control)機能
　　自己情報の開示・秘匿を選択することにより他者に抱かれる自己の印象を管理し，その他者からの報酬や損失を制御することができる。

日常の自己開示は，意識をしないだけで，実際には多くの機能を果たしている。表出，自己明確化，社会的妥当化は，開示者本人の適応にとって意味をもち，関係性発達と社会的妥当化は開示者と被開示者双方に関わる機能である。

表 1-9　自己呈示行動の分類(Tedeschi & Nortman, 1985)

	戦術的	戦略的
防衛的	弁解 正当化 セルフ・ハンディキャッピング 謝罪 社会志向的行動	アルコール依存 薬物乱用 恐怖心 心気症 精神病 学習性無力感
主張的	取り入れ 威嚇 自己宣伝 示範 哀願 称賛付与 価値高揚	魅力 尊敬 威信 地位 信憑性 信頼性

防衛的自己呈示が苦境からの回復を目標とするのに対して，主張的自己呈示はさらなる状況の好転を目指して行われるものである。しかしそれぞれの自己呈示は，現状況下において一時的な効果をもつ戦術的なものと，今後予期される状況を作り替えるためであるとか長期に効果が続くことを意図した戦略的なものとに，さらに分けられる。

行為(表1-9)ともとれるが，しかし一方，日常他者との軋轢を抑制するという点で潤滑油のような役割を果たしているとも言えよう。

1・4 対人関係の形成と親密化

この節では，はたらきかけによる社会的環境の変化として，対人関係の芽生えと深まりをみていく。

1・4・1 対人魅力

私たちは，他者に対して，たとえば友情や尊敬，あるいは嫌悪やねたみなどの感情を伴った評価的態度をもつ。この評価的態度は〈対人魅力〉と呼ばれ，対人関係の形成や進展の基礎をなす。対人魅力にはさまざまな要因が効果を及ぼしているが，他者への態度としてとらえれば，態度の3成分である認知，感情，行動面に分けてこれら諸要因を整理することができる。

(1) 認知的要因

とくに初対面では，外見に優れた他者に対して男女に関わらず魅力を感じやすい。外見が対人魅力に効果をもつ理由として，「美しい人は善人」というステレオタイプがあるためである。たとえばアニメや絵本では，正義の味方は決まって格好良く，悪者は醜悪に描かれている。私たちは，こうした経験を通してこの種のステレオタイプをもつようになる。したがって外見の良い人を善人と推測するために，その善人である相手に好意もつと考えられる。また"類は友を呼ぶ""似たもの夫婦"などと言われるように，対人魅力と類似性との間には正の相関関係が認められる(図1-17)。似ている他者とのつきあいであれば，相手の気持ちや次に何をしてくるかなどは自分を振り返ることで推測しやすいし，似た考え方をもつ者同士であれば「自分の考えは間違ってはいなさそうだ」と思いやすい(合意的妥当化)。こうして気軽で，安心でき，自信さえ与えてくれる似た人に魅力を感じるのである。ただし，たとえば夫婦や職場の人間関係のように，互いに役割を分担し合うことがとくに求められる場合には，自分と相手の長・短所がうまくかみ合えるように，自分と相補的である他者が好まれる。

(2) 感情的要因

私たちは，食べるとか寝るなど，動物としての基本的な欲求をもっている。さらに人として生きていく上にも必要な，満たすべき欲求がある。この1つに他者と一緒にいたいという〈親和欲求〉があげられる。不安や恐怖は，この親和欲求を強め，対人魅力が喚起されることが示されてきた。また時には，生理的な覚醒がとくに恋愛感情のような強い好意と結びつく場合がある。たとえばきわめて不安定で高い吊り橋を渡れば誰にでも，胸はドキドキし，顔も紅潮するなど身体に変化が生じよう。これは吊り橋を渡ったために引き起こされた生理的変化である。しかし，たまたまそこへ異性が現れ話しかけられた時に，自分の身体に起きた変化を吊り橋ではなく異性の出現によると誤って判断してしまえば，ドキドキはトキメキとして体験されることになる(図1-18)。私たちは，まず生理的覚醒を自覚し，次にその覚醒の原因を探索・説明しようとする。そしてその説明に応じた情緒語によって自分の現状がラベルづけられる。ここに感情が体験されるのである。これを〈情動の二要因理論〉という(4・2・5(3)参照)。誤ったラベルづけが行われることを〈錯誤帰属〉という。実際に，反対されているカップルほど熱愛度が高くなるという〈ロミオとジュリエット効果〉が認められている。時に原因を取り違えていないかを自覚的に点検する必要もあろう。

(3) 行動的要因

空間的に近接であることが対人魅力を喚起させる(図1-19)。この理由の1つには，単純接触効果があげられる。これは，ただ単純に接する機会が多く見慣れてくるだけでもその対象を好ましく感じてしまう傾向をいう。また，他者との交流(相互作用)から得られる報酬が同じであっても，空間的に近接している他者の方が，たとえば会うために使う電車賃や時間など，相互作用を行うためのコストは少なくて済むため，報酬からコストを差し引いて得られる純益は，近接しているほど大きくなる。他者との相互作用を，気持ちや，金品，奉仕や情報などの交換過程とみなし，報酬やコストという古典経済学的概念を用いながら，社会的行動や社会的環境を説明しようとする考え方を広く〈社会的交換理論〉という(表1-10)。メリットを得るにふさわしい近接した他者を私たちは求めようとするのである。さらに，

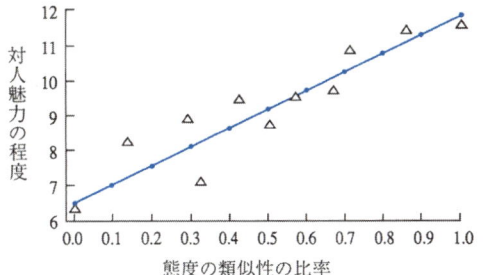

← 図1-17 態度の類似性と対人魅力(Byrne & Nelson, 1965)
参加者はまず,いくつもの論題に対する態度を測定される。その後,他者が自ら回答した(と称して実際には参加者が操作した)態度の書かれている用紙を参加者は見せられ,その人への好意を尋ねられた。参加者自身と見せられた他者の態度との間の類似性が増すほど,その他者への好意度も上昇していった。

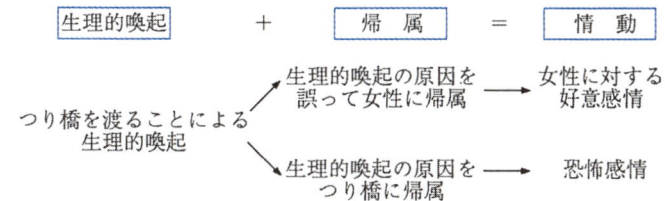

図1-18 情動の二要因理論(Schachter, 1964)
生理的覚醒を自覚すると,その覚醒の原因を求めて自分を取り巻く状況を探索し始める。この時,覚醒を説明できそうな手がかりが得られると,その手がかりに関連する情緒用語で自分の生理的覚醒をラベルづける。ここに情動が体験されることになる。

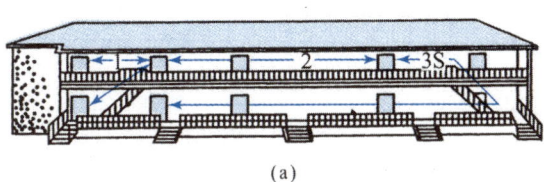

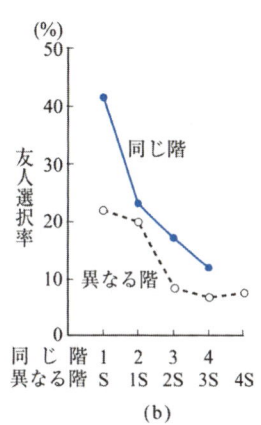

図1-19 (a) 学生アパートの見取り図,および (b) 各住居の近さと友人選択率との関係(Festinger, Schachter, & Back, 1950)
既婚学生用のアパートにおいて,入居後半年経過後の友人選択率を調査したところ,住居が物理的に近いほど友人として選ばれる傾向があった。

表1-10 社会的交換理論(Thibaut & Kelley, 1959)

(a)	O>CL, CLalt	現在の関係に満足し,残留する。
(b)	CLalt>O>CL	現在の関係に満足はしているが,新しい関係に移る。
(c)	CL>O>CLalt	現在の関係に不満ではあるが,残留する。
(d)	CL, CLalt>O	現在の関係に不満であり,離脱し独立する。

今A・Bの2者関係を想定すると,たとえば(a)では,もしA君のB君との関係から得られる利益(O)が,A君個人が自分としては満足する基準(比較水準,CL)やB君ではない別のC君とつきあうことで得られる利益(選択比較水準CLalt)よりも大きければ,A・B両君の対人関係は満足価が高くきわめて安定しており,A君はB君との関係を維持しようとするだろうと考えられる。

対面場面で相手と同じ仕草をとる方が相手から好まれやすく，この現象は一般に〈ミラーリング〉と呼ばれる。

1・4・2　親密化過程

はじめは誰とであっても初対面の関係から始まるが，顔見知り，友だち，親友や恋人，あるいはさらに配偶者などいくつもの段階を経て，対人関係は深まるが，時には疎遠になったり崩壊するという変化をもみせる。一般に，対人関係の形成・進展過程は〈親密化過程〉と呼ばれている。表1-11には，異性が出会ってから配偶者になるまでの時間経過の中でいかなる事象が生じ，当事者に問題視されるかがまとめてある。現在の交際が親密化のいかなる途上にあるかを知るチェック・ポイントであり，また何が満たされれば次の段階に移行できるかがわかるという点でターニング・ポイントを教えてくれる。対人関係とは，出会えば自然と親しくなっていくものではなく，各段階ごとに満たすべき条件があり，それを満たし合える相手か否かを査定し，さらに親しい関係のパートナーとして特定の他者に絞り込んでいくものなのである。

1・4・3　親密化機序

実際のカップルを追跡調査した結果である表1-11では，いずれの研究においても共通に，自己開示，類似・異質性認知，そして役割分担という過程の存在が指摘されている。このことから，親密化は，「自己開示の交換を通して徐々に明らかにし合った両者の類似・異質点にもとづき，特定な役割行動を遂行するよう期待し合い，当事者間の相互依存性レベルを高め影響力を増していく過程」（下斗米，2000）によって引き起こされていると考えられる。私たちは，自己開示により互いの情報を得て，類似点だけではなく異質点も知り，それをもとに役割を分担する。その役割分担が機能してはじめて，関係が維持できるのである。たとえば，恋人同士がやがて結婚をして一緒に暮らし始めた時点で，食事や掃除などの家事が発生する。あるいは子どもができれば育児をどのように分担するかも問題となる。これらの課題が解決されていかなければ，夫婦関係は維持できないであろう。ところが，この家事や育児は恋人同士の段階には発生しない課題である。このように，親密化過程での各段階にはそれぞれ異なる課題が考えられる。対人関係は，ひとたび役割分担ができあがり維持されていても，次の段階に移行する際に，これまでの役割分担で解決できていた課題が変わってしまうために，現在の役割分担が機能不全を起こす。'喧嘩するほど仲がよい'と言われる通りに，これが葛藤なのである（図1-20）。しかしその時，再度自己開示へと立ち戻り，類似・異質性を見直し新たな役割が分担されるならば，以前より互いに深く理解し合えるようになり，影響力をさらに強め合えるようになる。葛藤は必然的に起こるものであるが，〈三

表1-11　親密化過程に関する段階理論（下斗米, 1999）

関係段階	Kerckhoff & Davis の配偶者選択に関するフィルター理論	Lewis の結婚に至るまでに2人が経る六過程	Murstein の配偶者選択に関する SVR 理論	Levinger & Snoek の2人の関係性レベル
初期 ↓ 後期	価値観の類似性 欲求の相補性	多様な特性における類似性 ラポール 相互の自己開示 相手の共感的理解 対人間での役割適合(例, 欲求の相補性) 二者の結晶化(例, 関与, カップルとしての同一性)	外見的特性を刺激として喚起される魅力(例, 身体的魅力) 価値観の類似性 関係内で課された役割の遂行結果の良好さ(例, 妻と夫)	一方的に意識―相手のもつイメージと相手からの潜在的利得に基づく魅力 表面的接触―相手の役割遂行により，もたらされた結果の満足感に基づく魅力 相互性―自己開示のわれわれ感情醸成

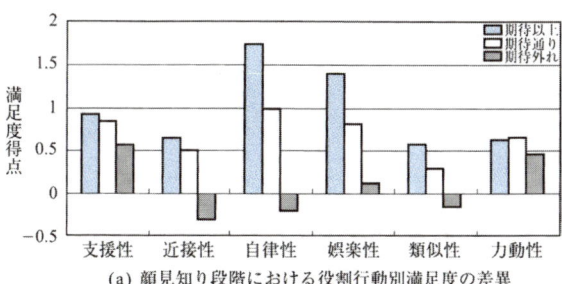
(a) 顔見知り段階における役割行動別満足度の差異

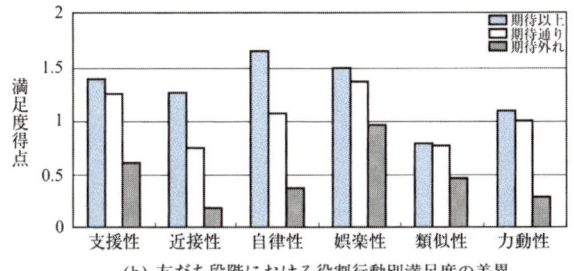
(b) 友だち段階における役割行動別満足度の差異

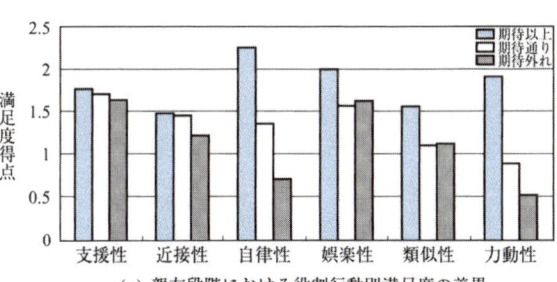
(c) 親友段階における役割行動別満足度の差異

◀ 図1-20 親密化過程における葛藤原因の推移（下斗米，2000）
友人関係においては，互いに物心両面で助け合うこと（支援），時間や空間の共有（近接），過度な負担を相手にかけないように自分を統制すること（自律），コミュニケーションの促進（娯楽），互いの類似・異質点を検討・確認すること（類似），積極的自発的に相手との関係に関わりをもとうとすること（力動）が，役割として期待されている。相手が期待以上に役割を遂行している場合，期待通りの場合，期待はずれである場合で，相手への満足・不満足感の強さを調べた結果，親しくなっていく過程で，期待はずれでも不満に思わない段階と強く不満を感じる段階があった。各段階で当該の対人関係を維持するために必要とされる役割が変化していることがわかる。また実際にこの不満が葛藤を引き起こす主要な原因であることも確認されている。

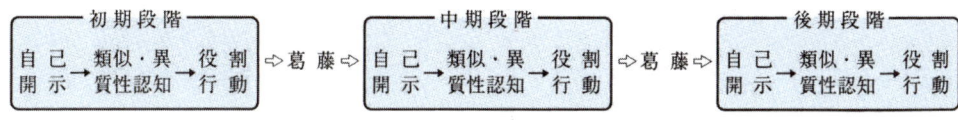

図1-21 親密化過程における三位相のはたらき（下斗米，2003）
自己開示，類似・異質性認知，役割行動という三位相が葛藤をきっかけに循環されていくことを通して，対人関係が親密になっていくと考えられる。

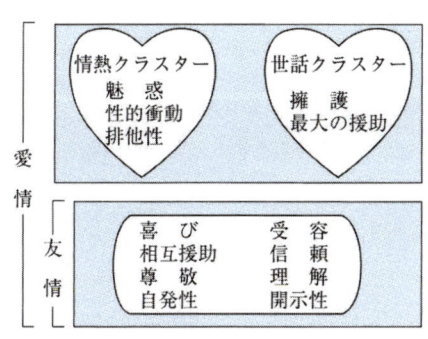

図1-22 愛情と友情（Davis, 1985）
友情と愛情との間には特徴的差異があるものの，友情は愛情に包含されるとする考え方である。

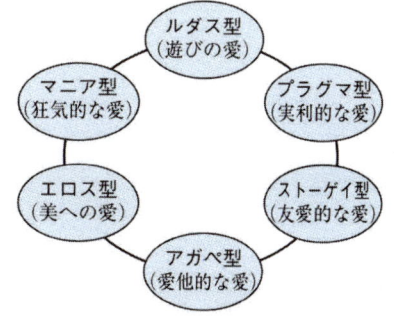

図1-23 恋愛のスタイル（Lee, 1977）
恋愛感情や行動の表現スタイルについて，リーは文芸作品などから恋愛に関わる記述を収集し，6つに類型化した。これら6類型は，対角要素間が正反対である円環関係を想定させるために，色環になぞらえて恋愛の色彩理論とも呼ばれる。

位相〉を循環させて新たな役割分担が作り変えられ，対人関係は親密化していくのである(図1-21)。

親密化機序については恋愛関係と友情関係に差異はないが，より具体的な行動様式や感情の種類などにおいては特徴的差異が認められ(図1-22)，同じ恋愛関係においてもより多様化してきている(図1-23)。

1・4・4 社会的痛み

たとえば，排斥や裏切り，拒否や虐待，村八分など，周囲の人々から〈社会的排除〉を受けてしまう事例は残念ながらよく見聞きされる。こうした排除を受けた人の〈社会的痛み〉は，身体に傷を負った際に身体的痛みを感知する脳の部位と同じ場所で生じる。すなわち人からの排除は，私たちが心身両面で傷つくことに他ならないのである。そしてこの社会的痛みは，家族，友人や恋人などとくに親密な他者や集団からの排除において苛烈なものとなる。

さらに排除された人は，感覚が鈍麻し，論理的思考が低下し，共感性が低くなり，攻撃性が増し，また健康に良くない行動を自ら進んで行おうとするようになる。こうした状態になれば周囲からはさらに排除されることにつながってしまうため，援助やサポートを受けられないままよりいっそう劣悪な社会的環境に追い込まれていくことになる。このような社会的排除による傷つきを適切に理解し，排除がおきた時には速やかに被排除者に寄り添い，さらに不適応行動を起こし，二次的三次的に傷つくことのないようにケアを心がけていくことは，専門家はもちろん私たち一人ひとりにとっても，快適な社会生活を送る上で必要なことなのである。なお，図1-24は実験室で作り出された社会的排除事態の一例である。

1・5 集団構造化

相互作用のある複数の人々の集まりは〈集団〉と呼ばれ，話をするなどということもない，単なる人々の集まりである〈集合〉と区別される。1対1の対人関係からもう1人増えて3者関係になるだけでも，成員間のまとまり方や規範の形成，地位の分化，リーダーシップのあり方など，種々の面で構造が複雑になる。ここでは，集団がどのように構造化されていくかをみていく。

1・5・1 コミュニケーション・ネットワーク

集団構造のとらえ方には，各成員間の勢力に基づく社会的勢力基盤から(表1-12)であるとか，各成員間の選択・排斥に基づくソシオメトリック構造(図1-25)からなど多種あげることができる。しかしこうした成員間の関係性ではなく，より集団全体としての構造を考える上では，集団内のコミュニケーションの流れ方である〈コミュニケーション・ネットワーク〉からとらえられることが多い。そして，こうした構造と集団の諸活動との関係や，構造そのものの変化などを検討する研究領域を，一般に〈集団力学〉と呼んでいる。

(1) 活動面への影響

成員数に応じて想定できるネットワーク構造は飛躍的に多様となるが，とくにネットワーク構造の重

表1-12 社会的勢力の基盤(French & Raven, 1959)

報酬勢力	AがBに報酬を与える能力をもっているというBの認知に基づく勢力。
強制勢力	AがBに罰を与える能力をもっているというBの認知に基づく勢力。
正当勢力	Aが社会的地位や権威などをもっており，Bの行動を規定する正当な権利があるというBの認知に基づく勢力。
参照勢力 (準拠勢力)	BがAに魅力を感じ，Aと同じような人間でありたいと望むような，BのAに対する同一視に基づく勢力。
専門勢力	Aが特定の知識や技術をもっているというBの認知に基づく勢力。

2者の間でやりとりされる心的資源(物品，情報，奉仕，魅力や愛情など)の内容に従って，勢力基盤は大別できる。成員間の勢力構造が異なると，たとえば早期に1つの意志に結論が落ち着くであるとか，意見が分かれ平行線のまま意志決定が遅滞するなど，その集団における意志決定過程に影響を及ぼすことが知られている。近年では，情報勢力を基盤に加えて考えられることもあり，資源としての情報がもつ重要性は増してきているといえよう。

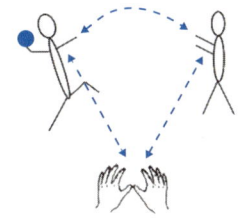 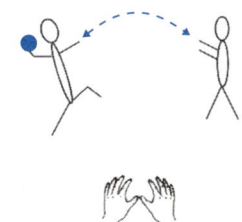

(a) 社会的受容　　　(b) 社会的排除

◀図 1-24　社会的排除事態におけるサイバーボール課題 (Eisenberger & Lieberman, 2004)
3人一組でコンピュータを介してボールをトスし合うことが求められる。中央の手は実験参加者であり，ディスプレイ上の2人は，他の参加者である。はじめは自分にもトスが上がる(a. 社会的受容)が，途中から自分には全くボールが回らなくなる(b. 社会的排除)ようプログラミングされており，他の2人から仲間はずれにされる事態を経験することになる。

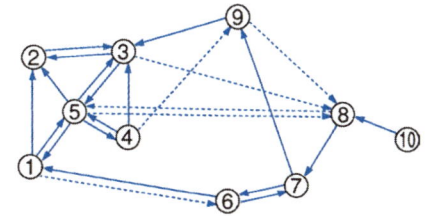

◀図 1-25　ソシオグラム (Moreno, 1953; Proctor & Loomis, 1951)
ソシオグラムによって，ある集団内の成員間の感情的な結合を把握することができる。各数字は一人の成員を表し，実線の矢印は誰が誰を好きな成員として選択しているかを，そして破線の矢印は誰が誰を排斥しているかをそれぞれ示している。たとえば，集団全体の構造上の特徴は，結合がみられず各成員が孤立している状態や，仲良しの下位集団にいくつも分派していて相互に離反しあっている状態，あるいは少数のリーダーのもとに結合関係が成立している状態などに類型化してみると理解が容易になる。

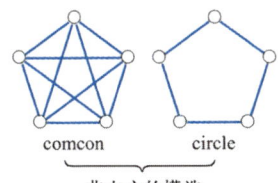 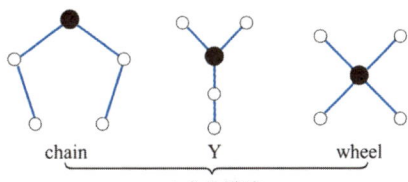

非中心的構造　　　　　　中心的構造

図 1-26　コミュニケーション・ネットワークの5型 (Levitt, 1951)
丸は人を示し，線分はつながれた人同士の間でコミュニケーションが可能であることを表す。黒丸は中心的ポジションを意味しており，情報操作に裁量が最も大きい。

表 1-13　ネットワーク構造が集団活動や成員の満足度に及ぼす効果 (Shaw, 1964)

		単純な課題	複雑な課題	計
時　間	中心的構造が速い	14	0	14
	非中心的構造が速い	4	18	22
メッセージ	中心的構造が多い	0	1	1
	非中心的構造が多い	18	17	35
誤　り	中心的構造が多い	0	6	6
	非中心的構造が多い	9	1	10
満足度	中心的構造が高い	1	1	2
	非中心的構造が高い	7	10	17

表は，どのような実験結果になったかにもとづいて，過去の代表的な研究の数を整理したものである。記号や色などを合わせる単純な課題と算術や文章構成など複雑な課題に分けて検討したところ，集団で解決すべき課題が単純である場合には中心的ポジションをもつ集団が，逆に複雑な課題に対しては非中心的構造の集団が合理的に解決できると結論づけた研究例が多い。しかし，成員メッセージ数や参加への満足度は，いずれの課題であっても非中心的構造の集団が優れていることが示されている。中心的・非中心的構造いずれかで集団力学に差が生じるとともに，課題の単純さに応じていずれの構造のネットワークにするかが，集団活動の質を高めていく上に重要であることを示している。

要な特徴は，〈中心的・非中心的構造〉である(図1-26)。この構造次第で，課題解決に要する時間，発言メッセージ数，思考や判断の誤り，また成員の満足度などが大きく変化してしまう(表1-13)。ネットワーク内の中心的ポジションを占める人は，他の周辺的ポジションの人よりも，集団内で流れる情報を最も入手しやすい立場である。しかし，入手が容易なだけではなく，その情報を貯蔵したり，加工したりすることも，さらにはそれを周辺の成員にどのように再分配するかについても裁量が大きい。中心的成員をもつか否かに加えて，この中心的成員の裁量次第で，集団全体の活動性が変わってしまうのである。このネットワークのあり方が，集団の目標達成や課題解決に向けた活動をいかに大きく左右させてしまうかがわかる。

(2) 成員の関係性への影響

ネットワークのあり方は，こうした集団の活動面だけではなく，成員間の関係性にも多大な影響を及ぼす。先述の通りに，中心的ポジションをもつネットワークで相互作用が繰り返されていくと，この中心的成員は周辺的成員よりも大量の，そして1人の周辺的成員にはない新規な情報を得ていくことになる。こうして周辺的成員は，中心的成員から常に多くの知り得なかった情報をもらう立場となる。社会的交換理論によれば，相互作用は交換過程であるので，周辺的成員は中心的成員からの情報に対して何らかの心理的資源を与えなければならない。保有する情報が質量とも圧倒的に劣る周辺的成員にとり，情報以外の資源によって報いるしかない。これには金銭や奉仕もあり得るが，多くの場合は，尊敬や信頼といった気持ちが中心的成員に向けられるのであり，ここに〈地位〉が発生することとなる。単なるネットワーク内の位置が，しかし，地位を分化させることにもなるのである。

またネットワークのもとで相互作用が続けられていくと，成員は，特定の，ものの見方や考え方，あるいは行動の仕方を共有するようになっていく(図1-27)。集団で共有された認知や態度，行動の枠組みを〈集団規範〉という。集団規範が形成されると，その規範に同調し，その結果全員が同質となるよう〈斉一性圧力〉が，各成員にかかるようになる(図1-28, 29)。これにより，さらにいっそう集団全体に独特な雰囲気が生じていくこととなる。

1・5・2 リーダーシップ

前節の通りに，どのような集団であっても，そこでのコミュニケーションは，集団活動の効率や生産性自体に関連するものと，互いの好き嫌いや緊張を高めたりあるいは緩和するなど成員間の関係性に関わるものとに大別できる(図1-30)。前者は集団に対して〈課題達成機能〉をもち，後者は〈社会的・情緒的機能〉を有したコミュニケーションである。本

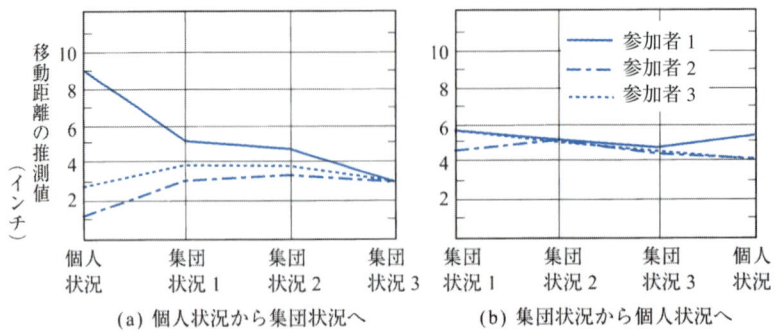

図1-27 個人規範と集団規範の形成(Sherif, 1935)
　暗室で静止する光点を凝視すると，それが移動しているかのように見える自動運動現象を利用して，規範の発生と集団規範の強さについての実験が行われた。参加者は個人単独で光点の移動距離を報告していくと，次第にその距離が一定の範囲内に収まるようになっていく(個人規範の形成)。左図(a)では，参加者に，まず一人で光点の移動距離を報告し個人規範を形成させ，その後3人1組で暗室に入り同様に移動距離の報告を行わせた結果である。3人の推測値が回を重ねるごとに近づき，ほぼ一致していく(集団規範の形成)。ところが，右図(b)は，最初から集団状況で規範を形成させると，その後に個人で判断を行っても集団規範が個人規範とされてしまうことを示す。

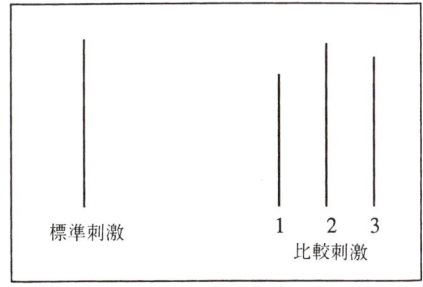

図 1-28 同調実験で用いられた刺激図形（Asch, 1951）
　参加者は 7 人から 9 人で 1 組となり，教室内で，標準刺激と同じ長さの比較刺激を選択するという課題を行う。一人一人が自分の選択結果を順次答えていくことになるが，自分を除く他の参加者（サクラで真の参加者ではなかった）のほとんどが比較刺激の 1 番を選択していった後では，明らかに誤りであるとは思いながらも真の参加者の多くが，多数派の誤りに同調して 1 を選択した。人は，自身の判断に確信がもてるような場合にあっても，同調を容易に起こすことがわかる。

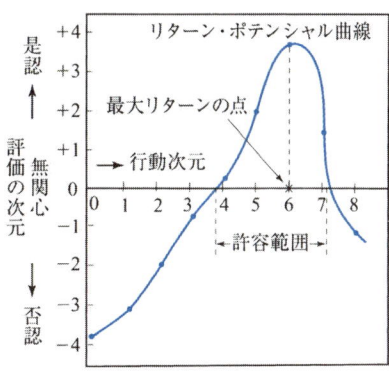

図 1-29 リターン・ポテンシャル・モデル（Jackson, 1960）
　横軸は規範化されている行動がとられる程度を，縦軸は，ある成員がその行動をとった時に他の成員が下す評価を示している。集団規範が形成されると，最も肯認される程度（最大リターン点）とそれを中心とした許容範囲が認められ，許容範囲よりも程度が低くても高くても逸脱するほどに否定的評価が生じる。曲線の形状や最大リターン点の行動次元上の相対的位置，許容範囲の広さなどは，集団の特徴をよく表している。

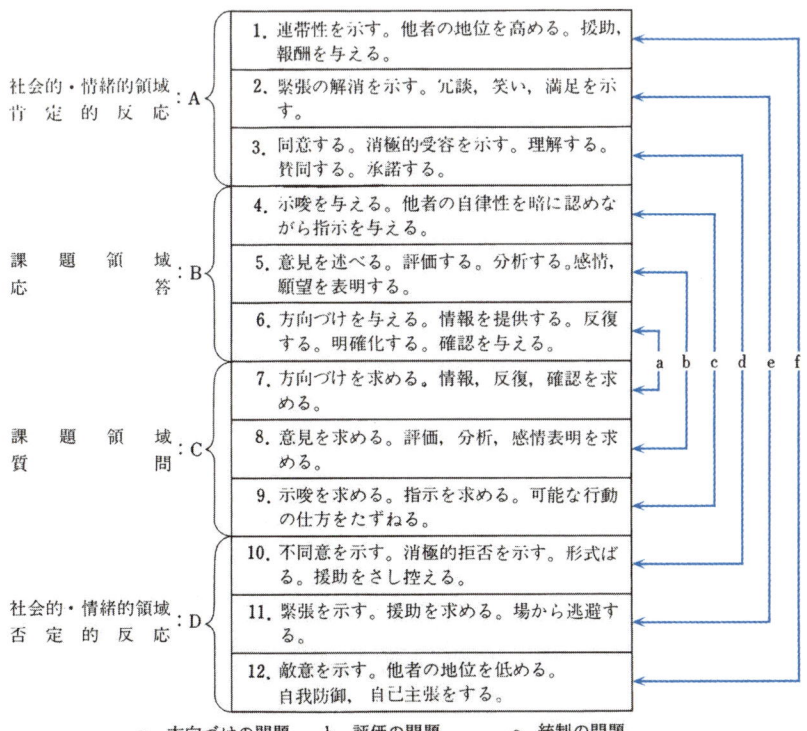

図 1-30 相互作用過程分析のカテゴリー（Bales, 1950）
　いかなる集団であっても成員間の相互作用は，「社会的情緒的領域」と「課題関連領域」のいずれかに関わり発生し，そこでの機能から相互作用を 12 のカテゴリーに大別することができる。これらのカテゴリーにもとづいて相互作用を観察していくことにより，その集団が現時点でいかなる勢力構造にあり，あるいはどのような領域に偏りが見られるかを知ることができ，またカテゴリー発生頻度の変遷をたどれば，当該集団の構造にどのような変化が現れていったかを検討する有力な材料ともなる。

来達成すべき課題のために構成された集団ではあっても，全相互作用時間の内3，4割は社会的・情緒的コミュニケーションに費やされる。しかし，課題達成に直接関わらない社会的・情緒的コミュニケーションは集団維持には必要不可欠なのである。集団が維持されなければ，集団目標の達成は望めない。この意味で，社会・情緒的コミュニケーションも間接的ながら集団活動において機能していると言える。

ところで集団目標を達成する過程において，ある特定の成員が大きな影響力をもつ時，この影響力を〈リーダーシップ〉という。リーダーシップには専制型，民主型，そして自由放任型の3タイプがあるが，それぞれを比較したところ，民主型が最も集団活動の質が優れ，成員の独創性や友好度も高かったのに対して，専制型では成員間に敵意が生じ，自由放任型にあっては活動の質が最低であったとの報告がある。

このように，リーダーシップのあり方は集団全体にきわめて強い影響を及ぼす要因となる。そもそも，集団内のコミュニケーションが課題達成領域と社会的・情緒的領域に分けられるのであるから，リーダーが集団成員にもつはたらき，すなわちリーダーシップの機能も目標達成機能（P機能）と集団維持機能（M機能）の2種類を考えることができる。両機能を発揮するリーダーもあれば，いずれかの機能のみを重視するリーダー，あるいは両方共に機能しないリーダーを想定することもできる（図1-31）。この類型は，学級や職場，家族など実際の集団を理解し，あるいは改善していくための視点として応用されている。

1・5・3 社会的ジレンマ

集団の中では，各成員の報酬や損失が本人の行動で全て決まるわけではない。むしろ，集団成員間には，互いに自分と相手の行動との組み合わせによって決まる〈相互依存的関係〉が作り出される。とくに，人は，協同と競争のいずれの行動もできる状況において，協同する方が得になる場合でさえ，競争に偏りやすい傾向がある。〈トラッキング・ゲーム〉（図1-32）や〈囚人のジレンマ・ゲーム〉（図1-33）を用いると，自分の利を最優先せず互いに協力し合えば共栄状態になれるところを，相手を信頼できず自分が搾取されることを恐れてしまうと，結局集団全体が競争状況になっていき，全成員が共貧状態に陥っていく様子がわかる。個々人が自己の利益を追求し経済的・合理的に行動をした結果，その代償が集団全体に広がりかねない状況を〈社会的ジレンマ〉と呼んでいる。たとえば，自分の部屋にゴミをため込みたくないという理由で，決められた日以外にゴミを出すことを地域の人々がし始めると，結局ゴミを収集してもらえずに近所全体がゴミであふれ，不潔な環境に身をおくことになってしまうかも知れない。環境問題や資源問題の解決にも考慮する必要がある。

1・6 集団内の社会的影響

集団という社会的環境下には独特な現象が生じる。こうした現象が立ち上がると，個々の成員はもとより集団全体の様相も劇的に変貌を遂げていく。

1・6・1 集団内パフォーマンス

ある作業をひとり単独で行っている時に比べて，傍らに他者がいる場合に作業がずっとはかどったり，逆に作業の手が鈍ることがある。前者は〈社会的促進〉，後者は〈社会的抑制〉と呼ばれる。一般に，他者の存在はそれだけで生理的覚醒を起こすことが確かめられている。この覚醒水準が高まると，自分が良く習熟して得意な行動などの優勢な反応は生じやすく，一方これと逆にあまり習熟されていない劣勢の反応は抑えられてしまう。さらに，劣勢な作業を行うに際して他者がそれを観察していることを意識すれば，自分が低く評価されてしまうのではないかと心配や不安も抱く。これは〈評価懸念〉と言われ，いっそう社会的抑制を高める原因となる。

しかし，集団状況ではまた，本来1人で発揮できるはずの作業量や努力量，意欲などが低下してしまう現象も確認されている（図1-34）。この現象は〈社会的手抜き〉と呼ばれる。集団であれば成果が上がらなくてもその責任は自分だけが負うわけではないからと考えがちである。また，集団のサイズが大きくなるほど個人の集団への貢献度もわかりにくくなってしまう。この責任分散は社会的手抜きの原因の1つと考えられる。さらに集団において，自分という感覚や自分の果たすべき責任や役割意識などが薄れてしまう〈没個性化〉が生じることによって

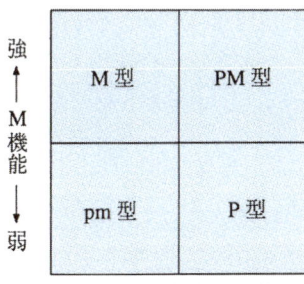

図1-31　PM理論（三隅，1984）
集団リーダーは潜在的に目標達成（performance）機能と集団維持（maintenance）機能を有していると考えられるが，リーダーの2つの機能への重視や発揮の強弱によって，リーダーシップが4類型に大別できる。職場集団ばかりでなく，学級集団や家族集団など多様な集団においてこの類型化は検討をされており，リーダーシップの類型により当該集団のモラール（士気）や生産性などに大きな差異が生み出されていくことが明らかにされている。

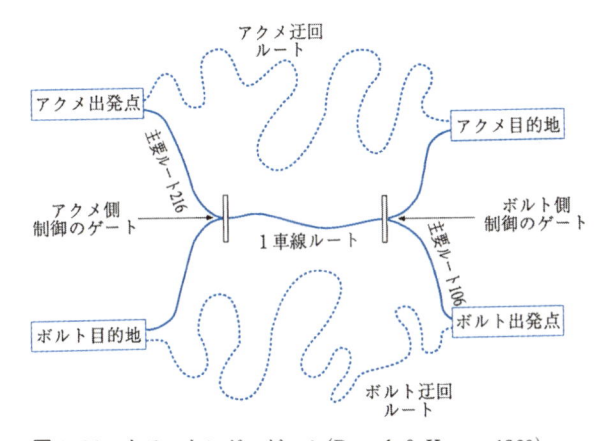

図1-32　トラッキング・ゲーム（Deutsh & Krauss, 1960）
参加者は，アクメ社もしくはボルト社のいずれかの経営者になり，自社のトラックを一定時間内にできるだけガソリン代を抑えてかつ多くの回数，出発地から目的地まで走らせることが課題となる。中央の1車線は双方にとって目的地までの最短距離のルートであるが，すれ違うことができないようになっている。この状況で最も効率がよいトラックの走らせ方は，双方が交互に中央の1車線を利用しあうことである。しかし多くの参加者に，はじめから1車線の利用で生じる競合を避け迂回路を利用し続けたり，互いに1車線の中で道を譲らず時間ばかりを費やしてしまったり，1車線を封鎖して相手に迂回路を利用させるよう威圧するなどの方略がとられ，共栄状態に至らない場合が認められる。

図1-33　囚人のジレンマ・ゲームの利得行列
共犯を疑われた囚人A・Bは別々の取調室で黙秘か自白かの選択を迫られるという設定で，相手の選択結果がわからない状況である。この状況下で，両者とも黙秘であれば犯罪のすべてが立証できず2年の刑，逆に2人とも自白であれば刑期は8年となる。しかし相手が黙秘をする一方で自分が自白を選ぶと情状酌量により刑期は6か月と大幅に減刑され，逆に自分ばかりが黙秘をしていると10年という重刑が科されることになる。相手がどのような行動をとるかがわからない不確実性と，個人の報酬が相手の選択結果に依存して決まってしまうという相互依存性が操作されている。

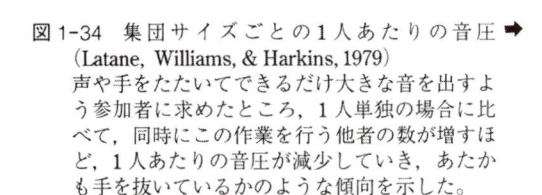

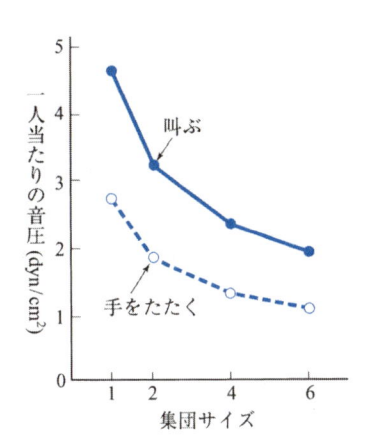

図1-34　集団サイズごとの1人あたりの音圧（Latane, Williams, & Harkins, 1979）
声や手をたたいてできるだけ大きな音を出すよう参加者に求めたところ，1人単独の場合に比べて，同時にこの作業を行う他者の数が増すほど，1人あたりの音圧が減少していき，あたかも手を抜いているかのような傾向を示した。

も，この社会的手抜きが引き起こされてしまうのである。

1・6・2 集団意思決定

"三人寄れば文殊の知恵"とはよく言われるものの，集団状況では個人単独に比べて，意思決定が質量共に劣ってしまう場合がある（図1-35）。

(1) 集団極性化現象

集団討議の場合，1人で出す結論よりも極端な方向に結論づけられやすい。この現象を〈集団極性化〉という。厳密には，過激で危険な方向へ結論が推移していく〈リスキー・シフト〉と，平凡で穏便な方向に動いていく〈コーシャス・シフト〉がある。

この現象は，責任分散によって引き起こされることもあれば，集団の他の成員と少しでも異なった意見を言って自分の存在意味を確認したり他者に自分を印象づけたいと望む気持ちから，他者の上へ上へと意見が積み重なった結果，極端になる場合もある。また，ある極端な意見が出てきても，私たちは困難なことや危険なことに立ち向かうことは価値があるという文化の中にいるために，極端な意見について再考を促しにくくなってしまう。さらには討議が繰り返されるほどに，自分たちはこの問題を熟知した専門家であり，その専門家の出した意見に間違いはあるまいと，他の結論を探索しようとしなくなる場合も考えられる。これら多様な原因によって，集団意思決定の質量は個人単独と比較して劣ったものになりがちなのである（表1-14）。

(2) 集団的浅慮

いわゆる大の仲良しグループのように，互いの気持ちや行動が強く結びつき閉じられた集団であるほど，何かを決めた場合に，明らかに間違っていても結論が正しいと信じ切ってしまったり，もっと優れた考えがあるにもかかわらず自分たちの集団の結論にこだわり続けてしまう現象がある。この〈凝集性〉が高い集団にとくに認められる現象を〈集団的浅慮〉という。凝集性の高い集団ほど，外部とのコミュニケーションが希薄になるために，新たな情報や自分たちとは異なる意見や考え方が入ってこなくなる。成員が皆同じ情報をもつに至るために，ある人の意見については，理解できこそすれ，反対する材料は持ち得ない。このために，結論が妥当であるか否かを評価できなくなる。さらに，こうして成員が情報を共有し同質化していくと，やがて論題とは関わりのない，たとえば声が大きい，行動が速いといった特徴が目立ち，あたかも重要な差異であるかのように感じられ，このような指示的な特徴をもつ者がリーダーに選ばれやすくなっていく。リーダーは結論の実行を指示するが，この時点ですでに集団は外部からの情報を取り入れることはなくなっており，かつその結論に反対する材料をもつ成員は誰1人いないこととなる。こうしてリーダーの意見に追随するようになっていくのである。この現象が極度に進むと，自分たちの集団が出した結論やリーダーの意見は論破し得ない不死身のものであると考えられるようになり，内集団にあってはそれに反対する者がいないかどうか検閲をかけ合ったり，一方で異なる意見をもつ外集団には攻撃的になっていく。そのような集団にならないためには，まず外集団との接触をきらさないことが肝要となるが，また仮想敵の立場から自分たちの結論を批判してみる手続きを入れ込んで集団討議を行う〈ポテンシャル・エネミー法〉も提唱されている。私たちにとって，意識的に自分の集団を振りかえる習慣を持つことが，自分の集団の機能性を維持し，不利益のある事態に身をおかないための大切な方策になると言える。

(3) 集団の衰退と集団的不適応

どのように輝かしい業績をあげてきた集団であっても，現時点での構造のままに放置しておくと，やがては必ず衰退することになる（図1-36）。衰退の兆候を敏感に察知し，集団構造への介入が適切に図られるかどうかが，衰退を抑制し，あるいは若返らせる上に重要なのである。

またそもそも集団を構成すること自体に，私たちの誰にとっても望ましくない事象を引き起こす可能性が明らかにされている。たとえば，成員同士がどのような交流をしてきたかなどを一切取り除き，サイコロを振って偶数と奇数の目が出た者同士で集団を作るだけでも，やがて両集団間の交流がなくなり，内・外集団を明確に区別にするようになり，かつ内集団は優れており外集団は劣った人々の集まりと認知するようになっていくことが知られている。これは集団を形成すること自体に，偏見や差別を生み出す可能性が内包されていることを示すものである。さらには強固に閉じられた集団ほど，外集団に対して攻撃的になり，内集団の中で同じ成員間の逸

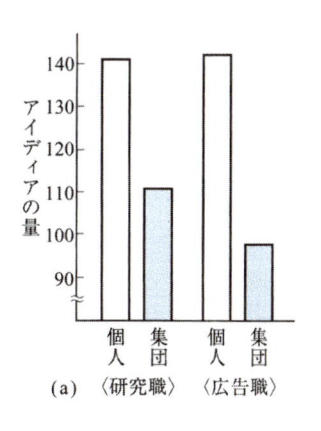

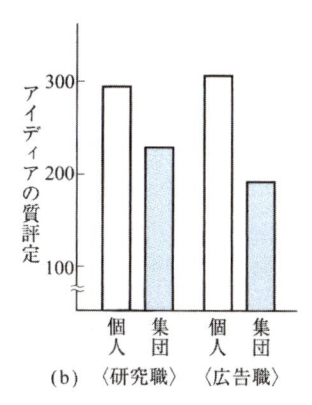

図1-35 個人と集団でのアイディアの違い
(Dunnet, Campbell, & Jaastad, 1963)
課題の解決に向けてアイディアを1人単独で考えた場合と複数の人々が協同で話し合いながら考えた場合を比較してみると，集団状況がアイディアの質量ともに個人単独状況よりも劣ってしまう場合がある。これは，参加者同士が他人の意見などを評価しあわないブレーン・ストーミング場面においても同様の現象が起こったとする報告があることから，反目や葛藤などが原因ではなく，他の集団現象に起因していると考えることができる。

表1-14 集団極性化現象の生起に関わる諸説

a. 社会的比較説
　他者と違ったことを言って自分らしさを印象づけたい，自分の存在意義を自覚したいという気持ちを個々の集団成員がもつことにより，極端な意見が積み重なって生じてしまうとする。

b. 責任分散説
　集団としての結論に自分の意見が採用されたとして，実際その結論で集団が失敗をしたところで，その責任は自分だけがとるわけではないという気持ちが生じるために，過激な意見を出しやすくさせてしまうとする。

c. 文化価値説
　困難なことや危険なことに立ち向かうことは価値あるものだという考え方が文化として社会に受け入れられており，それが集団の危険な決定に歯止めをかけにくくさせてしまうとする。

d. 熟知感説
　討議を繰り返すうちに，討議事項について詳細にまで知り尽くしたという気持ちになり，その専門家としての結論に誤りはないであろうと考えがちとなることから生じるとする。

責任分散説を支持する研究は相対的に多いが，これらはいずれも生起させる原因であり，集団による意思決定はたやすく極性化する傾向をもつ。

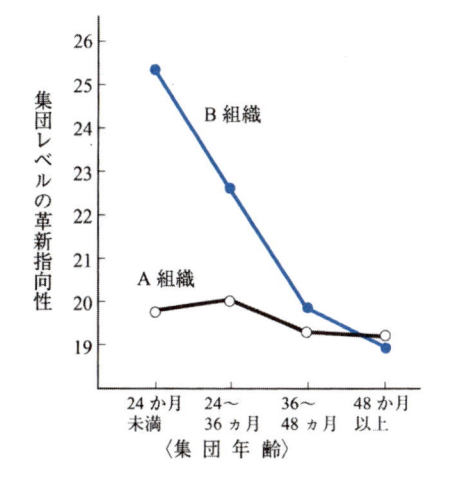

図1-36 集団年齢と革新志向性との関係（古川，1989）
集団の形成から時間の経過と共に，集団をより良く変えていこうとする意欲や行動が低下していく。策を講じないでいると，集団の活動が徐々に衰えていく様子がうかがえる。

脱行動に対して弾圧等の過度な圧力をかけるようになることも示されてきた。

このように，社会心理学における集団力学研究は，散見される差別や偏見，攻撃や弾圧などの社会問題の原因を解明してきた。現在はいかにしてこの原因を取り除くことができるか，あるいは諸問題の前兆や徴候を生じさせないための防止策について検討が進んでいる。

1・7 集合現象

集団としての特徴をもたない不特定多数の人々の集まりでは，組織化されていないために個々人のふるまいは各自の興味や関心，欲求によって散逸的である。しかし散逸的でバラバラな不特定多数の人々が集まることによって，他者のふるまい方に巻き込まれるなどして，やがて特定の行動や態度がとられるよう収束していき，〈集合現象〉が認められるようになる。さまざまな集合現象の中から，パニックや流言という群衆行動や，普及や流行，マス・コミュニケーションを取りあげ，その生じる過程をみていく。

1・7・1 群衆行動

不特定多数の人々が，共通の興味や関心をもって一定の場所に組織化されないまま集合している状態は〈群衆〉と呼ばれ，そこで生じる行動を〈群衆行動〉という（図1-37）。

(1) パニック

災害や経済的あるいは政治的変動などの緊急事態で生じる逃走的なモッブ（乱衆）現象を，一般に〈パニック〉という。群衆がパニックに陥る理由には，a) 共通して強い不安や恐怖にかられ，b) 今とるべき行動指針が得にくく，またc) 今後の見通しや統制が難しく考えられ，一方でd) リーダー不在によるまとまりが欠如していることなどがあげられる。さらに，時間的切迫感が人の論理的思考を奪ってしまうために，パニックでは競争的で攻撃的なふるまいが生じやすく（図1-38），搾取や暴力などの悲劇がいっそう起こりやすい状況になっていく。

(2) 流言とデマ

流言とデマはいずれも，人々の間で連鎖的に広まっていくコミュニケーション現象である。〈流言〉とは，客観的事実であるか否かが確認されないままに情報が広められていく現象であり，〈デマ〉は意図的に歪曲やねつ造されながら情報が浸透していく現象のことである。流言やデマは，情報不足事態に発生しやすく，そこに個々人が興味をもっていたり自分に関連の深い論題でしかも曖昧である時，拡大しやすい。（流言やデマの強さ）R は（論題の重要性）i ×（論題の曖昧さ）a に比例する。そして拡大のルートは多くの場合，親密な間柄で作り出され，その過程の中で親しい者同士であるがゆえに，たとえばおもしろおかしく伝えられるなど，情報が変質されながら広められていくことになる（表1-15）。

1・7・2 普及と流行

〈普及〉とは，あるアイディアが物や情報，行動の様式などに具体化され，人々の間に伝播され，そのアイディアが多数の人々に共有もしくは使用されていくことをいう。この普及は，個人の心理過程（図1-39）と人々の間の心理過程（図1-40）の2つによって成立している。そしてこの普及の過程で，個々人はもとより，社会全体の大きな変革が産み出されていくことになるのである。

これに対して〈流行〉は，①目新しさ（新奇性），②必ずしも社会に広く効用があるとは言えないこと（効用からの独立），③短期間に爆発的に普及し消滅すること（短命性），④社会や人を劇的に変えてしまうことがない（瑣末性），⑤他にも似た機能をもつものの中から選ばれていること（機能の選択性），⑥時間に長短はあっても繰り返されること（周期性），そして⑦気分のような人の表層的なところだけを変化させる（表層的効用），という特徴をもつ。

1・7・3 マス・コミュニケーション

〈マス・コミュニケーション〉とは，不特定多数の受け手に，新聞やテレビなどのメディアを通して行うコミュニケーションである。マス・コミュニケーションの特徴には，公共性，一方向性，間接性，大量性，迅速性・同時性，一時・時事性などがあげられ，報道や教育，宣伝，娯楽などにおいて時に問題になる。

人は自分の既存の態度や考えに合致している情報をより好んで選択し接触する傾向をもつ。こうした選択傾向であるとか，メッセージの非論理性やエ

```
         ┌─ 攻撃的：欲求阻害の状況を暴力によって除去する。リンチ，テロ，暴動。
         │
      ┌ モップ ─┼─ 逃走的：地震や火災などの危険や不安から逃れようとする。パニック。
      │  │
群 集 ─┤  ├─ 獲得的：物的利益を獲得しようとする。銀行の取り付け，買い占め。
      │  │
      │  └─ 表出的：感情を行動で示す。熱狂的なファン。
      │
      └ 聴 衆 ─┬─ 偶然的：街頭演説に群がる野次馬。
              │
              └─ 意図的：娯楽や情報を求めて演奏会や展覧会に集まる人々。
```

図1-37 群集の分類（Brown, 1954）
群衆のうち，自らを取り巻く状況にはたらきかける主体的で能動的なものは乱衆（モップ）と呼ばれ，他者に依存して形成される受動的で特殊な場合を意味する聴衆とは区別される。

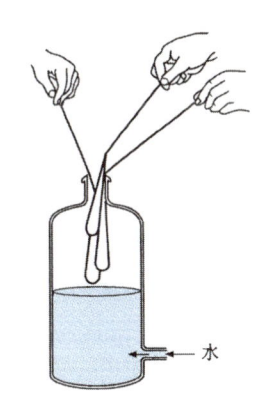

図1-38 パニックが人を利己的にさせる（Mintz, 1951）
参加者たちは，合図とともに水が満ちてくる容器の中から，自分の糸先の棒を濡らすことなく取り出すことが求められた。容器の口は狭いために，複数の人がもつ棒を一度に引っ張り出すことはできないものの，互いに協調して順番に抜いていけば全員が水に濡らさず糸を抜くことができた。しかし水が容器に入り始めると，参加者たちは時間的な切迫感をあおられ感情的となり，互いの協調を忘れ，我先に引き抜こうと利己的な行動をとるようになった。

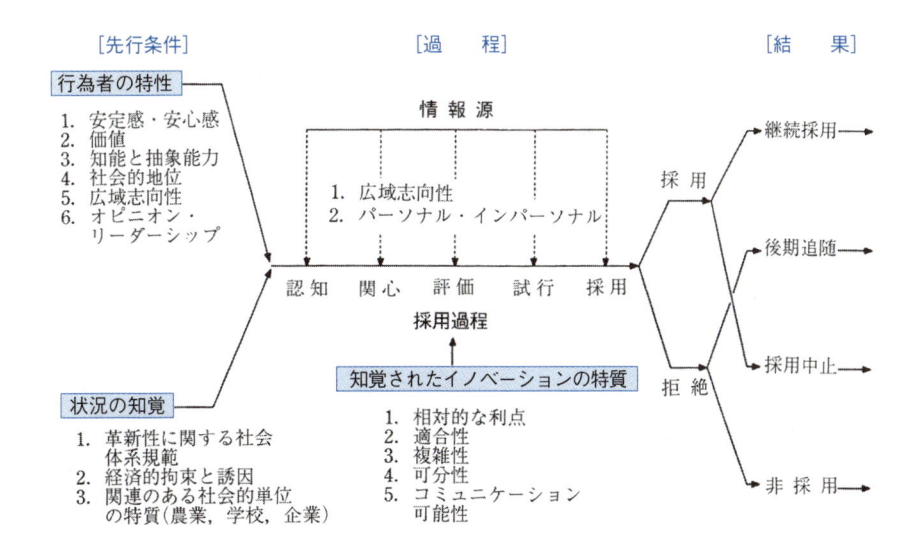

図1-39 イノベーションの採用に関する個人の意思決定モデル（Rogers, 1962）
あるイノベーションが生じたことに気づいてから個人がそれをどのように採用するかあるいは拒絶していくかを決定するまでには，多様な要因が影響を及ぼすのである。

[先行条件]
行為者の特性
1. 安定感・安心感
2. 価値
3. 知能と抽象能力
4. 社会的地位
5. 広域志向性
6. オピニオン・リーダーシップ

状況の知覚
1. 革新性に関する社会体系規範
2. 経済的拘束と誘因
3. 関連のある社会的単位の特質（農業，学校，企業）

[過程]
情報源
1. 広域志向性
2. パーソナル・インパーソナル

採用過程
認知 関心 評価 試行 採用

知覚されたイノベーションの特質
1. 相対的な利点
2. 適合性
3. 複雑性
4. 可分性
5. コミュニケーション可能性

[結果]
採用 → 継続採用
     → 後期追随
拒絶 → 採用中止
     → 非採用

モーショナリズムを看破し得る能力をもっているか否かなど，受け手の個人特性によってマス・コミュニケーションの効果は異なる。また集団の構造や特性も強く関与する。〈コミュニケーションの2段階の流れ仮説〉によれば，マス・メディアに接触することの多い〈オピニオン・リーダー〉と呼ばれる仲介者を介して，その仲介者のネットワークに属する他の人々が間接的に影響を受けていき，広くメッセージが浸透していくようになる（図1-41）。オピニオン・リーダーは問題によって異なりはするものの，どのような社会階層にいても存在することが知られており，このオピニオン・リーダーを利用できるか否かがマス・コミュニケーションの効果を上げる鍵となる。また「1・3・2　説得的コミュニケーション」で説明したように，送り手の特性も規定因であり，加えて新聞なのか雑誌であるのかといったメディアの種類や，メディアの社会全般の位置づけ方も，マス・コミュニケーションの効果を左右する背景要因である。

確かにマス・コミュニケーションは，世論を形成し，社会的変革をもたらす素地を作り出す。そうしてまた，個々人の意識や行動はマス現象の中で変化していくのである。しかし，オピニオン・リーダーの存在がその効果に必要不可欠である点を重視する

表 1-15　流言の変容（Allport & Postman, 1947）

平均化	伝達内容の詳細が脱落して，しだいに短く簡略化され，単純な内容になる傾向。
強調化	伝達内容のとくに目立つ部分が強調されたり，誇張されたりする傾向。
同　化	伝達者の主観が介入して，内容の再構成が行われる傾向。
	内容をより筋の通った，もっともらしいものに仕立て上げる傾向。
	伝達者が期待している方向へ内容を再構成する傾向。
	個々の内容を1つのカテゴリーに組み入れてしまう傾向。

流言の内容が変容していく様子をリレー再生（連鎖的記憶再生法，伝言ゲームに似た方法）により観察をしたところ，主要な変容の仕方には3種類あることが見いだされた。これらは，現実の流言においても認められる大きな特徴である。

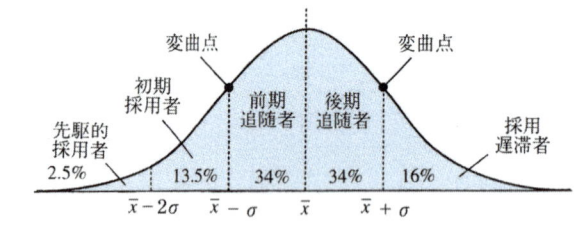

図 1-40　イノベーションの採用時期に基づく採用者のカテゴリー（Rogers, 1962）
人により早くからイノベーションに参画する者もいれば，後発でそれに乗る者もいる。採用時期によって個人を類型化して，それぞれの特徴を把握していくこともイノベーションの浸透に影響を及ぼす要因を探索する上には有用な視点の1つとなる。

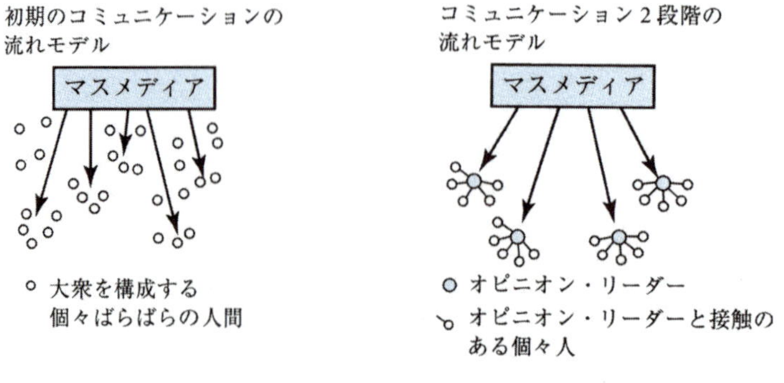

図 1-41　メディアの影響力の流れ方（McQuail & Windahl, 1981）
オピニオン・リーダーを介することで，広範囲に影響力を及ぼすことが可能になる。

ならば，一個人と一個人のパーソナル・コミュニケーションはマス・コミュニケーションよりも影響力が大きいと言える。このことは，普及や流行のようなマス現象においても同様である。個人が社会的環境にはたらきかけ，そのことで変化した社会的環境がまた個人に影響をもたらす。日々の生活の中で，私たち一人ひとりが理性的であれば，社会的環境もまた理性的となり，そしてその社会的環境が人々をより適応的にさせていくのである。

人は社会的存在である。それゆえに，個人と社会との間の影響の授受を常に考慮することは，人の心理を理解することと共に，また社会を考える上でも不可欠なのである。

■ 1 章の参考図書

安藤清志・押見輝男(編) (1998). 自己の社会心理 誠信書房
池上知子・遠藤由美 (2008). グラフィック社会心理学 第 2 版 サイエンス社
土田昭司 (2001). 対人行動の社会心理学 北大路書房
永田良昭 (2003). 人の社会性とは何か：社会心理学からの接近 ミネルヴァ書房
中村陽吉 (1983). 対人場面の心理 東京大学出版会
中村陽吉 (1990).「自己過程」の社会心理学 東京大学出版会
中里至正・松井仁・中村真(編著) (2014). 新・社会心理学の基礎と展開 八千代出版
下斗米淳(編著) (2008). 社会心理学へのアプローチ 自己心理学6 金子書房
吉田俊和・松原敏浩(編著) (1999). 社会心理学：個人と集団の理解 ナカニシヤ出版
脇本竜太郎(編著) (2014). 基礎から学ぶ社会心理学 サイエンス社

Column 1

ジェームズ

(James, W., 1842〜1910)

ウィリアム・ジェームズは「アメリカ心理学の父」として知られる人物である。一般にはジェームズといえば心理学者としてよりもプラグマティズムを唱えた哲学者としてのほうが有名であるかもしれない。しかし，1961年のアメリカにおける調査で，重要だと思われる心理学の書物を80名の心理学者に挙げてもらったところ，ジェームズは著者としてはフロイトに次いで2位に挙げられ，主著の『心理学原理』のほうは堂々の1位であった。

1890年に出版された『心理学原理』は700ページ以上にわたる2巻本で，「意識の流れ」や「自己意識」等よく引用される章もあるものの，授業で使うにはさすがに長すぎる本であった。2年後にそれを1冊にまとめた『心理学要論』が出版されたのも無理はない。『心理学原理』がジェームズと呼ばれたのに対して，ジェームズの愛称であるジミーと呼ばれた簡約版は日本でも『心理学』として翻訳され，海外ではペーパーバックにもなって愛用されてきた。

ジェームズは機能主義心理学の代表的人物でもあるが，機能主義を一言で表すならば，進化論の立場から個々の心理的機能を考えるものである。例えば習慣についてジェームズは「習慣はわれわれの運動を単純化し，これを正確にし，かつ疲労を減少させる」と言っており，エネルギーの点から習慣が人類にとっていかに大事であるかを論じた。

行動主義者にも認知心理学者にも愛されたジェームズであるが，その心理学の特徴を一言で述べることは難しい。日本の心理学の教科書でジェームズに関して最も多いのは情動の「ジェームズ＝ランゲ説」に関するものであり，次いで主我(I)と客我(me)の区別である(藤波, 2009)。一次記憶と二次記憶の分類もよく引用されているが，前者は意識されている間の記憶という意味であり，短期記憶とよく混同される。ジェームズの一次記憶には注意を向けられていないものの意識にとどまっている感覚情報なども含まれていると考えられており，用語の使用の際には

ウィリアム・ジェームズ(右)と弟の
ヘンリー・ジェームズ(左)
(Lück & Miller, 1999)

注意が必要である。

　ジェームズはハーバード大学の医学部を卒業していたが，常に健康上の問題があった。心理学や哲学に関心をもったのもこのことが大きく関わっていたようである。例えば著書『宗教的経験の諸相』(1902)に登場する重いうつ体験の記述は本人のものであった。体調の悪い様子ということでは，ジェームズの名前がフロイト(Freud, S.)の著作に一度だけ出てくる。フロイトが生涯で唯一渡米した折のことであるが，「哲学者ウィリアム・ジェームズとの出会いもまた，あとあとまで印象に残った。ささやかな情景を私はいまも忘れることができない。散歩の途中，彼は不意に足をとめ，鞄を私にあずけて先にいってくれといったのだ。『いま狭心症の発作が起こりかけていますが，治まったらあとから追いかけますからね』。一年後，ジェームズは心臓病で亡くなった。私はそれ以来，遠からず死に直面するときには，彼のような恐れのない態度でありたいと願ってやまない」という文章にはジェームズへの敬意があふれており，アメリカ心理学の良心と言われるジェームズの人物像が浮かんでくる。

　ところで1880年代に，ジェームズはスピリチュアリズムに熱中していた。スピリチュアリズムとは心霊主義のことであり，死後も意識が残るという考え方は現在の大学における心理学で扱うような内容ではないが，かつてはアカデミズムも一般大衆も熱中していた時期があった。ロンドンでは心霊研究協会が1882年に結成され，その初代の会長がケンブリッジ大学の哲学の教授だったように，メンバーの多くは大まじめな学者たちだった。実際，ジェームズもこの会の会長を務めたことがある。この頃，欧米では交霊会と称されるものが盛んにおこなわれており，ジェームズをはじめとする協会のメンバーはこうした交霊会に参加して心霊現象を科学的に追究しようとした。結果的に多くの霊媒(霊と交信できるとされる人物)がいかさまであることがわかったものの，ジェームズ自身が関わったパイパー夫人の例では，どうして知るはずのない情報を夫人が得られたのかについて決定的ないかさまの証拠がなく，ジェームズもこの心霊現象を否定することができなかった。とはいえ，ジェームズが関心を寄せていた死後の世界について重要な情報を伝えてくれる霊媒はほとんどいなかったので，霊の存在そのものについて懐疑的になるのも無理はなかったであろう。

　ちなみにジェームズのすぐ下の弟ヘンリー・ジェームズは作家として知られる。心理小説の作家で，その代表作『ねじの回転』(1898)の文体は朦朧法と呼ばれ，曖昧な描写の積み重ねで読み手に心理的恐怖を与えるものであるが，一人称を多用しているので本当のところがわからないという新しい時代の小説でもある。

I部 心理学の社会的役割

2 パーソナリティと適応（臨床心理学）

　私たちは生まれ落ちたときから，私たちを取り巻く環境に対して，適応的に生きる営みを続けている。ところが私たちを取り巻く環境は実に多様であり，1人ひとり異なった環境の中で生きているのである。持って生まれた気質と，1人ひとりに異なっている環境へ適応的に生きようとする営みの過程の中で，私たちの独自のパーソナリティや個性が形成されるのである。

　また，一方では，私たちが適応的に生き続けるということは，環境におけるさまざまな困難や障害を，乗り越えて行くことを意味している。しかし，いろいろな困難や障害に直面し，1つ1つ解決し，適応的に生きるということは，決して容易なことではなく，時に不適応に陥り，苦悩することもまれではない。

　本章では，まずパーソナリティの理論について紹介し，次にパーソナリティの記述の仕方，ならびに測定の方法について述べる。そして，適応をめぐって，さまざまな障害や妨害に対して，どのように反応し，いかに解決をしていくかについて説明する。最後に，不適応行動と，不適応行動に陥った人々への心理的援助の方法について述べる。

2・1 パーソナリティ

　あるパーティーの席で，AさんとBさんは参加者に積極的に自己紹介をし，相手に話しかけていく。Cさんは誰かに話しかけられて，初めてその話の中に加わっていく。ところがDさんは，話しかけられても言葉が続かず，1人で酒を飲んで過している。

　この例で見られるように，同じ状況や場面におかれても，人にはそれぞれその人らしい行動の仕方があり，1人ひとり行動の仕方が異なっている。このように同じ環境にあっても，人の行動に違いが見られるのは，その行動の主体である個人のパーソナリティの違いが関与しているからだと考えられる。

　オルポート（Allport, G. W.）は，パーソナリティを，「個人を特徴づけている行動と思考とを決定するところの精神・身体的システムであって，その個人の内部に存在する力動的な組織である」と定義している。

　なお，〈パーソナリティ（personality）〉は「人格」と訳され，性格や知能や気質なども含めた意味で使用されることもあるが，心理学では，人格と性格は同義に使用されることが少なくない。ここでは，人格と性格は同じ意味で用い，統一的にパーソナリティという用語を使用することとする。

2・1・1 パーソナリティの理論
（1）パーソナリティの同心円構造

　宮城音弥は，パーソナリティを同心円で表わしている（図2-1）。〈気質〉は，遺伝や体質と結びついており，持って生まれた素質的傾向で，生涯を通して変わりにくい部分である。〈気性〉は，気質を中心として，環境の影響でしだいに形成される性格である。主として家庭環境や親子関係の影響により，2～3歳頃までに形成される。「三つ子の魂百まで」ということわざがあるように，この気性の部分は，なかなか変化しにくい。〈習慣的性格〉は，社会・文化的影響により後天的に形成されたものであり，態度・物の考え方・価値観・興味などを含んでいる。主として友人関係や学校生活，職場などを通して形成されたものであり，気質や気性に比べて比較的変化しやすい部分である。〈役割性格〉は，先生らしさ，社長らしさ，父親らしさ，などのように，ある場面に結びついた，社会的・職業的な役割上形成してきた性格である。

（2）フロイトのパーソナリティ理論

　日常生活の中で，われわれは固く口止めされていたことを，無意識のうちに人に口を滑らせてしまっ

たとか，大学の合格発表を見にゆき，多勢の中で無意識のうちに万歳を叫んでいたなど，無意識という言葉をよく使う。これは自分がそうしようという意識のもとで起こした行動ではなく，自分が意識していない，「何ものかの力」によって生じた行動である，ということを意味している。

人間の心における無意識過程の重要性を唱えたのは，〈精神分析〉の創始者フロイト(Freud, S.)であった。彼は，神経症患者の治療経験から，人間の心は，〈意識〉，〈前意識〉，〈無意識〉の3層からなると考えたのである(図2-2，表2-1)。無意識の領域には，〈本能的衝動(生得的な心的エネルギー)〉や意識化されると都合の悪い記憶，動機，観念などが抑圧されている。この無意識的な心的エネルギーは，たえず意識領域へ進入し，それらを充足しようとする。そこでフロイトは，人間の行動はこれらの無意識的な心的エネルギーによって，大きな影響を受けると考えたのである。

しかし彼は，しだいに意識と無意識という2つの対立概念だけで人間の精神現象を説明することは困難であると考えるようになり，『自我とエス』(1923)という論文において，パーソナリティを自我，エス，超自我という3つの構造要素からなる〈心的装置〉(図2-3)から理解するパーソナリティ構造論を展開した。意識，無意識と，自我，エス，超自我との関係は表2-1のようになる。

〈エス〉は，自我や超自我にエネルギーを供給する機能をもつ心的エネルギーの貯蔵庫である。そのエネルギーは，常に食欲や性欲などの欲求や，攻撃性などの衝動の満足を求めて活動し，現実性，論理性，時間などを無視して，即時的に満足を得ようとする〈快感原則〉に従う。

〈超自我〉は，幼少期の両親のしつけや社会的価値観を取り入れて形成された，道徳性や良心である。超自我の主な機能は，①エスの本能的衝動の抑圧，②自我の機能を現実的なものから道徳的なものへ向けさせる，③完全性や理想の追求，があげられる。

〈自我〉は，エスの固まりである新生児が，現実社会と相互交渉を始めると，周囲から抑制や干渉を受け，その過程を通してエスから分化し発達してくる。したがって自我は，現実社会の要請に従い(〈現実原則〉)，エスの欲求や衝動の即時的満足を延期させたり，エスの欲求を現実社会で認められうる行動に置き換えるはたらきをもつ。すなわち自我は，エスと超自我と外界からの要求を調整し，現実社会によりよく適応しようとする機能をもち，精神活動の中心的役割を担うのである(表2-2)。

自我，エス，超自我が調和して機能しているときは，個人は内的にも現実的にも適応状態にあるが，この3つのバランスがくずれると，不適応状態や精神病に陥ると考えられている。

(3) ユングのパーソナリティ理論

フロイトの影響を強く受け，後に分析心理学を提唱したユング(Jung, C. G.)は，心(プシケ)の構造を多層的であると考えている(図2-4)。まず，意識と無意識の層に分ける。意識内容の統合の中心を〈自我〉と呼び，自我は外界や内界(自分自身の感情や思考など)に関心を向け，統合性や主体性をもって社会的適応をはかっている。ユングの特徴は，無意識層を〈個人的無意識層〉と〈普遍的無意識層〉に分けて考えるところにある。個人的無意識は，自我によって一度は意識されたが忘れられたもの，自我が抑圧したもの，あるいは感覚的な痕跡の内容などからなり，これらによって〈コンプレックス〉を形成する。普遍的無意識は，普通の生活においてはほとんど，あるいはまったく意識されることがなく，個人的に獲得されたものではなく，人類に共通する普遍的な無意識である。普遍的無意識の内容は，〈元型〉によって満たされており，元型の主なものとして〈影〉(個人的無意識の影と，普遍的無意識の影がある)，〈グレートマザー〉，〈アニマ〉(男性のもっている無意識的な女性的性格)，〈アニムス〉(女性のもっている無意識的な男性的性格)，〈老賢者〉，〈自己〉などがある。

自我が意識の中心であるのに対して，人間の心全体(意識も無意識も含む)を統合する中心が自己である。自我と自己の関係を図示すると図2-5のようになる。自己は，時に自我による意識的な統合性や安定性を崩してさえも，その個人にとって，より高次の統合性や全体性へと志向する傾向がある。ユングはこの人格の発展と統合の過程を，〈個性化の過程〉あるいは〈自己実現の過程〉と呼び，人生における究極の目的であると考えた。もし，自我が弱い場合，すべてが自己に呑み込まれてしまって，社会的不適応に陥る危険性があることを指摘している。

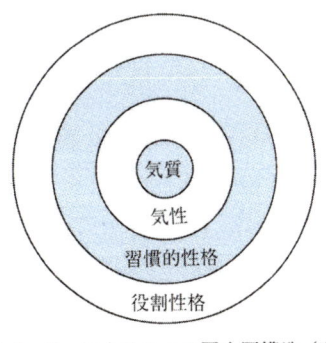

図 2-1 パーソナリティの同心円構造（宮城, 1981）

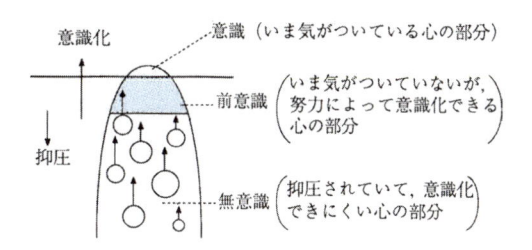

図 2-2 フロイトの局所論（前田, 1985）

表 2-1 局所論と構造論の関係（野村, 1970）

意識的過程			自我
無意識的過程	前意識		超自我
	無意識	抑圧する力	
		抑圧されたもの 原初的無意識	エス

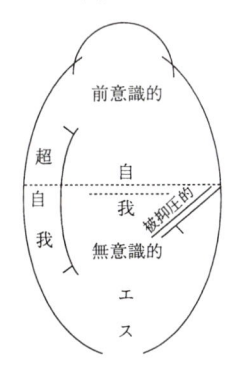

図 2-3 フロイトによる心的装置（前田, 1985）

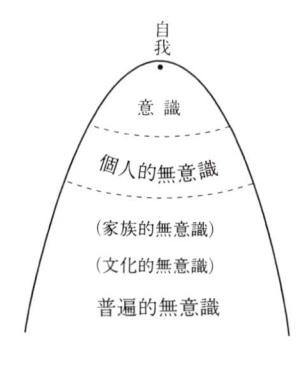

図 2-4 ユングの心の構造（河合, 1977）

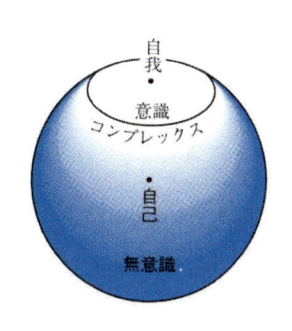

図 2-5 自我と自己（河合, 1977）

表 2-2 フロイトの構造論（前田, 1985）

領　域	内　容　と　機　能
エス（イド） (Es : id)	**無意識的なものの代表**——(a)幼児期以来，抑圧されたもの（固有の抑圧），(b)古い祖先の時代から抑圧され，受けつがれてきたもの（原始的抑圧）が貯留している領域。 (1)本能エネルギー（リビドー）の貯蔵庫→対象充当〈～したい〉，〈～がほしい〉 (2)一次過程が支配（現実，時間，秩序の影響を受けない） (3)快感原則が支配（衝動の即座の満足追求）
自　我 (Ich : ego)	**外界とエスを仲介する領域**（心の中心部分） (1)現実原則が支配（知覚機能——現実吟味） (2)二次過程が支配（知覚，注意，判断，学習，推理，想像，記憶，言語などの現実的思考） (3)逆充当（エスの外界への突出の見張り），〈一寸待て〉 (4)不安（現実，エス，超自我からのおびやかし——危険信号）の防衛，処理 (5)統合機能（適応機能——パーソナリティの統合）
超　自　我 (Überich : super-ego)	**幼少期の両親のしつけの内在化されてできた領域** (1)良心の禁止〈～してはならない〉 (2)理想の追求〈～であれ〉，〈～しなくてはならぬ〉

(4) ロジャーズのパーソナリティ理論

クライエント中心療法の創始者ロジャーズ(Rogers, C. R.)は，カウンセリングの経験から，パーソナリティ変化の過程に焦点をあてたパーソナリティ理論を提出している。

ロジャーズは人間の基本的な動因に関して，〈実現傾向(actualizing tendency)〉，つまり自己の生存を維持し，自己を統一・発展・成熟させてゆこうとする傾向を，唯一のものとして仮定している。この実現傾向は〈自己概念〉と〈自己経験〉が一致していれば十分発現されるが，不一致の状態にあれば十分に発現されず，阻害されると考える。

図2-6の自己概念とは，「自分はやさしい人間である」，「自分は英語が得意である」などの，自分が意識している自分自身のイメージである。また経験は，人が常に瞬間々に新しいことを経験している，まさにその意識的体験を指している。自己概念と経験が不一致な場合，心理的な不適応状態を示しており，Ⅰの領域は自己概念と経験とが一致している現象の場，Ⅱは経験と一致しない，経験に即さないで意識化され，歪曲されて知覚された現象の場，Ⅲは自己概念と矛盾するために意識化が拒否された経験のある現象の場である。自己概念と経験が一致している場合は，心理的に適応している状態であり，自分が経験した事実に即した自己概念をもっていることを示している。

ロジャーズのカウンセリングの目標は，自己概念と経験とが不一致な状態から，自己概念が一致した状態，すなわち自己一致の状態へと近づけ，実現傾向を促進することである，といえる。

2・1・2 パーソナリティの記述

(1) 類型論

人のパーソナリティは，実に多様である。そこでパーソナリティをいくつかの典型に分類し，それによってパーソナリティの理解や記述を容易にしようとする立場が〈類型論〉である。類型論の歴史は古く，古代ギリシャのヒポクラテスが唱えた体液説に基づいて，紀元2世紀にガレヌスが四気質説を唱えている。すなわち血液一多血質(陽気)，黄胆汁一胆汁質(短気)，黒胆汁一憂鬱質(陰気)，粘液一粘液質(鈍重)である。これは現代の血液型説に通じるものであるが，科学的根拠はない。類型論の実証的研究がなされるようになったのは，20世紀に入ってからである。

① **体型説** ドイツの精神医学者クレッチマー(Kretschmer, E.)は，精神病と体型との関係に注目し，統合失調症には細長型が多く，躁鬱病には肥満型が，てんかんは闘士型が多いことを見いだした。図2-7に示すように統合失調症者の約1/2は細長型であり，躁鬱病者の約2/3は肥満型であった。また，それぞれの精神病者には，特有の性格特徴が見られることから，体型と性格特徴との間に対応関係を見いだし，体型説を唱えた(表2-3)。

② **新体型説** アメリカのシェルドン(Sheldon, W. H.)は，約4,000人の男子大学生を対象に体格の測定をし，3つの身体類型を得た。それを胎生期における胚葉の発達と関連づけ，内胚葉型(内臓・消化器官がよく発達する)，中胚葉型(筋肉・骨)，外胚葉型(神経系統・皮膚組織)と名づけた。次に33人の青年を対象に，1年間にわたって行動観察と面接を行い，50の特性について評定し，因子分析を行った結果，表2-4のような3つの性格類型を得た。彼は200名の男子学生を対象に，3つの身体類型と3つの性格類型の間の相関を求めたところ，高い相関関係を認めた(表2-4)。正常者について研究したシェルドンの結果は，クレッチマーの仮説を支持するところとなったのである。

③ **向性説** ユングは，人間のタイプに〈外向性〉と〈内向性〉があるとした。人間の心的エネルギーが外界に向かい，外部の環境の刺激に影響を受けやすいタイプが〈外向性〉であり，自分の内面に向かい，自分自身のことに関心が向きやすいタイプが〈内向性〉である。外向性の人は社交的で自信が強く，新しい環境に順応しやすく，実際的な活動家である。内向性の人は交友範囲が狭く，引っ込み思案であり，控え目で，思慮深く，自信が乏しく，感情を外に表わさない，責任感の強い人である。ユングは，人間は誰でも外向性と内向性の両方をもっており，どちらの傾向が強いかによって，外向と内向のタイプが決まってくるとした。さらに彼は，心理的基本機能として，思考，感情，感覚，直観の4つの機能を想定し，これに外向・内向の組み合わせから，8つのタイプを区別している(表2-5)。

④ **タイプA・タイプB** アメリカのフリードマンとローゼンマン(Friedman, M. & Rosenman, R.

図2-6 自己概念と経験の関係（Rogers, 1967）
（a）自己概念と経験が不一致
（b）自己概念と経験が一致

図2-7 精神病と体型との関係（Kretschmer, 1961）

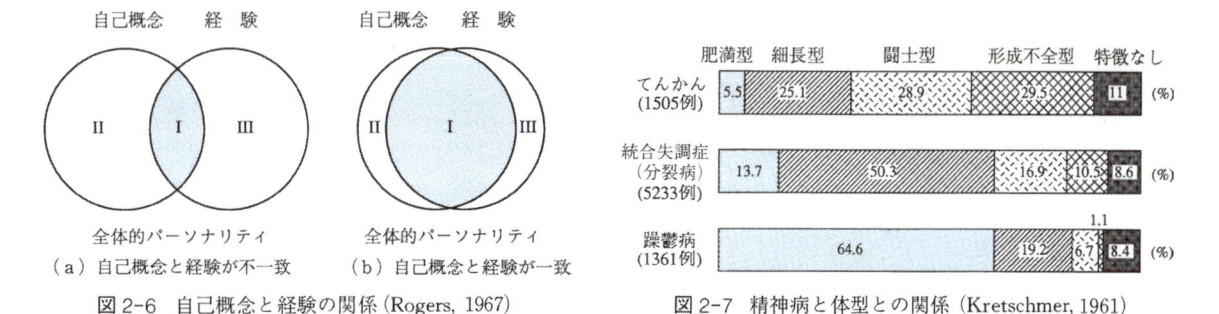

	肥満型	細長型	闘士型	形成不全型	特徴なし	
てんかん（1505例）	5.5	25.1	28.9	29.5	11	(%)
統合失調症（分裂病）（5233例）	13.7	50.3	16.9	10.5	8.6	(%)
躁鬱病（1361例）	64.6		19.2	6.7 / 1.1	8.4	(%)

表2-3 クレッチマーの体型説（Kretschmer, 1961；宮城, 1960 より）

体 型	類 型 と 性 格 特 徴
細長型	**分裂質** 共通の基本的特徴 ……非社交的, 静か, 控え目, まじめ（ユーモアを解さない）, 変人。 過敏性の性質 ………臆病, 恥ずかしがり, 敏感, 感じやすい, 神経質, 興奮しやすい。 鈍感性の性質 ………従順, 気立よし, 正直, 落着き, 鈍感, 愚鈍。
肥満型	**躁鬱（そううつ）質** 共通の基本的特徴 ……社交的, 善良, 親切, 温厚。 躁状態の性質 ………明朗, ユーモアあり, 活発, 激しやすい。 鬱状態の性質 ………寡黙, 平静, 陰うつ, 気が弱い。
闘士型	**てんかん質** 共通の基本的特徴 ……かたい人間, 物事に熱中する, きちょうめん, 秩序を好む。 粘着性の性質 ………精神的テンポが遅い, まわりくどい, 人に対して丁寧でいんぎん。 爆発性の性質 ………興奮すると夢中になる, 怒りやすい。

表2-4 シェルドンの新体型説（Sheldon & Stevens, 1942）

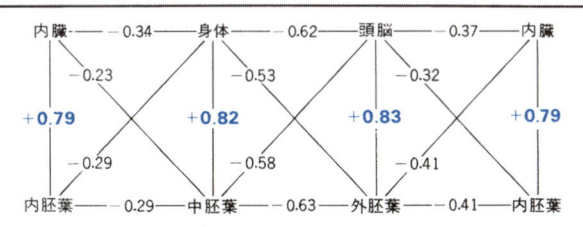

```
内臓 ─0.34─ 身体 ─0.62─ 頭脳 ─0.37─ 内臓
     −0.23      −0.53      −0.32
    +0.79      +0.82      +0.83      +0.79
     −0.29      −0.58      −0.41
内胚葉 ─0.29─ 中胚葉 ─0.63─ 外胚葉 ─0.41─ 内胚葉
```

シェルドンは身体類型と性格類型を, それぞれ次のように3つに分けた。
《身体類型》
 1. 内胚葉型（肥満型）　内臓の発育がよく, 身体は柔らかく, 円い。
 2. 中胚葉型（闘士型）　筋・骨がたくましい。
 3. 外胚葉型（細長型）　神経系統が発達して, 身体はやせている。
《性格類型》
 1. 内臓緊張型　態度・動作が緩やかで, 安逸を好む。人なつっこく, てい重で,
　（躁うつ質）　機嫌がよい。よく眠る。
 2. 身体緊張型　態度・動作は荒けずりで, 冒険を好む。精力的で, 運動を好み,
　（てんかん質）競争心が強い。ぶっきらぼうで, 大声で話す。
 3. 頭脳緊張型　態度・動作がぎごちない。心配性で, 社交がまずく, 社交嫌い。
　（分裂質）　　感情を外に表さず, 小声で, もの静かである。
上記の3つの身体類型と3つの性格類型との間の相関値が, 上の図に示されている。
内臓緊張型と内胚葉型, 身体緊張型と中胚葉型, および頭脳緊張型と外胚葉型との間には, それぞれ0.8前後というかなり高い相関があり, クレッチマーの仮説が立証されている。（　）内はクレッチマーの類型である。

H., 1959）は，心筋梗塞や狭心症などの冠状動脈性心臓疾患にかかりやすい人に特徴的な行動パターンについて，タイプAと名づけた。タイプBの人は，タイプAの特徴が弱い人のことである（表2-6）。フリードマンとローゼンマンは，3200人の研究協力者をタイプAとタイプBに分類し，約8年間彼らを追跡調査したところ，タイプAの人はタイプBの人と比べて2倍も冠状動脈性心臓疾患にかかりやすいということが明らかになった。

（2）特性論

類型論が主にドイツを中心に発展してきたのに対し，特性論はアメリカやイギリスにおいて発達してきた。われわれは人のパーソナリティを語るとき，「神経質」とか「協調的」，「支配的」などという行動傾向の特徴をあげる。人には時や状況が変わっても，一貫している行動傾向があり，このような一定した行動傾向やそのまとまりを〈特性(trait)〉という。特性論の基本的立場は，「神経質」とか「協調的」というパーソナリティ特性は誰もが共通にもっているものであり，個々人の性格の違いは，そのような特性が強いか一弱いか，多いか一少ないかの量的な差異，すなわち程度の問題によって決まるのであって，質的な問題（類型論）ではない，と考えるのである。

類型論では，パーソナリティを何々型という形で表わすが，特性論では〈プロフィール〉によって表わす。図2-10のように，このプロフィールの特性は対概念になっており，それぞれの特性を量的に数値で表わし，プロフィールはそれぞれの特性の数値を結んで作成する。そしてこのプロフィールによって，個々人の特徴を比較することができるのである。

特性論では因子分析法という統計的方法を用いて，Y-G性格検査（図2-10）に見られるように，パーソナリティ記述に必要な最小限の特性，すなわち〈源泉特性〉を導き出している。ギルフォード(Guilford, J. P.)は表2-10に示した12の源泉特性のほかに，性度（男性らしさ，女性らしさ）の源泉特性を加えた13の源泉特性を見いだした。またキャッテル(Cattell, R. B.)は，表2-7のような16個の源泉特性を明らかにしている。

① ビッグ・ファイブ(Big Five) 多くの特性論研究者の間において，因子数の不一致という問題があったが，1980年代になり，ゴールドバーグ(Goldberg, L. R.)によって〈5因子モデル〉(FFM : Five Factor Model)が指摘され，1990年代以降，5因子モデルが定説となりつつあり，文化を超えてこのモデルが確認されている。日本においては，辻平治郎(1998)や村上宣寛・村上千恵子(1999)の研究がある。5つの特性因子（ビッグ・ファイブと呼ばれる），すなわち神経症傾向(Neuroticism)，外向性(Extraversion)，（経験への）開放性(Openness to experience)，調和性(Agreeableness)，誠実性(Conscientiousness)によって，人の性格特徴が説明されうるとする考え方である(p.45の表2-12)。

（3）アイゼンクの理論

イギリスのアイゼンク(Eysenck, H. J.)は，神経症者を対象に種々の心理学的検査を行い，その結果を因子分析し，外向性一内向性と神経症的傾向の二次元があることを明らかにした。さらに統合失調症一躁鬱病という精神病傾向の次元を加えて，これら3つの次元によってパーソナリティにおける個人差を説明しようとしている（図2-8）。また彼はパーソナリティを，精神医学的診断，質問紙法，客観的動作テスト（手先の器用さ，運動反応など），身体的差異（体型，知覚における個人差，自律神経系の平衡の個人差など）の4つの角度から多角的に検討している。その結果，パーソナリティの構造を図2-9のように「類型」，「特性」，「習慣反応」，「特殊反応」の4つの階層に分けている。

（4）類型論と特性論の特徴

類型論に共通している特徴は，パーソナリティを独自な全体としてとらえ，質的に把握しようとしている点にある。そして，いくつかの少数の典型的なタイプに分類することは，直観的に，総合的にパーソナリティを理解しやすくする。しかし，次のような問題点も指摘されている。

①少数の典型に分類することは，パーソナリティをあまりにも単純化し，画一化して考えてしまうおそれがある。

②少数の典型に分類するとき，実際には典型例は少なく，中間型や混合型が多くなる。

③同じ類型に分類することによって，個人間の細部のパーソナリティ特徴や程度の差異を見失いやすい。

④類型論はパーソナリティを固定的，静的にとらえる傾向があり，変化し発展する動的な側面を

表 2-5 ユングのパーソナリティ類型（Lazarus & Monat, 1981）

機能＼向性	内　向	外　向
思　考	理論的, 知的, 非実践的	客観的, 堅い, 冷たい
感　情	無口な, 子どもっぽい, 冷淡な	激しい, 興奮的, 社交性のある
感　覚	受動的, もの静かな, 芸術的	現実的, 官能的, 愉快な
直　観	神秘的, 夢想的, 独自性のある	幻想的, 可変的, 創造的

表 2-6 タイプAの特徴（荻原, 1993）

・急ぎ病（仕事をてきぱき片づける）
・点数至上主義（得点を重視し, 心理的な余裕なし）
・一流志向（目標に向けてまい進し, 何でも一番を目指す）
・上昇志向（偉くなりたい, スーパー・スターを望む）
・敵がい心と攻撃性（競争心旺盛）

表 2-7 キャッテルの 16 の源泉特性 （安藤, 1985）

因　子	低得点記述	高得点記述
A	控えめな, 打ち解けない	外向的な, のんきな
B	愚かな	聡明な
C	情緒不安定な	情緒が安定した
E	従順な, つつましい	攻撃的な, 主張的な
F	抑うつ的な, 無口な	楽天的な, 熱狂的な
G	攻略的な, 規則を無視する	良心的な, 道徳的な
H	内気な, 臆病な	冒険的な, 大胆な
I	強い性格の	やさしい性格の
L	信頼しやすい	疑い深い
M	実際的な	想像的な
N	率直な, 誠実な	抜けめない, 洗練された
O	自信のある, 穏やかな	心配性の, 不安な
Q_1	保守的な	急進的な
Q_2	集団志向的な	自己充足的な
Q_3	衝動的な	制御された
Q_4	落ち着いた, もの静かな	緊張した, 欲求不満の

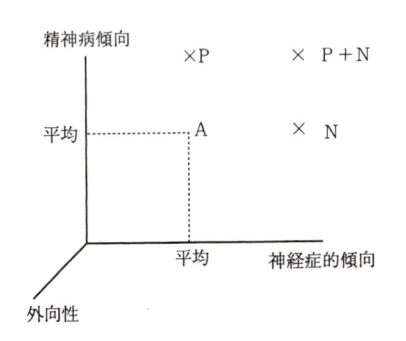

←図 2-8 アイゼンクの人格構造の三次元的表現（塚田, 1980）
向性を別として，精神病傾向と神経症的傾向との両次元だけについていえば，平均的な患者の位置はAになる。そして強度の精神病傾向を示す患者はPに，強度の神経症的傾向を示す患者はNに，また両方の症状の強い患者はP+Nに位置づけられる。

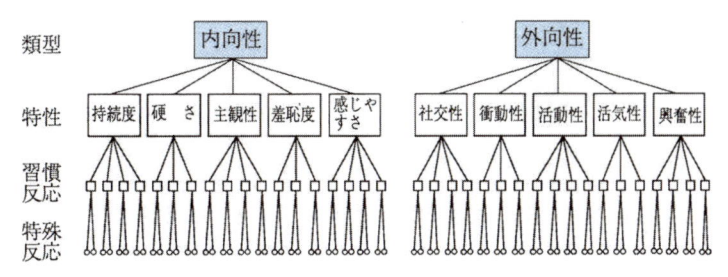

図 2-9 アイゼンクのパーソナリティの階層モデル（平松, 1979）

見逃しやすい。

一方，特性論は，因子分析法により源泉特性を見いだし，それぞれの源泉特性において量的に把握し，客観的・分析的に記述しようとするものである。そのため類型論に見られる単純化や画一化の危険がなく，個人間の細部のパーソナリティ特徴や程度の差異も理解することが可能である。しかし，次のような問題点もある。

① 結果をプロフィールで示すとき，モザイク的・並列的であり，個人の全体性や独自性を把握しにくい面がある。
② 特性論は質問紙法によってパーソナリティを明らかにしようとするが，これは個人の意識的レベルのみをとらえることになり，パーソナリティの一側面を測定していることになる。
③ 因子分析の手法が研究者によって異なる。また因子分析によって得られた因子の解釈や命名に，研究者の主観が入りやすい。
④ 類型論と同様に，パーソナリティを静的構造としてとらえており，力動的な説明はできない。

パーソナリティ研究の方向としては，類型論的方法と特性論的方法が，相互補足的に統合されつつある。

2・2 心理アセスメント

2・2・1 パーソナリティ理解の方法

われわれは日常生活において，適応的な対人関係を維持したり，教育効果を上げるためにも，また企業において適材適所に人を配置し，効率の良い，生きがいのある職場環境を作るためにも，自己や他者のパーソナリティを理解することが必要である。

パーソナリティ理論は，パーソナリティ理解をする上での基本的枠組みを提供してくれるが，実際にパーソナリティを理解するには，人についての多くの情報を得ることが先決である。パーソナリティ理解の情報を得るための方法としては，①面接，②行動観察，③心理テスト，④生活史調査，⑤生理学的・医学的検査，に分けることができる。

面接は人と人が対話することにより，他者についてのありのままの情報を，直接的に得ることである。面接には個人面接法と集団面接法があり，その目的により，調査面接，診断面接，治療面接に分けられる。行動観察には，日常のあるがままの行動を観察する自然的観察と，条件を人為的に統制し，その条件のもとで生じる行動を観察する実験的観察がある。生活史調査は生育歴や家族関係，友人関係などについて情報を得ることで，これは第三者から得られることも多い。生理学的・医学的検査には，脳波検査（図7-24参照），皮膚電気反応（GSR），CTスキャン検査などがある。心理テストについては，以下に詳しく述べることにする。

2・2・2 心理テストについて

われわれは人のパーソナリティを判断するとき，日常生活の一部分における行動や発言，また偶然に生じた出来事などに基づいて行うことが多く，その判断は一面的な理解や，主観的・一方的な理解である危険性がある。

先にパーソナリティ理解の方法として面接や行動観察などをあげた。しかし面接には，面接場面に面接者が同席するために，面接者の存在が面接内容に大きく影響を与えることがあるし，また面接によって集められた情報や評価には，面接者の主観が介入しやすく，「客観性」や「信頼性」に関して問題があることがある。行動観察においても，観察者の存在そのものが，被検者の行動に影響を与える可能性を含んでいる。

これに対し心理テストは，後に述べる標準化の手続きを経ており，得られる情報の主観性の介入を排し，「客観性」や「信頼性」を高めるように工夫されている。そして，さまざまな場面での行動の情報を評価できるよう作成してあり，多面的な情報が得られやすく，またいくつかのテストでは，無意識的レベルの情報も得られるものがある。心理テストは同一条件で同一刺激内容のものを被検者に施行するので，他の被検者の結果との比較も容易である。

しかし，心理テストは決して万能ではなく，多くの短所も含んでおり，心理テストの限界を十分理解した上で，使用することが必要である。

2・2・3 心理テストの標準化

心理テストは〈標準化(standardization)〉という手続きを経て作成される。そのことによって心理テストの結果が信頼でき，実際的に有用となるのである。標準化された心理テストを〈標準化テスト〉と

表 2-8　妥当性の概念について（池田，1971 より一部改変）

内容的妥当性	テスト内容が，そのテストが測定しようとしている目的にかなっているかどうかをみる。例えば，授業の成果をみる学年末テストであれば，その問題が授業内容で触れた領域をまんべんなくカバーしているかどうかで吟味される。
予測的妥当性	あるテスト結果で得られた予測性が，その後の行動とどれだけ一致するかをみる。例えば，入学試験で，入試の成績が入学後の学業成績をよく予測するのであれば，その入試の妥当性は高かったことになる。
併存的妥当性	あるテスト結果と他のテストや評価の結果との間の一致をみる。例えば，知能テストの結果と教師の評価や学業成績との相関を求めること。
構成概念妥当性	外向性-内向性といった性格概念（構成概念）を測定する目的で作られたテストが，果たしてどれだけそれをよく測定しているかどうかをみる。例えば，日常生活での行動観察結果と検討する。

表 2-9　信頼性を検討する方法（村田，1987）

再検査法	同一検査を，ある期間をおいて同一人に再度実施し，両者を比較する。経験効果が生じるという欠点がある。
代替形式法（平行検査法）	その検査項目と同じ性質の項目をつくり，同一人に両検査を施し，その結果を比較する。等価の検査項目をつくることがむずかしい。
折半法	1つの検査項目セットを，例えば奇数番目の項目と偶数番目の項目に折半し，両者を同一人に施して，その結果を比較する。

表 2-10　Y-G 性格検査の 12 尺度（辻岡，1976）

D	抑うつ性	陰気，悲観的気分，罪悪感の強い性質。
C	回帰性傾向	著しい気分の変化，驚きやすい性質。
I	劣等感の強いこと	自信の欠乏，自己の過小評価，不適応感が強い。
N	神経質	心配性，神経質，ノイローゼ気味。
O	客観的でないこと	空想的，過敏性，主観的。
Co	協調的でないこと	不満が多い，人を信用しない性質。
Ag	愛想の悪いこと	攻撃的，社会的活動性，ただしこの性質が強すぎると社会的不適応になりやすい。
G	一般的活動性	活発な性質，身体を動かすことが好き。
R	のんきさ	気がるな，のんきな，活発，衝動的な性質。
T	思考的外向	非熟慮的，瞑想的および反省的の反対傾向。
A	支配性	社会的指導性，リーダーシップのある性質。
S	社会的外向	対人的に外向的，社交的，社会的接触を好む傾向。

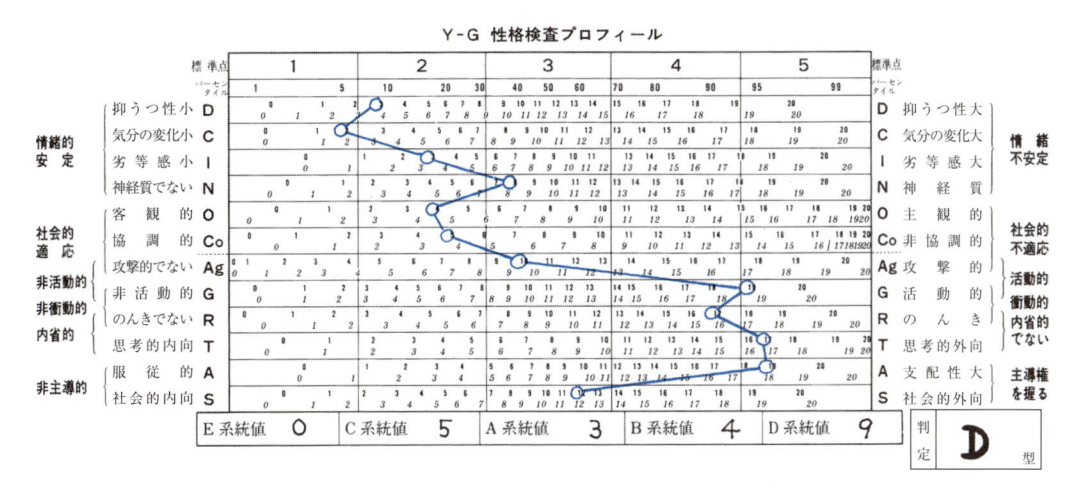

図 2-10　Y-G 性格検査のプロフィール（辻岡，1976）

いい，標準化には以下のような条件が必要である。
　①妥当性が十分あること（表2-8）。
　②信頼性が高いこと（表2-9）。
　③テストの実施方法や条件が明記されていること。
　④テストの採点や結果の処理方法が明記され客観性が高いこと。
　⑤標準的な多人数の資料に基づいて基準尺度（文化，性，年齢などの違いに応じた標準値を示した尺度）が構成されており，規準集団内での各個人の位置がわかるものであること。
　⑥実施時間や費用が適切で，実用性があること。

2・2・4　パーソナリティ検査

パーソナリティ検査は，非常に多数の検査が開発されているが，大別すると，〈質問紙法〉，〈作業検査法〉，〈投映法〉の3つに分けられる。

(1) 質問紙法

「あなたは何かにつけて自信がありませんか」など，質問項目がいくつか作成されており，それに対して「はい」，「どちらでもない」，「いいえ」の3件法か，「はい」，「いいえ」の2件法などで被検者に回答させるものである。質問紙法は，広い範囲から質問項目を作成することができ，実施や採点が比較均簡単で，客観性が高く，集団的にも実施ができる。しかし，質問項目を正しく理解できる人々にしか実施ができない，意識的・無意識的に自分の回答を歪める可能性がある，時間的経過とともに回答が変動することがある，被検者の意識的側面しかとらえられない，などの短所がある。

質問紙法のパーソナリティ検査は，現在市販されているもので100種類以上あるといわれているが，代表的なものに，Y-G性格検査（矢田部-ギルフォード性格検査），MMPI（ミネソタ多面性人格目録），MPI（モーズレイ性格検査），MAS（顕現性不安検査），CMI健康調査表，NEO-PI-R人格検査，新版東大式エゴグラム第2版などをあげることができる。

① Y-G性格検査　Y-G性格検査は，先に述べたようにギルフォードの研究を基礎に，矢田部達郎らが日本人用に作製した検査である。表2-10に示すように12尺度あり，各尺度10問，合計120問の質問項目からなっている。結果はプロフィールと5つのタイプに分類して示される（図2-10）。現在，わが国でよく利用されている心理テストである。

② MMPI　MMPIは，精神医学的診断に客観的手段を提供することを目的に，ハザウェー（Hathaway, S. R.）らにより作成された。当初は精神障害者を対象に用いられていたが，研究の結果，適用範囲はしだいに拡大され，一般のパーソナリティ検査としても利用されている。現在20か国以上で翻訳され，世界でもっともよく研究されているテストである。質問項目は550項目あり，4妥当性尺度（疑問点，虚構点，妥当性点，修正点）と10臨床尺度（表2-11）から構成されている。妥当性尺度により，被検者の不注意や回答の歪みなどをチェックし，検査結果の有効性を判定できる。

③ NEO-PI-R人格検査　NEO-PI-R人格検査（Revised NEO Personality Inventory）（表2-12）は，先に述べたビッグ・ファイブ（2・1・1(2)）を測定する目的で，1992年に，コスタ（Costa, P. T. Jr.）とマックレー（McCrea, R. R.）によって作成されたものである。本検査は，5つの次元と各次元はさらにそれぞれ6つの下位次元から構成されている。質問項目は240項目あり，5件法で回答させるものである。検査の実施時間に制約がある場合などのために，60項目の短縮版，NEO-FFI（NEO Five Factor Inventory）がある。

(2) 作業検査法

作業検査法によるパーソナリティ検査は，言語的な回答を求めないで，被検者に一連の決められた作業を行わせ，その結果や経過からパーソナリティを判断しようとするものである。この方法は，被検者に検査の意図がわからないので，意識的な反応歪曲が少ない，内容が比較的簡単である，外国人との比較が可能，反応が客観的に測定され，信頼性が高い，などの特徴がある。しかし，結果の判定や解釈に熟練を要し，しかも主観が介入しやすい，検査が単調である，限られたパーソナリティの側面を測定している，などの欠点がある。

① 内田-クレペリン精神検査法　本検査は，クレペリン（Kraepelin, E.）の連続加算法をもとに，内田勇三郎が検査化した，わが国独自の検査法である。図2-11のように数字が横に並んでおり，となり同士の数字を，できるだけ速く連続的に加算していく方法である。実施時間は前半15分，休憩5分，後

表 2-11　MMPI の尺度（日本 MMPI 研究会，1973）

1. 心気症尺度(Hs)　The Hypochondriasis Scale(33 項目)
   ささいな身体的，心的症状を意識し，過度の懸念と不安をもつ傾向の指標。
2. 抑うつ性尺度(D)　The Depression Scale(60 項目)
   相対的な気分の状態を知る指標。
3. ヒステリー性尺度(Hy)　The Hysteria Scale(60 項目)
   転換性ヒステリー人格傾向の指標。
4. 精神病質的偏倚性尺度(Pd)　The Psychopathic Deviate Scale(50 項目)
   反社会的逸脱行動，家庭内葛藤，敵意などの指標。
5. 性度尺度(Mf)　The Masculinity-Femininity Scale(60 項目)
   興味の型がどの程度男性的傾向か，または女性的傾向かを示す指標。
6. 偏執性尺度(Pa)　The Paranoia Scale(40 項目)
   過度の感受性と邪推，さい疑的傾向の指標。
7. 精神衰弱性尺度(Pt)　The Psychasthenia Scale(48 項目)
   不安，恐怖と強迫観念の指標。
8. 統合失調性尺度(Sc)　The Schizophrenia Scale(78 項目)
   自閉的あるいは偏倚した思考や行動の指標。
9. 軽躁性尺度(Ma)　The Hypomania Scale(46 項目)
   思考や行動の活発さ，一般的活動水準の高さを知る指標。
10. 社会的向性尺度(Si)　The Social Introversion Extroversion Scale(70 項目)
    社会的活動と社会への興味の程度を示す指標。

表 2-12　ビッグ・ファイブ（下仲ほか，1999）

次　元	下　位　次　元	
神経症傾向	不　安	自意識
	敵　意	衝動性
	抑うつ	傷つきやすさ
外 向 性	温かさ	活動性
	群居性	刺激希求性
	断行性	よい感情
開 放 性	空　想	行　為
	審美性	アイデア
	感　情	価　値
調 和 性	信　頼	応　諾
	実直さ	慎み深さ
	利他性	優しさ
誠 実 性	コンピテンス	秩　序
	良心性	達成追求
	自己鍛錬	慎重さ

図 2-11　内田-クレペリン精神検査（日本・精神技術研究所発行）

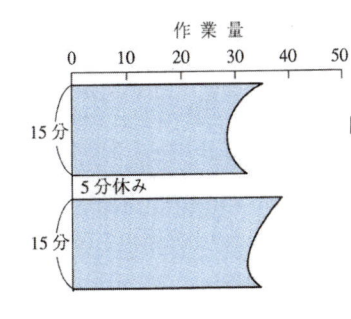

図 2-12　内田-クレペリン精神検査の定型曲線（村田，1987）
　この作業は次の経過をとる。最初は初頭努力によって作業能率は高いが，次第に意志緊張がゆるみ，疲労が加わって，作業量は下降する。しかし 15 分の終わりに近づくと，終末努力が現れる。5 分間休み，さらに 15 分間作業する。まず初頭努力と練習効果によって最高の作業量が現れるが，再び意志緊張の低下と疲労によって低下し，最後にわずかな終末努力が認められる。これが定型曲線であり，この定型曲線から著しく逸脱する人の性格（とくに意志面）には問題がある。

半15分で行う。結果は，作業曲線(図2-12)，作業量，誤答数などでパーソナリティ特徴を判定する。

② ベンダー・ゲシュタルト・テスト　このテストは，ベンダー(Bender, L., 1938)によって作成されたものである。図2-13に示されている9種の簡単な幾何図形を，被検者に模写してもらうという簡便なテストである。用具としては，9枚の図版，A4判の紙，2Bの鉛筆，消しゴムである。

(3) 投　映　法

投映(投影)法は，あいまいな多義性のある刺激を提示し，許容的な状況の中で，被検者に比較的自由に反応を求め，その反応の中に投映される被検者の欲求，不安，その他のパーソナリティ特徴を理解しようとするものである。投映法には，パーソナリティの無意識レベルまでも含めた全体的な把握が可能な検査がいくつかある。被検者に検査の意図がわかりにくく，反応歪曲が生じにくい，多くの年齢層の被検者に施行が可能で，また外国人との比較もできる，などの特徴がある。しかし，検査の実施，解釈に熟練が必要で，解釈に主観や直観が入りやすいこと，検査を個別法で行うことが多く，検査者の存在が大きく影響することがある，実施に長時間を要するものもある，などの問題点がある。投映法の代表的なものに，ロールシャッハ・テスト(図2-16)，TAT(絵画統覚検査)(図2-17)，CAT日本版(図2-18)，SCT(文章完成法テスト)(図2-14)，P-Fスタディ(絵画一欲求不満テスト)(図2-15)，バウムテスト，風景構成法(図2-19)，人物画テスト，箱庭法(サンド・プレイ)(p.65の図2-32参照)，などがあげられる。

① ロールシャッハ・テスト　スイスの精神科医ロールシャッハ(Rorschach, H.)によって作成された，10枚の左右対称のインクブロットからなる検査である(図2-16)。実施方法は図版を1枚ずつ被検者に渡し，「何に見えるか」を問い，次に「それが図版のどこに見えたのか，どうしてそのように見えたのか」について尋ねる。その結果を反応領域，反応決定因，反応内容などに記号化し，整理を行う。それに基づいて，被検者の知的，情緒的，対人関係的などの各側面について解釈を行っていく。臨床場面において，精神障害の診断の補助手段として，もっともよく使用されている検査である。

② TAT　マレー(Murray, H. A.)とモーガン(Morgan, C. D.)によって開発された検査であり，TATの図版(図2-17)は，ある危機的な状況の中に人物が描かれた，多義的な，あいまいな絵からなっている。この絵を被検者に1枚ずつ見せ，登場人物が何を考え，何を感じているのか，結末はどうなるのか，などについて空想力を使って自由に物語を作らせる。その結果，物語の主人公の欲求一圧力，主題，結末などを分析し，被検者のパーソナリティ特徴を知ろうとするものである。なお，絵画統覚検査には，幼児・児童用としてCAT(日本版[図2-18]，ベラック版)が，高年者用としてSAT(ベラック版)が作成されている。

③ 風景構成法　風景構成法(図2-19)は描画法の一つであり，中井久夫(1970)によって創案されたものである。被検者に，枠どりをしたA4判の画用紙を渡し，川，山，田，道(大景群)，家，木，人(中景群)，花，動物，石(小景群)，足りないと思うものを，黒のサインペンで順番に描いてもらい，最後に彩色をして一枚の風景画を完成してもらうものである。

(4)　テスト・バッテリー

図2-20に示すように，心理テストの投映水準はそれぞれ異なっている。〈テスト・バッテリー〉とは，人の総合的なパーソナリティ理解のために，投映水準の異なる複数の心理テストを組み合わせて施行することである。検査者は，各種の心理テストの持つ効用と限界，また先の投映水準を考慮に入れ，被検者にとってできるだけ負担の少ない範囲内で心理テストを実施するよう努めなければならない。

2・2・5　知　能　検　査

知能検査が最初に作られたのは，1905年のフランスの心理学者ビネー(Binet, A.)らによるものであった。1904年，フランスの文部大臣は，初等義務教育についていけない知的障害児を就学前に発見し，知的障害児に対する適切な教育施策を検討する委員会を設置した。委員会のメンバーであったビネーは，知的障害児の診断法を確立することに着手し，1905年に難易の順に並べた30問からなる知能検査を発表したのである。1908年には，3歳から13歳までの各年齢に相当する問題を5題前後選定して，年齢尺度を作り(表2-13)，そして〈精神年齢〉という概念が導入され，ある子どもの発達水準

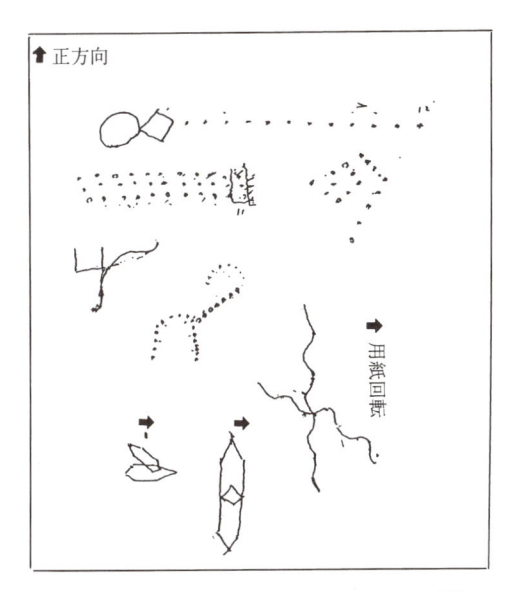

図2-13 ベンダー・ゲシュタルト・テスト（鎌田, 2004）
76歳, 男性, 医師の診断は老年期の鬱病, 長谷川式簡易知能評価スケールは知能低下＋（境界～軽度異常）領域, 描線のふるえ, 図形の歪みなどが生じている。

1. 私の家は ＿＿＿＿＿＿＿＿＿＿
2. 世界 ＿＿＿＿＿＿＿＿＿＿＿＿
3. 私の未来 ＿＿＿＿＿＿＿＿＿＿
4. 調子の悪い時 ＿＿＿＿＿＿＿＿
5. 母親 ＿＿＿＿＿＿＿＿＿＿＿＿
6. 私の友人 ＿＿＿＿＿＿＿＿＿＿
7. 私の趣味は ＿＿＿＿＿＿＿＿＿

図2-14 SCTを模した例

図2-15 P-Fスタディ（住田・林・一谷, 1964）

図2-16 ロールシャッハ・テストの図版を模した図（牛腸, 1980）

図2-17 TAT図版（Murray, 1938）

図2-18 CAT日本版（戸川ほか, 1955）

図2-19 風景構成法

検査法	投映水準
質問紙法	対社会的態度
SCT	
TAT	精神内界
ロールシャッハ	

図2-20 心理テストの投映水準(馬場, 1969)

は何歳程度と表わすようになった。さらに1911年にも改訂が加えられ，現在各国で使用されているビネー式知能検査の原型ができあがったのである。1912年には，アメリカのターマン(Terman, L. M.)によってスタンフォード改訂ビネー－シモン知能尺度が作成され，〈知能指数(IQ)〉による標示法がとられるようになった。ビネー式では，わが国においては鈴木－ビネー法知能検査と田中－ビネー式知能検査がよく知られている。

知能検査には大別して，集団式知能検査と個別式知能検査がある。前者には，田中A式知能検査，田中B式知能検査，京大NX知能検査などがあり，後者には，鈴木－ビネー法知能検査，田中－ビネー式知能検査，ウェクスラー法知能検査などがある。

(1) 田中－ビネー式知能検査

本検査は，2歳から成人まで適用が可能であり，検査項目は，思考，言語，記憶，数量，知覚などの多岐にわたる問題(表2-14)で構成され，全部で120問からなっている。1歳から3歳までは12問ずつあり，4歳以上は6問ずつから構成されている。実施方法としては，検査問題が困難度の順に配列してあるので，被検者の年齢相当の問題から始める。そして誤りの1つもない年齢級まで低い方へ検査を進め，打ち切るときは，正答が1つもない年齢級に達したときである。

(2) ウェクスラー法知能検査

アメリカのウェクスラー(Wechsler, D.)によって発表された検査で，現在わが国において標準化され，使用されているものに，WPPSI(3～7歳対象)，WISC-Ⅳ(5～16歳)，WAIS-Ⅲ(16歳以上)の3種類がある。ウェクスラー法知能検査(表2-15)はビネー式と異なり，言語性と動作性の2種類の検査から構成されており，言語性IQ，動作性IQ，および全体IQが算出できる。そして，それぞれ下位検査があり，各下位検査には難易度の順に検査項目が配列されている。また下位検査ごとにプロフィールで成績を表示でき，各下位検査の成績の差異から診断的に利用することが可能である。日本版WISC-Ⅳ

表 2-13　ビネーらによって作成された知能測定尺度（Binet & et Simon, 1982）

年齢	内容
3歳	目，耳，口の指示。絵の中の事物の列挙。2数字の反唱。文章の反唱（6音節文）。家の名（姓）を言う。
4歳	自分の性別を言う。見なれた事物の名を言う。3数字の反唱。2本の直線の比較。
5歳	2つのおもりの比較。正方形の模写。文章の反唱(10音節文)。4つの硬貨の数え方。2片による はめ絵遊び。
6歳	文章の反唱(16音節文)。2つの顔の美の比較。身近な事物の用途による定義。同時になされた3つの命令の実行。自分の年齢を言う。午前と午後の区別。
7歳	絵の欠けている部分の指摘。手指の数(10本)を言う。手本の文の模写。三角形と菱形の模写。5数字の反唱。絵の内容の叙述。13の硬貨の数え方。4種の通貨の名称。
8歳	2つの記憶のための読み方。9スウの計算（1スウ3個と2スウ3個で）。4つの色の名。20から0まで逆に数える。記憶から2つの事物の差異をあげる。書き取り。
9歳	年月日を完全に言う(年号，月，日，曜日)。1週間の曜日の名。用途以上の定義。6つの記憶のための読み方。20スウでのつり銭。5つの重さならべ。
10歳	1年間の月の名。9種の通貨の名称。3語を2つの文章に用いる。了解問題（その1）—3問。了解問題（その2）—5問。
11歳	不合理な文章の批判。3語を1つの文章に用いる。3分間に60語以上をあげる。抽象語の定義。語順を正す。
12歳	7数字の反唱。韻合わせ。文章の反唱(26音節文)。絵の内容の解釈。記事に関する問題。
13歳	切り抜き問題。三角形の置換。

注）スウは当時のフランスの貨幣の単位。

表 2-14　田中-ビネー知能検査Ⅴの項目の一部（田中教育研究所，2003）

年齢	番号	合	否	問題	合格基準	正答数	内容および記録
5歳	43			数概念(10個まで)	6/6		①2個　②3個　③6個　④10個　⑤6個を半分　⑥10個を半分
	44			絵の不合理	2/4		①スプーン　②靴とサンダル　③バーベキュー　④ホース
	45			三角形模写	1/3		1回目　2回目　3回目
	46			絵の欠所発見	5/5		①洋服　②机　③馬　④顔　⑤自転車
	47			模倣によるひもとおし（制限時間：各2分）	2/2		①□○○□○○○□○○□　（　分　秒）②○□○○□○□○○□○　（　分　秒）
	48			左右の弁別	3/3		①左の手　②右の耳　③右の手
6歳	49			絵の不合理	3/4		①スプーン　②靴とサンダル　③バーベキュー　④ホース
	50			曜日	3/3		①金曜日の前の曜日　②火曜日の前の曜日　③木曜日の前の曜日
	51			ひし形模写	1/3		1回目　2回目　3回目
	52			理解（問題場面への対応）	2/3		①どこかへ行く途中で…　②お母さんのお使いで…　③日曜日におうちの人と…
	53			数の比較（制限時間：各1分）	2/4		①（　）匹　　　　　　　　（　秒）②（　）色が（　）本多い　（　秒）③（　）匹（　）色　　　　（　秒）④（　）が（　）匹多い　　（　秒）
	54			打数数え	3/3		（練)3　①7　②5　③8

が発行されたのは2010年であるが，従来のウェクスラー法の言語性IQ・動作性IQの算出がなくなった。代わりに，言語理解指標(VCI)（類似・単語・理解・知識・語の推理），知覚推理指標(PRI)（積木模様・絵の概念・行列推理・絵の完成），ワーキングメモリー指標(WMI)（数唱・語音整列・算数），処理速度指標(PSI)（符号・記号探し・絵の抹消），全検査IQ(FSIQ)が算出されるようになった(図2-21)。

(3) 検査結果の表わし方

〈知能指数(IQ)〉は次の式によって算出され，100を中心に正規分布をなす。

$$知能指数(IQ) = \frac{精神年齢(MA)}{生活年齢(CA)} \times 100$$

この知能指数は，生活年齢の増加とともに知能も直線的に発達するという前提で考えられたものであるが，実際には知能は必ずしもそのように発達しないことが知られており，〈知能偏差値〉を用いることも少なくない。

$$知能偏差値 = \frac{個人の得点 - 集団の平均得点}{集団の得点の標準偏差} \times 10 + 50$$

知能偏差値は，個人の知能検査得点が，同年齢集団の中でどのくらいの位置にあるかを相対的に示すもので，50を中心に分布する。

2・3 適　応

〈適応(adjustment)〉という概念は，パーソナリティを力動的にとらえようとするとき，中心的な概念である。それゆえパーソナリティ心理学，教育心理学，とりわけ臨床心理学の領域では中心的課題である。

では適応とは，どういうことであろうか。人は生きていくために，常に自分を取り巻く環境から影響を受け，環境に適合しようとするし，また環境に積極的にはたらきかけて，自分の欲求を実現させようとするであろう。そのとき，われわれが環境との間に，相互調和的，統合的関係を保つことができれば，適応状態にあるといえる。しかし，環境との間に不調和な状態が生じれば，不適応状態に陥り，後に述べるさまざまな障害を引き起こすことになるのである。

2・3・1 適応の多様な側面

適応のあり方は，さまざまな側面から考えられているが，ここでは，自然適応，社会適応，心理的適応に分けて述べる。

〈自然適応〉は，自然的・物理的環境への適応を意味する。われわれは体温調節のため，夏になると半袖のTシャツ1枚になるし，冬にはセーターの上にコートまで着る。また生物は水なしでは生きていけないが，水を得るため人類は川や湖のそばに居を構えた。しかし，現代ではダムを造り，水道を引くことによって，都市での生活が可能になっている。このように自然を受け入れ，自然に従い，しかも自然に順応するだけでなく，自然にはたらきかけて快適な環境を形成していくことが，自然適応といえよう。

〈社会適応〉は，社会的環境や文化的環境への適応である。われわれは社会集団の中で，リーダー的立場をとって，うまく適応することもあれば(積極的適応)，他のメンバーの考え方に追随するという形で適応を図ることもある(消極的適応)。また社会集団や人間関係を維持するために，さまざまな規則やルールが確立されており，それを守ることによって，人は人間関係や社会生活を適応的なものにしているのである。

〈心理的適応〉は，自己の基準に適応しようとすることである。われわれは，自分自身の要求水準や価値基準をもっており，それらの基準に照らして，自分自身を肯定的に，受容的にとらえることができれば，自己肯定感，自己充足感，幸福感，満足感を得ることができ，心理的に適応するのである。たとえ自然的・社会的適応はできても，あまりに自己犠牲的に適応している場合，心理的には不適応に陥ることがある。

2・3・2 フラストレーションと反応

人は環境との間に調和的に適応しようとしたり，欲求に基づいて行動を起こし，欲求の充足を図ろうとするが，現実的にはさまざまな障害や妨害により，適応がうまくできなかったり，欲求の充足が阻止されることがある。このような状況をフラストレーション事態といい，それによってフラストレーション反応が起こる。

表 2-15 日本版 WISC-Ⅳ知能検査の下位検査項目の内容

積木模様	モデルとなる模様(積木または図版)を提示し，決められた数の積木を用いて制限時間内に同じ模様を作らせる
類　似	共通のもの，あるいは共通の概念をもつ２つの言葉を口頭で提示し，それらのものや概念がどのように類似しているかを答えさせる
数　唱	決められた数字(数系列)を読んで聞かせ，それと同じ順番で(順唱)，あるいは，逆の順番で(逆唱)その数字を言わせる
絵の概念	2～3段からなる複数の絵を提示し，それぞれの段から共通の特徴のある絵を１つずつ選ばせる
符　号	幾何図形，または数字と対となっている簡単な記号を書き写させる
単　語	絵の課題では問題冊子の絵を提示してその名称を答えさせる。語の課題では単語を読み上げてその意味を答えさせる
語音整列	一連の数とカナを読んで聞かせ，決められたルールで並べかえさせる
行列推理	一部分が空欄になっている図版を見せて，その下の選択肢から空欄にあてはまるものを選ばせる
理　解	日常的な問題の解決や社会的ルールなどについての理解に関する一連の質問をして，それに口頭で答えさせる
記号探し	左側の刺激記号が右側の記号グループの中にあるかどうかを判断させ，「ある」または「ない」に○をつけさせる
絵の完成	絵を見せ，その絵の中で欠けている重要な部分を指さしか言葉で答えさせる
絵の抹消	さまざまな絵の中から特定の種類の絵を探して線を引かせる
知　識	一般的な知識に関する質問をして，それに答えさせる
算　数	算数の問題を口頭で提示し，暗算で答えさせる
語の推理	いくつかのヒントを与えて，それらに共通する概念を答えさせる

(日本文化科学社の許可を得て掲載)

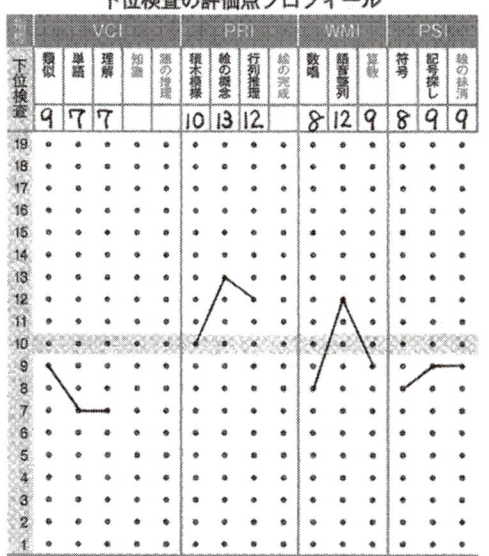

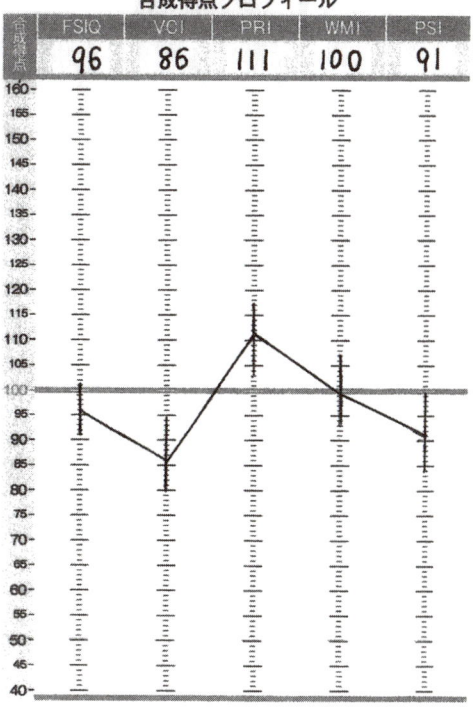

図 2-21 WISC-Ⅳのプロフィール記入例
(日本文化科学社の許可を得て掲載)

(1) フラストレーションの原因

〈フラストレーション〉を起こさせる原因として，外的障害と内的障害がある。外的障害としては，「野球をしたいが広場がない」，「砂漠地帯で水が得られない」などの物理的環境の障害と，「上司が過干渉である」，「教師が独裁的態度である」，「民族的差別」などの社会的環境の障害がある。内的障害としては，「劣等感が強くて友人ができない」，「道徳的観念が強く，規制にしばられる」，「〈要求水準〉が高く，なかなか満足が得られない」などがある。

また欠乏もフラストレーションの原因となる。干ばつや低温気象のため作物が被害を受けた場合(物理的環境の欠乏)，また先天的・後天的身体障害や低い能力のために，自分の望んでいる職業につけない場合，などである。そして，後に述べるコンフリクトもフラストレーションを生じる。

(2) フラストレーション反応

人はフラストレーション事態に直面したとき，心理的にも生理的にも不快な緊張状態に陥り，さまざまな反応が生じる。フラストレーション反応を分類すると，図2-22のように5つの反応に分けることができる。「退避ないし逃避反応」の中には，退行反応も含まれる。〈退行反応〉は，発達の前段階に逆行し，未分化，未発達な行動様式をとり，当面のフラストレーション事態から逃避することで，弟や妹が下に生まれたため指しゃぶりを再び始めたり，幼児語を使ったり，夜尿が再びあらわれたりする子どもの例をあげることができる。

同じフラストレーション事態に直面しても，人によっては適応行動をとる人もいれば，不適応行動をとる人もいる。これは〈フラストレーション耐性(frustration tolerance)〉に個人差があることを示している。フラストレーション耐性は，日頃のフラストレーション事態に適切に対処し，克服していく経験を積み重ねることによって，身についてくるのである。

2・3・3 コンフリクトと反応

われわれは日常的に，「次の日曜日，海に行こうか山に行こうか」と，行きたいところが同時に存在し，迷いに迷うことを経験する。このように2つあるいはそれ以上の動機が拮抗し，どの動機を選択したらよいかわからなくなる状態を，〈コンフリクト(conflict：葛藤)〉という。

コンフリクトは，レヴィン(Lewin, K.)により，接近―接近型のコンフリクト，回避―回避型のコンフリクト，接近―回避型のコンフリクトの3つの基本型に分類されている(図2-23)。

次に，このコンフリクト場面で，人はどのような行動をとるかについて見てみよう。接近―接近型の場合，けっきょく一方の対象を断念して，一方を選択することや，再考を重ねて両対象間にちょっとした好悪や優劣を見いだし，一方を選択することでコンフリクトが解決されることが多い。また，「メロンも食べたいし，ブドウも食べたい」という場合には，両方を少しずつ食べるということで解決されるが，このように対象によっては，両方の正の誘因性をもつ対象を，少しずつ遂行することで解決を図ることもある。しかし，一方の対象を選択することで，後になって後悔の念が残るのではないかなど，コンフリクトが続くことも多い。回避―回避型の場合，負の誘因性の一方の対象を，覚悟を決めて選択せざるを得ないことも多い。また，どうしても選択が困難で，強い緊張や不安に陥り，コンフリクト場面から逃避することも生じやすい。接近―回避型の場合，解決が困難であり，接近と回避を繰り返し，やがて心理的に疲労して，動きのとれない状態に陥り，強い不安状態が続くことになる。病気のために手術か死かという場合，時間経過の中で病状が悪化し，外部からの圧力により，コンフリクト状態が破られることもある。

2・3・4 ストレスと反応

現在の日本社会は，急激な高度経済成長，技術革新などに伴い，物心両面にわたるストレスが高まり，「ストレス社会」と呼ばれている。そのため，われわれは心身ともに強いストレッサーにさらされ，今日心身症や神経症などの増加が問題になっている。

(1) ホメオスタシス

〈ストレス〉という言葉を最初に用いたのは，アメリカの生理学者キャノン(Cannon, W. B.)といわれる。彼はストレス時における自律神経系と内分泌系の関係について研究し，生体の〈ホメオスタシス(homeostasis：恒常性維持)〉の重要性を唱えた。例えば，夏に気温が相当高くなっても，発汗や末梢血

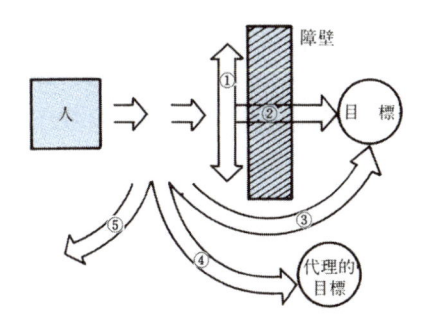

図2-22 フラストレーション反応(村田, 1987)

① **動揺ないし屈従** フラストレーションに屈従し, 目標志向行動をとることができず, まったく無活動になるか, むだな反復動作をする。いずれにしても, 障壁を越えようとする意欲は見られず, 解決に達する見込みはない。

② **直接的攻撃** このフラストレーションの反応様式では, 人は障壁に向かって直接に破壊的な行動をし, あるいはこれを排除しようとする。この反応様式には, 怒りを含んだ障壁への激しい衝動的な攻撃的行動が見られる。これは「近道反応」, あるいは「短絡反応」と呼ばれる。

③ **間接的達成** このパターンでは, 人は障壁を迂回する行動をとる。例えば, 出先で盗難にあった人が警察で金を借りるとか, 事故で電車が不通になったときバスを利用する, などがこれである。

④ **目標の代償** もともとの目標が達成できないときに, それに代わって求められるものが代償である。1つの目標に対する代償は, 一般にいくつもあるが, それらによって代償される程度(代償価)は さまざまである。

⑤ **退避ないし逃避** 自分をその場から遠ざける行動である。この種の行動には, 地理的な場所移動のほかに, 心理的な場所移動もある。例えば, 上役から受けた侮辱を忘れるために深酒をする, などがこれである。

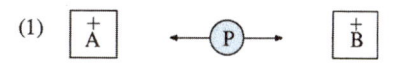

図2-23 コンフリクトのモデル(加藤, 1978)

(1) **接近-接近型のコンフリクト** 2つまたはそれ以上の要求の対象が, ともに正の誘因性をもち, 両方, ないしは すべてを満足させたいが, 同時にそれをかなえることができないような場合である。次の休日にハイキングにゆこうか, 映画を見にゆこうか, と迷うような場合である。

(2) **回避-回避型のコンフリクト** 2つまたはそれ以上の要求の対象が ともに負の誘因性をもち, そのどれをも避けたいが, それができないという場合である。親の紹介で, 気がすすまない人たちの中から, 誰かと結婚をしなければならない立場に立たされている状態の人がこれに当たる。

(3) **接近-回避型のコンフリクト** 要求の対象が, 同時に正と負の誘因性をもつ場合で, こわいもの見たさがこれである。また負の領域を通過しなければ, 正の領域に到達できない場合もこれに当たる。手術を受けなければ健康を取り戻せない, といった場合である。

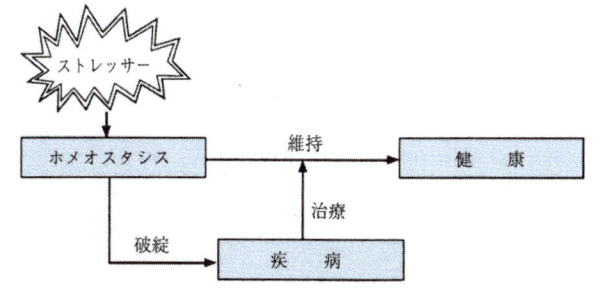

図2-24 ホメオスタシスと疾病 (田中, 1987)

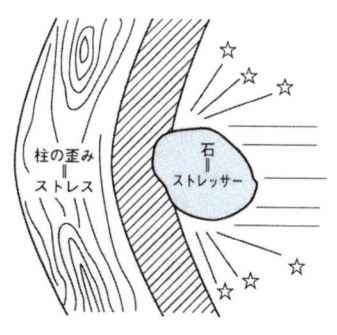

図2-25 ストレッサーとストレス (田中, 1987)

管の拡大によって，体温をほぼ一定に保つ機能が生体には備っている。このように生体の生理的機能が，生存に適した状態に維持される現象をホメオスタシスという。病気という状態は，ストレスの多い刺激に対して，生体のホメオスタシスが破綻し，生体内の均衡が保てなくなった状態といえるのである（図2-24）。

(2) ストレス

今日のように，ストレスという言葉が盛んに使用されるようになったのは，カナダの生理学者セリエ（Selye, H.）が，ストレス学説を唱えてからといわれている。図2-25に示すように，生体に対して外からの刺激が加えられると，生体側にひずみの状態が生じ，それに適応しようとするある反応が起こる。この外からの刺激が〈ストレッサー〉であり，生体側の反応が〈ストレス〉である。

ストレッサーは，大別すると物理・化学的ストレッサー（寒冷，酷暑，外傷，X線など），生理的ストレッサー（飢餓，感染，疲労，ビタミン不足など），精神的ストレッサー（不安，緊張，恐怖，興奮など）の3つに分けられる。

セリエの〈ストレス学説〉によると，生体に対してさまざまな有害なストレッサーが加えられると，それは感覚器官を経て大脳皮質にはたらき，ついで視床下部を刺激する。視床下部は，自律神経系を活性化して身体の各器官の調節を行う。また一方，脳下垂体を刺激し，それによってホルモンが分泌され，このホルモンは副腎皮質に作用する。これによりストレッサーが生体に与える有害な影響を，最小限に食い止めようとするのである。このように，われわれの身体は，さまざまなストレッサーに対処し，適応しようとする仕組みが備わっているのである。

(3) 汎適応症候群

セリエは，生体が持続的にストレッサーにさらされた結果，生じる生体の抵抗性に注目し，〈汎適応症候群 (general adaptation syndrome : GAS)〉という考え方を提唱した（図2-26）。これには主として3つの段階があり，まず生体が急にストレッサーに直面したときに示す反応が警告期である。この時期はさらに2つに分けられ，ショック相はストレッサーからショックを受けている時期で，体温下降，血圧の低下，急性の胃腸のただれ，などが見られる。その後，ストレッサーに対して抵抗を示す反ショック相になり，ショック相とはまったく逆の様相を示し，体温や血圧の上昇などがみられる。さらにストレッサーにさらされると抵抗期になる。この時期は，生体がストレッサーに抵抗し，いちおう安定した状態にある。さらにストレッサーが持続すると，生体は適応反応を維持できず，抵抗力は減退し，ショック相と同様の反応が生じて，ついには死んでしまうことになる。これが疲憊期である。

(4) ストレスコーピング

ラザルス（Lazarus, R. S., 1984）は，心理学的ストレスモデルを提唱し，〈一次的認知評価〉と〈二次的認知評価〉という概念で説明をした。一次的認知評価は，人が直面している状況におけるストレッサーが，自分にとって有害であるか否かを評価することである。その状況やストレッサーがストレスフルで有害であると評価された時，その状況やストレッサーに対して，いかに対処するかを検討することを二次的認知評価といい，その対処行動をコーピングという。

コーピングには，〈問題焦点型コーピング〉と〈情動焦点型コーピング〉がある。問題焦点型コーピングとは，ストレスフルな状況に対して直接的にはたらきかけて，それを変化させようと積極的に対処を試みるものである。情動焦点型コーピングは，ストレスフルな状況を変化させるのではなく，その状況に対する見方を変化させることにより，情緒的な混乱を鎮め，調整をすることである。この二つのコーピングは，状況に応じて使い分けたり，うまく組み合わせて使うことが重要である。

2・3・5 防衛機制

身体的・生理的な適応機制については先に述べたが，心理的な面（特に無意識的側面）に注目すると，フラストレーションやコンフリクトからくる不安や緊張を解消し，心理的に平衡状態をとりもどし，安定化しようとする過程がある。これがフロイトによって提出された〈防衛機制 (defense mechanism)〉の概念である（表2-16）。自我は無意識的・自動的に，この防衛機制をはたらかせて，エスと超自我と外界からの要求を調整し，現実社会によりよく適応しようとするのである。その意味において防衛機制は，〈適応機制 (adjustmentmechanism)〉とも呼ばれる。

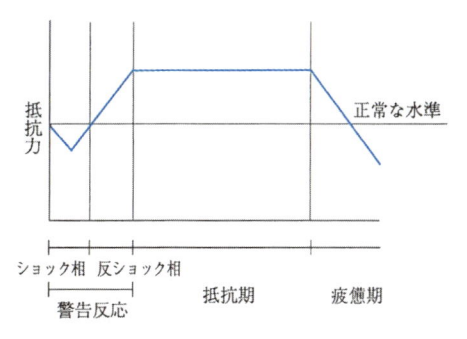

図 2-26 セリエの汎適応症候群
（田中，1987）

表 2-16 おもな防衛機制

機 制	定 義	実 例
抑 圧	強い不安，苦痛な観念や記憶，不快な感情を意識から締め出し，無意識にとどめておくこと。	二重人格や心因性健忘。
反動形成	抑圧された衝動や感情が，行動に現われるのを防止するために，それと正反対の態度によって行動すること。	相手に敵意を抱いているのに，その感情を抑圧して，非常に親切な態度をとる。
現実否認	不安や恐怖をひき起こすような外界の苦痛な現実を，現実として認めることを拒否すること。	最愛の息子が事故で死んだ時，その事実を母親が認めず，生きていると信じる。
投 射	自分の中にあることを認めることのできない感情や願望を，他者のものとみなすこと。	継母が継子を憎んでいる時，継子が自分に対して敵意をもっているので，かわいくないと言う。
退 行	適応困難な状況で，より幼い発達段階の行動に戻って，そこで満足を得ようとすること。	子どもの一時的な赤ちゃん返り。下に弟が生まれて，指しゃぶりを再びはじめたり，大小便に失敗をしたりする。
同一化	相手のいろいろな傾向を自分のものとして取り込み，自分と相手を同一であると思うこと。	子どもが父親の行動の真似をする。
合理化	自分のした行動に対して，自分の本当の動機や意図を隠し，適当な口実や理屈をつけて，自分を正当化すること。	暴走族が自分たちの行動を，社会体制や受験体制のせいにして，正当化すること。
昇 華	本能的な衝動を，社会的に価値のある対象や行動に向けることで，衝動を発散すること。	攻撃的な衝動をもつ人が，フットボールなどのルールに従うスポーツに熱中する。
知性化	不安を起こすような感情や情動を意識化しないで，それを知的な過程に置き換えて表現すること。	相手に対して敵意をもった場合，それを直接表現しないで，知的な批判に置き換えてしまう。
取り消し	不安や罪障感を抱いた体験をあたかもなかったかのように，初めの行動と正反対の償いの行為をすること。	相手を攻撃あるいは非難をしておきながら，その後になって，それを償うために親切にしたり，機嫌をとったりすること。
置き換え	ある対象に向けられた感情や衝動を，他の無害な対象に対して向けること。	父親に対する敵意や不満を，弱者（例えば弟やクラスの弱い者）に向けて，いじめたりすること。

2・4 不適応の問題

「日々の生活で，ストレスを感じることはありませんか？」と問われると，多くの人が感じることがあると答えるのではないだろうか。私たちを取り巻く環境は日々変化しており，その変化に対して適応することが求められる。その適応過程において，ストレスを感じたり，心理的不適応が生じることがある。たとえば，学校での対人関係の悩みで，気持ちが落ち込んだり，心配事で夜眠れなくなったりとさまざまな心理的不調が生じることがある。このような心理的不調は，大抵一過性のものであるが，時に長く続くこともあるかもしれない。それによって，学校に行くことができなくなったり，あまりに強い苦痛が続く場合は，医療機関への受診や学生相談室などを含む相談機関に通うこともある。

しかし，心理的不適応や心理的問題において通常の範囲内かどうかを分ける基準というのは明確ではない。たとえば，気分の落ち込みは，健康な状態でも一時的に生じるため，どのくらいだと通常の範囲を超える状態と言えるのか，厳密な線引きは難しい。そのため，よって立つ観点によって複数の基準が提案されている。図2-27では，代表的な基準として，統計による基準，適応度による基準，価値観による基準，精神医学による基準を挙げている。私たちの心理的問題は1つの基準で全てを説明できず，複数の基準を考慮した上で考えていく必要がある。

以降では，主に米国精神医学会による〈精神疾患の診断・統計マニュアル（Diagnostic and Statistical Manual of Mental Disorders: 以下DSM)〉の観点から，日常生活において比較的重要度の高いと考えられる心理的問題について取り上げる。精神疾患の多くは依然としてその原因が不明なことが多いので，DSMでは精神疾患を原因からではなく症状のまとまりの症候群として考える。そして，特定の症状がいくつあった場合に特定の精神疾患の基準を満たすといった操作的定義を採用している。現在，DSMは第5版になり，DSM-5と呼ばれる。DSM-5における主な精神疾患分類を表2-17に示す。

2・4・1 発達期に生じる心理的問題

心理的問題は，発達途中の幼児期や小児期においても生じる。とくに発達面での問題について，DSM-5では神経発達症群としてまとめている。以下では，神経発達症群の中から，〈知的能力障害〉，〈自閉スペクトラム症〉，〈注意欠如・多動性症〉の3つについて説明する。

① **知的能力障害** 私たちのもっているさまざまな能力には個人差がある。知的能力障害とは，知的な能力が平均と比べて低い状態をさす。援助方針を決めるために情報収集を行うことを，心理アセスメントとよぶ。知的能力障害の心理アセスメントには，2・2・5で紹介した知能検査がよく用いられる。しかし，知的能力障害の心理アセスメントでは，知能検査の結果だけでなく，知的能力の障害のために，家庭，学校，職場や地域社会などでのコミュニケーション，社会参加，および自立した生活などの日常生活活動が制限されているかどうかも検討する必要がある。知能検査の数値が低いだけでは知的能力障害とされず，複数の領域における知的機能と適応機能の欠陥を含む場合に知的能力障害とされる。

② **自閉スペクトラム症** 自閉スペクトラム症では，複数の状況で社会的コミュニケーションおよび対人的相互作用における持続的な欠陥が生じる。たとえば，対人的な距離のとり方ができず，適切に人間関係を維持できなかったり，言語的もしくはアイコンタクトなどの非言語的なコミュニケーションが上手くとれないなどの問題が生じる。これは，知的能力の問題だけでは説明することができない。また，自閉スペクトラム症では，行動，興味，または活動が限定されていたり，反復される。たとえば，同じ動作を単調に繰り返す，習慣に対して頑（かた）くなに固執する，興味の範囲が非常に限定的である，感覚刺激に敏感などである。以前は，自閉症，アスペルガー障害，崩壊性障害などの障害が区別されていた。しかし，DSM-5から，それらは軽度から重度までの連続体上（スペクトラム上という）に位置づけることになり（図2-28），全て含めて自閉スペクトラム症と呼ばれるようになった。

③ **注意欠如・多動性症** 子どもの頃は，誰でも不注意だったり，多動な面が少なからずあるが，それが年齢にそぐわない形で現れるのが注意欠如・多動性症である。注意欠如・多動性症の症状は，不注意と多動性-衝動性に分けることができる。不注意は，課題から気がそれる，忍耐がなく集中し続けることが困難な状態である。多動性-衝動性は，不適

①**統計による基準**
　ある心理的機能について平均を中心とした分布において極端に偏った状態であるかどうか
　例）知能指数が平均からみて著しく低い状態を知的能力障害とする。

②**適応度による基準**
　社会（例えば，学校や職場）に適応している状態であるかどうか
　例）不登校などは，学校への適応が低い状態になる。

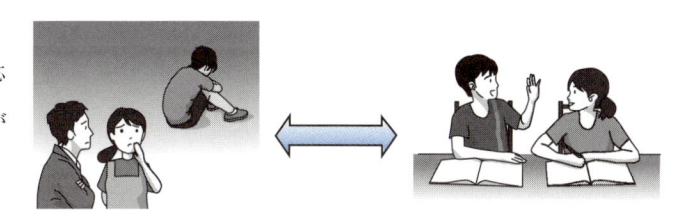

③**価値観による基準**
　社会通念，法律，道徳などの規範に基づいて，その許容範囲内の行動をとれるかどうか
　例）無免許でバイクに乗って危険な運転を繰り返すことは，法的にも社会通念的にも問題行動とみなす。

④**精神医学による基準**
　精神医学における診断基準によるもの
　例）抑うつと不眠が続くので精神科に受診したところ，うつ病との診断をうけた。

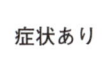

図 2-27　心理的不適応に関する複数の基準

表 2-17　DSM-5 における精神疾患の分類（高橋・大野，2014 を一部改変）

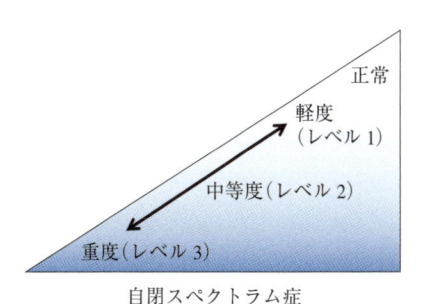

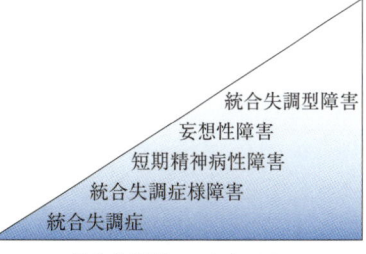

神経発達症群	排泄症群
統合失調症スペクトラム障害および他の精神病性障害群	睡眠-覚醒障害群
双極性障害および関連障害群	性機能不全群
抑うつ障害群	性別違和
不安症群	秩序破壊的・衝動制御・素行症群
強迫症および関連症群	物質関連障害および嗜癖性障害群
心的外傷およびストレス因関連障害群	神経認知障害群
解離症群	パーソナリティ障害
身体症状症および関連症群	パラフィリア障害群
食行動障害および摂食障害群	

図 2-28　精神疾患におけるスペクトラムの概念

切な場面で過剰に動いてしまう(たとえば,授業中に走り回る),過剰にそわそわする,喋りすぎる,先の見通しなく行動する,本人にとって後で不利益となる可能性の高い行動を行うことなどである。注意欠如・多動性症の多くは,小学校入学後に問題が明らかとなるが,青年期にかけて多動性は落ち着いてくる。なお,注意欠如・多動症の子どもは,学校などで叱られる機会が増え,「自分はみんなのようにできない」,「自分はダメな子」と感じてしまうことが多い。その結果として,抑うつ,不安,反社会的行動などの二次障害に発展することもある。

2・4・2 統合失調症スペクトラム障害

〈統合失調症〉は,思考や行動がまとまりにくくなり,自己と他者との境界があいまいになることで,妄想や幻覚などが生じる精神疾患とされる。多くの場合,10代後半から30代半ばの間に出現する。

統合失調症では,(1)妄想,(2)幻覚,(3)まとまりのない思考,(4)ひどくまとまりのない,または異常な運動行動,(5)感情が平板化したり,意欲や自発性が低下する陰性症状の5つの症状がある。妄想とは,相反する証拠があっても変わることのない信念のことである。たとえば,ある組織や人物から攻撃されていると確信する被害妄想がある。この場合,そのような事実はないという客観的な証拠を示したとしても,その信念は変わらない。幻覚とは,外的刺激がないにもかかわらず起きる知覚体験である。統合失調症においては,幻聴が最も多いとされ,多くの場合,声として体験される。まとまりのない思考は,会話において観察され,ある話題から別の話題に急に脱線したり,質問に対し全く関係のない答えをするなどである。ひどくまとまりのない,または異常な運動行動には,周囲の問いかけや刺激に対して反応が著しく減少するものから,目的もなく過度に動いたり,同じ行動を繰り返すなどがある。

上記の症状は,比較的目立つ症状であり,陽性症状と呼ばれる。一方で,統合失調症には,情動表出の減少や意欲の低下などのような陰性症状もある。統合失調症の陰性症状では,感情が顔に出なくなり感情が失われたように見えたり,視線を合わせることも難しい状態になる。また,意欲の低下により自発的な行動が減り,仕事や社会などへの関心が著しく低くなる。

統合失調症はDSM-5において,〈統合失調症スペクトラム障害〉の一部とされるようになった。図2-28に示すように,統合失調型障害から統合失調症まで,症状の重症度や症状のある期間によって連続体上に位置づけられる。統合失調症の治療には,抗精神病薬による薬物療法のほか,リハビリテーション(社会技能訓練,作業療法,認知トレーニングなど)や心理療法(認知行動療法,家族への介入,芸術療法など)が行われる。

2・4・3 うつ病と双極性障害

多くの人が,一度は気分の落ち込みを経験したことがあるのではないだろうか。たとえば,重要な試験の不合格通知をもらった直後は気分が落ち込む。そのこと自体は正常な反応と考えられるが,1日中落ち込んでいる状態が2週間以上続くとなると問題になってくる。このような気分の落ち込みの強度が強く,長く続く精神疾患を〈うつ病〉とよぶ。うつ病においては,表2-18に示した〈抑うつエピソード〉を経験する。うつ病においては,抑うつ気分だけでなく,興味・喜びの喪失やイライラなどの気分や思考の症状のほか,体重変化や不眠のような身体症状も生じる。症状が悪化して,心身ともに追い込まれてしまうと,自殺について考えたり実行する可能性が高くなる。うつ病の治療では,抗うつ薬による薬物療法とともに,対人関係療法,認知行動療法などの心理療法が行われる。

気分の落ち込みとは反対に,気分の高揚に関する心理的問題もある。表2-18に〈躁病エピソード〉を示した。躁病エピソードでは,活動的で気分が高揚した状態が,通常考えられるよりも強い強度で長く持続し,計画性のない現実離れした行動をとりがちで,周りに迷惑をかけることがある。双極性障害では,抑うつエピソードも生じ,躁状態と抑うつ状態を繰り返す傾向がある。〈双極性障害〉は,躁病エピソードを経験し,しばしば抑うつエピソードも経験する双極性Ⅰ型障害と躁病エピソードよりも持続時間の短い軽躁病エピソードと抑うつエピソードを経験する双極性Ⅱ型障害に分かれる。

双極性障害では気分安定薬などの薬物療法とともに家族への介入や再発予防のための心理療法が行われる。

表 2-18　抑うつエピソードと躁病エピソード(高橋・大野，2014を一部改変)

抑うつエピソード	躁病エピソード
以下の症状のうち5つ以上が同じ2週間の間に存在し，病前の機能から変化を起こしている。また，少なくとも(1)抑うつ気分，または(2)興味または喜びの喪失のどちらかを含む。 (1) ほとんど1日中，ほとんど毎日の抑うつ気分 (2) ほとんど1日中，ほとんど毎日の，すべて，またはほとんどすべての活動における興味または喜びの著しい減退 (3) 食事療法をしていないのに，有意の体重減少，または体重増加 (4) ほとんど毎日の不眠または過眠 (5) ほとんど毎日の精神運動焦燥(イライラして落ち着かない)または精神運動制止(動作が遅い) (6) ほとんど毎日の疲労感，または気力の減退 (7) ほとんど毎日の無価値感，または過剰であるか不適切な罪責感 (8) 思考力や集中力の減退，または決断困難がほとんど毎日認められる。 (9) 死についての反復思考，特別な計画はないが反復的な自殺念慮，または自殺企図，または自殺するためのはっきりとした計画	気分が異常かつ持続的に高揚し，開放的または易怒的となる。加えて，異常にかつ持続的に亢進した目標指向性の活動または活力がある普段とは異なる期間が存在する。 　＊躁病エピソードの場合は1週間，軽躁病エピソードの場合は4日間，ほぼ毎日，1日の大半において持続する。 上記の期間中，以下の症状のうち3つ以上が存在し，普段の行動とは明らかに異なる。 (1) 自尊心の肥大，または誇大 (2) 睡眠欲求の減少 (3) 普段より多弁であるか，しゃべり続けようとする切迫感 (4) 観念奔逸(考えが次から次にほとばしる状態)，またはいくつもの考えがせめぎ合っているといった主観的な体験 (5) 注意散漫 (6) 目標指向性の活動(社会的，職場または学校内，性的のいずれか)の増加，または精神運動焦燥 (7) 困った結果につながる可能性が高い活動に熱中すること

表 2-19　不安症，心的外傷後ストレス障害(高橋・大野，2014を一部改変)

疾患名	恐怖・不安の対象	症　状
限局性恐怖症	高所，動物，注射，血などの具体的な対象や状況	過度な恐怖や不安，状況や対象の回避
社交不安症	他者の注目を浴びる可能性のある1つ以上の社交場面(雑談などの社交的なやりとり，食べるなどの見られること，他者の前で動作することなど)	過度な恐怖や不安，否定的な評価を受けることを恐れる，社会的状況の回避
パニック症	繰り返される予期しないパニック発作(突然，激しい恐怖または強烈な不快感の高まりが数分以内でピークに達する。その際，動悸，発汗，身震い，息切れ感，窒息感，胸痛，嘔気，めまい，寒気などの症状の内4つ以上が生じる)とパニック発作に関連した場所，状況，行動	過度な恐怖や不安，パニック発作についての持続的な心配，パニック発作に関連した場所，状況，行動の回避
広場恐怖症	電車やバスなどの公共交通機関の利用，駐車場や市場などの広い場所，店や映画館などの囲まれた場所，列に並ぶこと，家の外に1人でいること	過度な恐怖や不安，パニック様の症状，広場に対する回避
全般不安症	多数の出来事または活動	過度な不安と心配，心配を抑制できないと感じる，落ち着きのなさ，疲労しやすさ，集中困難，易怒性，筋肉の緊張，睡眠障害など
心的外傷後ストレス障害	実際にまたは危うく死ぬ，重傷を負う，性的暴力を受ける出来事(心的外傷的出来事) ＊心的外傷の出来事の体験には，直接体験だけでなく，他人に起こった出来事を直接目撃や近親者または親しい友人に起こった出来事を耳にするなども含む	心的外傷の出来事の反復的な再体験，心的外傷出来事の回避，心的外傷出来事に関連した気分や認知の変化，心的外傷出来事と関連した覚醒の亢進

2・4・4　不安症, 心的外傷後ストレス障害, 強迫症

真っ暗な夜道を歩く時や事故に遭いそうになった時に, 不安や恐怖を感じた経験は誰もがもっているだろう。そのような不安や恐怖によって, 日常生活上の機能が低下し, 耐え難い苦痛がもたらされる場合は〈不安症〉となる。DSM-5 の不安症群には, 表 2-19 で示している限局性恐怖症, 社交不安症, パニック症, 広場恐怖症, 全般不安症などが含まれる。

限局性恐怖症, 社交不安症, パニック症, 広場恐怖症では, 恐怖や不安の対象が比較的明確になる。恐怖や不安の対象は, それぞれの疾患の種類によって異なるが, その対象について過度な恐怖や不安を抱き, その対象を回避するようになる点が共通している。一方, 全般不安症は, 何か特定の対象ではなく, 多数の事柄について過度に不安を感じ, 心配する。

〈心的外傷後ストレス障害〉では, 心的外傷を引き起こすような出来事という恐怖や不安の対象が存在する。過度な恐怖や不安だけでなく, 心的外傷を引き起こす出来事の再体験や過覚醒などのような心的外傷後ストレス障害に特有の症状が生じる。

〈強迫症〉は, 強迫観念と強迫行為の 2 つの症状からなる。強迫観念とは, あるイメージ, 衝動, 思考が繰り返し侵入的に頭に浮かんでくることであり, それに伴って強い不安や苦痛が生じる。たとえば,「手が細菌に汚染された」という考えが繰り返し浮かんでくることで, 本人も不合理と思っていても, 汚染されていないか不安になる。さらに, 強迫観念をどうにか和らげようとして強迫行為が生じる。強迫行為とは, 手を洗う, 確認するなどのような繰り返しの行動になる。先ほどの例の場合,「手が細菌に汚染された」という強迫観念を和らげるために, 1 日に何度も長時間かけて手を洗うことを繰り返すことが強迫行為になる。

不安症群, 心的外傷後ストレス障害, 強迫症の治療では, 選択的セロトニン再取り込み阻害薬や抗不安薬などによる薬物療法とともに心理療法が行われる。とくに, 恐怖や不安の対象やそれに関連した対象にあえて直面する行動療法のエクスポージャー法が有効とされる。

2・4・5　摂食障害

現代においては, やせていることが望ましいという価値観があり, 雑誌やテレビにおいてもダイエット法が盛んに取り上げられているので, ダイエットをしたことがある人も多いかもしれない。〈摂食障害〉は, 体型や食べることに関連した精神疾患である。DSM-5 の摂食障害群には, 神経性やせ症, 神経性過食症, 過食性障害が含まれる。

〈神経性やせ症〉とは, カロリー摂取を制限し, Body Mass Index (BMI, 体重 kg/(身長 m)^2) において 17 以下になるぐらいに, 体重が健康体重を下回っているにもかかわらず, 体重増加や肥満になることに対する強い恐怖がある状態である。また, ボディイメージに歪みがあり, 自分の体型を過度に太く見積もったり, 体重が自己評価に強く影響する。自ら食べたものを嘔吐したり, 下剤を用いた排出行動を伴うこともある。そのため, 低栄養状態などの医学的に危険な事態に陥ることもあるにもかかわらず, 低体重の深刻さに対する認識が欠けていることがある。

神経性過食症と過食性障害では, 通常よりも明らかに多い量の食物を食べ, なおかつ食べるのを抑制できないという過食エピソードがみられる。神経性過食症では体型が自己評価に強い影響を与えており, 痩せるために自ら嘔吐したり, 下剤を用いた排出行動を行う。一方で, 過食性障害では, 痩せるために, そのような激しい排出行動は行わない。

神経性やせ症の治療においては, まずは低栄養状態などの医学的に危険な事態を避けるために体重増加が必要とされる。しかし, 神経性やせ症や神経性過食症の患者の体重増加への抵抗は強いため, 家族療法などの家族への介入も含めた心理療法が行われる。

2・4・6　パーソナリティ障害

2・1 にあるように, 私たちのパーソナリティには個人差がある。それが平均から著しく逸脱しており, 本人が心理的苦痛や生きにくさを感じたり, 周囲とのトラブルから, 日常生活に支障をきたしている状態を〈パーソナリティ障害〉とよぶ。パーソナリティ障害は, 普通でない奇異な行動を示す A 群パーソナリティ障害(猜疑性, シゾイド, 統合失調型パーソナリティ障害), 感情的に起伏が激しく, 突飛で派手な行動を示す B 群パーソナリティ障害

(境界性，反社会性，自己愛性，演技性パーソナリティ障害)，恐怖や不安に関連した行動を示すC群パーソナリティ障害(回避性，依存性，強迫性パーソナリティ障害)の3つに分けることができる。

B群パーソナリティ障害の中に，感情や対人関係が不安定で，自殺や自傷行為などの衝動的な行動によって特徴づけられる境界性パーソナリティ障害がある。境界性パーソナリティ障害では，対人関係において見捨てられることへの強い不安がある。そのため，信頼を寄せて依存していた相手を急にこきおろすなど，対人関係において両極端な態度をとることがある。境界性パーソナリティ障害に対する治療としては，力動的心理療法や弁証法的行動療法などの心理療法が行われる。

2・4・7 不登校とひきこもり

これまで主に精神医学の基準に基づいた心理的問題を扱ってきたが，精神的な症状がなくとも適応度の基準から心理的問題となる〈不登校〉と〈ひきこもり〉について取り上げる。文部科学省によると，不登校は何らかの心理的，情緒的，身体的あるいは社会的要因・背景により，登校しないあるいはしたくともできない状況にあるために年間30日以上欠席した者のうち，病気や経済的な理由による者を除いたものになる。定義からわかるように，不登校の原因は，精神的問題だけではなく，多岐にわたる。いじめなどの学校生活での出来事がきっかけとなって不登校に至る場合，非行グループに入って学校に行かなくなる場合，心理的・情緒的な問題によって登校できない場合などさまざまである。

ひきこもりは，① 半年以上自宅を中心とした生活をしており，社会参加していない，② 統合失調症や知的能力障害ではない，③ 外出していても対人関係がなく家族以外の他者と親密な関係を築けていない，の3つを満たした場合のことをいう。ひきこもりに関しても，ひきこもっている状態は同じでも，その原因はさまざまである。

不登校とひきこもりは，原因が多岐にわたり，家族，学校，そして地域などの個人が置かれている周囲の環境の影響も大きいため，周囲の環境に働きかけることが重要になる。たとえば，不登校の子どもであれば，適応指導教室，フリースクールなどの地域の資源を活用したり，担任教師，養護教諭，スクールカウンセラーなどの教育関係者や保護者とも連携して，子どもに関わることが求められる。ひきこもりにおいても，本人だけでなく，日頃本人にかかわる家族を支援する介入も行われてきている。

2・5 心理的援助（心理的介入）

私たちの心理的問題にはさまざまな種類があり，それぞれに特徴がある。臨床心理学では，クライエント(来談者)の悩みや問題を心理アセスメントを通して理解し，その問題を解決するために〈心理的援助〉を行う。心理的援助には，症状の除去だけではなく，クライエントが問題を受け入れ，自分らしく日々の生活を送るための支援も含んでいる。

心理的援助を行う前に，心理アセスメントを行い，クライエントから情報を得る。得られた情報の解釈においては，本章で扱ったパーソナリティに関

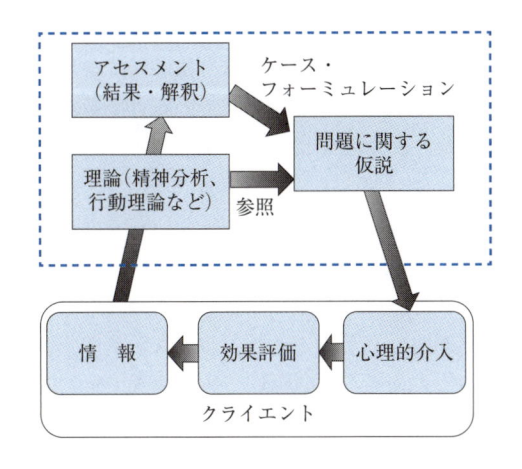

図2-29 ケース・フォーミュレーションと心理的介入

する理論や心理学の諸理論を通して行う。その得られた結果や解釈を元にして，クライエントの問題に関する仮説をつくる。この過程を〈ケース・フォーミュレーション〉という（図2-29）。ケース・フォーミュレーションも心理学の諸理論を参照しながら行われる。問題に関する仮説が定まってきたら，仮説に基づいた心理的援助を行い，その効果を評価する。問題に対して効果が得られた場合は，心理的援助を継続し，期待した効果が得られない場合は，再度情報収集した上で問題に関する仮説を作り直す。上記の過程を繰り返すことが効果的な心理的援助を行う上では重要になる。心理アセスメント，ケースフォーミュレーション，それらに基づいた実践においては，心理的援助に関する理論が必要となる。そこで，以下では，心理的援助に関するさまざまな理論について説明する。

2・5・1 クライエント中心療法

2・1・1において，ロジャーズのパーソナリティ理論について説明をしたが，彼の理論に基づいた心理的援助が〈クライエント中心療法(client-centered therapy)〉である。ロジャーズは，クライエントには自分を理解するための力や問題を解決するために行動する力があると考えた。クライエント中心療法が提唱されるまでは，質問や心理検査を行い，クライエントにアドバイスをするという心理的援助が多かった。しかし，ロジャーズは，そのような方法は，クライエントの自発的な問題解決を阻害すると考えた。そこで，ロジャーズは，クライエントの自己理解を深めるような簡単な応答による受容やクライエントの感情を理解して返す返答などを用いる，非指示的なアプローチを提唱した。また，ロジャーズは，来談した人を〈患者〉ではなく，〈クライエント〉とよぶように改めた。クライエントという言葉には，問題を解決するために相談に来ている人の自発性を尊重する立場が現れている。

クライエント中心療法では，適切な場が提供されれば，クライエントは自ら心理的な成長や自己実現を達成できると考える。ロジャーズは，適切な場の条件として，〈建設的なパーソナリティ変化が起こるための条件〉を提案した（表2-20）。3つ目の条件は，セラピストの自己概念と経験が一致していることを示しており，セラピストはクライエントとの関係の中で自分を偽るような表裏のある態度ではないことを意味する。4つ目の条件のセラピストがクライエントに無条件の肯定的関心を持つことは，条件つきでクライエントに関心を持つのではなく，条件なしにありのままのクライエントを受け入れることになる。5つ目の条件のセラピストがクライエントに共感的理解をすることは，クライエント自身が感じている私的な世界を，あたかも自分自身のものであるかのようにセラピストが感じることになる。クライエント中心療法における6つの条件は，他の心理的援助においても重要な条件になる。

2・5・2 精神分析療法

2・1・1において，フロイトのパーソナリティ理論について説明したように，フロイトのパーソナリティ理論に基づいた心理的援助が〈精神分析療法(psychoanalysis)〉である。フロイトは，私たちの行動が意識できることだけでなく，意識されない無意識の影響も受けていると考えた。フロイトは，意識，前意識，無意識の3層から私たちの心は構成されるという〈局所論〉を提案した（2・1・1の表2-1参照）。精神分析療法においては，人がなんらかの症状を呈する時に，その背景には意識化できない無意識的な葛藤が存在すると考える。そのため，無意識的な葛藤を意識化することで心理的問題を解決する技法を用いる。たとえば，セラピストとは対面しない状態で，ゆったりと寝椅子に寝転び，心に浮かんだことを選ぶことなく自由に語らせる〈自由連想法〉（図2-30）や，意識による抑圧がゆるんだ状態の夢を分析するなどの技法がある。

また，フロイトは，心的エネルギーの宝庫であり快楽原則に従う〈エス〉，エスの欲動を禁止し抑えこむ〈超自我〉，エスと超自我の要求に対して現実原則に則して調整を行う〈自我〉の3つのダイナミクスから私たちの心が生じているとする構造論を提案した。私たちの自我は，現実，エス，超自我から要求を受けており，不安に陥りやすい。そのため，安全装置として〈防衛機制〉というメカニズムが存在する（2・3・5の表2-17参照）。防衛機制は自我の安全装置ではあるが，一方で防衛機制が強すぎることで問題行動が生じることがある。精神分析療法では，このような防衛機制，治療関係で生じるクライエントの心理的援助への抵抗，そしてクライエント

表2-20 ロジャーズの「建設的なパーソナリティ変化が起こるための条件」
（佐治・飯長，2011）

1. 2人の人間が，心理的な接触をもっていること
2. 第1の人（クライエント）は，不一致の状態にあり，傷つきやすい，あるいは不安の状態にあること
3. 第2の人（セラピスト）は，この関係の中で，一致しており，統合されていること
4. セラピストは，クライエントに対して無条件の肯定的関心を経験していること
5. セラピストは，クライエントの内部的照合枠に感情移入的な理解を経験しており（共感的理解），そしてこの経験をクライエントに伝達するように努めていること
6. セラピストの感情移入的理解（共感的理解）と無条件の肯定的関心をクライエントに伝達するということが，最低限に達成されること

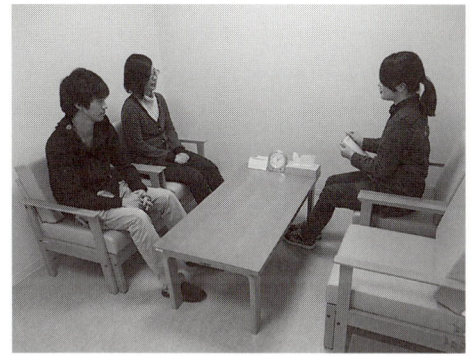

図2-30 左図はフロイトが自由連想法に用いていた寝椅子（前田，1985）
右図は対面式の面接室（専修大学心理教育相談室）

にとって重要な人物に対する欲求や感情をセラピストに向ける転移などについて解釈を行う。これらの解釈により，クライエントの心理的問題への理解を深め，無意識的な葛藤を意識化し，自我の機能を回復させる。精神分析療法は，フロイト以降も自我心理学派やクライン学派などのさまざまな理論家によって理論が拡充され，実践面においても寝椅子を使わない対面式の力動的心理療法（図2-30）などがある。

2・5・3 行動療法と認知行動療法

〈行動療法（behavior therapy）〉は，学習理論に基づき，客観的に測定できる行動を援助対象とする。また，行動療法では，症状を不適切な学習の結果もしくは学習していない結果と捉えた上で，行動の変容を促す。行動療法は，個々に行われつつあった心理的援助をスキナー（Skinner, B. F.），ウォルピ（Wolpe, J.），アイゼンク（Eysenck, H. J.）が体系化したものである。

学習心理学には，大きく分けて，古典的条件づけとオペラント条件づけがある（4章参照）。古典的条件づけに基づく方法の一つとして，〈エクスポージャー法〉がある。不安症は，対象と恐怖とを過剰に結びつけて学習した結果といえる。そのため，エクスポージャー法では，計画的に恐怖の対象に暴露する経験をもたせ，恐怖の対象に曝されても安全だったという経験を繰り返す。対象と恐怖との結びつきを弱めていくことで，結果として恐怖を弱める技法になる。

オペラント条件づけに基づく方法の一つとしては，応用行動分析がある。応用行動分析を用いることで，問題行動の維持要因を特定でき，問題行動の減少と適応的な行動の増加を促すことができる。具体的には，標的となる行動の前後を観察し，どのような先行刺激のもとで行動が生じており，問題行動の後でどのような刺激が生じているのか調べる。そうすることで，環境のどのような刺激（先行刺激）が行動のきっかけとなり，どのような刺激（後続刺激）によって行動が維持されるのか明らかになる。行動の機能が明らかになったら，前後の刺激の操作を通

して，行動を変容していく．

〈認知行動療法(cognitive behavioral therapy)〉では，行動理論だけでなく，認知心理学(5, 6章参照)やその他の心理学の知見を取り入れ，心理的問題に関係するクライエントの認知(物事の捉え方)を変容することで，心理的問題を低減させる技法を援助に含める．認知行動療法は，バンデューラ(Bandura, A.)，ベック(Beck, A. T.)，エリス(Ellis, A.)などの個々の実践や研究が1つにまとまってきた心理的援助である．認知行動療法における認知的な介入技法として〈認知再構成〉がある．これは，図2-31のような枠組みで考える(ABC図式)．私たちの感情や行動(C)は，出来事(A)によって直接生じるのではなくて，出来事に対する私たちの信念や認知(B)が影響する．そのため，心理的問題は不適応的な認知によって生じていると考え，不適応的な認知の変容を促すことで心理的問題の解決を図る．認知行動療法では，認知への援助と行動への援助を組み合わせて行う．

2·5·4 遊戯療法

これまで主に言語を用いた心理的援助について説明したが，言語能力や思考能力が発達途上の子どもに対する心理的援助では，言語のみによるアプローチだけでは限界がある．そこで，言葉に代わって，遊びを介して心理的援助を行うのが〈遊戯療法(play therapy)〉である．遊戯療法では，図2-32に示すようなある程度の広さと遊具のそろったプレイルームで，セラピストとクライエントの子どもとで遊ぶ．セラピストは，子どもがのびのびと遊べるように，おおらかな雰囲気をつくり，子どもをそのままに受け止めるような態度で臨む．クライエント中心療法のセラピスト側の3つの条件にあるように，子どもとの遊びのなかで，表裏なく子どもに接し，共感的な理解を示し，子どものありのままを無条件に受け止めつつ遊戯療法は行われる．子どもの心理的問題において，保護者の役割は大きいため，遊戯療法と並行して保護者との面接を行う親子並行面接をすることが多い．

2·5·5 家族療法

これまで説明してきた心理療法の多くは個人療法であり，クライエントの家族はクライエントの背景として理解される．一方で，〈家族療法(family therapy)〉は，問題を呈しているクライエントのみを心理的援助の対象とするのではなく，家族をひとまとまりの単位としてみて，家族関係や家族のシステムにはたらきかけることで，クライエントの心理的問題の解決を図ろうとするものである．家族療法においては，クライエントは，IP(Identified Patient)，つまり"患者とみなされている者"と呼ばれる．問題は家族関係やシステムにあり，たまたま，家族の問題をIPが呈していると考える．心理的問題を過去の出来事や行為の結果とするような直線的な因果関係で考えず，相互に影響し合う出来事や行為のつながりの中で理解しようとする円環的な因果論に立っていることが家族療法の特徴になる．家族療法の中には，多世代派，構造派，コミュニケーション派などがあり，家族を対象とする点は同じでもさまざまな理論的背景と介入技法を有している．

2·5·6 日本の文化に合った心理的援助

心理的援助の多くは海外から導入されたものであるが，私たちの心は，文化による影響を受けることから，日本の文化に合わせた心理的援助を考えることも重要になる．以下で紹介する〈動作療法〉，〈内観療法〉，〈森田療法〉は日本独自の心理的援助になる．

① **動作療法** 動作療法は，成瀬悟策によって開発された動作法の中で心理療法を目的としたものである．動作法では，動作をある目的のために目的的にからだを動かす心理的な活動であると考える．動作法の初期においては，主にからだが不自由な方を対象に，立ったり，座ったり，歩いたりする動作課題を通して，動作を改善する動作訓練法が行われていた．その後，自閉スペクトラム症，注意欠如・多動性症の子どもやその他の精神疾患を対象に，動作を通した心理的援助を行う動作療法が行われている．

② **内観療法** 内観療法は，吉本伊信によって開発された自己探求法を心理療法として用いたものである．内観には，集中内観(内観研修所などで1週間集中的に行うもの)と日常内観(日常生活の中で数時間から数分間行うもの)がある．集中内観は，内観研修所などに一週間宿泊して，1日15時間ほど内観を行う．屏風で仕切られた半畳ほどの空間に楽

図2-31 ABC図式

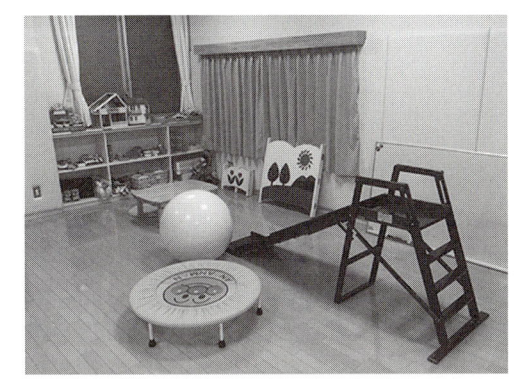

図2-32 プレイルーム(左)と箱庭の例(右)
(専修大学心理教育相談室にて撮影)

な姿勢で座り，身の回りの人に対して，「していただいたこと」，「して返したこと」，「迷惑をかけたこと」について，年代順に具体的な事実を振り返って調べていく。内観療法では，心理的問題を直接扱わないが，内観を通しての価値観の変化によって心理的問題の解決を促す。内観は矯正施設でも取り入れられており，非行臨床における心理的援助の1つである。

③ 森田療法　森田療法は，森田正馬によって開発された心理的援助であり，不安症や強迫症に関する独自の理論と技法からなる。心身が病気ではないかと不安に感じる傾向のある人が，そのような感覚へ注意をむけることで，より強い不安や恐怖が生じるという悪循環が生じる。そして，そういった恐怖や不安を取り除こうと試みるほど，悪循環に陥るという過程を理論化している。森田療法では，不安や死の恐怖にとらわれるのではなく，そのような不安や死の恐怖をあるがままに受け入れた上で，よりよく生きたいという願望を高めていくことを援助する。

④ 箱庭療法　箱庭療法は，カルフ(Kalff, D. M.)に指導を受けた河合隼雄によって日本に導入された心理療法であるが，日本に昔からある箱庭の文化と相まって広く行われている。具体的な例を図2-32に示す。一般に，内側を青色で塗った一定の大きさの木箱に，砂を入れたものを使用する。木箱の内側が青色に塗ってあるので，砂を掘ると水や川を表現することができる。クライエントは，あらかじめ用意されたミニチュアを並べていき，作品を作る。セラピストに見守られながら箱庭を作る過程で，自分の内的な世界を表現でき，それをセラピストと共有していく中で心理的問題の解決が生じる。

2・6　非行・犯罪

非行や犯罪を心理学の方法によって研究する分野が〈犯罪心理学〉である。われわれは，犯罪心理学を研究し実践している人や犯罪心理学についてどのようなイメージを持っているのであろうか。犯罪者の深層心理を解明するサイコロジストであったり，犯罪捜査に科学的な手法を用いるプロファイラーであったり，非行少年を更生に導くカウンセラーであったりさまざまであると思われる。実際，犯罪心理学の分野も細分化されており，犯罪の原因を究明する〈犯罪原因論〉，非行少年や犯罪者の処遇について臨床心理学の方法論を用いた〈矯正心理学〉や〈非行臨床〉，プロファイリングや目撃証言などの研究に代表される〈捜査心理学〉，裁判の過程を心理

学的に研究する〈裁判心理学〉などがある。また，加害者の研究に加えて心的外傷を負った犯罪の被害者の支援について研究をする〈被害者心理学〉も犯罪心理学の一つである。このように「犯罪心理学」は広い分野を含んでいるのである。

2・6・1 少年非行

〈非行〉というと不良交友とか家出といった行動が連想されることが多いだろうが，一般的に不良と見なされている家出や不良交友は，社会的な概念としての非行であり，狭義の非行は，法的概念としての非行である。〈少年法〉では非行をどのように規定しているのであろうか。少年法でいう少年とは，20歳に満たない者を言い，非行とは，つぎの3種類の行為または行状を総称する概念である。

① 14歳以上20歳未満の少年による犯罪行為〈犯罪少年〉。
② 14歳に満たないで刑罰法令に触れる行為〈触法少年〉。
③ 20歳未満の少年の虞犯（イ．保護者の正当な監護に服しない性癖のあること，ロ．正当の理由がなく家庭に寄り附かないこと，ハ．犯罪性のある人もしくは不道徳な人と交際し，またはいかがわしい場所に出入りすること，ニ．自己または他人の徳性を害する行為をする性癖のあること）〈虞犯少年〉。

イからニの事項を虞犯事由と呼び，虞犯の場合にはどの事項に該当しているかが，虞犯を認定するに際して重要となる。虞犯の「虞」とは，犯罪を犯すおそれを意味し，漠然と犯罪を犯すおそれではなく，具体的に刑罰法令に規定された違法な行為を犯すおそれ（虞犯性と呼ぶ）がなければならないのである。

たとえば，少年が保護者の注意や指導を無視して，正当な理由がなく，家出を繰り返し不良仲間の溜まり場に寝泊まりし，生活費に窮すると後輩にカンパと称して恐喝まがいの行為を繰り返している。被害者は仕返しを恐れて警察に被害届けも出せないでいるといったようなケースを想定してみよう。この場合，虞犯事由のイ，ロ，ハに該当し，将来恐喝を犯す危険性が高度に認められることになるので，虞犯と認定することが可能である。虞犯事由に該当するだけでは十分ではなく，虞犯性が認められて初めて虞犯として認定されるのである。非行には犯罪が含まれていることがわかるであろう。

2・6・2 非行・犯罪の研究方法

非行・犯罪の研究方法は，量的研究と質的研究に大きく分けられる。量的研究の典型的なものは，非行・犯罪の増減に関する統計的な研究や，犯罪を犯した人と犯さない人との間に心理学的特性（知能やパーソナリティなど）の違いがあるかどうかについて，心理尺度などを用いるものがある。

犯罪統計を正確に読むことは，一般に考えられている以上に難しく，非行・犯罪に関する専門的知識が必要となる。図2-33は少年，成人による一般刑法犯検挙人員・人口比の推移を示したものであるが，一般刑法犯とは，刑法犯全体から自動車運転過失致死傷などを除いたものをいう。少年においては，2004年（平成16年）以降，人口比についても毎年減少の傾向にあることがわかるが，増減に関して心理学的な仮説を立てて，検証することも犯罪心理学研究の重要な目的の一つである。

非行・犯罪の質的研究の典型的なものは事例研究である。非行少年に面接したり心理検査などを実施して，犯行に至った動機の解明のみならず，その後の更生に向けた処遇指針について事例検討がなされる。実際には，パーソナリティ理論や犯罪理論などに準拠した仮説を立てながら少年の話を傾聴していくのである。仮説の検証のプロセスが犯罪を犯した人の内省や立ち直りに繋がるように問いを構築していく時，臨床研究へと発展する。これは，〈矯正心理学〉とか〈非行臨床〉と呼ばれる。

2・6・3 非行の類型

非行や犯罪の類型は数多くあるが，モフィット（Moffitt, T. E.）は，つぎの2つの非行類型を提案した。第1のタイプは，幼少期から窃盗，暴行などの非行を繰り返し，成人後も粗暴犯や性犯を繰り返すタイプで，〈生涯持続型〉犯罪者と名づけた。このタイプは乳児期，幼少期から癇癪や発達障害などの問題を抱えており，発達の各段階において向社会的スキル，対人スキルを獲得，訓練する機会を逃しているのである。仲間からも拒絶され避けられることが多く，同時に親の養育放棄や教師からも疎んじられることが多いのが特徴である。

第2のタイプは，犯行を思春期に始めて18歳こ

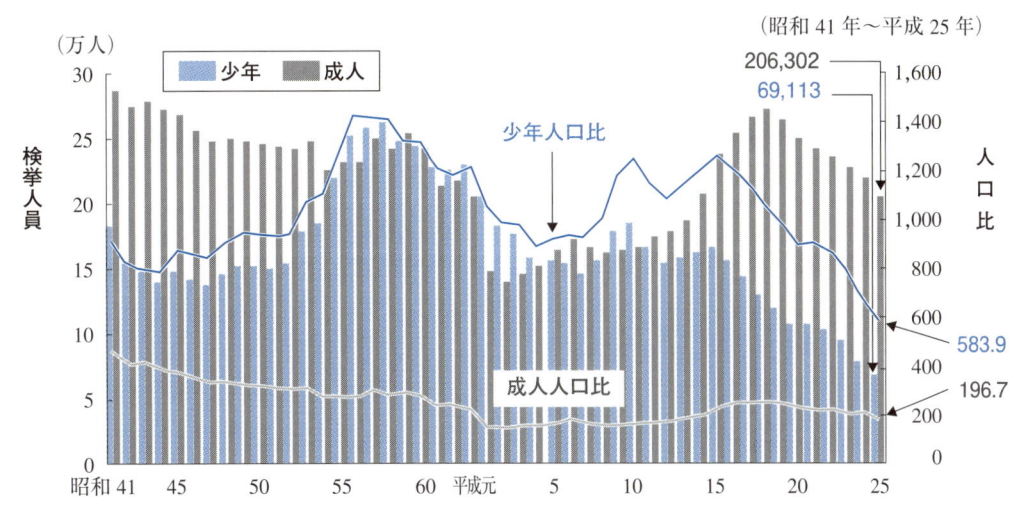

図 2-33　一般刑法犯の検挙人員・人口比の推移（平成 26 年版　犯罪白書）
注）　1. 警察庁の統計，警察庁交通局の資料及び総務省統計局の人口資料による。
　　　2. 犯行時の年齢による。ただし，検挙時に 20 歳以上であった者は，成人として計上している。
　　　3. 触法少年の補導人員を含む。
　　　4. ①において，昭和 45 年以降は，自動車運転過失致死傷等による触法少年を除く。
　　　5. 「少年人口比」は，10 歳以上の少年 10 万人当たりの，「成人人口比」は，成人 10 万人当たりの，それぞれ刑法犯・一般刑法犯検挙人員である。

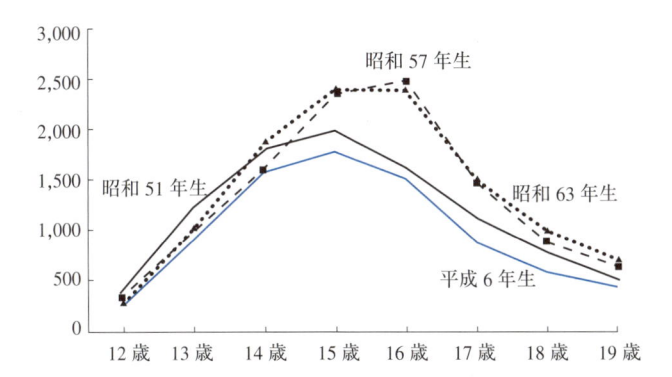

図 2-34　非行少年率の推移（平成 26 年版　犯罪白書）
注）　1. 警察庁の統計，警察庁交通局の資料及び総務省統計局の人口資料による。
　　　2. 犯行時の年齢による。ただし，検挙時に 20 歳以上であった者を除く。
　　　3. 「非行少年率」は，それぞれの年齢の者 10 万人当たりの一般刑法犯検挙（補導）人員をいう。

ろには止めるもので、これを〈青年期限定型〉犯罪者と名づけた。このタイプは、成長の過程で成人になるころには非行から足を洗い、普通の生活様式へと徐々に移行していくものと仮定している。しかしながら、青年期限定型を追跡調査したところ、26歳になっても犯罪を繰り返している者も少なからずいることから、現代社会において、成人期は25歳以降ではないかという主張もある。

図2-34は、少年の成長に伴う非行率の変化を示したものである。わが国では出生年によって非行率のピークが多少異なるものの、15～16歳をピークにその後年齢が上がるにつれて非行率が減少していることが分かる。非行の多くは、〈一過性型〉非行かモフィットの言う青年期限定型が多いのである。

2・6・4 非行の促進要因と抑止要因

非行や犯罪は多様な要因の複合作用によって生じるのであって、単一の要因で説明することはできない。犯罪性・非行性を促進するリスク要因として、どのような要因が考えられてきたのであろうか。

ゴットフレッドソンとハーシー(Gottfredson, M. R. & Hirschi, T.)は、犯罪を予測する最も重要な要因は人生早期に決定される個人における低い〈自己統制(self-control)〉であるとする。この低い自己統制には衝動性、易怒性、自己中心性が含まれる。また、ドッジら(Dodge, K. A. et al)は粗暴な傾向をもつ青少年に認知的バイアスがあることを明らかにした。敵意バイアスがその中核である。相手の言動の背後に故意の悪意を邪推してしまうもので、「わざとぶつかってきた」など相手の過失を故意として、しかも敵意を断定してしまう偏った認知である。大渕(2006)によれば、敵意バイアスの発達過程は明らかにされていないが、子ども時代にネグレクト、虐待、いじめを受け、親しい人たちとの間で安定した愛着を形成することができなかったことが一因と推測されている。

犯罪性・非行性の抑止要因としては、情緒の安定化機能や社会化の機能が十分に果たされている家族での養育、社会性に富んだ親友の存在、学業などの成功体験を挙げることができる。安全な社会を作るためには、犯罪のリスク要因を減らし、抑止要因を増やすような対策が重要である。児童虐待の早期発見と適切な対応やいじめの防止が、犯罪予防に繋がることは容易に理解できるところである。

■ 2章の参考図書

American Psychiatric Association/高橋三郎・大野　裕（2014）．DSM-5 精神疾患の診断・統計マニュアル，医学書院
ビネー，A.・シモン，Th./中野善達・大沢正子（共訳）（1982）．知能の発達と評価　福村出版
Davison, G. C., Neale, J. M., & Kring, A./下山晴彦編訳（2007-2008）．テキスト臨床心理学　全5巻・別巻，誠信書房
藤岡淳子（編）（2007）．犯罪・非行の心理学　有斐閣
小山充道（編）（2008）．必携　臨床心理アセスメント　金剛出版
黒沢　香・村松　励（2012）．非行・犯罪・裁判　新曜社
二宮克美（他編）（2013）．パーソナリティ心理学ハンドブック　福村出版
大渕憲一（2006）．犯罪心理学　培風館
大塚義孝（他監修）（2003）．臨床心理学原論1～13　誠信書房
下山晴彦（編）（2009）．よくわかる臨床心理学　改訂新版　ミネルヴァ書房
杉浦義典・丹野義彦（2008）．パーソナリティと臨床の心理学　培風館
鈴木公啓（編）（2012）．パーソナリティ心理学概論　ナカニシヤ出版
氏原　寛（他編）（1999）．臨床心理学①～③　培風館
氏原　寛（他編）（2006）．心理査定実践ハンドブック　創元社

Column 2

フロイト

(Freud, S., 1856～1939)

　精神分析の創始者であるジークムント・フロイトはオーストリア帝国のフライベルク（現在のチェコ共和国プシーボル）に生まれたが，一家はフロイトが4歳の時にウィーンに移住してきた。フロイトはウィーン大学に入学し，医学を修めた。彼の学位論文は神経病理学に関するもので，師のブリュッケ（Brücke, E.）は19世紀の実験生理学の中心地であったベルリン大学のミュラー（Müller, J.）の研究室出身で，ヘルムホルツ（Helmholtz, H.）などと同様に生命現象を物理化学的過程から解明しようとした人物である。

　フロイトは1885年に教授資格論文を提出して非常勤講師の資格は得たものの，正教授として大学に残ることを考えたとき，ユダヤ人であるという出自が大きな妨げとなった。青年フロイトは宗教とは無縁の人物だっただけに，ユダヤ人であることで就職が不利になるということはショックであったに違いない。同じ1885年に奨学金をもらってパリのサルペトリエール病院のシャルコー（Charcot, J.-M.）のところで1学期間ほどヒステリーと催眠療法について学んできたフロイトは，翌1886年に結婚してウィーン市内で開業し，ヒステリーの研究をしてみようと考えた。この方向転換は結果的に成功したわけだが，当時，他の医学の分野に比べてまだ新しかった精神医学にはユダヤ人が参入する余地もあったと言われている。催眠療法のほうはうまくいかなかったが，シャルコーへの敬意は長男にシャルコーと同じジャン＝マルタン（愛称はマルティン）という名を付けたことからもうかがえる。

　精神分析という用語はフロイトの共同研究者であったブロイアー（Breuer, J.）とフロイトとの共著『ヒステリー研究』（1895）のなかで初めて使われた。この精神分析の歴史においてごく初期に登場するアンナ（Anna O）とよばれた患者についてもふれておこう。のちに彼女はパッペンハイム（Pappenheim, B.）という女性運動の先駆者であることが判明した（本来のイニシャルBPをずらしてAOとしたのである）。ブロイアーはカタルシス法とよばれる方法でアンナを治療したとされているが，これはヒステリーの症状の原因となったできごとを見つけ出して情動的に解放することで症状を減弱させるという技法である。一例としてアンナはグラスから水を飲むことを毛嫌いしていたが，それはアンナが好きではなかった家庭教師が自分のイヌと同じグラスから水を飲んだことを目撃したことを思い出してからは消失したという。こうした記憶の再構成に用いられたのがアンナのいう「おしゃべり療法（talking cure）」であり，思いついたことをなんでもしゃべっていくという手法は精神分析の自由連想法の原点である。

　『夢解釈』（1900）によって広く知られるようになったフロイトであるが，ドイツ語圏の医学界では異端といってよい存在であった。フロイトは研究会から発展したウィーン精神分析協会に所属していたが，それだけであれば医学界と交わることはなく，まして心理学界と関わることはなかったであろう。1909年になるとフロイトはアメリカのクラーク大学設立20周年の

1909年に渡米したときの記念写真
前列左端からフロイト，ホール，ユングである
（Lück & Miller, 1999）

記念行事に招待され，その一環として精神分析に関する記念講義（連続講義）を依頼された。当時のクラーク大学の学長は心理学者のホール（Hall, G. S.）であり，ホールはドイツに留学したり，アメリカ心理学会を創設したりするなど，アメリカの心理学の礎を築いた人物である。この記念行事にはユング（Jung, C. G.）も参加していたが（写真参照），この時の渡米体験はその後フロイトとユングが袂を分かつことになった原因だと考えられている。いずれにしても，アメリカではこのあと精神分析が広く受け入れられることとなり，そこにはアメリカの心理学が介在していたのである。

晩年のフロイトは政治に翻弄される日々を送った。1933年にドイツでヒトラーを党首とするナチス（国家社会主義ドイツ労働者党）が政権を握ると，当初はオーストリアも抵抗していたのだが，1938年にドイツに併合され，反ユダヤを第一に掲げるナチスの政策のもと，ユダヤ人の資産はどんどん没収されていった。フロイトの本も他のユダヤ系の著者の本と同様に大衆の前で燃やされるような仕打ちも受けた。フロイトのもとには多くの知人から早くに亡命するようにという働きかけはあったものの，癌を患っていたこともあって，フロイト自身は住み慣れたウィーンをなかなか離れようとはしなかったようだ。ようやく1938年6月にオーストリアを離れることができたフロイト一家はフランス経由でイギリスに渡った。フロイトの実の妹5人のうち4人はウィーンに残っていたが，その4人とも強制収容所で死亡したと伝えられている。ロンドンに住むことになったフロイトは，翌1939年9月に83歳で亡くなった。フロイト博物館はウィーンとロンドンの住居あとにそれぞれ開設されている

II 部

心と行動の発生と展開

　心理学においては，心的過程は身体運動を含む脳内活動の全過程ととらえられている。人を含むすべての動物種は，与えられた環境に適応しながら，一方で能動的に環境に影響を及ぼし改変しようとしているが，それを可能にするもっとも重要な個体内過程が心的過程である。II部では，発達心理学と学習心理学の二つの領域を扱う。これらは，いずれも時間軸に沿って変化する生体の心的過程の様態を明らかにしようとしている。個体がその一生を通していかなる行動変化を見せるのかを研究するのが発達心理学であり，個体における新しい行動獲得の過程を比較的短い時間軸上で研究するのが学習心理学である。また両者とも，さらに長い時間軸の観点，すなわち系統発生的，進化論的観点を共通に持っている。このような生体の発達と学習における心的過程には，個人，個体あるいは動物種を超えた一般性や共通の傾向を見いだすことができる。II部の学習目標は，この一般原理を理解することにあるが，それだけでなく，発達と学習の両過程において，生体がいかにゆたかな多様性と可塑性を有しているかについても学んでいこう。

3 成熟と成長（発達心理学）

　行動の発達の研究は，人が出生してからどのような経過を経て成人に至るかを明らかにしようとするものであり，また同時に，行動をその発達的動態の中で分析することで，人間の行動の原理，メカニズムに接近しようとしている。中でも最大のテーマはいわゆる「氏と育ち」（nature vs. nurture）問題で，人の遺伝的な素因と後天的な経験や環境などの要因がどのように発達過程を規定しているかを明らかにしようとしている。

　本章では，この「氏と育ち」問題に対する理解を深めるために，主として発達初期の行動変化に焦点をあてながら，次のような問題を概説する。まず最初に，発達心理学における主な研究法を紹介し，引き続いて，遺伝と環境のかかわりに関する基礎的な研究成果を概説する。次に人の生活にとって最も基礎的な能力である知覚や学習の能力の発達，それから人を人たらしめるうえできわめて重要な能力である言語の獲得と発達，そして最後に，人が社会の中で生きるために必要な知識とスキルをどのように獲得していくのかなどの点について解説する。

3・1　発達とは何か

3・1・1　研究対象

　発達とは，人がその誕生（あるいは受胎）から死亡するまでの間に示す身体的，行動的，認知的な変化のことをいい，この変化過程を，個体を取り巻く環境との関連において研究するのが発達心理学である。

　〈発達〉というと，誕生から成人にいたるまでの，いわば成長増大過程だけのことを意味するように思われるかもしれないが，心理学では，成人期以降の衰退・減衰過程における変化も広く発達の中に含めて考えている。こうした〈生涯発達〉の過程を解明することは，わが国が本格的に高齢化社会を迎えつつある現在，発達心理学に対する大きな社会的要請の一つである。

　また心理学では，人はその発達の全過程を通して，能動的に環境に対峙しうるものであるという人間中心的な観点をもっている。こうした観点に基づいて，従来はまったく無力で，未成熟であるとされていた新生児・乳児でも，思いのほか積極的・能動的に環

境に対して影響を及ぼしていることなどが調べられるようになってきている。そうした人間の能動性を強調する一方で，社会的要因や文化的要因が発達過程に及ぼす影響のあり方についても研究が進んでおり，その重要性が再認識されるようになっている。

時間の経過あるいは加齢とともに，人の身体的，行動的諸側面が変化すること自体は自明のことである。問題はそれらがいかに変化するのかということと，その変化の基礎にあるメカニズムは何かという点にあって，それを解明することが発達研究の大きな使命である。

3・1・2 研究方法

人間の発達を研究するための主な研究方法は次の通りである。

(1) 縦断的研究

縦断的研究(longitudinal study)はある発達的問題について，特定の個人あるいは集団を比較的長期間にわたって継続的に研究する方法である。たとえば，新生児期に活発な運動を示した子どもは，小学校に就学した後にも多動(hyperactive)となるのかを調べたり，就学前のIQと就学後の学業成績の間に関係があるのかどうかを調査したりするようなときに採用される方法である。この方法は，個人の発達を時間を追って検討できるという意味では，発達研究にとっては最も本質的な方法であるといえる。しかし，縦断的方法では，研究遂行に長時間を要することが多いために研究の費用がかさむことや，参加者数が引越しなどによって減少する可能性が高いこと，同一のテストを繰り返し実施することの効果が無視できないこと，などが問題点として指摘されている。

(2) 横断的研究

横断的研究(cross-sectional study)は，異なる発達段階・年齢層の個人あるいは集団に対して，一斉に同一の実験・調査を実施して，その結果から発達過程を明らかにしようとする。この横断的方法は，研究が比較的短期間で終わることから，縦断研究が持っていた研究遂行のリスクとコストが低く，多くの問題について短い期間で結論を得ることができる。しかし，個々の個人の発達それ自体を調査しているのではない点が欠点として指摘されている。なお縦断研究と横断研究の問題点を補うためにコホート系列法という方法が用いられる。これは同年齢の子ども集団に対して横断的調査を実施した後，一定の年数をおいて，同じ集団に対して縦断的調査を実施するというものである。この方法を使うことで，横断的調査によって同年齢集団(コホートという)の一般的な傾向を明らかにするとともに，縦断的調査によって発達的変化を明らかにできる(図3-1)。

(3) 標準発見的研究

ある特定の行動が，発達のどの時点から出現するようになるのかについて，平均的な標準を発見しようとする研究である。この方法によって，運動能力，言語能力などの発達についての重要な情報がもたらされている。伝統的な発達心理学では，主要な研究目的がこの標準発見と記述に置かれていたが，近年では，必ずしも発達研究の中心的地位にはない。

(4) 相関研究

さまざまな行動や事象の間の相互関係を検討する方法である。同一の集団で，継時的に2度にわたって同一の実験・調査を実施して，その間の相互関係を検討すれば，縦断的な相関研究である。また，同時に異なる集団で同一の検討を実施すれば，横断的な相関研究である。この場合，相互の関係は統計的に相関係数を算出することになる。相関係数は，2つの事象が相互に無関係であれば0に近くなり，一方が増大すると他方も増大するという関係(正の相関)があればプラス1に近くなる。逆に，一方が増大すると他方が減少するという関係(負の相関)があれば，マイナス1に近くなる。

(5) 実験法

最近の発達研究は，実験室内でのより条件の統制された実験事実に基づいて進められることが多く，その傾向は発達初期の知覚や学習研究において顕著である。また社会性の発達に関する研究では，従来は観察主体の研究が多かったが，近年，より実験的な方法を採るものが多くなっている。厳密な検討がなされるという意味では，実験的研究が主流となるのは望ましいが，近年ややもすると，この傾向が強すぎて，自然の幼児の行動からかけ離れた不自然な実験が多くなっているとの反省もされるようになってきている。

(6) 観察法

科学において観察法は二つの機能を持つといわれる。一つは特定の現象の精細な描写機能，もう一つ

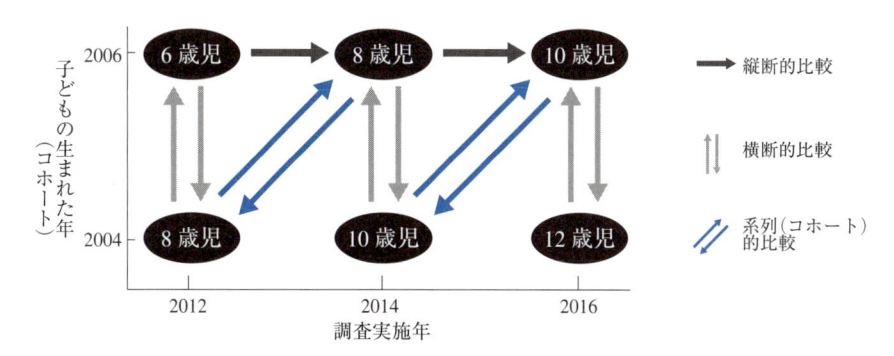

図 3-1 コホート系列法
　縦断・横断・系列研究の関係：2012 年にその時点で 6 歳児と 8 歳児の 2 グループを対象として，横断的に調査を行い，その 2 年後の 2014 年にそれらの子どもが 2 歳ずつ年長となった時点で同じ調査を行い，さらに 2016 年に同じような調査を行う。その結果，6 歳から 12 歳に至る発達変化を系列的に検討することができる。

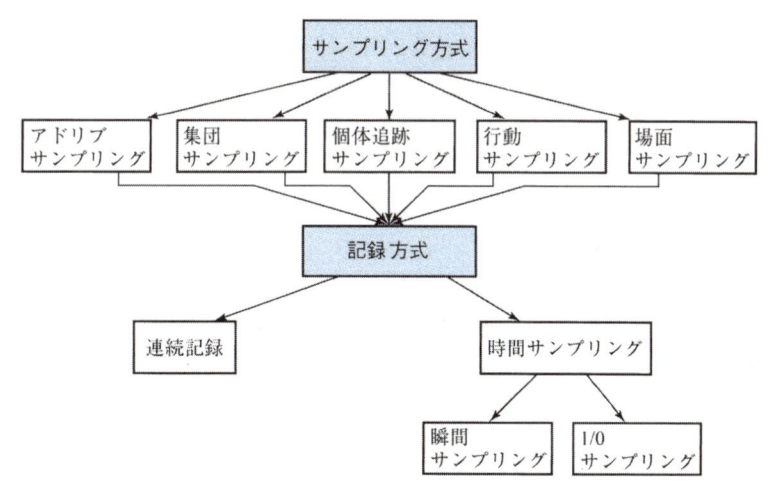

図 3-2 サンプリング方式と記録方式の階層構造（Martin & Bateson, 1990 より改変）
　図のアドリブサンプリングとは，非構造化観察またはオープン観察と呼ばれ，何を観察し，何を記録するかを予め定めずに観察する方法である。

表 3-1 行動観察の主な記録方式

記録方式	内容
連続記録法	ターゲット行動が生起するたびにすべて，時刻とともに記録する。得られる測定値は他の方法に比べると情報量が多い。ターゲット行動の真の頻度，真の潜時と持続時間を得ることができる。特に行動の連鎖を研究対象とするときには，連続記録法が好適である。一般にはフィールドノートと筆記用具だけでは信頼性の高い記録を残すことは難しい。正確に記録を残すためには相当の熟練を要する。ただし，タブレットやノートパソコンをうまく応用すれば，初心者でも精密な記録を残すことができるようになる。
時間サンプリング法	瞬間サンプリング法と 1/0 サンプリング法の二種がある。いずれも一定のサンプル間隔で観察・記録を行う。瞬間サンプリング法はポイントサンプリングともいわれる。文字通り，一定間隔のサンプリング点の瞬間に，ターゲット行動が起っているかどうかを観察・記録する。1/0 サンプリング法はサンプリング点の瞬間に，直前のサンプリング間隔のあいだにターゲット行動が生起したかどうかを 1/0 で記録する。サンプリング間隔中に何度行動が観察されてもその回数とは無関係に「行動あり (1)」と記録するので 1/0 と呼ばれる。

は科学的仮説の源泉を提供するという機能である。このことは観察法の中でもいわゆる自然的観察法にとりわけよく当てはまる。しかし一般に観察法は変数間の因果関係を説明する機能は強くはない。変数間の因果関係や関数関係を厳密に同定する上では実験法がもっとも強力である。しかし実験法を適用することのできない研究分野が広範囲に存在する。天文学や気象学では，その研究対象のスケールの時空的巨大さのために実験法は採用しえない。人間を対象とする心理学においては，倫理的問題あるいは参加者の人権尊重の上から，実験法を厳密に適用できない分野がある。

従来，心理学において観察法は実験法を適用する前段階または準備段階においてのみ有効な方法であって，むしろ実験法を適用しえない場合にやむをえず使用するいわば二級の方法であるとみなされていた。しかし最近，各種の学問分野において科学的観察法の洗練化が進んできている。とくに動物の比較行動学や行動生物学，また医学，看護学などでの発展が著しい。それらの学問における科学的観察法の発展をうけて，心理学においても観察の積極的な意義が注目されるようになってきている。

図3-2は種々の観察法の階層的な関係を模式的に示したものである。図中の記録方式に関する説明は表3-1に示す。

3・2 遺伝と環境

遺伝と環境が発達に及ぼす影響については，一般に発達はそのいずれかのみに依存するものではなく，両者が相互作用的に影響するものであるといわれる。その影響の仕方について〈遺伝と環境の輻輳説〉と呼ばれる考え方を図にしたのが図3-3で，〈環境閾値説〉を図にしたのが図3-4である。

心理学では，長年にわたりどちらかといえば生後の経験の影響を重視するいわゆる〈経験論〉が優位な地位を占めていた。「生まれつき」または遺伝的影響を重視するいわゆる〈生得論〉は時に社会的に激しい非難の対象となってきた。しかし，最近になって遺伝子の分子レベルでの解明が進むにつれて，単純な経験論と生得論の二分法的な議論（「氏か育ちか」）は無意味になってきている。

最新の詳細な議論については参考文献にあげた『やわらかな遺伝子』などを参照されたいが，ここでは，心理学分野において，発達に及ぼす遺伝と環境の問題がどのように扱われてきたか，まずは基礎的で古典的な研究の解説から始める。

3・2・1 家系研究

古くから，遺伝が発達に及ぼす影響を評価するために〈家系研究法〉が用いられた。次にその代表的なものを紹介する。家系の研究で最も有名なのは，ゴッダード（Goddard, 1912）によるカリカック一家の研究である。カリカック（Kallikak）というのはギリシヤ語で善（kalos）と悪（lakos）の合成されたもので，その一家の家系の一部を図3-5に示した。

カリカック一家の始祖であるマーチン・カリカックという男は正常な家系に生まれたが，家庭的には恵まれていなくて，十分な教育を受けることはできなかった。成人したのち，彼は2人の女性との間に子をもうけている。1人はアメリカ独立戦争当時に酒場で働いていた知的障害者で，その女性との間に男児（マーチン・ジュニア）をもうけた。マーチン・ジュニアも知的障害であった。このマーチン・ジュニアはカリカックの劣悪家系の始祖となる。終戦後，マーチン・カリカックは故郷に戻り，普通の家庭に育った健常な女性と結婚する。マーチンは，その女性との間に7名の子をもうけ，マーチンの正常家系を残すことになる。

ゴッダードはカリカック一家の両系統の5世代にわたる調査を行っている。その結果，劣悪のカリカック系統では5世代，480名あまりの子孫の中ではっきりと正常であったものは，わずかに46名にしか過ぎず，143名が知的障害者で，その他はアルコール中毒，売春婦，生活補助受給者，犯罪者，馬泥棒等であったという。そして多くの子どもが私生児であった。それに対して正常なカリカック系統では，496名の子孫の中に知的障害者は1人もおらず，わずか2名が「大酒飲み」で，1名が「性的にルーズ」であっただけであった。その他の子孫は大地主，貿易商，教育者等で，女子は良い嫁ぎ先に嫁いでいたという。

優秀家系では，ゴールトン一族のものが有名である。図3-6に示したように，学問・芸術の面で傑出した者が輩出している。

これらの家系研究の結果は，遺伝的要因が発達に

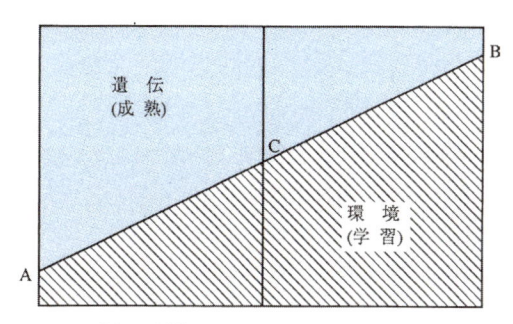

図3-3 遺伝と環境の輻輳説
　人間の形質のうち，Aに近い形質ほど遺伝の要因の影響を強く受け，Bに近い形質では環境の影響を強く受けることを示している。

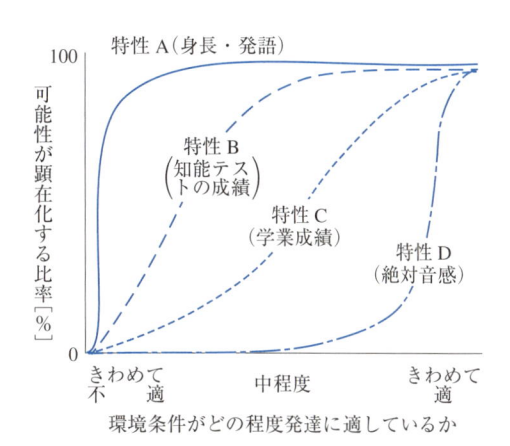

図3-4 遺伝と環境の環境閾値説：ジェンセン閾値説。
　特性Aは，環境条件がきわめて不適でも，可能性が顕在化する確率が高いことを示している。一方，特性D（絶対音感）は環境条件が備わっていないと，能力が開花する確率が低いことを示している。

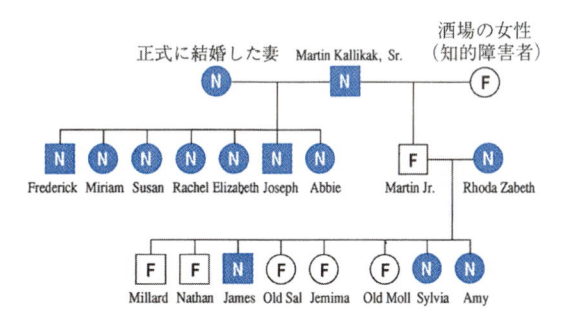

図3-5 カリカック一家の家系図（Goddard, 1912より改変）
　ゴッダードは悪名高いカリカック一家を5世代にわたって研究したが，ここにあげたのは，その第2世代までの家系図である。図中でFとあるのは知的障害（feebleminded）で，Nとあるのは正常（normal）な子孫であることを示している。遺伝的な要因が，発達にどのように影響を及ぼすかを検討するために用いられた家系研究の古典的な例である。

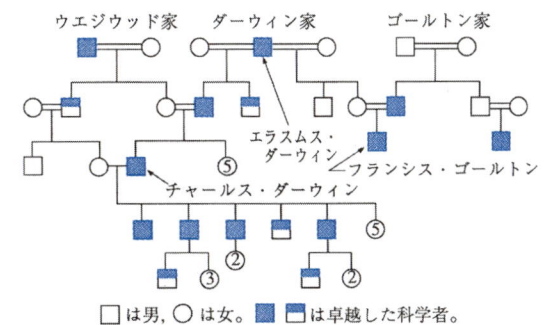

図3-6 優秀家系の例（高野・林，1975）
　この図の元になる研究を行ったゴールトン（Golton, F., 1874）は，特定の家系には優秀な学者，芸術家が輩出していることから，知能は遺伝的要因によって規定されていると主張した。

及ぼす効果の大きさを示すものとされていた。しかし，こうした家系研究では，環境的要因が遺伝的要因から分離されていないので，ただちに発達が遺伝によって規定されるとの結論を引き出すことはできない。カリカック一族の場合，悪の方のカリカックは，遺伝的要因が悪かったからではなく，その社会経済的あるいは文化的環境が劣悪だったために，十分な家庭教育・学校教育が受けられなくて，その結果として子どもたちが社会的に不適応となってしまった可能性がある。これとは逆に，ゴールトンの優秀一族の場合には，豊富な教育と訓練を子どもに施すことが可能であったので，優秀な学者などが輩出したとも考えられるからである。

3・2・2 養子研究

遺伝と環境の問題について，米国では大規模な養子研究がいくつか行われている。たとえば〈ミネソタ養子研究〉では，養子に出された子ども（非白人）と，養子に出されず実父母の下で育てられた子ども（非白人）の知能検査のスコアや学校での成績を両グループ間で比較すると，養子の方が得点が高く，養父母（白人）の家族的影響の大きさが養子の実父母（非白人）の影響よりも大きいことが見いだされている。しかし個々の養子のスコアを養子グループ内で比較すると，養父母よりも実父母のスコアとの関連性がより高い。また青年期になってからの知能検査の成績は，実の両親，実の兄弟とのみ類似性が認められている。この結果から，子どもが幼いときには家庭環境によって強い影響を受けるが，思春期以降にはその影響は小さくなり，子どもは家庭環境の影響からより自由になって自分自身の適性を追求するようになると考えられる。

一方〈コロラド養子研究〉では，子どもの適応に及ぼす両親の離婚の影響が調査されている。そこでは，多くの先行研究と同様に実父母の離婚も養父母の離婚も，子どもに問題行動を引き起こすことが見いだされている。しかし，実父母の離婚は実子の学校の成績や社会的適応スコアを低下させるのに対して，養父母が離婚した養子にはそのような傾向は見られていない。これは要するに，両親は自分達の遺伝子を子どもに引き渡すと同時に，自身達の遺伝子に適合するように作り上げた「環境」も子どもに与えているので，家庭の崩壊は養子に対してよりも実子に対してより深刻な影響を与えることになったと考えられる。

3・2・3 双生児法

双生児には，遺伝的には同一であるとされる一卵性双生児と，異なった遺伝的素質をもっている二卵性双生児がある。双生児法というのは，たとえば，一卵性双生児が別々の環境で育てられたときに，両者がどのように成長するかを調べたり，二卵性双生児が同一の環境で育てられた場合と，別々の環境で育てられた場合とを比較したりすることによって，遺伝的要因と環境的要因が発達に及ぼす効果を検討する方法である。

図3-7は，IQに及ぼす遺伝と環境の効果を調べたものである。図からわかるように，いずれのペアでも，いっしょに育てられた場合の方が，別々に育てられた場合よりも，IQの類似性が高い。またそうした養育のされ方の効果よりも，遺伝的類似性（左から右にいく方が遺伝的に類似性が高い）の多少の方が，IQの類似性に大きな影響を与えている。

最近の双生児研究によって，知能の他にEAS傾向（emotionality；情動性, activity level；活動性, sociability；社会性）と呼ばれる広範な性格特性が遺伝的に規定されることが見いだされている。ここで情動性とは恐怖や怒りの喚起されやすさ，活動性はどれくらい活発に行動するのを好むか，社会性は何かを行う場合にどれくらい他者と一緒に行うのを好むかと関連する性格特性である。その他にも反社会的行動傾向なども遺伝的影響が強いと言われている。全体的に見ると，これらの性格特性に対する遺伝要因関与率は40%になる。双生児の知能と情動性の一致度は生涯を通して継続するが，活動性と社会性の一致度は成人した後には徐々に減少する傾向がある。おそらく双生児が分離後に過ごした生活の違いによるものだろうと考えられている。

双生児研究は，心理学や行動遺伝学において最も伝統的な研究方法であり，人の性格や能力が強く遺伝によって影響を受けることを明らかにしてきた。双生児法は，いまだに有効性を発揮している反面，遺伝と環境の相互作用のあり方を直接的に明らかにすることはできないなど，種々の限界や問題点があることも指摘されている。また双生児法の基礎にあるいくつかの仮説に関しても問題点が指摘されてい

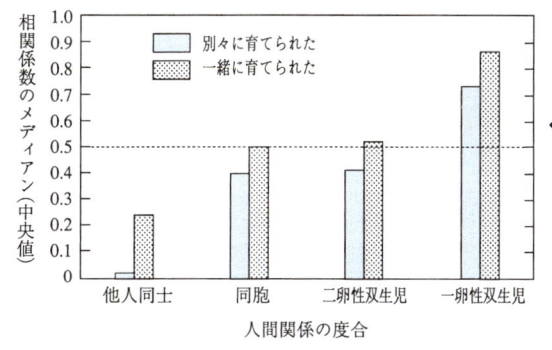

◀図3-7 知能指数に及ぼす遺伝と環境の効果(Erlenmeyer-Kimling & Jarvik, 1963)
横軸は遺伝的類似性で，右にいくほど類似性が大きい。縦軸はIQスコアの相関係数のメディアンで，上の方が類似性が強いことを示している。養育のされかた(＝経験)と遺伝的要因とが，どのように知能の発達に関与しているかを示したものである。なお相関係数は，多くの研究を合算して算出されている。

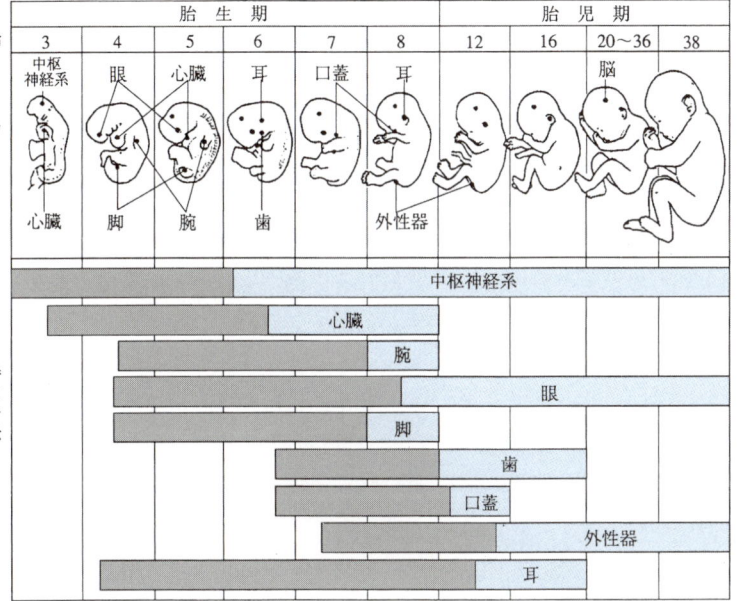

◀図3-8 胎児の発達および催奇物質が悪影響を及ぼす時期(Shaffer, 1985 より改変)
催奇要因が子どもの発達に重篤な悪影響を及ぼす時期は，受精した後の早期(3〜8週)の時期であるが，それ以降も多くの身体部位が催奇要因に対する高い感受性をもっている。

表3-2 おもな原始反射

名　前	内　　容	経　　過
口唇反射	乳房を求める四方反射(rooting reflex)と，乳首に吸い付いて吸乳する吸啜反射の2つからなる。	出生直後に出現し，3か月ころ消失。
モロー反射	大きな音や，新生児の首の位置を急に変化させたりすると，上肢が伸展，外転する反射である。肘関節は伸展し，腕は外転するが，手関節はやや屈曲して全指は伸展する。反射の終わりには，両腕が閉じ，正中線に近接する。	出生直後に出現し，2か月ころに左右不同となり，3か月までには出なくなる。しかし，形は不完全であるが，驚愕反射そのものは，成長しても消失しない。
自動歩行	新生児の体軀を両手で支え，足を平たい面に接触させると，あたかも歩行しているかのように足を交互に運ぶ反射がみられる。	継続的に訓練しないかぎり2か月ころには，見られなくなる。
把握反射	新生児の掌に細長いものを当てると，それを非常に強い力でつかむ反射を示す。	生後3〜4か月ころには握る力が弱まり，6か月には消失
バブキン反射	足裏を軽く叩くと，爪先を振ったり，よじったりする。	8か月から12か月ころまでに消失。
水泳反射	幼児を水につけると，手足を動かして，しばらくは呼吸を確保することができる。	4か月から6か月までに消失。

る。たとえば双生児研究では，人がパートナーを選択する際に，ある特性において自分と類似した異性を選択する確率と，類似しない異性を選択する確率には差がないことが前提として仮定されている。しかし，もし人が自分に類似したパートナーを選択する傾向があれば，夫婦から生まれた二卵性双生児，兄弟はその特性に関連した両親の遺伝子をチャンスレベル以上に共有することになる。また双生児研究では，同一の家庭で育てられた子どもは双生児でも二卵性の兄弟でも同一の環境を与えられると仮定するが，双生児は学校でも家庭内でも二卵性の兄弟よりも同じように扱われる傾向が強いことが知られている。

3・2・4　運動発達における成熟と学習
（1）　出生前の発達
　人は胎児の時期（2〜9か月）には，子宮内のさまざまな機構によって外部環境からの影響が最小化されている。したがって，誕生までの発達の経過は，ほとんど経験あるいは学習などの影響を受けることなく，もっぱらあらかじめ遺伝子的にプログラムされた順に従って成熟する。しかし，胎児は完全に外部環境から隔絶されているわけではなく，一部の要因，とくに各種の有害な要因は強い影響を及ぼすことが知られている（図3-8）。
　胎児期における運動発達の概略は次の通りである。まず3か月ころには，全身的に同期した粗大な運動だけでなく，局部的な運動が可能となる。また，子宮内の触刺激に対する受動的な反応としての運動反応だけではなく，自発的な運動が可能となる。たとえば，足の蹴り運動，こぶしを握る運動，親指と他の指とを別々に動かすこと，口の開閉，手首の屈伸，嚥下運動などができるようになり，手指の方に顔を向け，指を口に入れることも可能となる。また，足裏を刺激すると，バブキン反射（表3-2参照）のような運動も見られる。
　4か月になると，母親は胎動を感じるようになる。このころには，首の筋肉も発達して首を支えることができる。また眼は，光に対して反応するようになる。つづいて6か月ころまでには，睡眠と覚醒の状態が分離し，覚醒時には多様な自発的運動をするようになる。たとえば，体全体の回転運動，まぶたを開くこと，水平方向だけでなく，上下方向の眼球運動などが可能となる。このころには，把握反射も強くなり，自分の体重を支えることができるほどに握力が増大する。また羊水の嚥下も見られるようになり，出生しても生存のチャンスが出てくる。8か月にもなると，脳の発達が進み，自発呼吸，体温調節ができるようになる。多くの原始反射が認められるようになり，外界の音に敏感に反応し，光，触刺激に対しても反応する。表情筋が発達して，自発的微笑も可能となる。

（2）　新生児の運動
　出生直後の新生児は，一見まったく無力であるように見える。とくに運動系に関しては，非常に未成熟であるように見えるが，新生児には一連の粗大な運動を伴う多様な反射（〈原始反射〉）が備わっている。その原始反射の主なものを表にしてあげた（表3-2に関係した反射行動であるとされている。
　しかし，原始反射には，たとえばバブキン反射のように適応的な意味が不明確で，消失した後には類似の行動すら認められなくなるような反射やモロー反射のように，成人した後も，形態は異なっているが，基本的には残存していると思われる反射，さらには自動歩行のように，出生直後には明瞭な運動を起こすことができていたものが，いったん消失してしまい，それが生後12か月ころになって，今度は随意的な歩行運動として再現することになるような反射もある。一方，把握反射は胎児期から見られるが，新生児期・乳児期を通してさらに運動の精緻化が進む（図3-9）。
　原始反射が人の進化の過程でどのような役割を果たしたのか，どのような適応的な意味を有しているのか，などはいまだに不明の点が多く，また成長後の随意的な行動との関係などについても解明されるべき点が多い。これらに関する検討は，人の初期発達に関して重要な知見を提供するものと考えられる。

（3）　歩行の発達と訓練の効果
　ハイハイや歩行などの移動反応が可能となるためには，末梢的な手足の筋肉の発達だけでなく，脳の神経回路の成熟が必要である。図3-10は出生時から始歩に至る15か月頃までの人の大脳皮質の神経系の発達を示したものである。図3-11に，出生から始歩までの主な運動発達の経過を図示しておいた。
　従来から，始歩にいたるまでの発達に関しては，

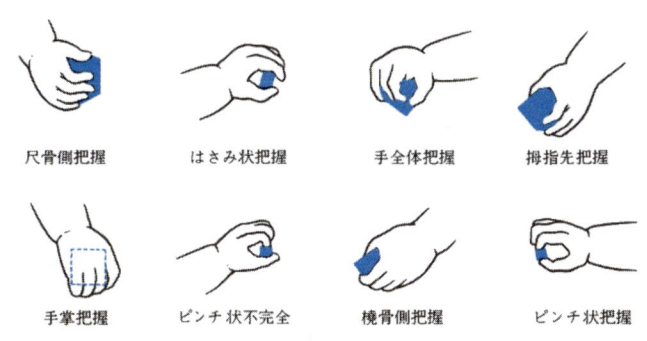

図3-9 把握反射の初期発達（Butterworth & Harris, 1994より改変）
生後1年間の把握の発達。手掌全体の粗大な運動から細かく手指の運動を協調させることができるようになる。

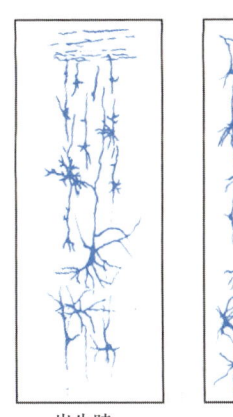

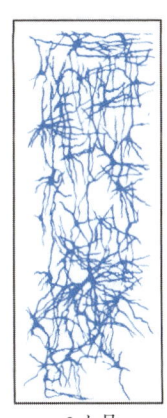

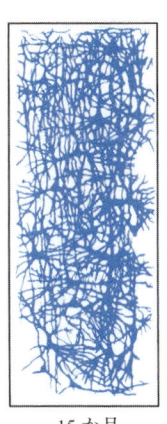

図3-10 人の大脳皮質神経回路の発達（Myers, 2013）
人の脳は出生時には未成熟で回路形成も粗いが，始歩までに急速に複雑化する。

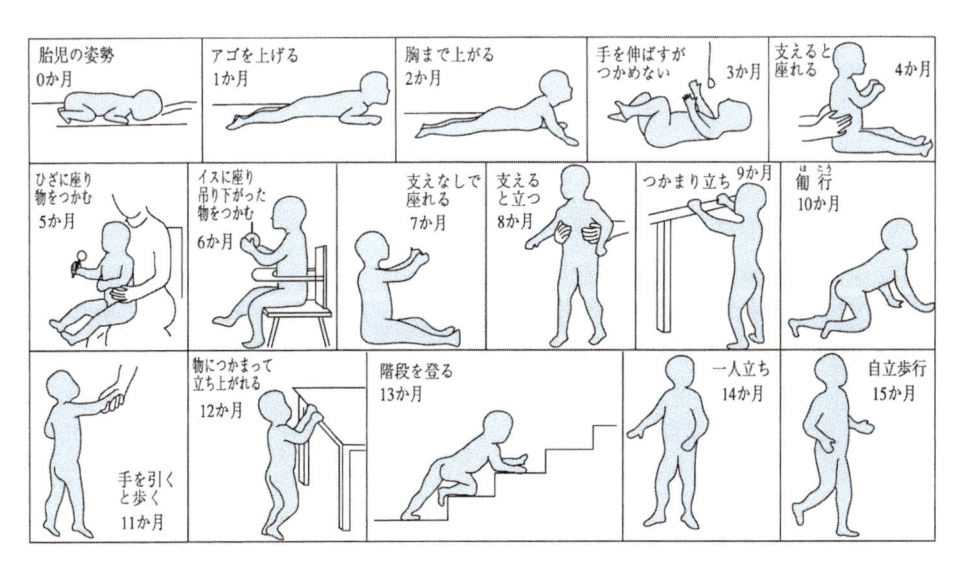

図3-11 出生から始歩までの運動発達の経過（Bayley, 1969より改変）
出生から自立歩行が可能となるまでの経過を示したが，それぞれの運動機能が出現する時期は平均的なものであって，実際には個人差が大きい。しかし，順序にはほとんど変動がない。

成熟説が優勢であった。たとえば，双生児の一方には歩行の練習をほどこし，他方にはとくに訓練しないで育てても，両者の始歩の時期には，ほとんど差が生じない。また北米のホピ族では，幼児を図3-12のように生後9か月間，緊縛して育てる風習があるのだが，こうした伝統的な育児法を受けた子どもと，普通の育てられ方をした子どもとを比較しても，始歩の時期に差は認められない。そのほかにも，成熟説に有利な事実が多数あって，歩行が学習や経験よりも成熟によって規定されているとの結論は，確固としたものとされていた。

ところが，新生児期に原始反射の一つである自動歩行（図3-13）を訓練した場合に，始歩の時期が早まるかどうかを調べた研究の結果によると，出生直後から自動歩行を継続的に訓練された子どもは，そうでない子どもよりも自動歩行の出現確率が増大するし，始歩の時期が有意に早い（図3-14）。この実験から，歩行のような基本的な運動機能の発達においても，場合によっては，学習と経験の要因が関与しうること，また1歳以降に出現する随意的な歩行と，出生直後に見られる原始反射の自動歩行とが，まったく無関係なものではないことがわかってきている。

3・2・5 初期経験とは何か

発達心理学においては，〈初期経験〉という語は単に時間的に発達の初期になされる経験であるというだけではなく，その経験が発達の他の時期よりも後の発達過程に対して大きな影響をもっているという意味で使用される。一般に，発達の初期の段階に，ある特定の経験を剥奪されたために発達が遅滞したり，ある能力が獲得できなかったりすると，それを暦年齢が進んだ後で追経験しても，もはや回復は不可能であるとされている。このように初期経験という場合には，ある行動はある特定の時期以外には獲得するのが困難である。すなわち〈臨界期〉が存在するという意味と，いったん被ってしまった影響は時間をさかのぼって取り返すことができない，すなわち〈非可逆性〉があるという2つの意味が含まれている。

人の発達にとっての初期経験，あるいは〈初期学習〉の重要性を示す米国カリフォルニア州で生まれたジーニーという女の子の事例をあげよう。彼女は，誕生時には正常であったが，生後20か月ころから父親によって1室に閉じ込められ，日中は小児用の便器椅子に裸のまま縛りつけられ，夜間は子ども用の寝台にくくりつけられたままにされていた。人との接触はまったく遮断され，ジーニーが何か物音を立てると，父親から殴打の暴行を受けた。13歳で救出されたときには，彼女は大小便は垂れ流しで，言葉はひと言も話すことはできず，身体の大きさも8歳児くらいであった。歩行はもちろんのこと，手足を伸長させることすらできなかった。長い間，固形の食物を摂ったことがなかったために，咀嚼の方法も嚥下の方法も知らなかった。救出後，リハビリが実施され，5年後には社会的・情緒的な発達はそれなりの水準となったが，言語的な面では，種々の問題が残ったままであった。つまり，彼女は言語を使った基本的なコミュニケーションは可能となったが，文法的な決まりに従うことはできず，文字の獲得も数のカウントも不可能の状態であった。また，彼女の視力は拘束されていた便器から部屋のドアまでの距離（10フィート）くらいまでしか見ることができない程度の近視であったという（Curtiss, 1977）。

この例からわかるように，発達初期の経験は，後続の種々の行動に強く持続的な効果・影響を与える。一般に初期経験の重要性は，この事例のように発達初期の経験が剥奪されたような事例や，刺激剥奪の動物実験の結果から，間接的に推測されていることが多い。「狼に育てられた子ども」の例も，「アベロンの野生児」の例もそうであるし，仔ザルを母ザルから隔離して育てたハーロウ（Harlow & Harow, 1959）の研究（図3-15，3-34）もそうである。

図3-16は，初期経験が発達に及ぼすポジティブな効果をわかりやすくまとめたものである。すなわち初期経験は，たとえば発達の最終的な水準に到達するまでに必要な時間を短縮するという促進的な効果を有しているし，すでに達成された発達水準を保つという維持的な効果，さらにはその経験をしなかった場合には，到達しえなかった水準にまで発達を導くという誘導的な効果をもっていることが示されている。

3・2・6 刻印づけ（インプリンティング）

発達初期の経験が，その後の行動に非常に大きな影響を及ぼすことの顕著な例として，〈刻印づけ〉を

図3-12 北米ホピ・インディアンの幼児(Bower, 1977)
ホピ・インディアンの伝統的な育児法では，生後およそ9か月間は図のように子どもの運動を制限するように緊縛して育てる。主として宗教的な理由によるものとされているが，緊縛をとると，ほとんどの幼児がまもなく歩行を開始するという。

図3-13 自動歩行反射(吉倉,1966)
図のように両手で新生児を支え，足をテーブルなどの平たい物に接触させ，体軀をやや前屈みにすると，あたかも歩くがごとくに足を左右に運ぶ。進行方向に小さな障害物をおくと，それをまたいで歩行することも見られる。

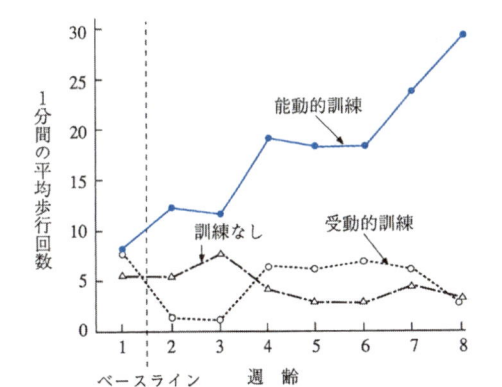

図3-14 原始反射と訓練の効果(Zelazo, Zelazo, & Kolb, 1972)
原始反射を積極的に訓練した新生児と，とくに訓練しなかった新生児とで自動歩行の出現率を比較している。図で受動的訓練と書いてあるグループでは，能動的な訓練の新生児と同様の社会的・身体的刺激を与えてある。ただし，自動歩行だけは，とり立てては訓練しなかったというグループである。始歩の時期は，能動的訓練を受けた新生児が平均10.12か月，受動的訓練群が平均11.38か月，まったく訓練を受けなかった群が11.71か月，8週齢コントロール群では12.35か月で，能動的訓練を受けた新生児は統計的に有意に早い時期に自立歩行が始まっている。

図3-15 ハーロウによるサルの隔離飼育実験の結果(Harlow & Harlow, 1962)
いろいろな飼育条件で，サルの幼体を育てたとき，サルの社会行動がどのような発達を示すかをまとめたものである。この表から，生後6か月以上の隔離飼育は，サルの社会行動の発達に非常に重要な影響を及ぼすことがわかる。また，同年齢のサル同士で遊ぶことは，母親との接触に劣らず，社会行動の発達にとって重要であることがわかる。

あげることができる。刻印づけの語は，ローレンツ(Lorenz, K.)によって最初に用いられたもので，動物の幼体が発達初期にその母親に対して社会的愛着を形成する過程を指している。ローレンツ以降，多くの研究がなされ，ガン等の孵化後すぐに巣を離れて，自分で餌をとるようになる〈離巣性〉の鳥類のヒナでは，歩くことができるようになるとただちに，動くものであれば何にでも追随することが見いだされた（図3-17）。こうした自由度の高い愛着形成過程は，孵化後数日間のごく限定された時期に，視覚的にはナイーブな幼体に限って観察される（図3-18）。

初期の刻印づけ研究では，刻印づけは通常の学習とは異なっていると考えられていた。主な論拠は，刻印づけが起こるのは発達初期のごく限定された時期だけであること，いったん刻印づけられると忘却が起こらないこと，普通の意味での報酬，あるいは強化刺激が刻印づけの場合には不必要であること，一般の学習事態とは逆に，刻印づけは分散学習よりも集中学習の方が効果的であること，刻印づけの場合には痛覚刺激がその強度を強めることがあるが，通常の学習では痛覚刺激は回避行動を生起させること，などである。

しかし，現在では，刻印づけも学習の枠組みの中で十分に取り扱えるとされており，従来用いられていた〈臨界期〉という用語も，最近では〈敏感期〉といい換えられるようになっている。

3・2・7 エピジェネティックス

ウォータランドとジャーティル(Waterland & Jirtle, 2003)は，肥満研究のために人工繁殖されたアグーチマウスのメスに人間用の妊婦管理サプリメントを与えたところ，その仔マウスは，肥満していて体毛色がクリーム色の母親とは異なり，痩せて茶色の体毛色で生まれてくることを発見した。そのメカニズムを検討した結果，妊婦サプリメントを与えられたかどうかによって，仔マウスの遺伝子構造自体には変化がなく，痩せた仔マウスにも母親と同じ場所に肥満遺伝子が存在していたが，サプリメントに含まれる特定の成分が，母マウスの胎内の胚に届き，アグーチ遺伝子の発現を「オフ」にしたことを見出した。このように，遺伝子の構造そのものは変化させず，ある形質の発現抑制をもたらす遺伝子改変をDNAの〈メチル化〉という（図3-19）。

かれらの研究以降，この現象について各種の動物を使って多数の研究が行われている。たとえばミーニィ(Meaney, 2004)は，生後1週間の間に，仔の面倒見の良い母ラットに育てられた仔ラットは，母親の育児行動（仔の体をなめ，毛づくろいをするなど）によって遺伝子にエピジェネティック（後生遺伝学的）な変化が生じ，成長した後もストレスに強いラットとなる。一方，世話の下手な母ラットに育てられた仔ラットは，成長後はストレスに対して脆弱なラットになることを見出している。

これらのエピジェネティックな研究から，初期行動と初期の生育条件が個体の発達の全プロセスに重要な影響を及ぼすこと，しかもそれが非可逆的で生涯続く永続性を有することが遺伝子の分子レベルの研究で確認されたことの意味はきわめて大きい。

3・3 認知の発達

子どもは世界をどのように認識するのか，あるいは子どもの世界観はどのようにして形成されるのか，こうした問題は，それ自体がきわめて興味深い問題であると同時に，われわれ成人の認知的世界がいかなるものであるかを知るための有効な手がかりを与えてくれる。

近年，幼児期までの認知能力の発達に関して多くの事実が明らかとなってきているが，研究の進展の大きな理由の1つは，文字どおり「物言わぬ(infant)」幼児を参加者としながら，幼児のもつ種々の能力を実験的に検討することのできる優れた実験技術の開発と進歩によるところが大きい。図3-20に示した〈選好注視法(preferencial looking method; PL)〉などがその代表的な例である。

この節では，そうした研究技法によって，次々と明らかになっている認知の初期発達に関する基本的な事実を紹介する。

3・3・1 知覚の初期発達
(1) 視覚の初期発達

まず視覚系の解剖学的発達水準がいかなるものであるかを述べよう（図7-12参照）。人の幼児の眼球は，出生時において，網膜の構造自体はすでに成人のものとほぼ同じようなものとなっている。しかし，中心窩だけは未発達の状態である。

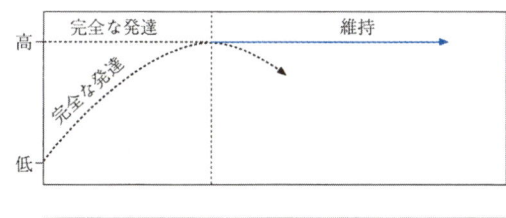

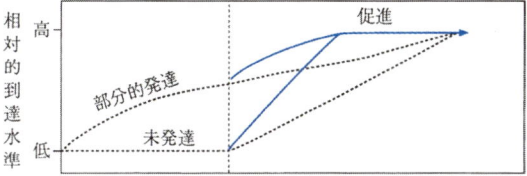

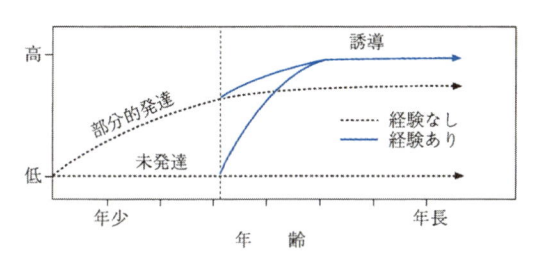

図 3-16 初期経験が発達に及ぼす効果（Gottlieb, 1983）
初期経験が発達に及ぼすポジティブな3つの機能，すなわち促進，維持，誘導の働き方を模式的に図示したもの。縦の点線は，その時点から ある経験がなされたことを意味している。

図 3-17 刻印づけの実験装置図（Hess, 1973）
ヘスによって用いられた刻印づけの実験装置の図。ヒナに，動くモデルを提示するための部分と，ヒナがそのモデルを追随する円形のトラックからなっている。この図では，模型の母親をアヒルのヒナに提示して，それに対する追随行動を調べている。手前の機械装置は，モデルの動きを制御するためのコントロール卓である。

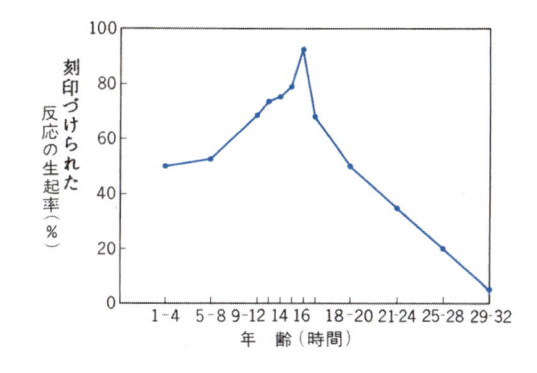

← 図 3-18 孵化後の時間と刻印づけられやすさとの関係（Hess, 1973）
マガモの幼体が刻印づけ反応を示す確率（％）を孵化後の時間の関数としてプロットしたもの。孵化後 十数時間を中心として，高い刻印づけ反応率を示す時期があることがわかる。

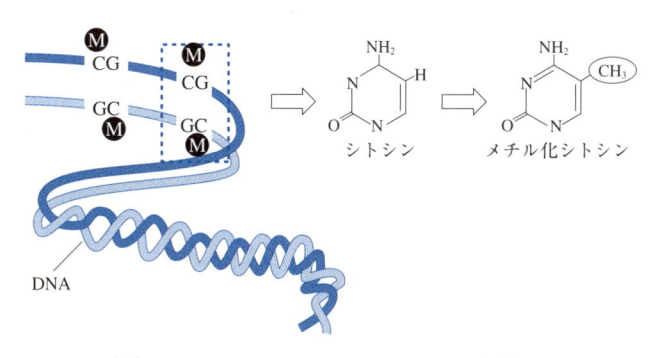

図 3-19 DNA のメチル化（https://www.terumozaidan.or.jp より改変）
DNA は A（アデニン），T（チミン），C（シトシン），G（グアニン）の4種類の塩基の配列によって遺伝子が決定され，その配列によって生成されるタンパク質が決定する。DNA のメチル化とは，塩基の中の C（シトシン）についている水素がメチル基（CH3）に変わることで，メチル化すると，その部分の遺伝子のはたらきが発現しなくなる。Ⓜは DNA につく目印（DNA メチル化）。

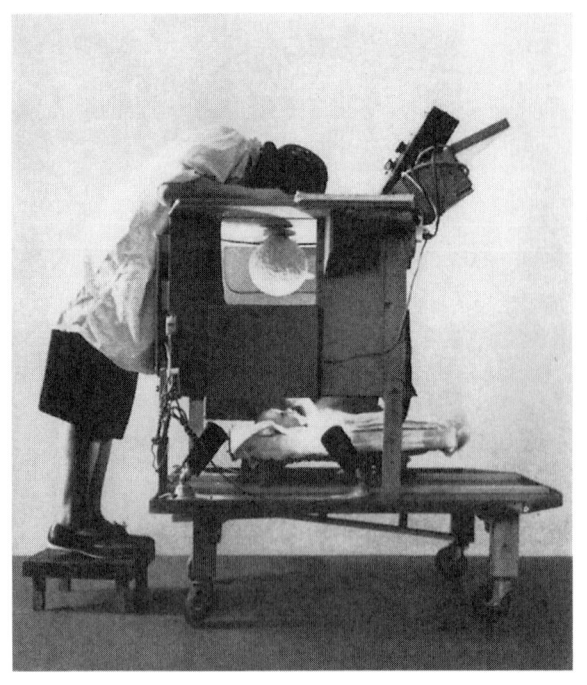

◀ 図3-20　選好注視法(Fantz, 1961)
　写真は選好注視法の実験風景を撮影したものである。選好注視法では，幼児の眼前に同時に2つ以上の視覚的な刺激を提示する。提示パネルの中心に小穴があけてあって，実験者が裏から幼児の様子を観察することができるようになっている。2つの刺激のどちらの刺激をどれくらい頻繁に注目するか，あるいはどれくらい長く注目するかを記録する。この方法によって，被験児の好み（選好）を調べることができる。それだけではなく，2つの視覚刺激が，幼児にとって弁別可能なものであるかどうかも調べることができる。もし幼児にとって2つの刺激が弁別不可能であれば，両者の刺激をほぼ均等な割合で注目するだろうし，逆に幼児がいずれかの刺激を一貫してより頻繁に，あるいは長時間注目するようであれば，幼児はその2つの刺激の違いを区別して認識することが可能であると考えることができる。

したがって，事物を分析的に詳細に観察するはたらきは十分に機能しえない。しかし，中心窩の発達のスピードは非常に急激で，1歳ころまでには，中心窩もほぼ成人と同一の水準まで成熟する。なお，出生後の眼球の大きさの発達的変化は，身体のその他の部分に比較すると小さい。

視神経のミエリン化はまず，網膜に隣接する場所の神経から始まり，最後は生後6か月ころに神経節細胞のミエリン化で終わるという経過をとる。1歳までには，視覚情報の伝達のうえできわめて重要な役割を果たしている外側膝状体の機能が向上し，大脳の視覚を司る部分にある神経細胞のネットワークも精密なものとなってくる(7・5参照)。

視力は，レンズと網膜の発達に伴って向上してくるが，新生児の眼球は成人に比べると眼軸が短く，網膜とレンズの間の距離が短い。そのために，多くの新生児・幼児は生理的に遠視である。また，角膜がまだ対称的になっていないために乱視の幼児も数多い。そのうえ，レンズ調節のための筋肉なども未発達なので，対象の遠近に応じて，レンズの厚みをうまく調節することができない。生後1か月くらいまでの子どもの眼は，いわばレンズ調節なしの固定焦点カメラのようなもので，およそ15～25cmの距離に焦点が固定されている。成人と同じ水準まで視力が向上するのは，生後30か月ころであろうとされている。

出生後の1年間は，眼を動かす機能の発達も著しい。出生直後には，目の前で掌などの動く対象を追視させたときに，それを成人のように滑らかに追跡することができず，ぎくしゃくとした〈飛越的な眼球運動〉しかできない。ところが2か月ころになると，対象の運動が適当なスピードであるなどの好条件下では，一部〈滑らかな追跡眼球運動〉が出現するようになる(図3-21)。

色知覚の発達については，少なくとも生後2か月までには，基本的ないくつかの色の違いを弁別できるようになることが，PL法を改良したくFPL法(forcedchoice preferencial looking method)〉と呼ばれる方法で調べられている。

奥行きの知覚に関しては，視覚的断崖を使った実験が有名である。〈視覚的断崖〉というのは，図3-22のような装置で，図の浅い側に幼児を置いて，反対の深い側から母親などにこっちに来るように呼ばせる。もし，幼児が奥行き（つまり落差）を知覚できて，それに恐怖を覚えれば，呼ばれても深い側には這っていかないであろう。逆に，奥行きが知覚できなければ，幼児は平気で深い側に這っていくだろう。それを手がかりにして，幼児の奥行きの知覚の

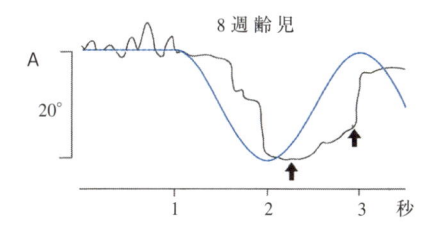

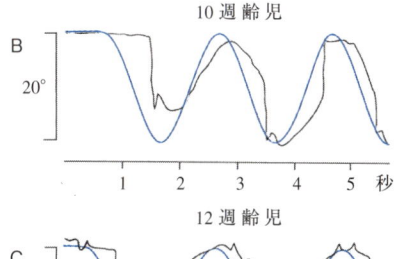

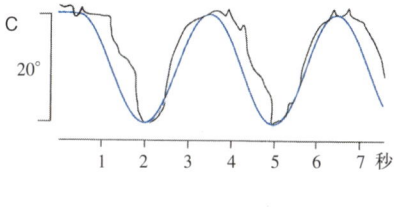

図3-21 乳幼児が運動する視対象を眼で追跡するときの眼球運動(Aslin, 1981)

8週齢、10週齢そして12週齢の乳幼児の眼前に、水平に振り子運動する視対象を提示し、それを眼で追いかけさせたときの眼球運動の記録。縦軸は左右の位置で、上が右方向、下が左方向を意味し、左右にプラス・マイナス10度運動させている。横軸は時間で、秒で表されている。不規則な波が子どもの眼球運動である。この図から、生後8週齢になると、運動のごく一部(矢印で示された範囲)だけ、また視対象からかなり遅れるが、滑らかな追跡が可能となる。しかし、追跡の大部分は、ギクシャクとした眼球運動(階段状の波となっている)によるものである。これが12週齢くらいになると、視対象と眼球運動のずれが小さくなり、また滑らかな追跡のできる範囲が拡大してくる。

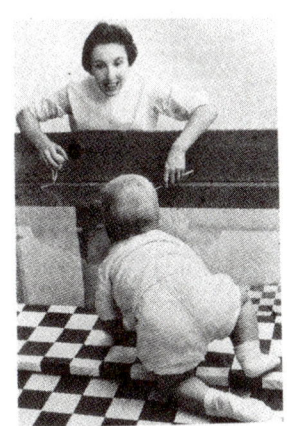

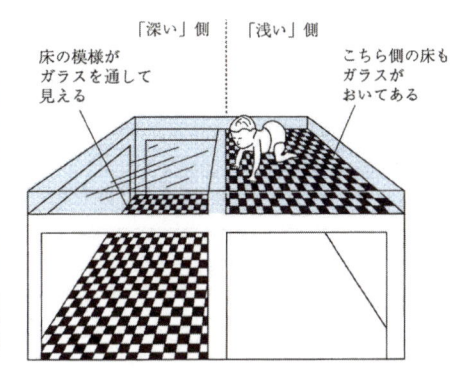

図3-22 視覚的断崖の実験装置(Gibson & Walk, 1960)

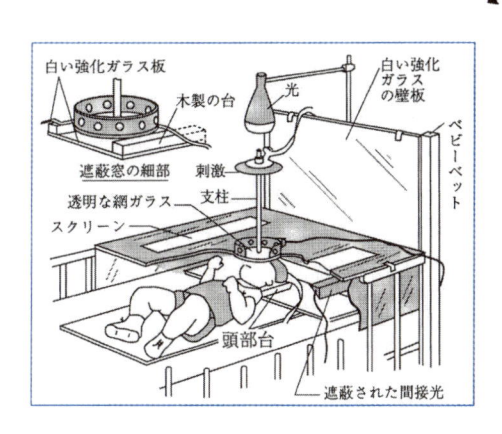

ギブソンたちによって開発され、使用された視覚的断崖の装置。落差に対する幼児の恐怖心と「ハイハイ」という運動反応を利用して、幼児の奥行き知覚の能力を調べようとした巧妙な実験装置である。ヒトの幼児だけではなく、多くの動物種を被験体とした実験がギブソンと共同研究者によって実施されているが、ほとんどの場合、移動反応が可能となるほどに成熟した動物の幼体では、「深い側」に移動するものはない。

図3-23 衝突回避実験事態(White, 1971)

ホワイトたちは、図のような装置に3週齢から12週齢までの幼児を入れて、赤と白の同心円が描かれている「標的」を幼児の顔の上スレスレまでに「落とす」実験を行っている。この装置では、標的が落下する際に、音が出ないように、また幼児の顔に風が当たらないように工夫されている。もちろん、乳児の顔面は強化ガラスによって保護されている。もし、乳児が急速に接近する刺激のパターンを、自分の顔面に衝突する危険の徴候として知覚するならば、防御的な瞬目反応を示すだろうし、そうした理解に到達していないとすれば、瞬目などすることなく、平然と刺激を見ているだろう。この防御的な瞬目反応が各年齢の幼児でどれくらい出現するかを見ると、3〜4週齢児でもおよそ30％、8週齢児では60％、11週齢児では80％の子どもが瞬目反応を示したという。

能力を調べようとするものである。この装置を使った検討によると，「ハイハイ」が可能となった6か月以上の幼児では，ほとんど深い側にいかない。したがって，奥行き知覚は6か月よりもずっと早期に成立している可能性がある。ではいったい生後どれくらいの時期に，奥行き知覚が成立するのかという点になると諸説がある。すなわち，生後3か月ころに，奥行き知覚が急激に発達する時期があることを示す行動的・解剖学的証拠がある一方で，生後1か月ころには，遠近方向に運動する対象に対して，輻輳的な眼球運動が見られるという研究があるなど，奥行き知覚の発生に関しては，まだ検討されるべき点が多く残されている。

ところで，図3-23に見られるような装置に幼児を入れて，幼児の顔に向かって何かが急速に接近し，あたかも衝突するかのように運動する刺激を幼児に見せると，奥行き知覚や形態の知覚などの存在がまだ実験的に証明されていないような年少の幼児でも，衝突を予期した適応的な防御反応を示すことが知られている。つまり，幼児は彼らにとって生態学的に重要な意義をもつような事態では，上で述べたような個々の知覚能力が証明されるより以前から，それらのすべてを必要とするような高等な反応を示すことができるのである。

(2) 聴覚の初期発達

新生児の聴覚の発達は相当のレベルにある。出生直後に，すでに音のする方に頭を向けることができるという報告があったり，また出生して半日から1日しかたっていない新生児で，母親と母親以外の女性の声の区別・弁別ができていると報告している研究もあるほどである。別の研究では，生後3日の新生児が母親の声を認識しているらしいことが示されている（図3-24）。この実験では，新生児に人工の乳首を与えて，それを吸うと母親の声がテープから聞こえるようにしておくと，新生児は頻繁にその乳首を吸う行動をするようになる（吸啜行動がオペラント条件づけられる）ことが示されている。このような実験から，聴覚は胎内ですでに完成の域に近くまで成熟していて，胎児は比較的長期間にわたって子宮内の羊水を介して，たとえば，母親の胃腸の消化活動音，心音，あるいは話し声など，種々の胎内音を「聞いていた」可能性がある。

視覚と同様に聴覚でも，新生児は単純な音刺激よりはやや複雑な刺激を好む傾向がある。新生児が最も好む音刺激は人の音声である。また新生児は，周波数の低い音よりもやや高めの音を好むので，親が新生児に接するときに，裏声のような高い声を発しているのは，その意味では理にかなっている。

(3) その他の感覚の初期発達

味覚もすでに出生前の胎児の時期から機能している可能性が強い。胎児の味覚に関しては，次のような報告がある。やむをえない理由で，胎児のX線照射が必要となったとき，羊水中に造影剤を注入するが，この造影剤は一般に不愉快な味がする。胎児はこの造影剤が注入されるとすぐに，羊水を飲む行動を中止するという。一方，造影剤に甘い味をつけて注入すると，ふだんよりも羊水を飲む量が増加する。すでに胎児の段階から味の弁別が可能であり，しかも甘いものに対する選好が存在することの証拠であるといえる。

新生児に，普通の水，甘い溶液，酸っぱい溶液，苦い溶液をそれぞれ与えてみると，それらの味つけの溶液に対する新生児の表情は，ちょうどおとながその味を経験しているときとほとんど同じようなものである（図3-25）。

味覚のほか，嗅覚，触覚などの諸感覚も，いずれも出生直後から十分に機能しており，視覚に比較すると，成熟度は高い段階にある。これらの感覚は，いずれも哺乳などの食物摂取，あるいは体温維持や危機回避などの生命維持に関連した生態学的に価値の大きい感覚機能であるといえよう。

3・3・2 初期学習

人間の子どもは，出生してから1年間にきわめて多くの行動を獲得する。その獲得の速さと量には驚くべきものがある。したがって，事実としては，人間の新生児・乳児がきわめて優秀な「学習者」であることは確実である。しかし，発達初期にある子どもを対象として，いったいどのようなメカニズムの学習が，どれくらい可能であるかをきちんと実験的に確かめるのは容易ではない。たとえば新生児が「起きている」状態はせいぜい5分間程度しか持続しないなど実験を行う際には多くの困難が伴う。

ここでは新生児・乳児期の基本的な学習能力について，古典的条件づけとオペラント条件づけとに分けて紹介する（4・1・2，4・1・3参照）。

◀ 図3-24　新生児と母親の声(DeCasper & Fifer, 1980)
　生後3日の新生児が，母親の声と母親以外の女性の声が区別できること，母親の声に対してより強い好みをもっていること，さらには，母親の声を聞くために，吸乳行動の速さ・頻度をコントロールすることができることを証明した実験の結果の図である。
　新生児にイヤホーンを着用させ，吸乳の頻度と強度を測ることが可能なような人工乳首をくわえさせておく。新生児が，あらかじめ定められたよりもより頻繁に（子どもによっては，逆によりゆっくりと），その乳首を吸啜したら，イヤホーンから母親の声のテープを流し，求められた条件に合わなければ他人の声が流れるようにしておく。すると，子どもは母親の声を聞かせてもらうために，求められた条件に合うような吸乳運動をすることが可能であるという。
　図では，10名の新生児が母親の声を聞くことができるように，吸入運動を変化させたようすが示されていて，横軸はプラスの方向が，母親の声を聞くことのできる方向への吸入運動の変化量，マイナスの方向は，他人の声を聞くことができる方向への変化量の大きさを示している。青のバーは，より頻繁に吸乳すると母親の声が聞こえる新生児の吸乳運動の変化量を示し，黒いバーは逆によりゆっくりと吸乳運動を示せば，母親の声が聞こえるようにされていた新生児の吸乳運動の変化量を示している。
　＊（アステリスク）のついた被験者では，両方の条件が実施されている。各被験者のバーの反対側に書かれている数字は，その被験者のベースライン試行時の IBI（inter-burst interval）のメディアンを秒で表したもの。この図から10名の新生児中8名までが母親の声を聞くように吸啜反応を変容させたことがわかる。

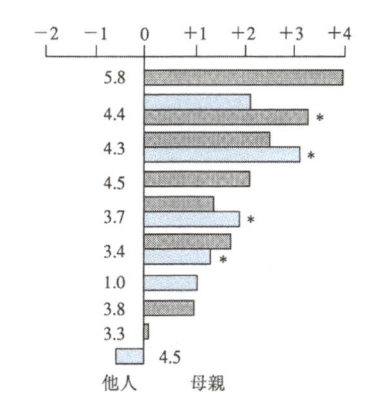

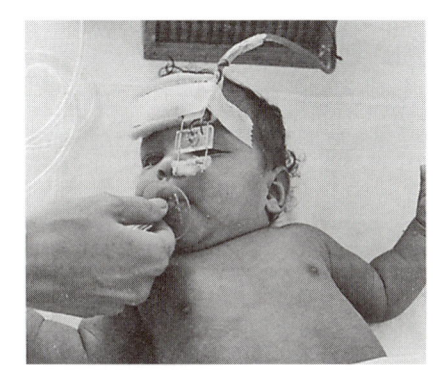

図3-26　乳幼児の古典的条件づけ実験のようす（Lipsitt, 1982）
　生後2か月の乳児に，古典的な眼瞼条件づけを形成させているようす。ここではスピーカーからの音を条件刺激とし，まぶたへの空気の吹きつけを無条件刺激として，眼瞼条件づけを行いながら，同時に吸乳運動の変化も測定している。

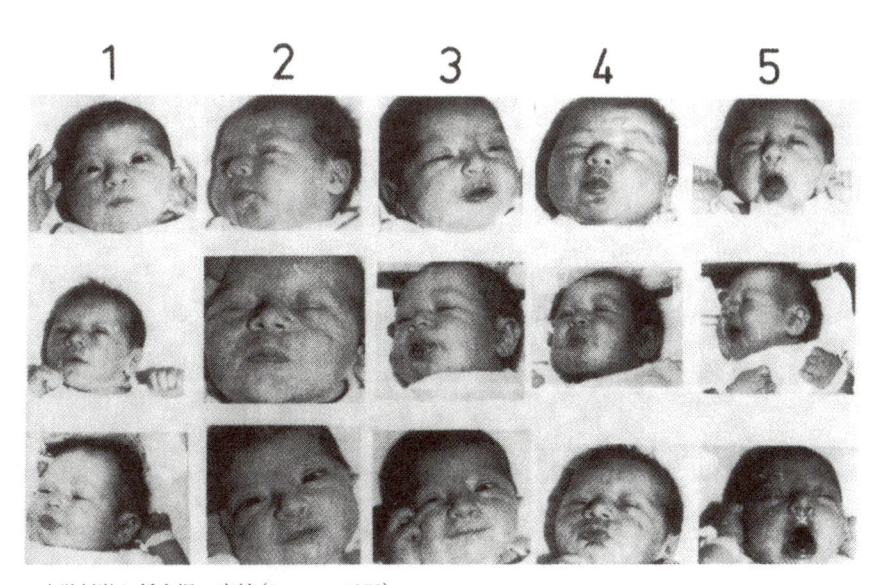

図3-25　味覚刺激と新生児の表情（Steiner, 1978）
　新生児に種々の味つきの溶液を与えたときの表情の写真。どの表情がどのような味刺激を与えられたときの表情であるか推定してみよ。正解は，1は溶液が与えられなくて，ただ起きているとき，2はただの水を与えられたとき，3は甘い味の溶液，4は酸っぱい溶液，5は苦い味の溶液が与えられたときの表情である。これらの写真を見ると，出生直後の新生児がすでに味の弁別が可能であるとともに，それに対する表情の表出も，成人の場合と同じようなものであることがわかる。

(1) 古典的条件づけ

学習の節でも解説するように，パブロフによって研究された古典的条件づけは，大変に簡単な手続きで，多くの種の動物に共通に適用できる。実際，非常に原始的で下等な動物種でも，比較的簡単に古典的に条件づけられることが示されている。それらの動物実験の結果から類推すると，万物の霊長である人の子どもでも当然，簡単に種々の条件刺激，無条件刺激の組み合わせで，古典的条件づけが形成されるように思われる。しかし，出生直後の新生児から1か月くらいまでの乳児に関しては，現在までのところ，種々の条件刺激，無条件刺激の組み合わせで多数の実験がなされている（図3-26）ものの，古典的条件づけが形成された明白な証拠は得られていない。これは，新生児がそもそも古典的条件づけの形成に必要な諸能力を欠いているのか，それとも実際には新生児にその能力は備わっているのに，単に実験的にうまく証明できないだけなのか，現在のところ不明である。

ところが，もう少し年長の幼児となると，GSR（皮膚電気反応），心拍，瞳孔反射などの自律神経系の支配下にある諸反応や，眼瞼反射などの体性系に属する反応などが条件づけられることが示されている。幼児の条件づけ研究では，一般に加齢とともに条件づけられる反応のレパートリ，刺激の種類は増大し，条件づけ形成の速さが向上する。しかし，瞳孔反射の条件づけなどのように，幼児期には条件づけが可能であるのに，成人になるとどんな条件刺激を用いても，条件づけが不可能なものもあって，古典的条件づけの成績は必ずしも年齢の直線的な関数であるとはいえない。

(2) オペラント条件づけ

古典的条件づけとは対照的に，オペラント条件づけは，出生直後の新生児ですでに比較的はっきりとした条件づけ形成の証拠が多数存在している。たとえば，頭をいずれかの方向に回転することや，吸啜反応をオペラントとして，ミルクやショ糖の溶液を強化子とした欲求的な条件づけが可能である（図3-27）。しかし，新生児期にオペラントに条件づけられるのは，上に述べた頭部回転や吸啜反応などの哺乳に関係した，別の見方からすれば，生命の維持に直接的に関連した反応系に限られている。その意味では，新生児の学習能力は，まだ限定的なものであるといえる。ところが，生後3か月以降になると，種々の反応系，種々の強化子でオペラント条件づけが可能となってくるし，この時期以降には，オペラント条件づけのさまざまな特徴的な現象，たとえばスケジュール効果なども，はっきりと見られるようになる。

3・4 言語と知能の発達

言語は，人間のコミュニケーションの最も重要な手段であり，人間の文化がここまで高度に発達したのは，言語の発明と使用によるところが大きい。人間の子どもはどのような国，文化的な環境に生まれても，聴覚や中枢神経系に特別の障害がないかぎり，等しくその集団で流通している言語を習得する。

しかも，その学習はほぼ4，5歳までには一応の完成をみるというように，非常に急速である。ここでは，人間にとって最も重要な精神的活動の源泉であるといわれる言語が，どのように発達の過程で獲得されるのかについて解説する。

3・4・1 言語の発達

(1) 新生児期

新生児の発する音声は，〈啼泣〉に限定されている。出生直後の啼泣の声は，単調で歌うような自発的な泣き声で，養育者にとって新生児の状態を示す信号としての意味はもたない。ところが1か月から3か月になると，徐々に空腹のときに授乳を要求する泣き声，あるいは身体的な不愉決を感じているときの泣き声などの数種類の泣き声に分化してきて，泣き声が信号としての役割を獲得するようになる（図3-28）。

新生児の啼泣とそれに対する母親の反応性の関係については，子どもの啼泣に対して反応性の高い母親の子どもは，啼泣の頻度と持続時間が小さくなること，そして啼泣の少なかった子どもは，8〜12か月時になると，大人とのコミュニケーションがうまくできることが知られている。要するに，子どもの啼泣がコミュニケーションの第1歩であること，そして，それに対する養育者の行動が，後のコミュニケーション行動を左右するほどに重要な意義をもっているということである。

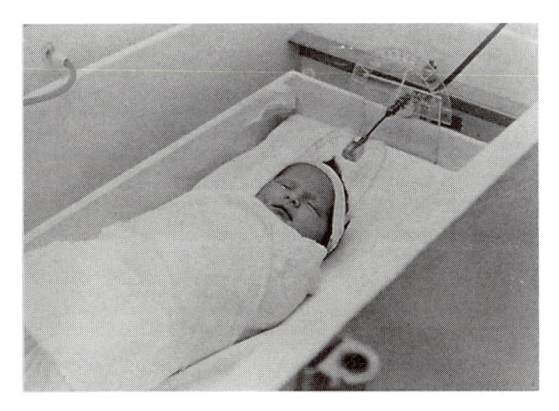

図 3-27 新生児のオペラント条件づけ事態の例
(Lipsitt, 1982)
　新生児の頭部回転のオペラント条件づけ実験のようす。新生児の頭にヘッドバンドを巻き，その先にフレキシブル・ジョイントを経由して，回転量検出センサーがついている。子どもがあらかじめ定められたよりも大きな頭部の回転反応を示すと，たとえば音などの強化刺激が与えられるようになっている。

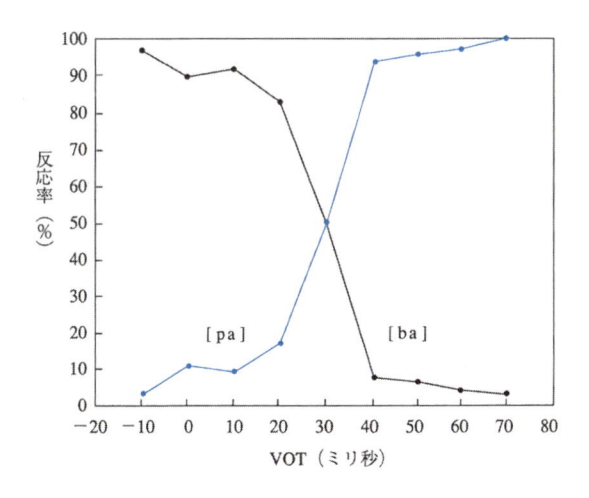

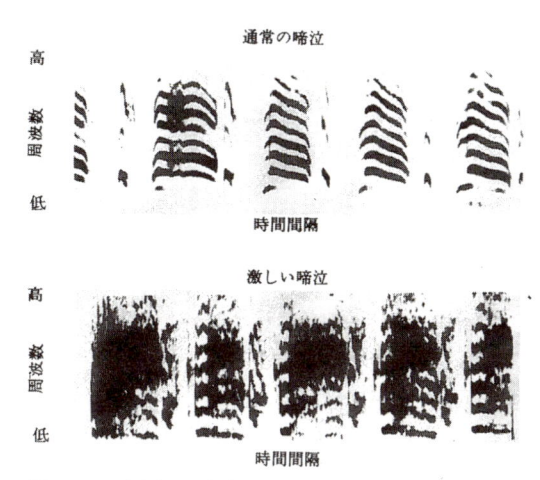

図 3-28 新生児の啼泣のサウンド・スペクトログラム (Tomlinson-Keasey, 1985)
　上は新生児の通常の啼泣で，下はいわゆる「火がついたように泣く」という泣き方である。上の啼泣は新生児の一般的な泣き声で，これはおとなが聞いていても，耳障りな感じはなく，スペクトログラムも低周波から高周波まで，規則的な成分を含んでいる。いわば歌うような泣き声である。それに対して，下の啼泣は呼気・吸気に大量の空気が含まれ，周波数は吸う成分も不規則な変動を示している。母親などの養育者は，この両者を非常に敏感に聞き分けて，新生児の状態を察知することができる。

図 3-29 言語音知覚のカテゴリー的な知覚の例
(Wolf, 1973)
　[pa]と[ba]の音に含まれるpとbのように，無声子音と有声子音とを聞き分ける基準になっているのは，発音しようとして喉から空気が流れだしてから，声帯が振動し始めるまでの時間間隔（これを voice-onset-time：VOT という）である。成人の場合には，VOTが30ミリ秒を境として，それ以下であれば[pa]に，それ以上であれば[ba]に聞こえる。30ミリ秒付近でも，中間的な音声が知覚されることはなく，[pa]か[ba]かのいずれかにしか聞こえない。こうした音声知覚の特徴を称して，カテゴリー的な知覚が起こっているというが，図はやや年長の子どもに，[pa]か[ba]のいずれかに聞こえるかを答えさせた実験の結果である。
　アイマス(Eimas, 1975)らは幼児の呼吸反応のオペラント条件づけを利用して，幼児の場合にもこれと基本的には同一のカテゴリー的な言語音知覚が可能であることを示している。このことから彼らは，人の幼児には生まれつき音声刺激を取り込む生得的な機構が備わっている可能性があると考えている。

(2) 喃語期

生後2か月ころから7〜8か月ころにかけて，子どもは口唇と呼気・吸気を使って，盛んに音声を発するようになる。この時期に発声される音韻の発達には，はっきりとした順序性がある。すなわち，母音と子音を比較すると，一般に母音の方が初期に発音可能となる。子音では通常，/m, n, p, h, b/などの口唇音がまず発音され，続いて/k, g, d, ng/などが発声されるようになる。

この〈喃語〉期に発せられる音声そのものは，まったく無意味な音の連続であるが，その音韻はすべての国の乳児に共通で，各国ごとの差は，ほとんど認められない。また聾児のような障害児でも，この時期までは健常児と同じような喃語を発する。

この時期の音声知覚は，一般の音知覚とは違った特殊なものであることが明らかになっている。すなわち，図3-29に見られるようなカテゴリー的な知覚がなされている。しかしこれらの実験から，ただちに言語音の知覚が人類に共通でかつ生得的であるという結論を引き出すことはできない。むしろ，さまざまな国における幼児の初期言語の比較研究の結果を見ると，幼児は，その国で話されている言語音への注意と感度を徐々に高めていきながら，自国では使われない言語音への感度を徐々に低下させるというような形で，自国の言語音の弁別能力を高めていると考えられる。

この時期以降，幼児とおとなとの音声的やりとりの密度が上昇する。その主要な原因は，睡眠時間の短縮と，養育者などの成人が幼児に音声的にはたらきかける機会が増すことにある。また，喃語期の間に幼児は徐々に子音と母音の結合音（たとえば/ma/など）を発声するようになり，この時期の後期には，成人の音声を積極的に模倣する〈おうむ返し〉的な発声をするようになる。この模倣が言語発達において最も重要で中心的なはたらきをしているという考え方があるが，実際には言語獲得のプロセスは，そんなに単純なものではない。たとえば，英語圏の幼児の語彙の発達順序では，一般に「your」よりも「mine」の方が先に獲得される。もし，初期言語の獲得がもっぱら模倣によってなされているならば，この順序は逆にならなければならないからである。

(3) 一語文期

1つの単語だけを使って，多義的なコミュニケーションをこなす時期で，たとえば「パパはどこにいるの？」，「パパこっちに来て」，「これがパパです」などの意味をいい表すのに「パパ」という1語だけの発語ですます。この場合，「パパ」の発音の仕方によって使い分けるのであるが，接触の多い養育者は，子どもがどの意味でそれを使ったかについて正確に同定できる。この時期が，真の意味での言語的なコミュニケーション，言語的な活動のスタートポイントであるといえる。この〈一語文〉が始まる時期も各国ほぼ共通で，1歳から1歳半の間である。

人が最初に発する言葉を〈初語〉というが，一般に初語は「母親」，「父親」などの人物に関するものが一番多く，次いで「食物」に関するものが多いとされている。なお初語の発語が早いか遅いかは，その後の言語発達の早さには，あまり関係がないことが知られている。

(4) 文法の獲得と多語文

およそ2歳ごろになると，平均的には2単語程度を並べて発語するようになる。「パパ，カイシャ」などというのがその例であって，日本語の場合にはこの例のように「は」，「が」などの助詞が省略されることが多く，いわゆる「電報文」スタイルでの発語である。3歳ごろには助詞が使用されることが多くなり，3語程度からなる，文法的にほぼ正しい文を使うことができるようになる。

この電報文自体も，またそれが出現する時期もほぼ万国共通である。たとえば英語圏の子どもの場合には，「Now I must go to the store」というのに，「Me go store」などといったりする。

子どもが電報文的な発語をしたときに，多くの場合成人の養育者はそれを文法的に正しい文に訂正してすぐに子どもに話しかける。こうした自然の経験を積むことで，およそ4歳にもなれば，どの国の子どもも，その国の国語の諸規則に合った発音，語彙，文法を獲得するといわれている。図3-30は発達初期における語彙の増大過程を示している。

3・4・2 知能の発達

(1) ピアジェの発達理論の概略

ピアジェによる知的能力の発達に関する理論の基本的な内容と主な特徴をまとめると以下のようになる。まず，ピアジェの理論の主要な力点は，子どもの思考，とくに論理的思考の発達に焦点が当てられ

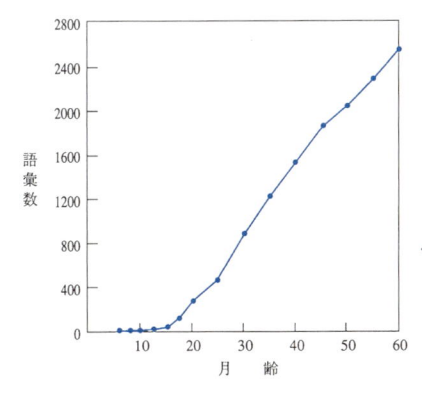

▲ 図3-30 語彙の量的発達（Fantino & Reynolds, 1975）
生後60か月までの語彙の量的発達を図示している。2歳以降，1年間に1,000語ほども語彙が増大している。

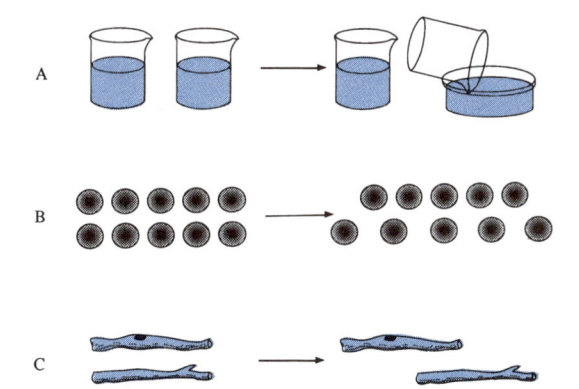

▲ 図3-31 保存概念の発達を調べるための実験例（Fantino & Reynolds, 1975）
図は子どもが「保存」の概念をもっているかどうかを調べるために用いられる実験例である。Aは「液量」の保存概念の実験で，等量の保存概念が確立していない子どもでは，液面の高い方のビーカの方が量が多いと答える。Bは「数」の保存概念の実験である。数の保存概念が確立していない子どもでは，ビー玉を空間的にまばらに並べた方が数が多いと答える。Cは「長さ」の保存概念の実験である。長さの保存概念が確立していない子どもでは，2本の木ぎれが同じ長さであるということが理解できない。以上の液量，数，長さの保存概念が確率するのは，およそ6歳から7歳であるとされている。

表3-3 ピアジェの発達段階説

■**感覚運動期**（誕生から18か月まで）
　環境の基本的理解を得るために，子どもは感覚運動能力を使う。出生時には，子どもは生きていくのに必要な最低限の反射だけをもっている。この時期の終りまでには，子どもは複雑な感覚運動の協応を獲得する。
　子どもは基本的な自己と他者の意味を理解し，事物が眼前から見えなくなっても，その物自体は存在しつづけていること（事物の永続性）を学習する。また，行動的シェマを内化させて心像あるいは心的なシェマを形成する。

■**前操作期**（2歳から7歳まで）
　環境内の事物と事象を理解し，表象するために，シンボルを使用するようになる。子どもは事物と事象に対して反応する際には，それらの見えに従って反応する。思考は自己中心的であり，自分が見ているのと同じ世界を他人も見ているとしている。
　遊び行動のなかで想像的な部分が出てくる。自分が見ている世界とは必ずしも同じ物を他人が見ているわけではないことが徐々に理解されてくる。

■**具体的操作期**（7歳から12歳まで）
　子どもは認知的操作（論理的思考の部分である心的活動）を獲得し，使用することができるようになってくる。
　子どもはもはや，事物と事象の単なる見えに左右されることがなくなる。認知的操作の能力のおかげで，日常生活的な世界での事物と事象の特徴と関係を理解できるようになる。他人の行動を観察し，その行動が生起している場面を観察することで，その行動の背後にある他人の動機を推察することが可能となってくる。

■**形式的操作期**（11歳以降）
　子どもの認知的能力は，認知的操作について操作できるようになる。つまり，「考えること」について考えることができるようになる。今や思考は体系的で，抽象的なものとなる。
　論理的思考はもはや，具体物あるいは観察可能な事象に限定されなくなる。子どもは仮説的な問題について考えることを楽しむようになってくる。そして，その結果として，よりいっそう観念的になってくる。子どもは体系的で，演繹的な推論ができるようになってくる。そして，1つの問題に対して多くの解法を考えることが可能となってくるし，その中から正しい答を引き出すことが可能となってくる。

ている。しかも，発達の過程は何段階かの質的に異なる論理思考力の〈発達段階〉を経て，徐々により一貫性の高い，あるいは高水準の論理的思考ができるようになってくるという段階説を唱えている。この段階説の概略は本節の後半で紹介する。

ピアジェの研究方法，アプローチは，よく発生的認識論といわれる。これは外的世界に関する知識の獲得過程の発達を研究する学問領域であるが，現在では哲学，心理学，論理学，生物学，サイバネティックス，あるいは構造主義などの諸学問の諸領域にまたがる学際的研究領域であるとみなされている。また，発生的認識論は，個人と文化の両面における知識と知能の理解をめざすもので，われわれ成人の思考様式がどのような過程を経て獲得されたかを発達的に分析しようとする。それに加えて，発生的認識論は，個人内の発達と文化の発達との両方を同一の原理，基本的には生物学的な原理とメカニズムで説明しようとしている。

(2) 同化と調整

ピアジェによれば，認知的システムあるいは構造は，適応の過程を通して変化する。知能の発達というのは，この認知的構造の漸進的，系列的な変化過程そのものであるとされる。この適応過程は〈同化〉と〈調整〉という2つの相互的な過程から構成されている。子どもが，自分がすでにもっている認知的構造を新しい情報に適用するとき，その構造は新しい構造に合うように変容させられる必要がでてくる。この過程を称して調整という。それと同時に，新しい情報は，子どもの既存の構造の中に取り入れられることになる。これを同化という。同化と調整の過程によって，子どもの認知の内的構造が変化し，それによって初めて，子どもは変転きわまりない環境にうまく適応していくことができるようになる。同化と調整は，すべての構造の適応過程の基礎となるものであり，その結果として，子どもの世界理解は平衡の状態（〈均衡化〉）に到達し，それを維持できるようになる。

(3) 知的発達の段階説

ピアジェは，「知能の変化は，ある一定の順番に従って段階的に起こる」と考えている。これをピアジェの〈発達段階説〉という。彼によれば，それぞれの段階にはそれの前段階が必要であるので，発達段階はすべての子どもで一定の順序で生起する。ピアジェは，したがって子どもの発達の博物学的記述，すなわちある認知的操作が可能となるのはいったい発達のどの時期からであるか，ということに強い興味をもっていたといえる（図3-31）。

ピアジェの長年の研究活動の間に，当然のことであるが，彼の理論的な内容は変化してきている。細かい変化を除くと，彼の発達説では出生からの認知的発達を，基本的には4段階に分けている。すなわち，〈感覚運動期〉（0～2歳），〈前操作期〉（2～7歳），〈具体的操作期〉（7～12歳），〈形式的操作期〉（12歳以上）である（表3-3）。

ピアジェは，後年には発達を諸段階間の直線的な進行とはみなさないで，個々の段階で認知的な能力が再構造化されたり，より高等なレベルに再編成されていくという，いわばラセンのような発達の進行を考えていたようである。また，一般にどのような発達段階説でも，子どもがある一定の発達段階を過ぎて次の段階に進行した場合に，前の段階に属する行動や認知が完全に消滅するとは考えない。新旧の段階に属する行動の出現頻度が徐々に入れ替わるという形で発達過程が進行するとされる（図3-32）。

3・5 社会的発達

3・5・1 社会化と母子相互作用

従来，子どもの社会化を考える際には，主として子どもが親からどのような影響を受け，それを身につけて社会的スキルを獲得・形成していくのかという観点からのものが多かった。ところが現在では，子どもの態度や表情などの子どもが発する諸信号が，親の養育態度などに強い影響を及ぼすことが知られてきていて，子どもと親の間での文字どおり相互作用的なやりとりが，きわめて重要であることが認識されるようになっている。たとえばラインゴールド（Rheingold, H. L.）は，子どもは誕生の瞬間から社会的存在であって，子どもの行動は他人の行動を引き起こし，維持し，あるいは変容させるというような，非常に強い社会的影響を行使していると述べている。

こうした子どもの側からの影響の行使をも含んだ相互作用については，たとえば，対人関係に方向づけられた両親に育てられた子どもは自分の母親により注意を払う傾向があるし，母親が子どもとの社会

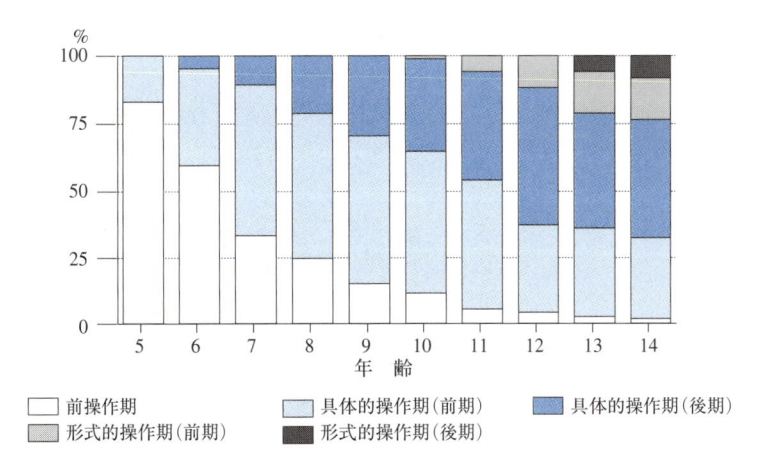

図 3-32　ピアジェの発達段階の進行（https://appsychtextbk.wikispaces.com/ より改変）
　図は5歳から14歳に至るまで，どれくらいの数の子どもがどのような発達段階にあるかを示している。図から，たとえば12歳になったら突然，大半の子どもが形式的操作期に至るわけではなくて，まだ前操作期の子どももわずかながら残っているし，具体的操作期の前期，後期の発達段階にある子どもも相当数いるということがわかる。

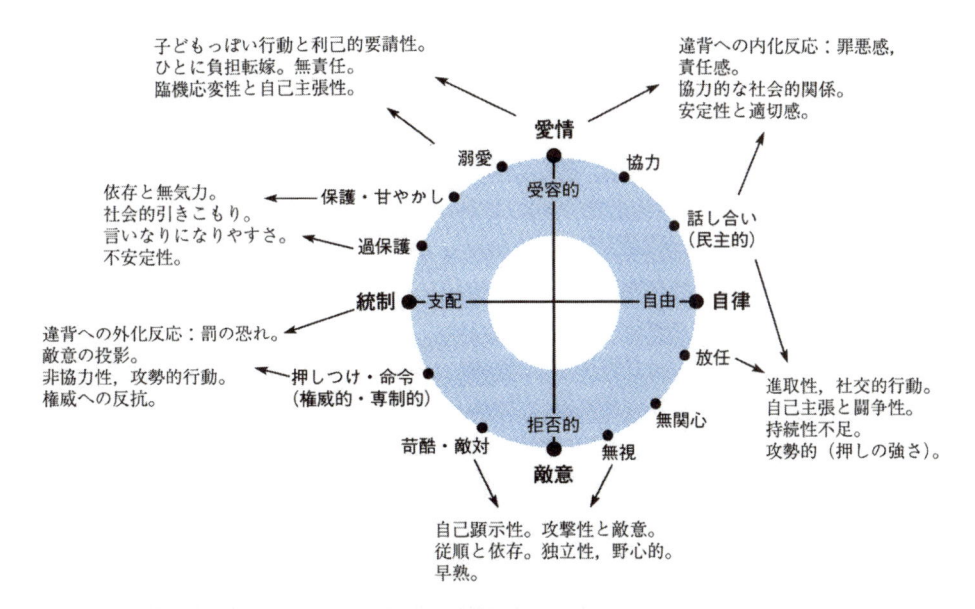

図 3-33　親の養育態度と，子どもの行動・性格傾向の関連（Vinacke, 1968）
　親の養育が，たとえば子どもに対する「拒否」的な行動に特徴づけられるような場合，すなわち「敵意」をもった態度である場合には，子どもの性格・行動が「自己顕示」的であったり，「攻撃的で敵意」に満ちたものであったりする傾向があるという関係が図示されている。

的相互作用の場に入ることを〈強化〉する傾向が見られること，逆に，対人関係への方向づけが低い子どもは，親から養護を受ける回数が少なく，また親から体罰を受ける頻度が高いことなどが知られている。また，愛想がよくて，幸福で，いつも微笑んでいるような幼児の母親を調べてみると，子どもと同じような行動・性格傾向をもっていることが多い（図3-33）。

しかし最近になって，子どもの行動，性格的傾向に及ぼす母親の育て方の影響に関する研究が再吟味された結果，両者にはほとんど関連が認められないこと，むしろ逆に子どもが生来有している行動，性格的傾向が母親の育児態度や行動を決定している可能性が高いといわれている（参考図書『子育ての大誤解』参照のこと）。

3・5・2 愛着の形成
(1) 愛着の理論

愛着の形成に関する理論は数多くあるが，ボウルビィ（Bowlby, J.）のエソロジカルで精神分析的な愛着理論が，今日では主流となっている。ボウルビィによれば，〈愛着（attachment）〉は幼体と養育する者との関係を緊密にすることで，その種を存続させるための機能の一つであるとされる。いい換えれば，幼体は養育者との緊密な関係と接触を求めるように，生物学的に動機づけられているし，養育者は幼体との関係を緊密化するように動機づけられている（図3-34）。

ボウルビィは，子どもの啼泣，微笑，吸啜，しがみつきと追従等の行動が，愛着的な関係を規定するのに関与している生物行動的システムであるとしている。これらのシステムによって，幼児と養育者の間の相互作用の成立が確保され，それらの行動的基礎の上に愛着が構築されると考えている。

もちろん現実には，相互作用の確立と形成には，次に述べる〈相互注視（eye-to-eye contact）〉等も重要であることが知られているし，そのほかにも無数の要因が関与している（図3-35）。なお，愛着の強さは，子どもが自分の親と，それ以外のおとなとの弁別がどれくらい可能かを調べたり，見知らぬ人に対する反応や，養育者と強制的に分離したときの反応，あるいは幼児が不安などの強いストレスを感じたときに，養育者をどの程度頼りにするかなどを手がかりにして行動的に評価することができる。

(2) 相互注視

相互注視は，幼児と養育者が相互に視線を交わし合い，両者の間に緊密な社会的関係を形成する行動である。現実の育児場面で，母子が近距離で相互注視し合っているのは，よく観察されるところである。この相互注視が出現するのは，社会的微笑の出現よりわずかに先行し，生後3～6週齢時である。

相互注視は，社会的相互作用の場面において，さまざまな重要機能をもっているとされている。たとえば，認知的機能（刺激情報のエンコーディング機能），モニタ機能（聞き手の注意や反応を視覚的にモニタする機能），統制的機能（聞き手の注意を促進したり，抑制したりするはたらき），表出的機能（興味の有無を表現する機能），等があげられている。

スターン（Stern, D. N.）たちの検討によれば，この相互注視の開始・終了の90％以上のイニシアチブは子どもが握っていること，子どもと母親との相互注視交換の後で，「いないいないバー」などの社会的遊びが，母子の間で起こる確率が大きくなること，相互注視が幼児の表情認知や自己意識の発達にとってきわめて重要な機能を果たしていることが明らかになっている。

3・5・3 遊びの発達

遊びの内容には文化差はあるものの，どこの国の子どもでも生活時間の大半は遊びに費やす。種々の遊びを通して子どもは物理的な外界の理解を深め，自分の身体と外界の関係を学び，さらには社会生活上必要な適応のスキルを習得していく。パートン（Parten, M.）によれば，社会的遊びの発達段階は，(i) ひとり遊び，(ii) 傍観者遊び，(iii) 平行遊び，(iv) 連合遊び，(v) 協同遊びの5段階に分類される（表3-4）。

子どもの遊びは社会性の発達のほか，自己概念や種々の認知能力の発達とも関連している。ピアジェは知能認知の発達水準に応じて，1歳半ころまでの〈感覚運動遊び〉，5, 6歳ころまでの〈象徴遊び〉，7歳以降の〈規則遊び〉に分類している。

(1) 感覚運動遊び

1歳半までの子どもの遊びの大半を占める。これは単にそれが楽しいために感覚的活動や運動的活動を繰り返すというものである。最初は，自分の身体

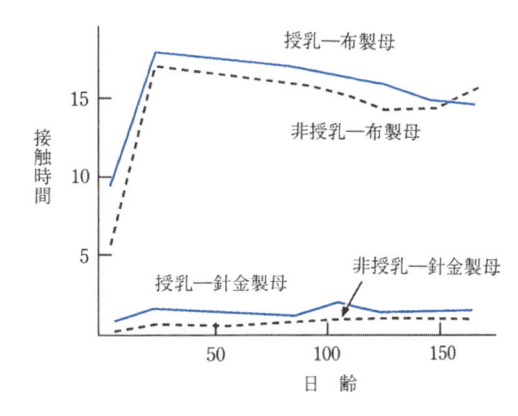

図 3-34　ハーロウによる代理母親実験(Harlow, 1971)
　アカゲザルの仔を，生後すぐに母ザルから分離し，針金製と布製の代理母親(どちらかに哺乳ビンがついている)で育てたところ，仔ザルは哺乳ビンの有無にかかわらず，ほとんどの時間を布製代理母親にしがみついて過した。

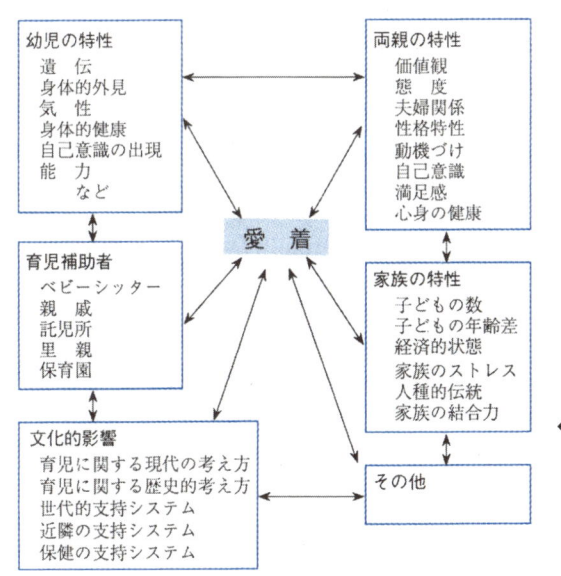

図 3-35　愛着形成に関与する要因(Fitzgerald, Strommen, & McKinney, 1982 より改変)
　愛着に影響を与える諸要因のシステマティックな関係。それぞれの要因は相互に関係し合っており，しかもすべての要因が全体として初めて機能するような関係となっている。

表 3-4　パートンによる社会的遊びの発達段階(Parten, 1932, 1933)

遊びの種類	内　　容
ひとり遊び	他児とは離れて，別の遊具で一人遊びをする。
傍観者遊び	他児が遊んでいるのを見て，声をかけたり質問したりするが遊びには加わらない。
半行遊び	他児と接近し同一の遊具で遊ぶが，一緒には遊ばず相互に影響を及ぼし合わない。
連合遊び	他児と一緒に遊ぶ。遊びについて話し合い，遊具の貸し借りをし，追い掛けっこをする。どの子どもを仲間にするかを制御しようとする。完全に同一ではないにしろ，類似の遊びをする。分業的ではなく，特定の目標も持たない。
協同遊び	共通的な目標を持って組織的に遊ぶ。何かをつくるとか，ルールのあるゲームをするとか，ごっこ遊びをする。1, 2名の子どもが，だれがグループに参加するか，何をするかを仕切る。分業によって，子どもは一人一人違った役割を果たし補いあう。

を使うことが中心で，たとえば乳児がたまたま自分の頭を後ろに反らしたとき，目新しい感覚が得られたことから，それを繰り返す。半年以降になると，興味の中心がだんだんと自分の身体から離れる。興味は自分の運動によって外界がどのように変化をするかに移ってくる，それとともに感覚運動遊びの形態が変わってくる。ピアジェによれば，彼の息子が4か月のとき，ベッドの上に吊り下げてあるガラガラに興味を持っているのを見て，ガラガラのひもに鎖をつけて，子どもがその鎖に手が届くようにしたところ，その鎖を引いてガラガラを動かすことに熱中し何度もその行動を繰り返したという。感覚運動遊びは知覚的注意と筋肉運動の協応の発達を促すと考えられるし，それが繰り返されることで，外的世界の理解（シェマ）が調節される機縁を与えると考えられる。

(2) 象徴遊び

2歳になるころには象徴遊び，あるいはごっこ遊びができるようになる。泥のだんごを食物に模したり，空の箱を船に模して遊ぶことができるようになる。しかし象徴遊びは突然に出現するものではない。象徴遊びが可能になるためには，脱中心化，脱文脈化などの認知発達が必要である。加齢につれて象徴遊びの頻度はますます増大する。この象徴遊びは，まれには一人遊びの最中に見られたり，あるいは平行遊びの最中に見られたりするが，ほとんど集団的状況のなかで，何らかの役割を演じるという形で発現する。このようなグループでのごっこ遊びを〈社会的ドラマ遊び〉とよぶ。この傾向は小学校低学年まで一貫して増大するが，その中でも質的変化が見られる。初期には，家庭内の状況を模し，かつ家族の一員とか医者，先生，母親，父親の役割を演じるという遊びが多い。後期になると，そうした具体的なモデルから空想的，フィクション的な人物などを演じることが多くなる。〈ファンタジー遊び〉は，その最たる例である。ごっこ遊びは子どもの自己意識を高め，自尊心と自己制御を高め，知的には，集中力を高め，自省の能力を高める。記憶，言語，役割取得能力の発達も促進するといわれている。

(3) 規則遊び

就学後の早い時期から，子どもの遊びは大きな変容を見せる。ごっこ遊びから，いわゆるルールのあるゲームへの移行が起こる。規則遊びは，少なくとも2名以上の参加者があり，競ってゲームに勝利することを目的を持つこと，参加者の行動は確立したルールに縛られること，という特徴がある。こうしたルールゲームの発現は論理的な思考の発現と同期する（具体的操作期）。ピアジェは，ルールゲームは社会的知的発達にとって非常に重要な役割を果たすものと位置づけている。

3・5・4 エリクソンの発達説

エリクソン（Erikson, E. H.）は，ドイツ生まれの精神分析家で，社会，文化の影響を重要視して，発達の8段階説を唱えている。それぞれの段階には，固有の社会的〈危機〉があって，その危機の解決のされ方が，その人の人格発達に影響を残し，人格形成の全体に影響を与えると考えられている。エリクソンの段階説の概略を表にしたものが表3-5 である。

個々の段階は，相互依存的で累積的に構成され，それぞれの段階は，信仰などの個別の特性に特殊的な影響を及ぼすとされる。ある段階の危機を首尾よく解決すると，人は次の危機の解決の準備に入ることになるが，その段階の危機を解決できなかった場合には，将来，より深刻な危機に直面することになる。たとえば，幼児期に他人を信頼することを学習しなかった子どもは，その後の人生で友人や恋人を信頼することに困難を感じることになる。エリクソンの発達段階説は青年期以降を含むことが特徴であり，またエリクソンにとっては，成人期の〈自己同一性〉の達成こそが個人の発達の中心的な課題であり，彼の理論における最重要な概念である。

3・5・5 道徳観の発達

道徳観の発達に関する多くの研究では，子どもの道徳的判断が客観的な結果に基づいてなされるものなのか，あるいは，主観的な意図に基づいてなされるものなのか，という点に焦点が当てられている。一般に，発達の初期には外部的，他律的，客観的なものであった道徳判断が，徐々により自主的・自律的・主観的で意図的な道徳判断に移行するとされている。

道徳観の発達理論では，コールバーグ（Kohlberg, L.）のものが最も有名なので，それを表3-6にまとめた。道徳観の発達は基本的には階層的なものであり，しかも道徳観の発達の順番は一定していると考

表3-5　エリクソンの社会心理的発達の全段階(Erikson, 1963；仁科, 1977)

年　齢	心理社会的危機	結　果
誕生から1歳半まで	信頼 対 不信	(＋) 他者と環境からの支持による信頼の感情の醸成。 (－) 他者に対する恐怖と不安。
1歳半から3歳まで	自律 対 恥, 疑い	(＋) 自己の能力に対する自信の感情。 (－) 自己の能力に対する疑い, 恥の感情 独立性の欠如。
3歳から6歳まで	自主性 対 罪悪感	(＋) 行為を自主的に始発させる方法を発見。 (－) 自分の行為が両親などのもつ規範と衝突する場合には罪悪感をもつ。
6歳から12歳まで	勤勉性 対 劣等感	(＋) 自己の社会的・教育的能力に関する自信の発達。 (－) 達成感の欠如。同年齢の友だちとの比較の結果, 劣等感をもつ。
12歳から20歳まで	自己同一性 対 役割混乱	(＋) 自己のユニークさと, 果たすべき役割の理解。基本的な社会的・職業的アイデンティティの確立。 (－) 自分の人生における適切な役割に対する無理解と混乱。
20歳から40歳まで	愛情形成 対 対人的孤立	(＋) 愛情関係, 性的関係, 親友関係など他人との心理的きずなの形成。 (－) 他人と心理的関係をもつことに対して恐怖を感じ, 孤独感をいだく。
40歳から65歳まで	生産性 対 自己陶酔	(＋) 社会に対する貢献感, 仕事の充実と家族の養育。 (－) 自分の行動をつまらないものと考える。不活発で自己中心的。
65歳以上	統合性 対 絶望	(＋) 自分の人生の到達点に対する統合的な理解と充足感。 (－) 失われた時と機会に対する悔悟の念。不満と死の予期による絶望感。

〈問題文〉
「厳しい寒さをしのぐため, 一匹のヤマアラシがモグラの家族に冬の間だけ一緒に洞穴の中にいさせてほしいとお願いしました。モグラたちはヤマアラシのお願いを聞き入れてくれました。けれども, その洞穴はとても狭かったので, ヤマアラシが洞穴の中を動き回るたびに, モグラたちはヤマアラシの針に引っ掻かれついにモグラたちはヤマアラシに洞穴から出て行ってくれるようにとお願いしました。ですが, ヤマアラシはこのお願いを断りました。そして言ったのです。」
「ここにいるのが嫌なんだったら, 君たちが出て行けばいいじゃないか。」

〈回答例〉
　　男児＝「その洞穴はモグラのお家なんだから, ヤマアラシが出て行くべき」
　　　　──→「正義」に基づいた道徳観
　　女児＝「ヤマアラシの身体を毛布で覆ってあげたらいいのよ」
　　　　──→「ケア」に基づいた道徳観＝みんなが幸せになるような解決法

図3-36　ギリガンの道徳説

表 3-6　コールバーグの道徳観の発達段階

コールバーグは次のような話を聞かせたときに，人がどのような反応をするかで，道徳観の成熟度を調べている。

　ある1人の女性が特殊な癌(がん)のために瀕死の状態であった。医者によれば，彼女を救うことができる薬が1つだけあって，それはその町の薬屋が最近発見した薬である。その薬を作るには確かに費用がかかるが，薬屋はコストの10倍もの価格をつけていた。少量の薬を作るために，原材料のラジウムを200ドルで仕入れて，製品は2000ドルで販売していた。その女性患者の夫のハインツは，知り合い中を回って金策をしたが，薬の値段の半分の1000ドルしか借金することができなかった。ハインツは，自分の妻が死に瀕していることを話し，「少し安くその薬を売ってくれないか」，「支払いを少し延ばしてくれないか」と頼んだ。しかし，薬屋は，「だめだ。私はこの薬を発明したので，一儲けしようと思っているのだ」といった。そこでハインツは絶望的になって，薬屋に忍び込んで，その薬を盗もうと考えた。ハインツが薬を盗むことについて，あなたはどう思うか。

前慣習的水準

1. 罰-服従の方向づけ
   他人による規則に従うが，それは罰を避けるためである。
   自己目的的な服従，身体的なダメージを避ける。
2. 道具的-交換の方向づけ
   自分の利益にかなうときだけ規則に従う。自分自身の興味，要求に合うように行動し，他人にも同じように行動することを求める。正義は公平，あるいは平等な交換，取引およびその同意と同義である。

慣習的水準

3. 良い子方向づけ
   親しい人が自分に期待しているように行動する。あるいは親しい人が自分の息子，娘，兄弟，あるいは友人などの役割期待に沿うように行動する。
   「良い〜」というのが最も重要視され，動機づけの高さ，他人への思いやり，さらには信頼，忠義，尊敬，感謝に基礎をおく相互関係を意味する。
4. システム維持的方向づけ
   自分に強制された義務を実行する。法律は基本的には常に順守されるべきである。ただし，法律が，社会的に強固に固定されたその他の義務と背致するという極端な場合はその限りではない。正義は社会，集団，組織に貢献するものである。

後慣習的水準

5. 社会的-契約の方向づけ
   人々のもつ価値や意見がきわめて多様であり，価値や規則というのは，ほとんどの場合集団によって異なることを知っている。にもかかわらず，これらの相対的な諸規則は順守される必要がある。それはそれを順守することが公平につながるし，それらの諸規則が社会的な契約事項でもあるからである。しかし，生命や自由などのような特殊ないくつかの価値は，いかなる社会においても順守される必要がある。それらについては，多数意見がどうであるかなどとは無関係である。
6. 普遍的倫理原理の方向づけ
   自ら選択した倫理的原理に従う。個々の法律や社会的合意は，それらがこうした原理に立脚しているから有効であるのが普通である。法律がそれらの原理を侵害することがあれば，法律よりもより普遍的である倫理的原理の方に従うべきである。すべての人に平等に権利を与え，個としての人間の尊厳を保つなどが普遍的なものであるといえる。

えている。つまり，個々の発達段階は，その次の発達段階の基礎となって，そのうえにさらにより高次で統合的な道徳観が発達する。コールバーグの発達段階説は，3つの一般段階すなわち〈前慣習的段階（preconventional）〉，〈慣習的段階（conventional）〉，〈後慣習的段階（postconventional）〉から構成されている。それぞれがさらに2段階に分かれていて，合計で6段階説となっている。コールバーグは，この6段階が出現する順番は，すべての人に共通であるが，発達の速さや最終的にどの段階まで発達するかは，人によって異なると考えている。

コールバーグの道徳発達説の問題点としては，最終の段階（段階6）が必ずしもすべての成人，おとなに見られるわけではないこと（この段階6は，最近の道徳観評定法からは削除されていることもある），後慣習的段階を推進する際に，社会・文化的な要因を軽視していること，このモデルが人の道徳観の発達についての普遍的な枠組みを与えるものではないこと，とりわけ男児と女児を比べると，男児は第4，第5段階の普遍的な倫理原則への志向の段階に至るが，女児はそれよりも低い，私的な関係を重視する第3段階にとどまることになる等が指摘されている。

こうしたコールバーグの男性特有の思考原理に基づく道徳性理解に対して，ギリガン（Gilligan, C.）は，人間関係を重視する女性特有の道徳性が低く評価されていると批判している。ギリガンによれば，男性は正義の倫理に基づいて行動しているが，女性は配慮（ケア）の倫理に基づいて行動していること，むしろケアの倫理という観点からすれば，男性は低い道徳的発達段階にとどまると主張し，ケアと責任の道徳性発達説を唱えている（図3-36）。

■ 3章の参考図書

ハリス，J. R./石田理恵（訳）(2000)．子育ての大誤解―子どもの性格を決定するものは何か― 早川書房

鹿取廣人 (2003)．ことばの発達と認知の心理学 東京大学出版会

マイヤーズ，D./村上郁也（訳）(2015)．カラー版 マイヤーズ心理学 西村書店

リドレー，M./中村桂子（訳）(2004)．やわらかな遺伝子 紀伊国屋書店

櫻井茂男・佐藤有耕（編）(2013)．ライブラリ スタンダード心理学7 発達心理学 サイエンス社

Column 3

ピアジェ

(Piaget, J., 1896～1980)

　ジャン・ピアジェが20世紀の著名な心理学者10人の中に含まれることは疑いないが，それは単に研究成果が画期的だったからというだけではない。それまでは時間や空間，因果性などの認識は先験的(アプリオリ)なものであると考えられていたのだが，ピアジェの研究によって人間がいくつかの未成熟な段階を経てそうした認識を獲得していくものであることがわかったのであり，ピアジェ自身が命名した「発生的認識論」という学問分野が生まれたからである。

　スイスのヌーシャテルで生まれたピアジェは小さい頃から自然界の生物に関心を寄せ，1918年にヌーシャテル大学で理学博士号を取得した。そのあとで1学期間だけチューリッヒ大学に赴き，そこでユング(Jung, C. G.)やブロイラー(Bleuler, E.; ユングの師でもあり，精神分裂病 schizophrenia という用語を作り出した精神科医)の授業を聴講したりした。この時に新たに関心をもったのか，そのあとでフランスに留学して，パリ大学ソルボンヌ校で子どもたちの思考や推論について研究する機会を得た。知能検査の生みの親であるビネー(Binet, A.)はすでに他界していたが，ビネーの共同研究者だったシモン(Simon, T.)とともに子どもの研究ができたことはその後の研究に大きな財産となった。

　ピアジェはスイスに帰国後，1921年にジュネーブのルソー研究所の所長となり，1929年には母校のヌーシャテル大学の教授となった。1920年代から子どもの認知の発達に関する多くの著作を発表し始め，『子どもの言語と思考』(1923)，『子どもの判断と推理』(1924)，『子どもの世界像』(1926)，『子どもの物の因果性』(1927)，『子どもの道徳判断』(1932)など，書名を見ると研究内容がわかるものがほとんどである。なかでも『子どもの知能の誕生』(1936)は初期の代表作である。

　フランス語で書かれていたこともあり，ピアジェの研究が英米圏で知られるまでには時間がかかった。特に日本での紹介は戦後のことである。しかしながら，図式(シェマ)などのピアジェの用語が1960年代後半からの認知心理学の隆盛と重なることもあって，発達心理学に大いに影響を与えた。ピアジェの理論の特徴は，テキストにも紹介されている認知発達の段階的アプローチに加えて，生物学的アプローチ(均衡化や同化・調節などの用語に反映している)，少数の子どもたちとのやりとりから情報を得る臨床法などにある。特に子どもたちがどのように正しい認知を獲得するかではなく，どのような間違いをするのかを分析したところが画期的である。欧州においては19世紀まで子どもは「小さな大人」という認識(哲学的な思い込みといってもよい)が強く，身体的にも心理的にも子どもは子どもであって大人ではないのだという考え方は20世紀の産物であった。ビネも自分の子どもたちをヒントに知能検査を考案したが，ピアジェの場合もデータの基本は子ども自身の発話にあった。

1930年代のピアジェー家
(Lück & Miller, 1999)

II部　心と行動の発生と展開

4　学習と動機づけ・情動（行動心理学）

　心理学という学問の目的の一つに，人間や動物の行動の予測と制御がある。人間や動物の行動を予測し，制御するためには，行動を引き起こす因果関係やメカニズムに関する理解が必要である。行動を支えるメカニズムは，生理学的要因や進化的要因などさまざまな水準が考えられる。この章では特に，人間や動物を含む生体とそれを取り巻く環境との相互作用による行動変容である学習と，実際に生体が行動を引き起こす際の原動力となるような生体内外の要因としての情動，動機づけを扱う。これらは互いに密接に関係しており，ある経験によって情動の喚起が学習されるケースもあれば，動機づけが学習の進捗に影響することもある。

4・1　学　習

　多くの人々は，「英語を勉強する」「心理学を勉強する」というように，何かを勉強することを「学習」と捉えている。それ自体は間違ってはいないが，心理学，特に実験心理学においては，〈学習（learning）〉はより広い意味をもっており，「経験によって生じる比較的永続的な行動の変化」を学習の定義とすることが多い。その意味では，心理学の勉強をすることも学習であるが，スポーツの練習をすることも学習であり，ひどく怒られたことのある先生の講義を欠席してしまうことも学習である。

　また，学習は人間だけの行為ではない。テレビや映画で，驚くほど複雑な行動を示す動物を眼にした人もいるだろう。人間と同様に，動物も学習する。

　学習研究の歴史は極めて古く，実験心理学そのものの歴史よりもはるかに長い期間にわたって検討が加えられてきた。たとえば，古代ギリシャの哲学者プラトンの著した『パイドン』には，愛する人がいつも使っている竪琴や着ている服を見るだけで，愛する人の姿形を思い浮かべることを例にとり，学習と想起（過去の経験を思い出すこと）の関連を指摘する記述がある。

　哲学的な背景のなかでも，特に学習研究に大きな影響を与えたものとして，〈経験主義（empiricism）〉と〈連合主義（associationism）〉が挙げられる。経験主義は，人間の知識の源泉は経験であると考える立場である。イギリスの代表的な経験主義者のロック（Locke, J.）は，〈タブラ・ラサ〉（何も刻まれていない石版）という表現が象徴するように，人間は後天的な経験によってさまざまな観念を獲得していくと考えた。この立場は，経験によって生じる行動の変化としての学習の重要性に対応するものである。では感覚を通じて経験される単純な観念は，どのようにして複雑な観念を形成するのだろうか。連合主義に基づけば，単純観念が相互に結びつき（連合し），その結果として複雑観念が形成されるとされる。同じく経験主義哲学者のヒューム（Hume, D.）は，観念連合が形成される条件として時間的空間的接近，類似，因果関係を挙げた。連合に基づいて学習による行動変容を説明する立場は，「何と何が連合するのか」について異なる立場があったものの，長く学習研究においては行動変容を解釈する道具として用いられている。

　経験主義・連合主義に連なる学習という現象を実験的に扱ったルーツとしてはさまざまな研究を挙げることができる。代表的なものとしてはパブロフ（Pavlov, I. P.）による古典的条件づけ研究と，ソーンダイク（Thorndike, E. L.）による道具的条件づけ研究，またスキナー（Skinner, B. F.）によるオペラント行動の研究が特に重要である。古典的条件づけは環境内に存在する刺激間の関係性の学習，ソーンダイクによる道具的条件づけ研究は環境と生体の行動の関係に関する学習，スキナーのオペラント行動研究は生体の行動とそれに続く環境変化の関係に関する学習を扱ったものである。

4・1・1 同一刺激に対する学習
(1) 馴　化
　ある刺激に対して最初は見られていた反応が，その刺激を繰り返し経験することによって徐々に見られなくなっていく現象を〈馴化(habituation)〉とよぶ．日常的な言葉でいえば，「慣れる」ということである．馴化もまた，ある刺激を繰り返し経験することで，反応強度が比較的長い期間にわたって減弱するという学習一つである(図4-1)．
　しかし同一刺激を繰り返し経験することで反応が減弱すれば，それがかならず学習の一形態としての馴化であると断定はできない．反応するための効果器や刺激を受容する感覚器が疲労のために機能しなくなっている可能性もある．これらの要因を排除するためには，〈脱馴化〉とよばれる現象が生起することを確認する必要がある．ある刺激Aを繰り返し提示することで，刺激Aへの反応が減弱したとしよう．その後に，別の刺激Bを提示する．そして，改めて刺激Aを提示すると，減弱したはずの反応がある程度復活することがあり，この反応の復活を脱馴化とよぶ(図4-2)．注意すべきは，刺激Bに対する反応の強度ではなく，刺激Aに対する反応強度の変化が脱馴化の確認に重要であるということである．もし効果器や感覚器の疲労が刺激Aに対する反応減弱の原因であれば，脱馴化は起こらないはずである．脱馴化の確認では，馴化が感覚器と効果器の問題ではないことを示す必要がある．
　馴化は，脱馴化の存在以外にもさまざまな特徴を備えている．まず，馴化は刺激特異的に生じる．ある刺激Aの繰り返し提示によって，刺激Aへの反応が減弱したとしても，これとは異なる刺激Bへの反応が大きく減弱することは一般には起こらない．また，刺激Aを繰り返し提示することで反応が減弱したあとに，しばらく刺激Aを提示せずに時間経過を経験させることで，後に刺激Aを提示すると反応が回復することがある．これを〈自発的回復〉とよぶ(図4-3)．馴化の程度は刺激の強度に依存する．強度が弱い刺激ほど馴化は急速に生じ，刺激が強くなるほど馴化しにくく，場合によってはほとんど馴化しないか，あるいは次に述べるように鋭敏化と呼ばれる現象が生起する場合がある．

(2) 鋭 敏 化
　同一刺激を繰り返し経験することによって反応の強度が変化する現象には，馴化とは逆に，反応が強くなることが知られている．この現象を〈鋭敏化(sensitization)〉とよぶ．ラットに対して電気ショックのような嫌悪的な刺激を経験させたとしよう．ラットは電気ショックに対して，強い驚愕反応を示すが，強度がある程度以上に強い場合には電気ショックを繰り返し経験することによって驚愕反応が弱くなることはなく，むしろ増大することがある．これが鋭敏化である．
　鋭敏化は，馴化とは異なり刺激特異的でないことが知られている．電気ショックを経験したラットは，電気ショックだけでなく，音刺激や光刺激などの全く異なる刺激を提示しても驚愕反応を示すようになる．人は，強い地震を経験したあとには，弱い余震であっても恐怖を感じ，また停電のような揺れと関係のない事象であっても恐怖が喚起される．これも鋭敏化の一例であろう．

4・1・2　古典的条件づけ
　ロシアの生理学者であるパブロフは，唾液や胃液といった消化液の分泌に関する研究でノーベル医学生理学賞を受賞した．パブロフは，消化腺に関する研究の過程で〈古典的条件づけ(classical conditioning)〉あるいはパブロフの名前をとって〈パブロフ型条件づけ(Pavlovian conditioning)〉とよばれる手続きと現象を発見した．パブロフはまず，イヌに対してメトロノームの音を聞かせた．メトロノームの音に対して，イヌはメトロノームの方に顔を向ける定位反応を見せるが，それ以上の反応は示さない．続いて，メトロノームの音に対して，エサを後続させるという対提示手続きを行うと，イヌはエサに対して生得的な反射的反応として唾液分泌を示す．メトロノームの音とエサの対提示を繰り返すことによって，最終的にはイヌはメトロノームの音だけ提示されても唾液分泌をするようになる．メトロノームの音とエサの対提示という経験によって，以前には見られなかったメトロノームの音に対する唾液分泌反応が獲得されるという意味で，これは学習である(図4-4)．
　パブロフの実験において用いられたエサ刺激は，唾液分泌反応を生得的に喚起する．このように，特段の経験なしに強い反応を生得的に喚起する刺激を〈無条件刺激(unconditioned stimulus; US)〉とよび，

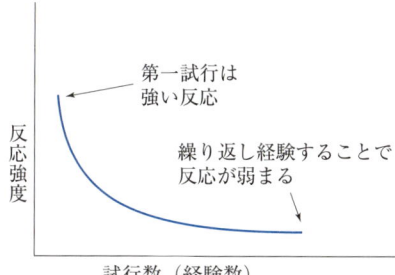

図 4-1 馴化
　生体は，初めて接する刺激に対しては，刺激がどこからやってきたのかを確認するような定位反応などを示すが，繰り返し同じ刺激を経験するうちに，こうした反応は弱まっていく。これを馴化と呼ぶ。生体にとって重要な出来事が後続しない場合には，徐々にその刺激を無視するようになるほうが適応的であることが多い。

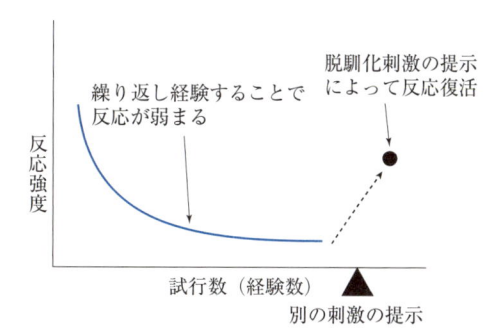

図 4-2 脱馴化
　馴化試行の後に別の刺激を提示することで，馴化した反応が復活する。効果器の疲労や感覚器の疲労によって反応の減弱が生じていた場合には，このような脱馴化は起こらないことから，脱馴化の存在は馴化が中枢における学習の一種であることを示す重要な条件である。

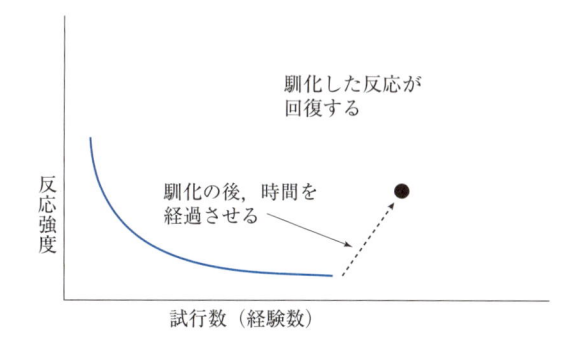

図 4-3 馴化の自発的回復
　馴化試行の後に時間的な空白が入ることで反応が回復する。

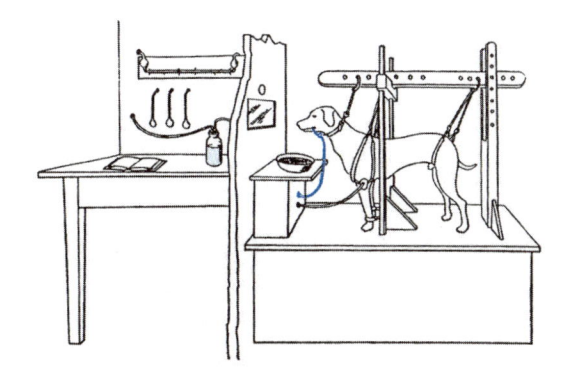

図 4-4 イヌの唾液分泌条件づけの実験場面
　　　　（古武ほか，1956）
　パブロフは当初，イヌと実験者が同じ部屋に入って実験を行う状況を採用していたが，イヌの唾液分泌反応に影響を及ぼす刺激があまりに多く存在することから，イヌと実験者が別々の部屋で実験を行うような状況を設定した。

USが喚起する反応を〈無条件反応(unconditioned response; UR)〉とよぶ。一方，メトロノームの音は，生得的には定位反応以外の反応を喚起せず，エサというUSとの対提示によって反応喚起の力を獲得する。この刺激を〈条件刺激(conditioned stimulus; CS)〉とよび，USとの対提示によって獲得されるCSへの反応を〈条件反応(conditioned response; CR)〉とよぶ。なお，条件反射(conditioned reflex)という用語もあるが，古典的条件づけによって獲得される行動変化の範囲が情動をはじめとする中枢の問題に広がるにつれて，現在では反射の語はあまり用いられない。

(1) 基本的な手続き

古典的条件づけ手続きの根幹は，CSとUSの対提示にある。CSとUSを対提示する時間的な関係に関してさまざまな種類が存在する。ここでは，CS-US時間関係による古典的条件づけ手続きの分類とCRの関係について紹介する(図4-5)。

CS提示開始がUS提示開始よりも時間的に先行する手続きを，〈順行条件づけ(forward conditioning)〉とよび，CS提示とUS提示に時間的重複がある場合や，CS提示終了と同時にUSが提示されるような手続きを〈延滞条件づけ(delayed conditioning)〉とよぶ。一般には，この延滞条件づけ手続きにおいて最もCRの形成が良好である。

CSがUSに先行するものの，CS提示終了からUS提示開始までの間に時間的なギャップが存在する手続きを〈痕跡条件づけ(trace conditioning)〉とよぶ。痕跡条件づけ手続きにおいては，CS提示終了とUS提示開始の時間間隔が長くなるほど，CR獲得が困難になることが知られている。

CS提示開始よりもUS提示開始のほうが時間的に先行する手続きを〈逆行条件づけ(backward conditioning)〉とよぶ。逆行条件づけ手続きでは順行条件づけほどにはCRが獲得されない。

CSとUSの提示開始，および提示終了が同時である手続きを〈同時条件づけ(simultaneous conditioning)〉とよぶ。同時条件づけもまた，CRの獲得が困難である。

ここまでの手続きでは，明示的な刺激としてCSが提示されていたが，USのみが一定の時間間隔で提示されるという手続きも存在する。これを〈時間条件づけ(temporal conditioning)〉とよぶ。時間条件づけ手続きにおいては，US提示の時間間隔が一定であることが重要で，時間の経過に伴ってCRが観察されることがあり，いわば時間経過がCSの役割を果たす。

(2) さまざまな古典的条件づけ手続き

パブロフはイヌを被験体としてメトロノームの音やエサを刺激として用いたが，これ以外にもさまざまな刺激や動物種を用いて古典的条件づけを確認することができる(表4-1)。現在でも用いられることのある代表的なものを紹介する。

a. 恐怖条件づけ

主にラットを被験体として用い，音や光刺激をCS，金属製のグリッド床からの電気ショックなど嫌悪刺激をUSとして対提示することによってCSに対して恐怖反応を条件づけることができる。この手続きを〈恐怖条件づけ(fear conditioning)〉とよぶ(図4-6)。図4-6の上図は音刺激や光刺激を手がかり刺激，すなわちCSとして提示した後に電気ショックを提示すると，異なる実験装置内でも手がかり刺激の提示によって恐怖反応が確認されることを示している。また図4-6の下図は，音刺激や光刺激のような手がかり刺激なしに電気ショックを提示することで，実験装置そのものに対して恐怖を感じるようになることを示している。前者は手がかり条件づけ，後者は文脈条件づけとよばれる。電気ショックに対するURとしては，鳴き声をあげたり飛び上がったりする行動が確認されるが，CSに対しては身体の動きを止める〈凍結反応(freezing)〉が確認される。凍結反応の持続時間がCR強度の指標とされることもあれば，水舐め反応やレバー押し反応をあらかじめ訓練しておき，これらの反応がCS提示によってどの程度抑制されるかを指標とすることもあり，この場合は特に〈条件性抑制〉とよばれる。

b. 眼瞼条件づけ

目にほこりが入った時には，我々はまばたきを行う。これは生得的な反応であり，ほこりや空気の吹付けがUSとして機能したと解釈することができる。これらのUSに先行して，音刺激や光刺激をCSとして提示することで，CSに対してまばたき反応を条件づけることができる。これを〈眼瞼条件づけ(eye blink conditioning)〉とよぶ。眼瞼条件づけは，歴史的にはウサギを被験体として用いて研究が

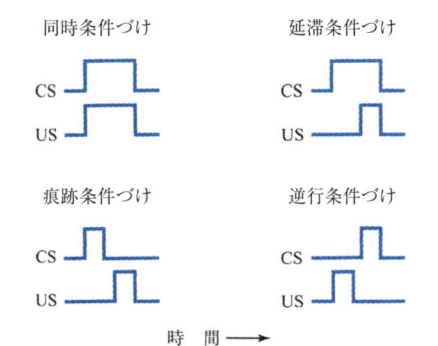

図 4-5　古典的条件づけにおける CS と US の 4 種類の時間関係（岩本ほか，1987）
　左から右に時間が流れており，同時条件づけでは CS と US が同時に提示され，延滞条件づけでは CS の提示開始より US の提示開始が遅れている。痕跡条件づけでは CS 提示終了から US 提示開始までに時間間隔が挿入される。逆行条件づけでは US が CS よりも先に提示される。延滞条件づけで最も条件反応の獲得が良好である。痕跡条件づけでは，時間間隔が長くなるにつれて条件反応の獲得が困難になり，逆行条件づけではほとんど条件反応が見られない。

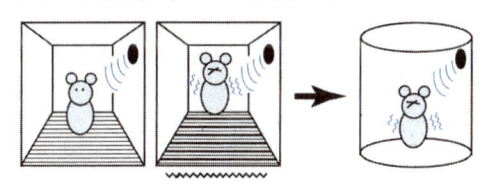

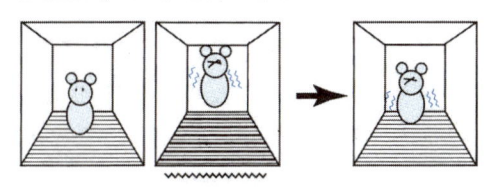

図 4-6　恐怖条件づけ。手がかり条件づけと文脈条件づけがある（廣中，2001）
　手がかり条件づけの場合には獲得試行とテスト試行では実験装置を変えてあることに注意。文脈条件づけでは，文脈情報が恐怖刺激と結びつくことによって恐怖反応が喚起されるが，手がかり条件づけであっても，文脈情報と恐怖刺激とは結びつくことがある。そのため，テスト試行で実験装置を変えなかった場合には，手がかり刺激によって喚起される恐怖反応と文脈情報によって喚起される恐怖反応が加算されてしまう。

表 4-1　古典的に条件づけられる可能性のある反応（岩本ほか，1987）

無条件刺激	無 条 件 反 応
乾燥した食物：酸	唾液分泌
光	脳波 α 波の発生妨害
電気ショック	皮膚電位（GSR）の変化：四肢の引き込め反応，呼吸の乱れ
照度の変化	瞳孔の大きさの変化
食　物	胃・腸の消化液の分泌
ショック：温度刺激	血管の運動反応（血圧の変動）
モルヒネ	嘔吐：吐気：昏睡
過剰摂水	頻尿：利尿
空気の吹きつけ	眼瞼反応
膝がしらの打叩	膝蓋腱反射
身体の回転	眼球運動
毒素：抗原の注入	抗体反応：免疫反応

行われてきたが，ヒトでも起こることから，ヒトを対象にした研究も行われている。

c. 味覚嫌悪学習

食事をしたあとに，運悪く食あたりなどで腹痛や嘔吐を経験すると，その直前に食べたものを嫌いになることがある。これは味覚刺激をCS，内臓不快感をUSとした古典的条件づけの一種であり，〈味覚嫌悪学習（taste aversion learning）〉，あるいは発見者であるガルシア（Garcia, J.）の名前から〈ガルシア効果〉とよばれる。味覚嫌悪学習は，ヒト以外でもラットやニホンザル，ナメクジと極めて広範に生じることが知られている。用いられるCSは味覚刺激が一般的であるが，USは塩化リチウムのような内臓不快感を喚起する薬物のほかにもX線の照射や車酔いのような状況を作り出す処置によっても生じる。

味覚嫌悪学習は，そのほかの古典的条件づけ手続きとは異なる特徴を持っている。たとえば，音刺激や光刺激と電気ショックの対提示を行う場合には，CS提示終了とUS提示開始の時間間隔がある程度長くなるようないわゆる痕跡条件づけ手続きではCR獲得が困難になるが，味覚嫌悪学習では，味覚刺激の経験から内臓不快までの時間間隔が数時間になっても学習が成立する（長期遅延可能性）。また，光刺激や音刺激は電気ショックとは容易に結びつく一方，内臓不快と結びつけることは困難である。同様に味覚刺激は内臓不快と結びつくことはあるが，電気ショックと結びつけることは困難である。これは〈選択的連合〉とよばれる。図4-7は，選択的連合を示した実験の結果である。ラットに対して，甘いサッカリン溶液が提示される条件と真水だが舐めると音刺激と光刺激が提示される条件を経験させると，どちらも同程度に液体刺激を摂取する（図4-7右図）。その後，甘いサッカリン溶液と音・光刺激を同時に提示し，ラットに対して内臓不快感を喚起するような処置を行う。内臓不快感からの回復後に，改めてサッカリン溶液を提示すると，真水と音刺激・光刺激が提示される群とは異なり，液体刺激の摂取量が低く抑えられる。これは，サッカリン溶液の持つ甘味という味覚刺激は内臓不快感と結びつくが，音刺激や光刺激は内臓不快感と結びつかないことを示している。選択的連合は，長期遅延可能性と合わせて，学習の生物学的制約の例としてとらえ

ることができる。

(3) 古典的条件づけに関する現象

古典的条件づけにおけるCR獲得の過程は，図4-8にみるように訓練初期には大きく反応が変化し，対提示回数が増えると徐々に漸近値に達するという学習曲線を描く。その際に，大きな物音がするなどの外的要因が加わると，獲得した反応が一時的に減弱することがある。これを〈外制止〉とよぶ。獲得された反応は，CSのあとにUSを提示することをやめることによって徐々に減弱していく。これを〈消去（extinction）〉とよぶ。消去期間中に外的要因が加わることで，減弱した反応が一時的に回復することがあり，これを〈脱制止（disinhibition）〉とよぶ。消去手続きを続けることによってCRは観察されなくなるが（第1消去），消去のあとにしばらく時間を経過させた後に改めてCSを提示すると，CRが回復することがある。馴化した反応が時間経過によって回復するのと同様に，消去されたはずのCRが時間経過によって回復することから，この現象も自発的回復とよばれる。自発的回復によって生じた反応を消去すると（第2消去），最初に行った消去時よりも反応の消失が急速に進むが，消去後に改めてCSとUSの対提示を行うと，最初に行った獲得時よりもCRの形成が速い。

USと十分に対提示されたCSに対して強い反応が観察されるのは当然であるが，それ以外の刺激であっても，知覚的に類似した刺激にはCRが確認されることがある。これを〈般化（generalization）〉とよぶ。図4-9にあるように，訓練に用いられたメトロノームの拍節数に対してはもっとも強い反応が確認されるが，同じメトロノームでも拍節数の異なる刺激に対して弱いながらも反応が観察され，類似度が低くなるにつれて観察される反応も弱くなっていく。この反応強度の減少の程度を〈般化勾配〉とよぶ。

自然環境内では，全く同一の刺激を繰り返し経験することはまれであり，知覚的に類似した刺激に対して反応が誘発されることは適応的意義がある。一方で，ある刺激に対してはUSが対提示され，知覚的に類似している別の刺激に対してはUSが対提示されない手続きを行うことで，前者に対してはCRが獲得され，後者に対してはCRが観察されないという結果を得ることもできる。これは〈分化条件づ

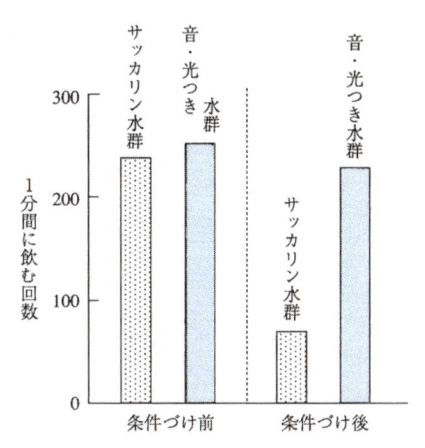

図 4-7　味覚嫌悪条件づけ(Garcia & Koelling, 1966)
CS が味覚の場合にのみ条件性の忌避傾向が形成され，聴覚刺激や視覚刺激の場合には形成されていない。このような現象を選択的連合といい，CS と US の間には学習されやすい組み合わせと学習されにくい組み合わせがある。どのような刺激の組み合わせが学習されやすいかは，進化の歴史の中で形成されてきたものと考えられる。

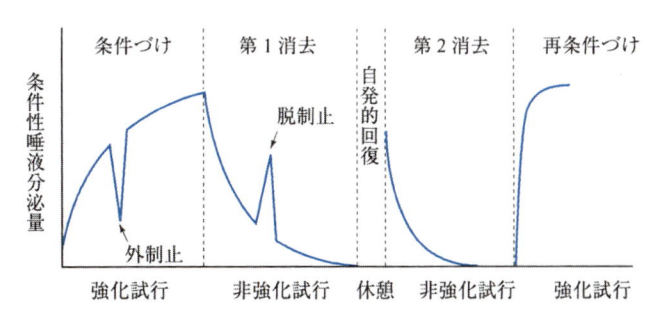

図 4-8　古典的条件づけの基本現象，条件反応の獲得と消去(岩本ほか, 1987)
縦軸は条件性唾液分泌量となっているが，多くの古典的条件づけにおいて同様の傾向を示す。条件づけ訓練中や消去中に，訓練に用いているものとは違う外的刺激が提示されると外制止や脱制止といった進行中の学習を一時的に妨害するような反応が生じる。消去の後に時間間隔が挿入されると消去された反応が回復する自発的回復は，馴化において生じるのと同様の現象である。

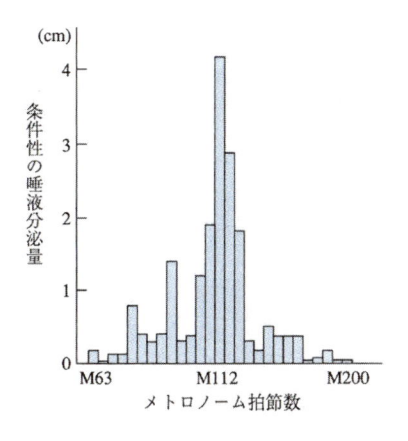

← 図 4-9　条件反応の般化，関西学院大学で行われたヒトにおける唾液分泌条件づけの実験結果(古武ほか, 1956)
条件づけ訓練に用いられた刺激に対して最も多くの条件性唾液分泌反応が見られるが，知覚的に類似した刺激(メトロノームの拍節数が近いもの)に対してもある程度の条件反応が見られる。自然界において，完全に同じ刺激を繰り返し経験することはあり得ず，知覚的に類似している刺激に対してある程度の反応を出力する般化という機能は適応的である。

け〉とよばれる。

古典的条件づけの実験は、単一のCSと単一のUSの間だけで行われているわけではない（図4-10）。あるCS1をUSと対提示して条件づけを行った後に、このCS1を別のCS2と対提示すると、USとの対提示経験がないにも関わらずCS2に対してCRが確認されることが知られている。これを〈二次条件づけ〉とよぶ。また、二次条件づけの訓練順序を逆にしたものを〈感性予備条件づけ〉とよぶ。感性予備条件づけは、USと対提示されたことがないCS同士の対提示によっても連合形成が行われることを示唆している。

複数のCSを準備し、CS1の強度をCS2よりも強くしてUSと対提示した場合には、CS1に対するCRよりもCS2に対するCRの獲得が弱いことがある。これを〈隠蔽〉とよぶ。隠蔽が生じる原因としては、強い刺激の存在によって弱い刺激を知覚できなかった可能性が考えられる。一方で、複数のCSの知覚的強度を同じ程度にして実験を行っても単一CSに対するCRよりは弱い反応が確認されることから、注意が関与している可能性を指摘する解釈も存在する。CS1とCS2をUSと対提示するという隠蔽の手続きに先立って、一方のCS1をUSと対提示しておくと、CS2に対するCRが隠蔽の事態よりもさらに弱くなることが確認されており、これを〈阻止（ブロッキング）〉とよぶ。

(4) 古典的条件づけの理論

古典的条件づけ手続きによって何が学習されるのかについては、さまざまな理論的解釈が行われている。パブロフは、CSとUSの対提示によって生体の脳内でCSの処理を行う部位とUSの処理を行う部位の間に新たな情報連絡が行われるようになると考えた。この考え方に立つと、条件づけ訓練後にはCS提示によってUS処理に関わる脳の部位が活動することとなり、これによってCRが表出されるということになる。この考え方を、CSとUSが反応表出という機能において置き換え可能になったという観点から、〈刺激置換理論〉とよぶ（図4-11）。この理論が正しいとすると、CRとURは同質のものでなければならないが、その後の研究から、CRとURが質的に全く異なる現象が報告されるなど、刺激置換理論で古典的条件づけのすべてを説明することはできないことが明らかになっている。

パブロフの一連の研究でもCSがUSを予測するという信号機能の重要性は明らかになっていたが、この点を明確にしたのがレスコーラ（Rescorla, R. A.）の〈随伴性理論（contingency theory）〉である。随伴性理論では、CSとUSの関係性を記述するために、CS提示時のUS到来回数、CS提示時のUS非到来回数、CS非提示時のUS到来回数、およびCS非提示時のUS非到来回数という4つの数値から、CS提示時のUS到来確率とCS非提示時のUS到来確率という条件付き確率を算出する（図4-12）。これらの条件付き確率を縦軸と横軸に設定したものが随伴性空間であり（図4-13）、対角線よりも下ではCSはUSの到来を予測する信号となり、対角線より上でCSはUSの非到来を信号する刺激となる。

4·1·3 道具的条件づけ

我々の日常生活においては、自らの行動が環境に対して影響を与え、その結果として生じた環境の変化が行動に影響を与えるという環境と行動の相互作用が数多く生じる。また、生活体の大半の行動はむしろ随意的に自発される。このように、生活体が行動を自発し、その結果として環境に変化が生じて、環境変化がその後の生活体の行動に影響を与えていく学習過程が〈道具的条件づけ（instrumental conditioning）〉、あるいは〈オペラント条件づけ（operant conditioning）〉である。

道具的条件づけ研究の出発点は、ソーンダイクによるネコを用いた問題箱実験である。ソーンダイクは、空腹なネコを問題箱とよばれる箱の中に入れ、ネコが問題箱内に設置されたペダルを踏むなどの行動を行うと、鍵が開いて、問題箱を脱出してエサを食べることができる状況を作り出し、脱出までにかかった時間を測定した。その結果、ネコは訓練初期にはでたらめな行動を示して脱出までに時間がかかるが、徐々に脱出にかかる時間が短縮されていくことを見出した（図4-14）。ソーンダイクはこのことから、ネコは洞察によって課題を解決するのではなく、〈試行錯誤学習（trial-and-error learning）〉によって正しい反応を学習すると考えた。また、生体にとって満足をもたらす良い結果を導くような行動が増加していくという〈効果の法則（law of effect）〉を提案し、生体にとって良い結果は、それをもたらす行動とその刺激場面との連合を強めると考えた。

二次条件づけ
【第1段階】CS1+US
【第2段階】CS2+CS1
【テスト】CS2?

感性予備条件づけ
【第1段階】CS1+CS2
【第2段階】CS1+US
【テスト】CS2?

隠 蔽
【第1段階】CS1（強）+CS2（弱）+US
【テスト1】CS1?
【テスト2】CS2?

ブロッキング
【第1段階】CS1+US
【第2段階】CS1+CS2+US
【テスト1】CS1?
【テスト2】CS2?

図 4-10　二次条件づけ，感性予備条件づけ，隠蔽，ブロッキング

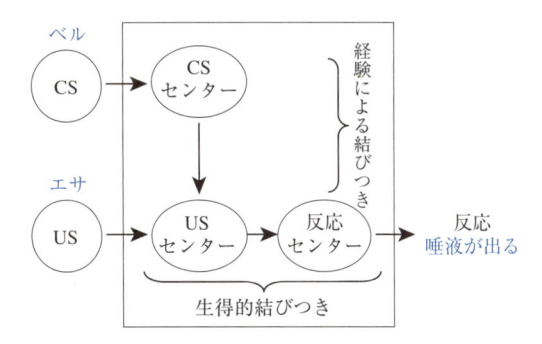

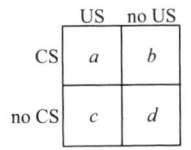

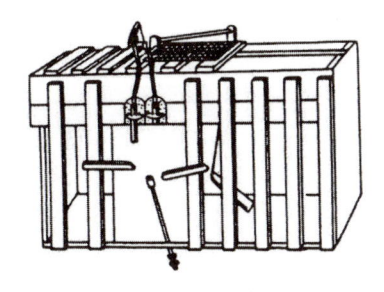

図 4-11　パブロフの刺激置換理論の模式図（Mazur，2006 を改変）
エサが提示されると，その情報は脳内の US センターに送られ，続いて反応センターに送られて唾液分泌反応が生じる。この情報の流れは生得的に存在する神経連絡に基づいて処理される。一方で，ベルの音が提示されると CS センターに情報が送られる。ベルとエサの対提示が行われることで，CS センターと US センターの間に新しい情報の伝達経路が形成され，最終的にはベルの提示によって CS センターから US センターを経て反応センターに情報が伝達され，ベルだけで唾液分泌が生じるようになる。結果として CS と US は機能的に置き換え可能となり，のちの研究者が「刺激置換理論」と名づけた。

	US	no US
CS	a	b
no CS	c	d

(1) $P(US|CS) = \dfrac{a}{a+b}$

(2) $P(US|noCS) = \dfrac{c}{c+d}$

(3) $\Delta P = P(US|CS) - P(US|noCS)$
$= \dfrac{a}{a+b} - \dfrac{c}{c+d}$

図 4-12　随伴性の考え方（今田，2003）
単位時間内に CS と US が共に生起する確率（a），CS は生起するが US は生起しない確率（b），CS は生起しないが US が生起する確率（c），どちらも生起しない確率（d）の相対的な関係によって CR が獲得されるかどうかが左右されると考える。

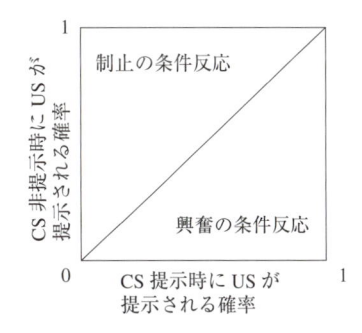

図 4-13　レスコーラの随伴性空間（今田，1996）
CS 提示時に US が提示される確率と CS 非提示時に US が提示される確率をそれぞれ縦軸と横軸に取ると，確率は 0 から 1 の値をとるため，1 かける 1 の正方形を描くことができる。図 4-12 にあるように，CS と US の間の随伴関係からそれぞれの条件つき確率を計算することが可能であり，これは随伴性空間上の 1 点として表現できる。その 1 点が対角線よりも下に来る場合には CS 非提示時よりも CS 提示時の US 提示確率のほうが高いことを表し，CS に対しては興奮の反応が喚起され，対角線より上に来る場合には CS 提示時よりも CS 非提示時の US 提示確率が高いことを表し，CS に対しては制止の反応が獲得される。対角線上では CS 提示時と非提示時で US 提示確率が等しく，CS は特段の反応を喚起しないとされる。

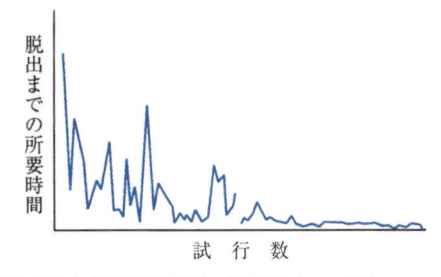

図 4-14　ソーンダイクによるネコの問題箱（左）と脱出時間（右）（岩本ほか，1987）
ソーンダイクは，構造の異なる問題箱をネコ用に 15 種類，イヌ用に 10 種類用意して実験を行った。ニワトリについては迷路からの脱出を課題とした実験を行い，いずれの動物種においても，訓練試行が増えるにつれて問題箱や迷路から脱出するまでの時間が短縮していく様子を確認し，試行錯誤による学習と効果の法則を提案した。

この立場は，のちに新行動主義者ハル(Hull, C.)に引き継がれて理論的な研究が進む一方で，スキナーによって徹底的行動主義哲学に基づいたオペラント条件づけ研究へとつながっていった。

ここで，〈徹底的行動主義(radical behaviorism)〉と〈行動分析学(behavior analysis)〉について簡単に紹介しておく。ワトソン(Watson, J. B.)によって創始された行動主義心理学では，内観に頼った方法が否定され，客観的に観察可能な行動である筋肉の運動や腺の分泌活動を研究の対象とすべきであるとされた。ワトソンの行動主義は，実験心理学の科学性を高めるうえで大きな役割を果たした。その一方で刺激と反応のみに注目して内的過程を検討しない点はさまざまな批判にさらされた。結果として，操作的に定義された媒介変数の使用を認める新行動主義が台頭した。これに対してスキナーは，仮説構成概念として媒介変数を導入することを受け入れず，生活体が示す身体的変化を行動ととらえることで，意識をはじめとする外部から観察できない私的出来事もまた行動であるとみなす立場を取った。これがいわゆる徹底的行動主義であり，徹底的行動主義哲学に基づいて構築されたのが行動分析学である。行動分析学では，古典的条件づけの節において説明したような刺激によって誘発される行動に関する学習を〈レスポンデント条件づけ(respondent conditioning)〉とよび，本節で説明するような生活体が自発する随意的行動に関する学習を〈オペラント条件づけ(operant conditioning)〉とよぶ。この意味で，古典的条件づけと道具的条件づけ，レスポンデント条件づけとオペラント条件づけという並置の仕方が両者の対応関係を正しく表している。

(1) 基本的な手続き

道具的条件づけの実験を行う際に，もっともよく用いられるのがオペラント実験箱，あるいは〈スキナー箱(Skinner box)〉と呼ばれる実験装置である(図4-15)。この装置には，音刺激や光刺激を提示するためのスピーカーやライト，動物に反応させるためのレバー，報酬として餌ペレットや水を提示するための装置が備えられ，また電気ショックのような嫌悪刺激を提示するための金属製グリッド(格子)床が設置されている。

典型的な道具的条件づけ実験では，しばらく絶食状態に置いたラットをオペラント実験箱に入れ，レバーを押すという反応に対して餌を提示するように設定しておく。この状況でラットはすぐにレバー押し反応を行うようになるかといえば，そういうわけではない。ラットには何かを前足で押す行動は生得的に存在するが，オペラント実験箱内のレバーを押す行動は存在しないため，レバー押しが自発的に発生する頻度は極めて少ない。また，偶然にレバーを押すことがあったとしても，餌の提示のための機械の作動音(マガジン音)などに驚いてしまい，すぐには餌を摂取しないことが多い。反応してから餌を摂取するまでの時間が長くなると，条件づけ反応の形成が阻害される。これは，道具的条件づけにおいても古典的条件づけにおいても同様である(〈接近の法則(law of contiguity)〉)。そのため，まずはマガジン音と餌を対提示するマガジン訓練を行う。これによって音刺激がすると餌皿に接近するという反応が形成される。マガジン訓練が終了したら，続いてレバー押し反応の〈シェイピング(shaping)〉(反応形成)を行う。この時には，いきなりレバー押し反応と餌を随伴させるのではなく，オペラント実験箱内でラットがレバーに体を向ける，レバーに接近する，レバーに前足を載せるなどの「レバー押し反応に近い行動」を見せたときに餌を与えるようにする。ここで重要なのは，どのような行動に対して餌を与えるかの基準を最初は緩めに設定し，少しずつその基準をきつくしていくこと(〈スモールステップの原理〉)である。このような訓練法を〈逐次接近法〉という。

適切なシェイピング手続きを用いることで，ラットのレバー押し反応のみならず，人間を含むさまざまな生体の自発行動を形成することができ，臨床場面を含むさまざまな状況に応用されている。しかしながら，どんな行動でも必ず形成することができるわけではない。スキナーの弟子であったブレランド夫妻(Breland, K. & Breland, M.)は，さまざまな動物に対してユニークな行動を学習させることで，テレビのコマーシャルに出演させたり，"IQ Zoo"という名のショーを行う事業を展開していた。そのなかでオモチャのコインを貯金箱に入れるアライグマの訓練を行おうとした際に，アライグマはまるで餌を扱うようにコインをこすり合わせるなどの行動を示し，貯金箱に入れるという行動の獲得が困難であったことを報告している。これは〈本能的漂流

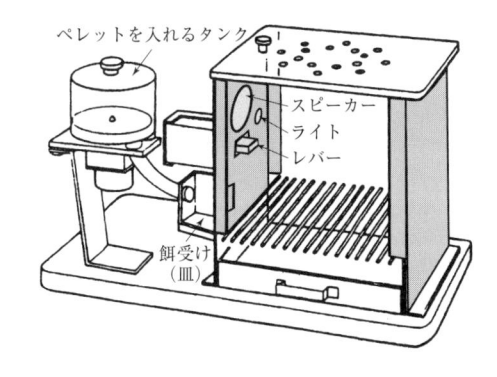

図4-15　ラット用オペラント実験箱（齋藤，1988）
2つのレバーを設置して左右どちらのレバーに反応するか選択させることのできるものや、エサの代わりに水や砂糖水のような液体報酬を提示するためのディッパーを装備したものもある。近年は、ライトとレバーの代わりに画像刺激を提示するためのスクリーンとタッチパネルを設置して、画像刺激に直接触れさせることでオペラント反応を観察することができるものも用いられている。

とよばれ、生得的な行動傾向とは異なる自発行動の獲得は困難であることを示している。

(2) 三項随伴性と強化のマトリクス

たとえば、あなたが心理学の講義を受けている状況を考えてみよう。先生が「何か質問はありますか」と問う。あなたは挙手をし、講義の内容について質問を行う。先生はそれに対して「いい質問だ」と言って答えを与えてくれるかもしれない。しかし、もしあなたが挙手もせずに立ち上がり、自分の恋愛話を始めたら先生は制止しようとするだろう。一方、あなたが友人と歓談しているときに自分の恋愛話をしたら、友人は親身に相談に乗ってくれるかもしれない。

道具的条件づけの主たる研究対象は生体の自発行動である。生体が行動を自発するときにはいつ、どんな行動を自発し、結果としてどんなことが起こるかが重要である。先の例では、「講義中」という刺激状況では「挙手して質問をする」という行動に対して「答えが与えられる」という結果が随伴したが、「恋愛話をする」という行動に対しては否定的な結果が随伴した。しかし「友人との歓談」という状況では、同じ行動であっても「相談に乗ってもらえる」という結果が生じた。このように、道具的条件づけの分析の際には、行動に先行する刺激状況、行動、結果という三つをセットで扱うことが必要であり、これを〈三項随伴性（three term contingency）〉とよぶ。また行動に先行する刺激状況を〈弁別刺激（discriminative stimulus）〉とよぶ。弁別刺激は、古典的条件づけにおける条件刺激や無条件刺激と異なり、反応を必ず誘発するというものではなく、反応の機会を設定する、あるいは反応のきっかけを与えるものである。

行動の後に生じる結果は〈強化子（reinforcer）〉とよばれる。直前の行動の自発頻度を上昇させる場合には〈正の強化子〉、あるいは単に強化子または〈好子（こうし）〉とよばれる。また、直前の行動の自発頻度を減少させる場合には〈負の強化子〉、あるいは〈罰子（ばっし）〉または〈嫌子（けんし）〉とよばれる。反応の後には必ず正の強化子や負の強化子が提示されるわけではなく、反応の結果として何かが消失するケースもある。

傘をさす行動の後には、雨に濡れる状況が消失するという結果が起こり、傘をさす行動が増加するだろう。いたずらをする行動の結果としておやつがもらえないと、いたずらをしなくなるだろう。行動の結果として何かが消失することも、直前の行動の自発頻度を変化させる。このように、行動と結果の関係を記述するときには、行動の後に刺激や事象が生起するのか消失するのか、事象の生起・消失によって直前の行動の自発頻度が上昇するのか減少するのかの両方を考慮しなければならない。これをまとめたのが表4-2である。ある反応の後に刺激が提示され、反応の頻度が上昇するような手続きを〈正の強化〉とよぶ。逆に反応の頻度が減少する手続きを〈正の罰〉、あるいは単に罰とよぶ。ある反応ののちに刺激が消失し、その反応の頻度が上昇する手続きを〈負の強化〉、逆に反応の頻度が減少する手続きを〈負の罰〉とよぶ。「傘をさすと雨に濡れなくなるので傘をさす行動が増える」のは負の強化の例であり、「いたずらをするとおやつがもらえないので

いたずらをしなくなる」のは負の罰の例である。

(3) 強化スケジュールと累積反応記録

我々の日常生活では，すべての行動に対して結果が伴うわけではない。人に話しかけても返事が必ずあるわけではないし，ギャンブルをしても毎回必ず勝つわけではなく，毎回必ず負けるわけでもない。このように，ある特定の行動に対してどのように結果が随伴するかのルールが〈強化スケジュール（schedule of reinforcement）〉である。ここでは，主に正の強化事態に即して代表的な強化スケジュールを説明する（表4-3）。

標的となるすべての反応に対して強化子が与えられるスケジュールを〈連続強化スケジュール（continuous reinforcement schedule, CRF）〉とよぶ。これに対し，あるルールに従って一部の反応に強化子を与えるスケジュールを〈部分強化スケジュール（partial reinforcement schedule）〉とよぶ。部分強化スケジュールは，強化子を与えるルールに基づいてさらに細かく分類される。〈固定比率強化スケジュール（fixed ratio schedule, FR）〉では，事前に設定された回数の反応が自発したときに強化子が与えられ，その回数に応じてFR5，FR10と表記がなされる。〈変動比率強化スケジュール（variable ratio schedule, VR）〉では，強化子が与えられるまでに要求される反応回数が変動する。平均して5回に1回の割合で強化される場合はVR5と表記される。強化子が与えられた後，一定時間経過したあとの最初の反応が強化されるスケジュールを〈固定時隔強化スケジュール（fixed interval schedule, FI）〉とよび，強化子が与えられるまでの時間間隔が5分の場合はFI5分と表記される。この時間間隔が変動するのが〈変動時隔強化スケジュール（variable interval schedule, VI）〉であり，時間間隔が平均して5分の場合にはVI5分と表記される。これ以外にも多様な強化スケジュールが考案され，研究が行われている。

強化スケジュールが異なると，生体の反応パターンが変化する。強化スケジュールに対応した反応パターンの変化を検討するためには，〈累積反応記録〉が用いられる。代表的な強化スケジュールに対応する累積反応記録の例を図4-16に示す。縦軸はそれまでに見られた反応の累積数であり，横軸は経過時間に対応する。累積反応記録では，グラフの傾きが急峻であると反応率が高いことを示し，緩やかであると反応率が低いことを示す。FRスケジュールでは，強化子が与えられると反応が一時的に停止し（〈強化後反応休止〉），しばらくしてまた反応率が上昇するという傾向がみられる。FIスケジュールでも強化後に反応率の低下がみられるが，時間の経過とともに徐々に反応率の上昇がみられ，グラフのパターンは〈FIスキャロップ〉とよばれる扇形を描く。これに対し，VRスケジュールとVIスケジュールでは，強化後反応休止が見られず，一定のペースで反応が持続するが，反応率は一般にVIスケジュールに比べてVRスケジュールのほうが高い。反応しても強化子が与えられない消去の事態に移行すると，FRスケジュールやFIスケジュールに比べてVRスケジュールやVIスケジュールは反応の消失が起こりにくい。

強化スケジュールと反応パターンの対応は，我々の日常生活のなかでも随所に見ることができる。たとえばチラシを100枚配るごとに報酬が与えられるというときには，100枚配り終えたところで休憩を取るだろう。FRスケジュールにおける強化後反応休止と類似した状況である。たまに当たるギャンブルがやめられないのは，VRスケジュールで制御されている反応が消去されにくいことに対応するかも知れない。我々は自らの意思で行動を制御していると考えがちであるが，強化スケジュール研究は，我々の行動にどういった規則で強化子が与えられるかという環境変数と行動の間にある関係を客観的に記述するのにきわめて有用である。

(4) 道具的条件づけの理論

行動分析学の創始者であるスキナーは，「学習理論は必要か？」というタイトルの論文を書いているが，道具的条件づけにおいても理論的な研究は行われている。ここではその中から，強化子に関する理論を紹介する。

どんな刺激が強化子になりうるかをあらかじめ決定できるかという問題については，さまざまな研究が行われてきた。たとえば〈動因低減説〉では，空腹や渇きといった動因（詳しくは4・2・1を参照）を低減する刺激が強化子となると主張される。しかし，実際には動因の低減とは無関係な刺激も強化子となりうる。プレマック（Premack, D.）は，刺激が行動を強化するというそれまでの一般的な理解とは異なり，行動が行動を強化するという考えを導入し

表 4-2 反応と強化の関係

反応に随伴して刺激が	その後の反応生起頻度が	呼び方
提　示	増　加	正の強化
除　去	増　加	負の強化
提　示	減　少	正の罰
除　去	減　少	負の罰

表 4-3 代表的な強化スケジュール

名　　称	手　続　き
連続強化(CRF)	反応1回ごとに強化
固定比率(FR)	一定回数の反応ごとに強化
変動比率(VR)	平均は決まっているが不規則な回数の反応ごとに強化
固定時隔(FI)	強化後一定の時間が経過した後の最初の反応を強化
変動時隔(VI)	強化後平均は決まっているが不規則な時間が経過した後の最初の反応を強化

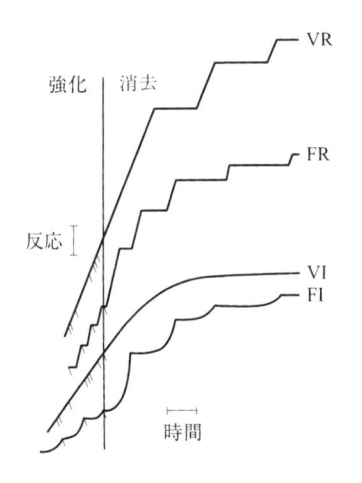

図 4-16 代表的な間欠強化スケジュール下の行動(Reynolds, 1975)
傾きが急なほど単位時間当たりの反応数が多い。縦線の左側(「強化」とある方)の図にヒゲのようなものが見えるのは，その時点で反応が強化されたことを示す。反応が強化されなくなっても(縦線の右側，「消去」とある方)しばらく反応は続き，しかも強化時の反応パターンが維持される。

た。プレマックによると，生体が全く自由にふるまえる時に生起する確率の高い行動は，それよりも生起する確率の低い行動を強化することができる。たとえば，なんの制約もない場合に勉強よりもゲームに時間を費やす人に対しては，「勉強すればゲームをしてよい」という状況を作ることによって勉強するという行動が増える。餌や水が強化子となるのは，摂食行動や飲水行動がレバー押し行動よりも生起確率が高いからである。このように，生起確率の高い行動は生起確率の低い行動を強化することができることを〈プレマックの原理(Premack's principle)〉とよぶ。プレマックの原理は，何が強化となりうるかを考えるうえで重要であるとともに，餌や水のように飽和しがちな刺激を用いなくとも，正規頻度の高い行動であれば強化手続きに導入できることを示したことから，教育や臨床場面への応用に大

きな示唆を与えるものである。

4・1・4 社会的学習

人間は社会的動物であり、さまざまな他者と交わりながら生きている。動物の中にも、同種他個体と群れを作って生きているものが多数存在する。自らの直接的な経験だけではなく、他個体の経験から学習することができれば、より適応的な行動をとることができる。自らの直接的な経験によってではなく、他者から学習することを社会的学習とよぶ。

先に述べた味覚嫌悪学習(4・1・2(c))において、食物と内臓不快感の対提示を経験したラットと、未経験の他個体とを同一ケージに入れておくと、この未経験個体もまた、同じ食物を嫌悪するようになる。これは〈社会的伝播〉の一種であるが、げっ歯類の場合には他個体の息や排せつ物のにおいを手がかりにして学習が行われていると言われている。

人間の場合には、より複雑な社会的学習が生じることが知られている。バンデューラ(Bandura, A.)は、〈社会的学習理論〉を提唱した。バンデューラの行った実験では、子どもたちを三つのグループにわけ、第一のグループには大人が人形に暴力をふるう映像を観察させ、第二のグループには大人が人形に暴力をふるい、その後に報酬を与えられる映像を観察させ、第三のグループには大人が人形に暴力をふるい、その後に罰をうける映像を観察させた。その後、子どもたちはこの人形が置かれている部屋に移動し、そこでどのような行動をするかが観察された。その結果、大人が罰を受ける映像を観察した子どもたちに比べて、他のグループの子どもたちは人形に対して乱暴な行動が多かった。このように、自分が直接経験していないにも関わらず、モデルとなる他者が報酬を受け取ったり罰を与えられたりするのを観察することで行動が変容する過程を〈代理強化(vicarious reinforcement)〉とよぶ。

4・2 情動・動機づけ

生体の行動を始発し、方向づけ、持続させる一連の過程が情動・動機づけである。動機づけは行動の始発や終結に関わる生体の生理学的・心理学的な過程である。一方で怒りや喜び、悲しみや恐怖など、一時的かつ急速に引き起こされる感情は情動である。動機づけと情動は異なる概念のように見えるかもしれないが、恐怖の情動が逃走反応を、怒りの情動が攻撃反応を引き起こすことがあるように、情動にも行動を始発する機能も備わっている。また空腹のような食の動機づけが不快な状態を喚起することもある。このように、情動と動機づけは密接に関与し、重複する部分も存在する。

4・2・1 動機づけの基礎

進化論や動物行動学の影響下で、「本能」という言葉が人間や動物の行動を説明するためによく用いられた時代があった。たとえばマクドゥーガル(McDougall, W.)は、20世紀初頭に7から18ほどの人間の本能を挙げている。しかし、ある動物が他個体を攻撃しているときに「攻撃本能が原因である」と解釈するというだけでは、行動に対して本能という言葉を使っているだけで、攻撃行動の説明にはなっていない。

本能という言葉を用いずに動機づけられた行動を説明するために、伝統的に用いられてきた概念に〈動因(drive)〉と〈誘因(incentive)〉がある。動因とは、空腹や渇水といった内的要因であり、いわば行動するように生体の背中を押す機能を持つものを言う。摂食行動や飲水行動は空腹動因や渇水動因を低減し、生体の体内環境を一定に維持する(〈ホメオスタシス(homeostasis)〉)ことに寄与するため、動因低減が行動の維持や強化に重要であるという説がある。誘因とは、外界に存在するポジティブ、あるいはネガティブな刺激を指しており、いわば行動するように生体を外から引っ張る機能を持つものを言う。特に人間の場合には、生物的な動機はもちろん重要であるが、安定を求める動機や愛情を求める動機なども重要である。マズロー(Maslow, A.)は、欲求階層とよばれるピラミッド型の図を使って動機の構造を表現した(図4-17)。階層構造の下部を成すものが満たされてこそ、より高い階層の動機を満たそうという行動が行われるという意味がピラミッド構造に込められている。

4・2・2 動機づけの種類

(1) 食の動機づけ

我々は空腹を感じると摂食を開始し、満腹を感じると摂食を中止する。空腹状態や満腹状態は、どう

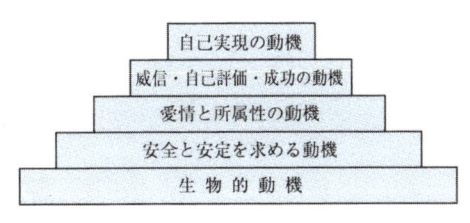

図4-17 マズローの欲求階層表
（今田ほか，2003）

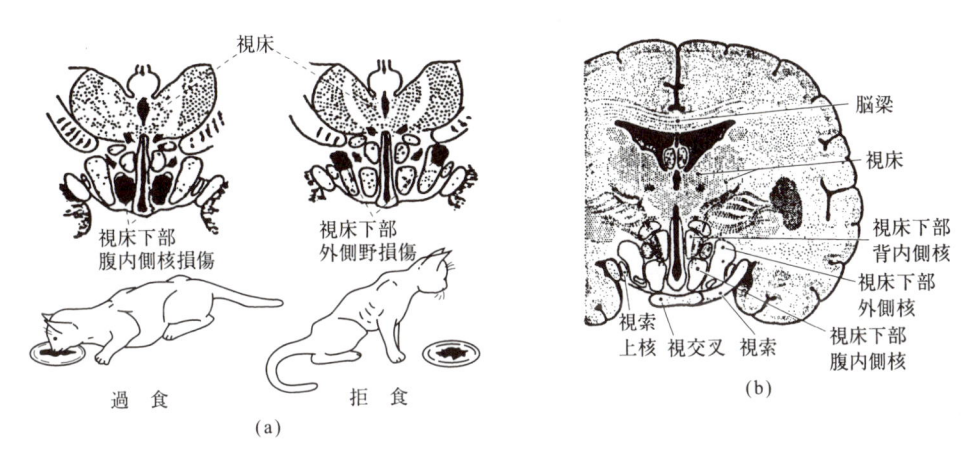

図4-18 (a) 視床下部による摂食行動調節（二木，1984）
腹内側核が正常にはたらかないと，摂食行動が停止しない（左）。逆に，外側視床下部が正常にはたらかないと，摂食行動が開始されない（右）。
(b) 視床下部の位置を示す図（二木，1984）

いった生理的な変化によって生じるのだろうか。かつては胃の内容物がなくなることや増加することによる胃の物理的な収縮と拡大が原因ではないかと考えられていた。ところが，胃に風船を入れて実際に胃の大きさを膨らませ，胃の収縮と主観的な空腹感の関係を検討した実験が行われた結果，胃の収縮と主観的空腹感の間にはいくらかの関連はあるが，胃の物理的収縮のみによって空腹感が引き起こされるわけではないことが示された。

食物摂取によって体内環境を維持するために生体がモニタリングしている指標のひとつに，血糖レベルがあり，グルコースという物質が関連している。膵臓で分泌されるインスリンとよばれるホルモンが増加すると，グルコースが体内に貯蔵されることで血中のグルコース濃度が低下する。脳の中では視床下部がグルコース濃度をモニタリングしており，視床下部の外側部は血糖レベルが低下すると活動が活発化し，生体は摂食行動を開始する。一方で視床下部の腹内側部は血糖レベルが上昇すると活動が活発になり，摂食行動を停止させる。これらの部位を破壊すると，摂食行動が開始しない，あるいは停止されない現象が観察される（図4-18）。血糖レベルだけが視床下部の活動に影響を与えるわけではなく，空腹状態の胃から分泌されるグレリンや脂肪細胞から分泌されるレプチンといったホルモンも視床下部に作用する。グレリンの増加は摂食行動の開始に関与し，逆にレプチンは摂食行動を低下させる。

体内環境の生理的変化以外にも，摂食行動の制御に関与する要因が存在する。たとえば4・1・2で紹介した味覚嫌悪学習は摂食行動に大きな影響を与えるが，味覚刺激ではなく音や光を条件刺激，液体飼料を無条件刺激とした古典的条件づけを行い，訓練

後に液体飼料を自由摂取できる状況において条件刺激を提示した実験がある。結果は図4-19に示すように，1日の液体飼料の総摂取量には変化はないものの，条件刺激提示中に液体飼料を摂取する程度が条件づけによって亢進した。このように，摂食行動は生理学的要因と心理学的要因が同時に機能して制御されている。

(2) 性の動機づけ

性行動は，種の保存にとって極めて重要であり，また進化にも強くかかわっている。単独の個体が新しい個体を作り出すのを〈無性生殖〉とよぶのに対し，複数個体が性行動の結果として新しい個体を作り出すのを〈有性生殖〉とよぶ。無性生殖に比べて有性生殖は集団のサイズが大きくなると進化の速度が速くなり（図4-20），また遺伝的多様性を生む原動力となることから，種の繁栄にとってメリットが大きい。

人間を含む哺乳類が有性生殖を行うためには，性成熟を迎えた雌雄の同種個体が雌の排卵に合わせて性行動を行い，受精に至る必要がある。これに深くかかわっているのが性ホルモンであり，雌の性ホルモンであるエストロゲンが，排卵期に多量分泌されると雌は交尾を受け入れる準備が整う。一方で雄の性ホルモンの中で重要なのはテストステロンであり，テストステロンを産出する精巣を除去されたラットは，徐々に雌への興味を失っていく。これらの性ホルモンは，雌のみ，あるいは雄のみではなく両性ともに持っているが，その分泌量には大きな性差が存在する。性ホルモンの分泌量は雌においては周期的な変動を示す。このため雌には発情期が存在する。発情期には雌雄相互に他個体の鳴き声やしぐさ，分泌物などのにおいに対して反応が高まり，性行動が活発化する。

人間の場合には，生殖という本来の意味を離れて，性行為の持つ快感に動機づけられた性行動が見られ，生理学的要因以外にも文化的・社会的要因によって性行動が促進，あるいは抑制される。その一方で，生物としての長い進化の歴史のなかで獲得されてきた生殖行為としての側面も随所に残っている。たとえば女性の性動機は月経周期に同期した変動を示すし，排卵中の女性が着た衣服のにおいを男性が嗅ぐと，テストステロン濃度が上昇する。

(3) 親和動機づけと達成動機づけ

社会的生物である人間にとって，特に重要なのは対人場面における行動を支える動機づけであり，これはなんらかの形で他個体とかかわる動物でも同様である。対人行動に関する動機づけに〈親和動機づけ〉があり，自分に好意を持つ人に近づき，協力し，愛着を持つことなどを目標とする。親和動機は，利他行動や養育行動の基盤を成すものと考えられる。一方で，自分に対して好意的でない他者を避けるなど，人間は他者に対して拒否的，消極的な行動をとることもあり，〈排除の動機づけ〉も存在する。

〈達成動機づけ〉は困難な課題を成し遂げること，競争場面において他者よりも抜きんでることなどが目標となる。マクレランド（McClelland, D. C.）は，仕事における動機づけとして職場の同僚と円滑な人間関係を構築するという親和動機づけ，高い目標を設定し，それを達成しようとするという達成動機づけに加え，職場において責任ある立場を希求するという権力の動機づけを挙げた。達成動機づけが高い個人のほうが，教育やビジネスの場面などで実際の達成水準が高いといわれている。

(4) 活動・探索動機づけ

生きていくために最低限のものが与えられていても，生物の生活は満たされたものとはならない。〈活動・探索動機づけ〉は，生命の維持に必須のものではないにも関わらず，生物に身体的あるいは心理的な活動を行うよう動機づける。サルに図4-21に示すような玩具を与えると，餌などの報酬を与えなくとも，それを操作しようとする。また，人は図4-22のように視覚や聴覚，触覚などの諸感覚を可能なかぎり遮断した状況に置かれると，外界からの攪乱要因がないという意味ではホメオスタシスの維持が容易であるはずなのに，集中力や思考力の減退，幻覚体験などを訴える。この結果は，健康で正常な心理状態を維持するためには，適正な水準の刺激が必要であること，極端に刺激入力が減少すると，さまざまな活動によって刺激を求めることが動機づけられることを示している。

4・2・3 動機づけの理論
(1) 期待価値理論

動機づけを説明する理論にはさまざまなものがあり，欲求や動因に注目するものや，より認知的な側

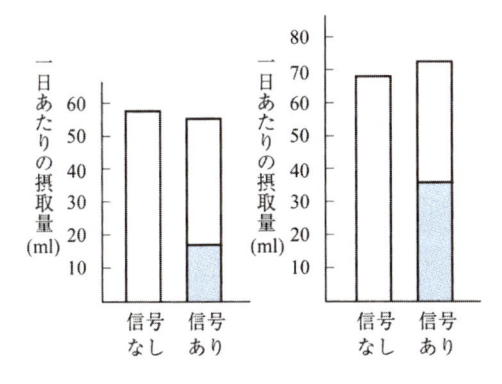

図 4-19 ラットにおける条件刺激による摂食亢進(今田, 1997)
左は 11 日間 1 日 3 回, CS(信号)提示中に 5 ml の液体飼料を与えたとき, 右は 11 日間 1 日 5 回, 1 回当たり 20 ml の液体飼料を与えたとき。その後 12 日間にわたる自由摂取時に 1 日 1 回 CS を提示し, そのときの摂取量を調べた。「食事」と CS の対提示を多く経験した方(右側)が, CS 提示中の摂取量が増えている。

■ CS＋試行での摂取量

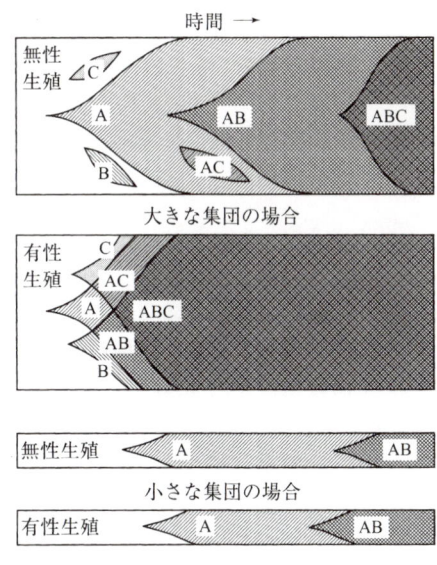

図 4-20 性行動の意味(樋渡, 1986)
有性生殖は進化の速度を速める。
A, B, C, AB, AC, ABC などは, ある変化を起こした遺伝子を持つ集団を示す。

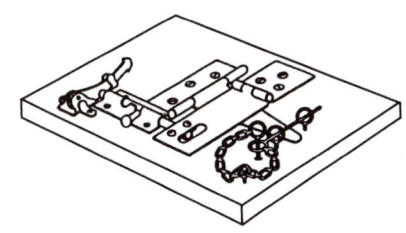

図 4-21 操作動機を示すサルの玩具(今田ほか編, 2003)
他に報酬が与えられないにもかかわらず, この「パズル」を解く行動は強化される。

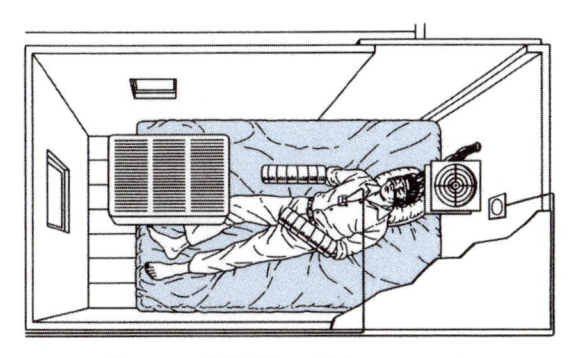

図 4-22 感覚遮断の実験(Heron, 1957)

面に重点をおくものなどが存在する。アトキンソン(Atkinson, J. W.)は，前節で紹介した達成動機づけの強さは成功への接近傾向と失敗への回避傾向の2変数で説明されると考えた。成功への接近傾向は〈達成欲求〉，〈主観的成功確率〉および誇りのような成功の持つ価値によって決定される。ここでの主観的成功確率と成功の持つ価値は相互に関連しており，主観的成功確率が低いほど成功したときの価値は高くなり，逆に成功確率が高いほど成功したときの価値は低くなる。一方で失敗への回避傾向は〈失敗回避欲求〉，〈主観的失敗確率〉および恥のような失敗の持つ価値によって決定される。成功への接近傾向と同様に，失敗確率が高いほど恥ずかしさを感じる程度は低くなり，逆に失敗確率が低いほど失敗したときに感じる恥の程度は高くなる。主観的な成功・失敗確率は「期待」に対応するものであり，アトキンソンのこの考え方を〈期待価値理論〉とよぶ。

(2) ローカス・オブ・コントロール

学習の項目で紹介した随伴性の考え方を導入して動機づけを説明する理論として，ロッター(Rotter, J. B.)のローカス・オブ・コントロール(統制の所在)がある。ロッターは，行動の生起を決定する要因として，その状況下である行動をとった時に強化が与えられるという期待と，強化の持つ価値に注目した。自分が何かの行動を起こすことによって環境に変化が生じるはずだという，自らの行動と結果の間の随伴性に関する期待が行動の生起に重要な役割を果たす。この期待は学習など過去の経験の影響を受け，強化を引き起こしたのは自らの行動であると統制の所在を内的にとらえる人(〈内的統制型〉)，自分とは無関係に結果が生じると統制の所在を外的にとらえる人((〈外的統制型〉)のような個人差が生じると考えた。

(3) 自己効力感

自分の行動と結果の間には随伴関係があるという期待が高いことは，行動の生起確率を高くすると考えられる。しかし，「自分はやればできるけど，今はやらない」というケースも存在する。先に紹介したバンデューラは，随伴性についての期待と実際の行動生起をつなぐものとして，効力信念，あるいは〈自己効力感〉という概念を導入した。随伴性に関する期待と自己効力感が両方とも高い場合には活発な行動が見られるが，随伴性に関する期待が高くても自己効力感が低い場合には，自己評価の低下が生じて行動は生起しにくく，またいずれも低い場合には，諦めの状態に陥って行動が生起しないことがある。自己効力感は，自らが何かを実際にやり遂げるという経験や他者による代理的経験，言語的説得や生理的・情動的状態などによって変容するとされる。

4・2・4 動機づけの阻害

社会的規範や経済的理由などのさまざまな障害によって，動機づけが満たされない場合がある。この状況では，人は〈欲求不満〉，あるいは〈フラストレーション〉を経験する(2・3・2の図2-22参照)。フラストレーション状況下では，個人は後述するようにしばしば「怒り」という情動を経験し，攻撃行動が表出される。

動機づけられた行動が目標を達成しようとする過程で直面する障害はフラストレーションのみではない。誘因となる事象が複数存在する場合，個人は〈葛藤〉あるいは〈コンフリクト〉とよばれる状況に置かれる(2・3・3の図2-23参照)。

4・2・5 情動の由来

情動は，主観的な意識経験のみならず，心臓がどきどきするといった生理反応や接近・回避行動を伴うことが一般的であり，進化的に適応的な意味を持つものである。たとえば恐怖という情動は，天敵に襲われるような危機的状況では，心拍数の増加や血圧の上昇を伴うことによって，生き残る確率を高くする。ここでは，情動がどのように生じるのかについて紹介する。

(1) 末梢起源説

外界からの刺激を知覚すると，どういった機序で情動が喚起されるのだろうか。多くの人々は，悲しいという主観的経験が先にあって，その結果として涙が出るというように，情動の主観的経験は身体反応に先行すると思いがちであるが，19世紀末の哲学者であり心理学者のジェームズ(James, W.)は，「泣くから悲しい」と述べて情動の〈末梢起源説〉を提唱した。同時期にオランダの医師であるランゲ(Lange, C.)も同様の考え方に達しており，彼らの名を取って〈ジェームズ＝ランゲ説〉とよぶ。彼らの考え方の違いは，情動の原因としてどういった身体反応を重視するかであり，ジェームズは骨格筋の

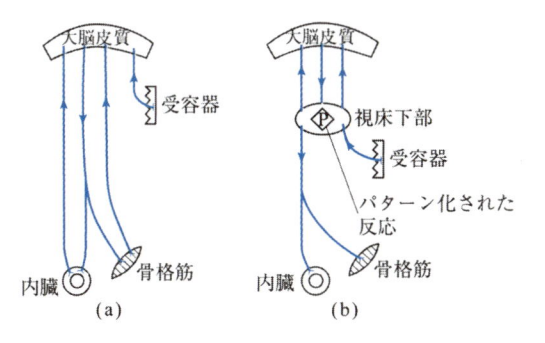

図 4-23 ジェームズ=ランゲ説(a)とキャノン=バード説(b)（濱ほか，2001）

ジェームズは受容器からの入力が骨格筋の反応を促してこれが情動の起源となると考え，ランゲは自律神経系の活動が情動の起源となると考えた。いずれにせよ，主観的な情動経験に先立って末梢的な身体活動が生じるとする。これに対してキャノンとバードは，自律神経系に損傷のあるイヌであっても情動反応を呈することから，受容器からの入力が視床下部に至り，これが主観的な情動経験に重要であると考えた。現在では，視床下部の他にも大脳辺縁系なども関与していることが知られている。

反応，ランゲは自律神経系の反応が重要であると考えていた（図 4-23(a)）。

(2) 中枢起源説

末梢起源説にはさまざまな問題を指摘することができる。たとえば，身体反応が同一の場合であっても，異なる情動が経験されることがある。また，ランゲが考えたような自律神経系の働きは，刺激を知覚してから変化が生じるまでに時間がかかり，急速に経験される情動の原因としては考えにくい。

20世紀初頭にキャノン（Cannon, W. B.）とバード（Bard, P.）は，身体反応と主観的経験は同時に生起し，視床下部が中心的な役割を果たしているという説を提唱した。この考え方は，〈中枢起源説〉または彼らの名をとって〈キャノン=バード説〉とよばれる。この説によれば，身体反応と主観的経験は同時に生起するが別のものであり，外界からの刺激によって自律神経系が活動して身体反応が生じる一方で，視床下部を経由して大脳皮質に至る経路によって主観的経験が生じると考える（図 4-23(b)）。

(3) 二要因理論

シャクター（Schachter, S.）とシンガー（Singer, J.）は，情動経験における認知の役割を示す実験を行った。彼らは，自律神経系を活性化する薬物（エピネフリン）を実験参加者に投与し，薬物の効果を告知するグループと告知しないグループに二分した。実験参加者はそのあと，別の人物のいる待合室に通された。待合室にいる人物は実は実験者の指示を受けたサクラである。サクラが楽しそうに振る舞う条件とイライラしているよう振る舞う条件とが設定される。実験参加者にはそのときに経験した情動を報告させる。その結果，サクラが楽しそうに振る舞う条件では，薬物の効果を告知されなかったグループは告知されたグループに比べて愉快な情動を報告した。一方でサクラがイライラしているように振る舞う条件では，薬物の効果を告知されなかったグループは，告知されたグループに比べて不愉快な情動を報告した。どちらのグループも同じように自律神経系を活性化する薬物を投与されていたのであるから，身体反応は同一だったはずである。にもかかわらず，薬物の効果を告知されていたグループは，自らの身体反応の原因を理解していたが，告知されていなかったグループは自らの身体反応を正しく理解できず，サクラの示す行動に依存した解釈を行っていた。この結果から，シャクターとシンガーは，情動体験が生理的反応と認知的評価の両方に関係して生じるという〈二要因理論〉を提唱した。すなわち，生理的な反応は非特異的で原因がはっきりとしないために，周囲の状況などから生理的反応の原因や説明を求め，ラベルづけするという過程で情動が生じるという考え方である（1・4・1(2)参照）。

4・2・6 情動と認知

情動経験に関する認知的評価の役割については，ストレス研究で著名なラザルス（Lazarus, R. S.）も独自の説を提唱している。ラザルスによれば，個体はまず，自らが経験している刺激や状況が好ましいものか有害なものかを評価する（第一次評価），これに続いて，その刺激や状況に対処可能であるかが評価され（第二次評価），それに従って情動経験が生じるとされる。この考えを検証するため，ラザルスは割礼（かつれい）の儀式の映像を実験参加者に提示し，この映像に残虐さを強調する説明を付加する群

と，大人になるための重要な通過儀礼であることを示す説明を付加する群の2群を設けた。その結果，前者の群では自律神経系の活動亢進や不快感情が生起したものの，後者ではそれが抑制されることが示された。このことは，刺激に対する認知的評価が情動を規定することを示唆している。

一方で，ザイアンス(Zajonc, R. B.)は，情動経験に認知は不要であるという説を唱えた。その根拠は，本来無意味で中性的な刺激であっても，繰り返し経験するだけで好ましさが上昇するという〈単純接触効果〉と呼ばれる現象である。この単純接触効果は，刺激の存在を意識的に知覚，認知できないほどの短時間だけ提示する方法でも生じる。認知できないほど短時間で刺激が提示されるような状況では，刺激に対する認知的な評価が生じているとは考えにくい。

1980年代には，ラザルスとザイアンスのあいだでこの問題を巡る論争が行われた。意識されないような過程であっても「認知」とよぶことを認めるかどうかによって，理論の評価が異なってしまうことから，この論争は何をもって認知とよぶかという概念的な問題であり，どちらが正しいかの結論を見ないまま終息した。

4・2・7　情動の種類と表出

人間や動物に，どのような種類の情動がいくつ存在するのかについては，さまざまな説がある。プルチック(Plutchik, R.)は，ヒトのもつ基本的情動を「受容」「恐れ」「驚き」「悲しみ」「嫌悪」「怒り」「予期」「喜び」の8種類であると考え，類似したものを隣接させ，対立するものを反対に置くことによって情動の円環構造を想定した(図4-24)。そして，より複雑な情動はこれらの基本的情動が複合してできるものと考えた。また，情動の強さの次元を取り入れた3次元的構造についても提案している(図4-25)。

情動は，主観的に経験されるだけでなく，さまざまな身体的反応として表出される。情動の身体反応としての表出は自律神経系の反応にとどまらない。恐怖という情動の表出としての逃走行動や，怒りの表出としての全身を使った攻撃行動，身体を含む顔の表情変化も情動の表出である。情動，感情と表情の関連については，古くはダーウィン(Darwin, C. R.)が人間と動物の表情を広範囲にわたって観察した結果，さまざまな表情が人間と動物で共通していることを示した。エクマン(Ekman, P.)は，「喜び」「嫌悪」「驚き」「悲しみ」「怒り」「恐れ」を基本的情動と考え，これらの情動を表出している表情を，西洋文化に接することなく孤立した生活を送っていたボルネオとパプアニューギニアの部族の人々も読み取ることができることを示した。このことからエクマンは，これらの情動に対応する表情の識別能力は文化に依存しない普遍的なものと考えた。

(1)　恐怖と不安

強い刺激にさらされたときには，声をあげ，身を縮める驚愕反応が生じ，場合によっては後ずさりのような後退反応が表出される。生体が何らかの危機に直面した際には，身体反応に伴って「恐怖」が経験される。恐怖に伴う身体反応は，自律神経系の反応として心拍数や血圧の上昇が起こるのに加え，筋肉の緊張が増大し，またラットなどのげっ歯類では身をすくめて動かなくなる凍結反応や逃走反応が確認される。恐怖に伴う身体反応を支えているのは大脳辺縁系のなかでも扁桃体とよばれる部位であり，ヒトの場合には怒り顔や恐れ顔を見たときにも扁桃体の活動が亢進する。生体が恐怖を経験するのは，強い刺激にさらされたときだけではない。先述した古典的条件づけの恐怖条件づけ手続きを行うことにより，恐怖を生得的に喚起するような無条件刺激と対提示された条件刺激に対しても，恐怖反応が学習される。恐怖条件づけを経験すると，条件刺激の提示のみによっても心拍数の増加をはじめとする自律神経系の活動が生じることが知られている。学習によって恐怖が形成されるという事実は，本来は恐怖を感じる必要のない対象にも強い恐怖を感じてしまう恐怖症の基礎過程にも関わるとされており，恐怖条件づけの消去に関する研究が臨床場面に応用されている。

対象が明確で一過性に生じるのが恐怖であるが，これに対して対象が不明確で持続的に生じ，その場からの逃走が困難な状況で経験される不快な情動が「不安」である。不安の形成にも古典的条件づけは関係しており，無条件刺激と対提示される明確な条件刺激が存在する場合には恐怖が学習されるが，条件刺激なしに無条件刺激が提示された場合には，刺激を経験した場面(文脈)と無条件刺激が結びつくこ

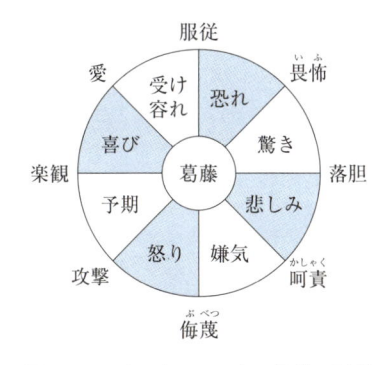

図 4-24 プルチックによる情動の円環的配置と混合型（鹿取ほか，2011）

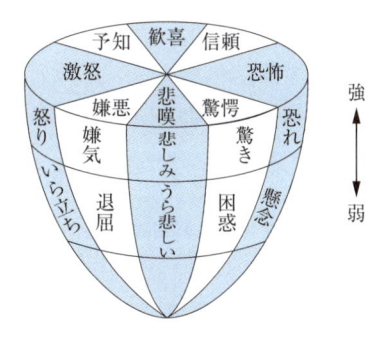

図 4-25 プルチックによる情動の多次元モデル（鹿取ほか，2011）

とにより，対象が不明瞭な「不安」が学習されると考えられる。このように恐怖と不安は形成される手続きや喚起する刺激の違いによって区別することができる一方，人間においては文化差の影響も指摘されている。アメリカ人にとっての「fear（恐怖）」は「anxiety（不安）」と関連するところが多いが，日本人にとっての「不安」は「恐怖」との関連以上に「憂うつ」との関連が強いという主張もある。

（2）怒 り

個体のもつ基本領域への侵害があったときに生じる情動を怒りとよぶ。基本領域への侵害は，身体に対する物理的な危害や自らの所有物を奪われるという自己領域への侵害，侮辱をはじめとする言語的侵害などを含む。恐怖や不安と同様に，怒りもげっ歯類などの動物からヒトにいたるまである程度共通の基盤が仮定されており，場合によっては恐怖が喚起されることや逃走行動が表出されることもある。4・2・4で紹介した葛藤状況のように，動機づけの阻害が生じた際にも怒りの情動が経験される。フラストレーション状況下では，動機づけを阻害している要因に対する攻撃行動や，自傷行動が表出されることがある。バーコヴィッツ（Berkowitz, L.）による攻撃行動のモデルでは，フラストレーションに加えて攻撃行動の手がかり刺激の存在が重要であるとされている。

怒りの情動を経験している個体には，さまざまな認知的な影響が生じる。たとえば，リスク評価の場面では，恐怖の情動を経験している個体はリスクを避ける悲観的な選択をしがちなのに対して，怒りを経験している個体はリスクを小さく評価して楽観的な選択を行うという研究が報告されている。

4・2・8 情動・動機づけと健康

情動や動機づけは，学習とも相互作用しながら我々の健康と密接に関連している。ここでは学習性無力感を題材に，これらが相互関連している様子を紹介する。

（1）学習性無力感とは何か

試験に向けて努力して勉強しても，思うような成績を得られなかったといったことは誰しも経験するものであり，こうした時に人間はしばしばやる気をなくしてしまう。このように，自らの行動が結果に対して影響を与えられないという経験によって生じる，のちの行動に負の影響を及ぼすような状態を〈学習性無力感（learned helplessness）〉とよぶ。

セリグマン（Seligman, M. E. P.）らは，イヌを対象として，次のような実験を行った。イヌを2群に分け電気ショックを与える。一方の群のイヌは，実験箱の中にあるパネルに反応することによって電気ショックを止めることができる（対処可能群）。もう一方の群のイヌは，自らパネルに反応しても電気ショックを止めることができない（対処不可能群）。対処不可能群において電気ショックが止まるのは，対処可能群のイヌが対処反応をした時だけである。この手続きによって，両群のイヌは同じ長さの電気ショックを経験するが，対処可能群は自ら電気ショックを止めることができたのに対して，対処不可能群では自分では電気ショックに対処することは

できない。この経験の後で，両群のイヌは〈回避学習〉とよばれる事態に置かれる。この事態では，イヌは実験箱の中央にある間仕切りを乗り越えることで左右二つの区画を往復することができる。この実験箱内でもイヌに対して電気ショックが与えられるが，間仕切りを越えて隣の区画に移動することで，電気ショックが与えられたら，それから逃避すること（〈逃避学習〉）も，また電気ショックが来る前に移動することで回避することもできる（〈回避学習〉）。実験の結果，対処可能群のイヌは回避行動を学習できたのに対して，対処不可能群では回避学習の獲得が障害されることが明らかとなった。セリグマンらは，このことから自分では電気ショックに対処できないという経験によって，イヌが無力感を学習したものと考えた。この実験はイヌだけでなくラットでも行われており，図4-26に示すように対処可能群と対処不可能群に加え，電気ショックを与えない群を設定した実験などが行われている。

(2) 学習性無力感の原因

学習性無力感の原因についてはさまざまな説が唱えられている。動機づけの問題であると考える説では，対処不可能事態の経験によって，環境にはたらきかける動機づけを失ってしまうと解釈される。また情動に注目する説では，対処不可能事態の経験が強いストレス刺激（ストレッサー）となり，抑うつのような情動の問題を引き起こすと考える。実際に，対処不可能事態におかれたラットでは，胃潰瘍などのストレス反応が確認されるし，学習性無力感の手続きを経験したラットやマウスは，うつ病のモデルとしてさまざまな抗うつ薬の薬効評価に用いられている。

一方で，対処不可能事態を経験した人間は，全員が抑うつ状態に陥るわけではない。先に紹介したローカス・オブ・コントロールは，学習性無力感と関連していることが知られている。内的統制型の人は「自分の行動は結果に影響しうる」という期待を持っているのに対して，外的統制型の人は「自分の行動は結果に影響できない」という期待を持っているため，内的統制型の人のほうが学習性無力感に陥りやすい。また，アブラムソン（Abramson, L. Y.）らは〈改訂学習性無力感理論〉を提唱し，その中で原因帰属の重要性を主張している。改訂学習性無力感理論によれば，問題の原因について，「たまたま体調が悪かった」というように一時的なものに帰属

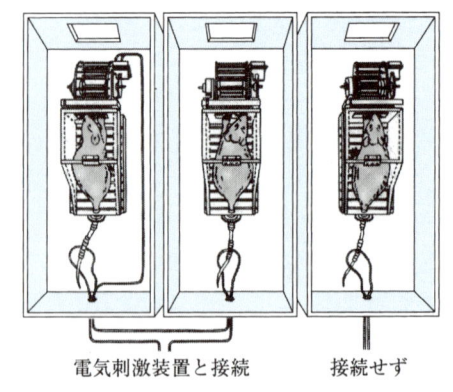

図4-26 ラットにおけるストレスの実験場面
（今田ほか編，2003）
左側のラットと中央のラットは同じタイミングで同じ強さの電気刺激を尾に受けるが，左側が自分で輪を廻して刺激を回避できるのに対して，中央のラットの輪はダミーであり，回避や逃避はできない。このような統制の取り方を「ヨークト（yoked）・コントロール」という。

するか，「自分には能力がない」と永続的なものに帰属するか，また原因を「試験問題が悪かった」と外的なものに帰属するか，「自分が勉強不足だった」と内的なものに帰属するかなど複数の次元を設定し，原因帰属のスタイルによって学習性無力感に陥る場合もあればそれを免れる場合もあると考えた。

学習性無力感は，対処不可能経験に先立って対処可能な事態を経験するなどの方法である程度予防できることが知られており，教育場面でも，解決が困難な課題の前に解決が容易な課題を与えることで成功体験を積ませることがその後の成績を向上させる。学習性無力感に関する研究は，認知行動療法(2・5・3参照)などの臨床技法や教育場面にも応用されるだけでなく，動物を用いた薬効評価研究に応用されている。

■ 4 章の参考図書

廣中直行(編著)・大山正(監修)(2011). 心理学研究法 3 学習・動機・情動　誠信書房
今田 寛(1996). 学習の心理学　培風館
実森正子・中島定彦(2000). 学習の心理—行動のメカニズムを探る—　サイエンス社
Mazur, J. E. (2006). *Learning and behavior* (6th ed.). Upper Saddle River, NJ: Prentice Hall. (磯 博行・坂上貴之・川合伸幸(訳)(2008). メイザーの学習と行動(日本語版第3版)　二瓶社)
小野浩一(2005). 行動の基礎—豊かな人間理解のために—　培風館
大平英樹(編)(2010). 感情心理学・入門　有斐閣アルマ
Skinner, B. F. (1953). *Science and human behavior*. New York: Macmillan. (河合伊六・長谷川芳典・高山巖・藤田継道・園田順一・平川忠敏・杉若弘子・藤本光孝・望月昭・大河内浩人・関口由香(訳)(2003). 科学と人間行動　二瓶社)
上淵 寿(編)(2012). キーワード動機づけ心理学　金子書房

Column 4

ワトソン

(Watson, J. B., 1878〜1958)

心理学史において「行動主義」以上に主義主張がはっきりとした心理学の学派はないだろう。その用語 behaviorism はジョン・B・ワトソンによって造られ，ワトソンとともに語られてきた。

ワトソンはサウスカロライナ州のファーマン大学を卒業後，シカゴ大学の大学院に進学し，弱冠24歳で学位を取得し，1908年にはジョンズ・ホプキンス大学の教授となった人物である。ワトソンは1913年の初めにコロンビア大学での講演をまとめたものを「行動主義者のみた心理学」という論文として発表した。この論文はその内容から「行動主義宣言」とよばれることもあるが，このなかでワトソンは行動主義者のみる心理学を「自然科学の分野の1つであり，純粋に客観的で実験的」とし，心理学の目標は「行動の予測と統制」にあると言っている。ワトソンはこの論文の影響もあったのか，まだ30代後半であるにもかかわらず，1915年にアメリカ心理学会の会長に選出されている。

ところで，「心理学は行動の科学である」という主張はワトソンが最初というわけではない。19世紀後半にアメリカで心理学が広く教えられるようになると，その哲学的な背景や意識中心の考え方に疑問を持つものが少なからず出現した。特に1911年ごろになるとアメリカの心理学者による教科書のなかで「心理学は行動の科学である」という公式化が起こった。これはワトソンの行動主義宣言に先立つものであった。そもそも行動(behavior)という英単語は20世紀になるまで心理学のなかでは使われてこなかった。それまでは行い(conduct)という語が使われていたが，このことばには「良い行い」といった道徳的な意味合いがあり，動物相手に使うものではなかった。一方，行動という語のほうは中立的で，ヒトにもイ

ヌにもアメーバにも使うことができたというわけである。

ワトソンは意識に伴う主観的言語を完全に使わないことを目指した。その際，一連の行動は「刺激」や「反応」といった用語で記述されるようになったが，これはロシアのパヴロフ(Pavlov, I. P.)の条件反射の研究に基づくものである。パヴロフは主としてイヌを用いた消化腺の研究を行い，その功績からノーベル医学生理学賞を1904年に受賞した生理学者である。パヴロフの条件反射の研究が最初にアメリカの心理学界に紹介されたのは1909年のことであった。

ワトソンの行動主義宣言だけでは心理学の実験的研究が進むとは思われないが，実際にワトソンはのちに《アルバート坊やの恐怖条件づけ》とよばれる実験のデモンストレーション(写真参照)によって，幼児が動物を怖がるようになるのは経験に基づく学習によるものであることを説明した。

このとき研究を手伝っていた大学院生のロザリー・レイナー(Rayner, R.)はのちにワトソン夫人となった人物である。しかし当時はまだ前妻との間に離婚手続きが済んでいなかったこともあり，スキャンダルとして取り上げられ，1920年にワトソンはジョンズ・ホプキンス大学を辞めることになる。大学を辞めたワトソンは広告会社に勤めるようになり，二度とアカデミックな世界には戻らなかったが，むしろ業界で成功していたようで，大衆紙に寄稿することも多かった。例えば，コーヒー・ブレイクという言葉はコーヒー豆の売り上げを伸ばすためにワトソンが考え出したキャッチコピーである。

ところで，アルバート坊やは1920年の論文のなかで Albert B としか名前が出てこない。実験当時は約9か月齢で健康な赤ん坊だった。恐怖条件づけによって白いラットに恐怖を覚えるようになり，白いヒゲなどにも般化したことが書かれている。このときのアルバート坊やはどうなったのだろうか。なにぶんにも発表してすぐに学界から身を引いたワトソンだったので，最近まで誰もそれを確かめようとはしなかった。

ところが2009年にアメリカの社会心理学者らが「アルバート坊やを探して」と題した論文を発表し，ワトソンの研究は発表から約90年後に学界に物議を醸すこととなった。というのも，ワトソンがいたジョンズ・ホプキンス大学には病気の子どもの育児施設が附設されていて，アルバート坊やの母親がここで働いていたことは論文にも書かれていたのだが，著者らが候補者3名のうち1名に絞って，その子は Douglas Merritte という名前だと発表したからである。話はここで終わらない。同じ研究グループの3年後の論文では，この Merritte が6歳で亡くなったこと，そして水頭症を患っていたことも判明したのである。果たしてワトソンは健康で正常な子どもに条件づけを行ったといえるのだろうか，そもそもそういう子どもに恐怖条件づけを施したのに，そのままにしておいてよかったのだろうか。そのような論調で論文は終わっていた。

この論文の発表ののち，カナダの研究者が異議を唱えた。母親候補者3名のなかにもっとふさわしい候補がいるというのである。その子どもは William Albert Barger といい，なにより愛称が Albert ということで，Albert B に当てはまるのである。彼は健康を保って米寿近くまで長生きしたそうである。

ワトソンは大学を辞したのちに，アメリカ心理学界からも追放同様になっていたが，亡くなる少し前の1957年になってようやく名誉が回復された。亡くなったあとも，いろいろと話題になっていたあたりが大物だといえるかもしれない。

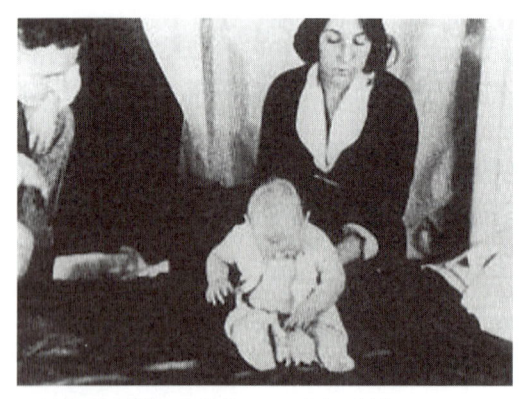

ワトソン(左)とロザリー・レイナー(右)
(Popplestone & McPherson, 1994)
中央の赤ん坊がアルバート坊やとよばれた子どもであり，このシーンは恐怖条件づけの前の時点で，怖がらずに白いラットをつかもうとするところ

III部

心と行動の普遍性

　われわれは，一人ひとり独自の存在であると同時に，多くの共通する特徴を備えている。見た目で言えば，ほとんどの人で目や口は顔の前面についていて，後面についていない。このような見た目の共通性と同じように，心のはたらきやしくみにもさまざまな共通性がある。しかも，ヒトだけに共通するものだけでなく，種を超えてさまざまな生物で共通するものがある。たとえば，パブロフの犬で知られる条件反射という現象は，ヒトやイヌなど哺乳類だけでなく，魚類やカニなどの甲殻類さらに単純な神経機構しかもたない昆虫やアメフラシのような無脊椎動物にも見られることがわかっている。

　ヒトに共通する，また，ヒトを超えてさまざまな種に共通する普遍的な心と行動のはたらきについて学ぶことは，心の基礎理解を固める上で非常に重要である。ヒトそれぞれの違い，そしてヒトと他の種の違いは，共通する部分を認識することで明らかになるからである。また，普遍的な心のしくみやはたらきにひそむ法則性を知ることで，人間を理解する基盤を築くことにつながる。第III部では，心と行動の普遍性について，経験による行動の変容とその変化をもたらす動機づけ，また，ヒトの知的な情報処理という観点から一般的な現象や理論を紹介する。

5 記憶・言語・思考（認知心理学1）

　ヒト，特に現生人類の科学における正式な呼び名は Homo sapiens（ホモ・サピエンス）あるいは Homo sapiens sapiens（ホモ・サピエンス・サピエンス）である。ホモはヒト属を意味する。サピエンスはサイエンスの語源となるラテン語で"知"という意味である。したがって，ホモ・サピエンスを直訳すると"ヒト，知的なるもの"となる。ホモ・ハビリス（ヒト，作るもの）やホモ・エレクトゥス（ヒト，立つもの）など他のヒト属と比べ，知的であることが現生人類の特徴であることをホモ・サピエンスという呼び名は強く示している。この章では，記憶，言語，思考という観点からヒトの心理における知的側面について紹介する。ホモ・サピエンスという呼び名から考えても，ヒトの最も特徴的な側面を検討することになるだろう。

5・1 記　憶

5・1・1 記憶とは何か

　何かを覚えることを"記憶する"という。記憶とは，情報を符号化し，保存し，検索する機能である。図5-1のとおり，時間の流れとしては符号化，検索，保存の順に進む。符号化，保存，検索は情報処理の用語である。なじみがない人が多いかもしれない。人間の行動から見るとそれぞれ記銘，保持，想起となる。さらに平たく言うと，順に，頭に入れること，頭に留めておくこと，思い出すことである。

　私たちは，さまざまなものを見たり聞いたり触ったりする。その経験を覚えておいて，しばらくして思い出すことがある。たとえば，あなたが富士山に登りご来光を見たとする。雲間から現れる朝日は神々しいくらいに美しかった。下山したあと，あなたはその美しさをありありと思い出すことができる。富士山に登るとき空気が薄く息苦しかったこと，石だらけの足場に辟易したこと，頂上付近はと

ても寒かったことなども頭をよぎるかもしれない。このように過去を追体験できるのは記憶のはたらきによる。

クライブ・ウエアリングという音楽家がいる。彼はウイルス性の脳炎にかかり，記憶をほぼ全て失った。自分の名前も職業も住所も自分に子どもがいることも忘れてしまった。また，新しいことを経験してもせいぜい10秒程度しか頭に留めることができなかった。唯一認識できるのは，妻のことだけだった。

クライブ・ウエアリングの例から明らかなように，あなたが誰でどのような人か，つまりあなたの同一性について記憶は重要な役割を果たしている。あなたが生まれてから一切の記憶を失ってしまったとしたら，自分の名前も住所もわからない。聞きたい音楽も好きな食べ物もわからない。それどころか音楽とは何かもわからないし，何が食べられて何が食べられないのかもわからないだろう。記憶とは，自分自身を支える情報のデータベースでもある。

5・1・2 記憶を調べる

心理学実験における記憶課題にはさまざまなものがある。代表的なものとして，再生課題と再認課題がある。再生課題とは記述式のテストのようなもので，参加者は教示や手がかりに基づいて記銘した材料を思い出す。一方，再認課題とは選択式テストのようなもので，参加者は記銘した材料とそうでないものを呈示され，記銘したものであるか否かを判断する。再生と再認の違いは，記銘した材料そのものを想起にあたって実験参加者に再呈示するか否かである。一般に再生の難易度が高い。これは記述式テスト（島根県の県庁所在地はどこか？），選択式テスト（島根県の県庁所在地は松江と米子のどちらか？）との比較からも想像できるだろう。

5・1・3 記憶を分類する

記憶とひとくちに言ってもさまざまな種類がある。さきほどのクライブ・ウエアリングは，10秒程度なら出来事を覚えておくことができる。しかし，それ以上記憶に留めておくことはできない（忘れてしまう）。また，自分の名前を全く思い出せず，自分に子どもがいたことも思い出せない。料理を出されても，それがどんな味がするのかもわからな

い。しかし，彼は話をすることができるし，ピアノを弾くこともできる。クライブには覚えられること，覚えられないこと，そして，覚えていること，忘れてしまったことがある。これらの違いは記憶が1つではなく，さまざまな種類に分けられることを示している。

(1) 保持時間による分類

記憶を保持時間の長さによって分類することができる。保持時間が短い順に感覚記憶，短期記憶，長期記憶とよぶ。これらは最も古典的な分類のひとつである。図5-2に示した古典的な記憶のモデルでは，この順序で情報が処理され記憶が定着すると考える。

a．感覚記憶

感覚記憶とは目や耳に入った感覚情報をほんの一瞬ではあるがほぼ完全な形で留めておくものである。視覚情報の感覚記憶はアイコニックメモリとよばれ，数百ミリ秒の間保持される。聴覚情報の感覚記憶はエコイックメモリとよばれ，およそ数秒のあいだ保持される。スパーリング(Sperling, G.)は部分報告法を用いて，アイコニックメモリが存在する証拠を示した。この実験では図5-3のような横に4列，縦に3行の合計12の文字列を50ミリ秒呈示する。これは5/100秒でとても短い。実験参加者に呈示された文字をすべて回答するよう求めたところ，平均して4.5文字正答した（全体報告）。さらに，実験では文字列の呈示と同時あるいは少し時間をおいてシグナル音を呈示した。このシグナル音には高・中・低の3段階の高さがあった。シグナル音は，文字列の行に対応しており，実験参加者は音の高さにしたがって文字を回答することが求められた。たとえば，図5-3の刺激呈示において高音が鳴ったなら実験参加者は"AUPL"の4つの文字を回答することとなる。図5-4が報告率の結果である。文字列の消失と同時にシグナル音が呈示されると，シグナル音の高さに関わらず，平均して3文字正答することが示された。文字列が呈示されてからシグナル音は呈示されるので，参加者は事前にどの行を記憶すべきか知らない。したがって，おそらくどの行も同じくらい正解できたと考えられる。ただし，0.5秒を経過するだけで成績は下降し，せいぜい1文字か2文字しか正答できなくなった。この結果は，文字列が呈示された直後なら視覚情報がほぼそのまま

保持されること，そして，その記憶情報は1秒たたないうちに薄れていくことを示している。

b. 短期記憶と長期記憶

短期記憶とは，数秒から数十秒という比較的短い間保持される記憶をさす。一方，長期記憶はほぼ永続的に保存される記憶である。電話番号を例にとると区別がつきやすいかもしれない。たとえば，チラシに書かれた番号を見て電話をかけるとき，7桁か8桁くらいの番号をソラで覚えて電話をかけるだろう。さて，その番号をどれくらい覚えていられるだろうか？電話を掛け終わったらきれいさっぱり忘れてしまうにちがいない。一方，自宅の番号や自分の携帯電話の番号は簡単には忘れない。このように電話番号でも，数秒から数十秒で忘れてしまうこともあれば，いつまでも覚えていることもある。前者は短期記憶として(短期間)保存されたもので，後者は長期記憶として保存されたものである。

系列位置効果は短期記憶と長期記憶の違いを端的に示す現象である。この効果は自由再生課題で観察される。自由再生で実験参加者は複数の材料を記銘

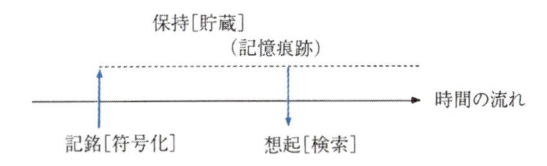

図5-1 記憶情報処理の流れ
入力された情報を記銘することで，記憶の貯蔵庫に入る。それを保持し，必要に応じ貯蔵された情報を想起する。

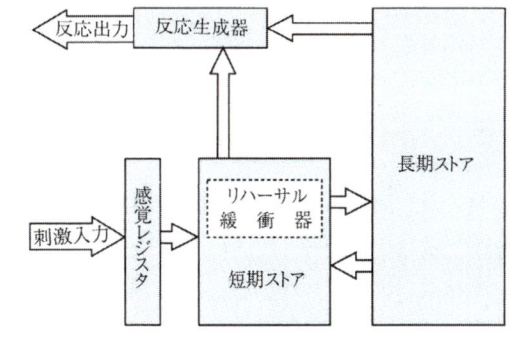

図5-2 感覚記憶，短期記憶，長期記憶
(Shiffrin & Atkinson, 1969)
記憶のシステムは保持できる時間の長さの違いから，感覚記憶，短期記憶，長期記憶に分けられる。

図5-3 部分報告法で呈示された刺激例
(Sperling, 1960)
3×4の12の文字列が瞬間的に提示される。

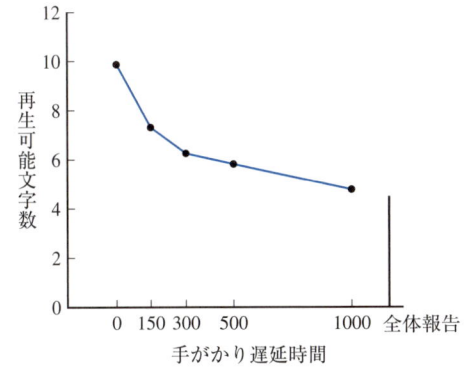

図5-4 部分報告法における報告率
(Sperling, 1960)
提示と同時に報告が求められる場合，かなり高い確率で再生ができる。しかし，わずか0.5秒の間に保持された情報は劣化し，再生成績が著しく低下する。

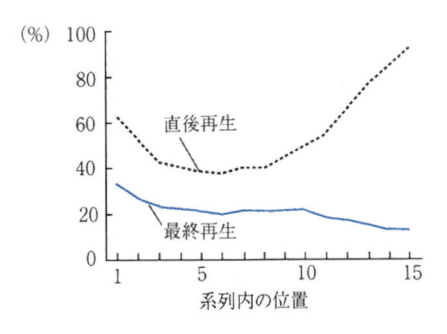

図5-5 系列位置効果(Craik, 1970)
名詞15語の系列を1語2秒で示して記銘後，直ちに自由再生報告させると，終末部の再生率が高い。しかし，次々と別の系列を記銘・再生させ，10系列終了後に計150語について自由筆記再生をさせると，終末部効果は消失してしまう。

し，自由な順序で再生することが求められる。たとえば，"ネコ，イヌ，ウシ…"のように10-20語の単語を呈示され，それらを後で自由な順序で想起する。図5-5が自由再生課題の典型的な結果である。記銘材料の呈示直後に再生をすると（直後再生条件），初頭効果，すなわち呈示順序のはじめで成績がよくなり，終末効果，すなわち順序のおわりの方で成績がよくなる。ところが，リストの呈示終了から再生の開始まで，30秒程度の遅延時間を挟むと（遅延再生条件），終末効果は消失する（遅延時間には計算課題などが課される）。終末効果が30秒程度で失われてしまうことは，記憶には短い間しか保持できない記憶システム，つまり，短期記憶が存在することを示す。また，初頭効果など遅延時間をおいても変化しない部分は，長期記憶を反映すると考えられる。

c. 作動記憶

系列位置効果の実験において，実験参加者は遅延条件で計算課題などを課された。実は，遅延時間中に課題を要求しないと，終末効果は消失しない（ことが多い）。なぜなら，課題を課されないと実験参加者はしばしば材料リストを頭の中で反復してしまうからである。たとえば，"ネコ，イヌ，ウシ…"と何度も頭の中で繰り返していれば，単語リストを頭の中に留めておくことができる。

このように短期記憶には，単に保持時間が短いという時間的な特性だけでなく，情報を処理するという機能的な特性をともなう場合がある。バデリー(Baddeley, A.)はこのような処理と保持を同時に行う側面を重視した作動記憶という概念を提唱し，短期記憶を再定義した（なお，作動記憶はワーキングメモリと表記されることも多い）。図5-6にバデリーによる作動記憶のモデルを示した。主要なユニットは図の上部にある3つでそれぞれ中央実行系，視空間スケッチパッド，音韻ループである。視空間スケッチパッドは視空間情報を，音韻ループは言語情報を一時的に保持する役割を担う。この一時的に保持された情報に対して中央実行系がさまざまな処理を行う。また，視空間的スケッチパッドと音韻ループを介して，長期記憶に保存された視覚的，言語的な意味情報にそれぞれアクセスする。エピソードバッファは，視空間スケッチパッドと音韻ループの中にあるさまざまな情報の中から，同じ事物，事象，人物に関するものをエピソードとしてまとめあげ（たとえば，テレビから出てくる画像と音声を統合し），必要な情報を長期記憶から検索する。

作動記憶には容量の限界があり，古典的にはミラー(Miller, G. A.)のマジカルナンバー7±2がしばしばその例として登場する。これは7程度（±2は個人差や状況の差）なら，作動記憶に保持できることを示している。ただし，同時に対象を把握し，複雑な処理を行う場合には，4±2が限界であることが最近の研究から示唆されている。

作動記憶は，そのときに行われている情報処理の中核を担うもので，いわば，意識を司る機関である。そのため，知能や学業成績などさまざまな意識的な情報処理を予測することが知られている。

(2) 内容による分類

長期記憶に保存される情報にはさまざまな種類がある。図5-7に内容による分類を示した。それらは大きく分けて宣言記憶と手続き記憶に分類される。宣言記憶とは，言語で記述できる情報の記憶である。一方，手続き記憶とは言語化できないものである。たとえば，自転車の乗り方を我々は記憶しているが，具体的にそれを言語化することは大変難しい。図5-7にあるように宣言記憶，手続き記憶ともさらに細かく分類がなされる。

a. 意味記憶とエピソード記憶

宣言記憶は意味記憶とエピソード記憶に分類される。意味記憶は"リンゴは赤い"というような一般的な知識に関する記憶である。一方，エピソード記憶は，自分自身の体験の記憶である。たとえば，リンゴに関することでも"昨日，山形の親戚からリンゴが届いた"というように自分の体験であり，体験した時間と主体が明確ならばエピソード，つまり出来事の記憶となる。記憶は体験を経て獲得されるものである。そのためほとんどの意味記憶は，まずエピソード記憶として獲得される。個人のエピソードが蓄積され，一般的な知識となることで意味記憶へと変容する。

ドラマや映画などで登場する記憶喪失（逆行性健忘とよぶ）は，エピソード記憶の障害である。自分が誰でどこであるかわからなくとも，言葉は話しているし，その話している言葉の意味も一般的な知識のレベルではきちんとしている。このような逆行性健忘の事例は多く知られており，意味記憶とエピ

ソード記憶が異なる記憶システムであることを示唆する。

b. 手続き記憶

技能に関する記憶は言語化しにくい。これは身体的な技能も認知的な技能にも当てはまる。たとえば，上に例をあげた自転車の乗り方が身体的な技能の好例であろう。認知的な技能としては，計算や外国語などをあげることができよう。また，古典的条件づけ(4章参照)も手続き記憶の1つである。共通することは，内容を言語化することが極めて困難なことである。

(3) 想起意識による分類

長期記憶に保存された情報は，想起意識，つまり思い出すときの意図から分類することもできる。想起意識が伴う記憶を顕在記憶，伴わない記憶を潜在記憶という。伝統的な記憶課題では，材料を記銘させ意図的に想起してもらう。つまり，顕在記憶が調べられる。しかし，我々の日常では意図的な想起だけが行われるのではない。たとえば，通常時に通い慣れた通学路を意図的に思い出さなければならない人はほとんどいないだろう。このように想起意識がない場合，潜在記憶が使われると考えられる。

a. プライミング効果

プライミング効果とは，ある刺激の呈示がその後続の刺激に与える促進や抑制の効果をさす(抑制のときはネガティブ・プライミングとよぶことが多い)。先行して維持される刺激をプライム，後続をターゲットとよぶ。プライミング効果は潜在記憶と顕在記憶の違いを調べるために広く用いられてきた(もちろん他の場面でも用いられる)。プライムとターゲットが同一の場合を直接プライミング，プライムとターゲットが異なる場合を間接プライミングとよぶ。

タルヴィング(Tulving, E.)は直接プライミングを用いた実験を行った。はじめに単語のリストを覚えてもらい，その後2種類の課題を別々の参加者に行った。ひとつは再認課題で，先に覚えた単語かどうか判断してもらった。もう一つは単語完成課題で"し□い□"のような空白を含んだ単語を呈示し，空白それぞれ一文字を入れ単語を完成してもらった。単語完成課題では覚えた単語を回答した場合を正答とした。たとえば，"し□い□"では"しばいぬ(柴

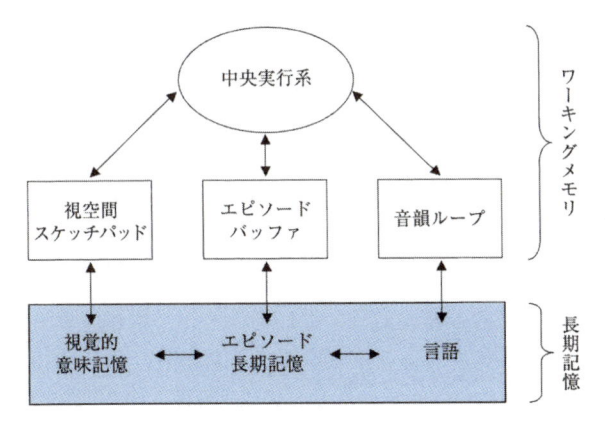

← 図5-6 バデリーの作動記憶モデル(Baddeley, 2000)
心のなかの情報を処理する機関が中央実行系である。ただし，中央実行系は情報の保持を行わない。中央実行系で処理すべき情報は，情報の種類に応じ2つのスレイブシステムが保持をする役割をになう。視空間情報は視空間スケッチパッドに，言語情報は音韻ループに一時的に保持される。

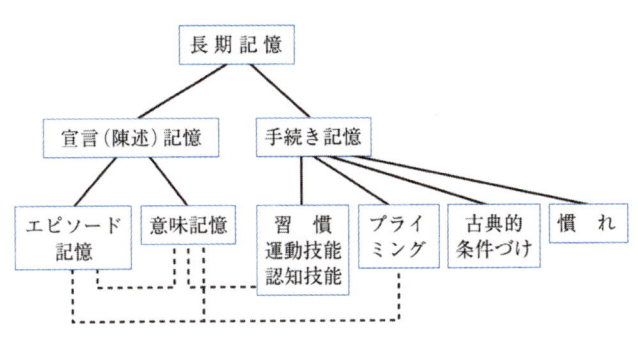

← 図5-7 記憶の内容による分類(Squire, 1992)
破線は，関連性のあることを示す。
記憶には複数の異なるシステムがあり，記憶の内容によってそれぞれ異なる処理がなされている。

犬)"や"しかいし(歯科医師)"などさまざまな回答が可能である。しかし，ここでの正答は覚えた単語である("しばいぬ"を覚えたのならそれだけが正答)。ここで大切なのは，再認課題では覚えた単語を思い出してもらうのに対し，単語完成課題ではそれに触れないことである。つまり，再認課題では意図的に単語を想起する顕在記憶が調べられ，単語完成課題ではそれがないため潜在記憶が調べられる。

実験の結果を図5-8に示した。単語を覚えてから時間後と1週間後の2回それぞれの課題を行った。再認課題の成績は1週間後に大きく低下した。一方，単語完成課題では1週間経っても変化しなかった。この結果は，顕在記憶と潜在記憶が異なる性質をもっていることを示唆している。潜在記憶の興味深い点は，意図的に思い出していないにもかかわらず，覚えた単語を回答することである。しかもこの効果は長期間続く。1年4カ月間にわたって直接プライミング効果が持続することを示した研究もある。

5・1・4　長期記憶の特徴

何回見ても覚えられないことや何度聞いても覚えられないことがある。同じ英単語を何度も辞書で調べた経験は誰にでもあるだろう。人の名前をなかなか覚えられずに気まずい思いをしたことがあるかもしれない。情報はどのようにして長期記憶に保存され，適切に検索されるのだろうか？

(1) エビングハウスの忘却曲線とリハーサル

長期記憶に関する心理学実験をはじめて体系的に試みたのはエビングハウス(Ebbinghaus, H.)である。彼は自分自身で無意味綴りを覚え，さまざまな時間間隔でどれくらい覚えているかについて，再生成績を比較した。日本語ならば"ラカ""ヨデ"のような意味のない言葉が無意味綴りである。また，彼は繰り返し覚えることで，どれくらい記憶が定着するかも検討した。図5-9に典型的な結果を載せた。これをエビングハウスの忘却曲線とよぶ。重要な点が2つある。1つめは正答率が急速に下降することである。記銘してから30分ほどで正答率はおよそ半分になり，1日経つと2割程度になる。ただ，それ以上成績はあまり下降せず，1カ月経ってもさほど変わらない。2つめは繰り返し記銘することで，定着率が上昇することである。記銘を何度も繰り返せば，それに応じて定着率は上昇し，すべての項目を正確に記憶できるようになる。

記銘すべき情報を繰り返して処理することをリハーサルとよぶ。エビングハウスの古典的実験はリハーサルの有効性を示すものである。リハーサルには2種類あり，単純に繰り返すだけのものを維持リハーサル，定着をさせるためにいろいろ工夫するものを精緻化リハーサルとよぶ。たとえば，年号を覚えるために語呂合わせを使うことは精緻化リハーサルの一種である。

(2) 処理水準

リハーサルは記憶の定着に重要であるが，唯一の要因ではないし，必ずしも効果的でないこともある。1回しか経験していないのによく覚えていることもあれば，何度経験しても覚えられないこともある。クレイク(Craik, F. I. M.)とロックハート(Lockhart, R. S.)は，記銘における情報処理の深さが記憶に影響し，処理が深くなるほど記憶がよく定着すると考えた。これを処理水準仮説とよぶ。図5-10に処理水準仮説の概念図を載せた。この仮説にしたがって，たとえば，"いぬ"という単語を読むとき，我々の情報処理は，かたちとして文字を認識し(形態処理)，それを言語音に変換し(音韻処理)，意味を理解する(意味処理)。この仮説を検証するために行われた典型的な実験としてクレイクとタルヴィングのものがある。彼らは単語に対する処理が再認に与える効果を調べた。図5-11に示したように，処理水準仮説の予測通り，単語の形態を処理するより，音韻を，さらに意味の処理をした方がよく覚えられることが明らかになった。

(3) 体制化

何かを想起するとき関連する情報が続けて思い出されることがある。これは我々が，情報をカテゴリー化をしたり，順序づけをしたりして体制化を行っているためである。体制化は記銘の際に意図的に行われることもあれば，非意図的に行われることもある。

(4) 符号化特殊性

記憶の成績は，記銘だけでなく，記銘と想起の関係性によって影響される。タルヴィングは符号化における状況が検索に影響を与えるという符号化特殊性原理を提唱した。記銘と想起の文脈が一致することによる想起成績の上昇は符号化特殊性の一種である。ゴデンとバデリーの実験では，単語リストの記

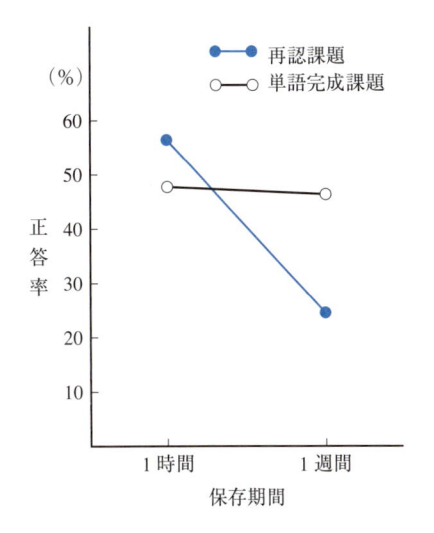

図5-8 タルヴィングらによる直接プライミング実験の結果（Tulving, Schacter, & Stark, 1982）
再認課題の成績は時間の経過によって低下する。一方，単語完成課題の成績は変化しない。これは二つの課題に異なる記憶システム，すなわち再認課題には意図的な想起を伴う顕在記憶，単語完成課題には意図的な想起を必要としない潜在記憶が関わっていることを示唆する。

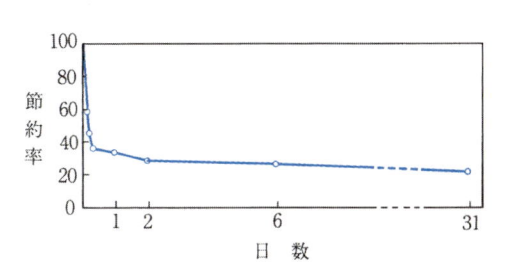

図5-9 エビングハウスの忘却曲線（Ebbinghaus, 1885）

$$節約率（保持率）＝\frac{（原学習時の所要時間）－（再学習的の所要時間）}{（原学習時の所要時間）}×100$$

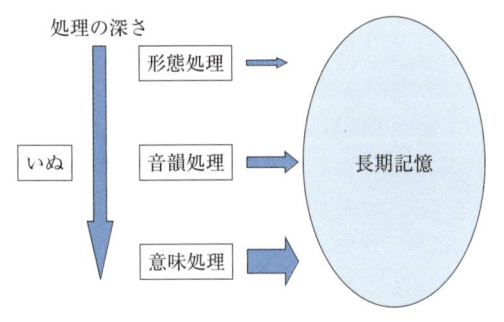

図5-10 処理水準の概念図（Craik & Lockhart, 1972）
"いぬ"という単語を処理するときの例を記した。形態，音韻，意味と処理が進むほど，処理水準は深くなり，情報が長期記憶に定着しやすくなる。

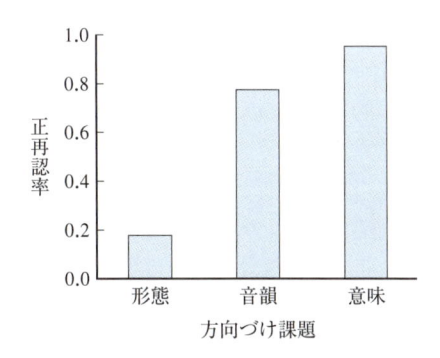

図5-11 処理水準実験の結果（Craik & Tulving, 1975）
処理水準が深くなるほど再認課題の成績が良い。つまり，よく覚えられる。

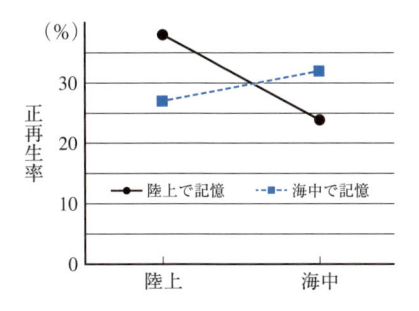

図5-12 ゴデンとバデリーによる水中実験：文脈効果の検証（Godden & Baddely, 1975）
陸上で覚えたら陸上で，水中で覚えたら水中で思い出すときに記憶成績がよい。記憶成績が単に課題の難しさだけでなく，文脈に依存することを示している。

銘について，アクアラングをつけて海中で行う群と陸上で行う条件を設定した。さらに単語リストの再生を海中と陸上で行わせると，図5-12に示したように記銘と想起の条件が一致するとき再生成績が上昇した。この結果は，我々が符号化におけるさまざまな情報を利用して情報の検索を行っていることを示唆する。利用される情報には，符号化の課題や刺激はもちろん，符号化を行った部屋の状態や自分自身の気分や身体の状態も含まれる。

(5) 転移適切処理

符号化特殊性が示すことは，符号化と検索はそれぞれ独立ではなく，相互に影響し合っていることである。モリス(Morris, C. D.)らは，符号化における情報処理が検索に転移すること，すなわち，符号化と検索の処理が類似しているほど検索が容易になると主張した。転移適切処理のアイデアはクレイクとタルヴィングの処理水準実験(図5-11)の結果を説明できる。記銘時に意味処理を行うと，形態処理や音韻処理を行うより再生や再認の成績があがる。これは再生や再認が意味的な過程を含むため，意味的な符号化と類似性が高くなり検索が容易になると説明される。このアイデアにもとづき，モリスらは方向付け課題で音韻判断と意味判断を行った後，音韻の再認と通常の再認の成績を比較した。その結果，図5-13に示したように音韻の再認は方向づけ課題で音韻判断をしたあとで，通常の再認は方向づけ課題で意味判断をした後で成績が高くなった。

ただし，この結果は単純に処理水準仮説を否定するものではない。図5-13の通り，音韻判断と音韻判断の組み合わせが，意味判断と通常の再認の成績を凌ぐわけではない。クレイクは転移適切処理のアイデアは，処理水準仮説を補完するものであり，2つの仮説はそれぞれを補い合う関係にあると考えている。

5・1・5 記憶の忘却と変容

知っているはずの名前を思い出せなかったり，間違えた名前をうっかり呼んでしまったりすることが誰にでもあるだろう。しっかり勉強したはずが，試験本番ではまるで頭に浮かばないこともあるかもしれない。私たちはしっかり覚えたつもりでも，物事を忘れることがある。また，覚えたことがすっかり変わっていることもある。

(1) 記憶の忘却

記憶の忘却を説明する仮説には大きく分けて干渉説と減衰説の2つがある。干渉説では，事前の情報や事後の情報に干渉され，その情報を思い出せなくなっている状態を忘却だと考える。いわば，いろいろなものがありすぎて，整理ができず取り出せなくなっている状態である。一方，記憶の情報が時間を経て劣化し弱化あるいは消失すると考えるのが減衰説である。雨風にさらされた看板の文字が読めなくなるように，記憶の情報が薄れると考える。単語リストの再生に睡眠が与える効果を検討した実験によると，リストの記銘後，睡眠を取った方が起きていたよりも再生成績が高い(図5-14)。睡眠中は情報が入ってこないので干渉が起こらず，起きているとさまざま情報が入ってくるので干渉が起こると考えると，この結果は干渉説を支持すると判断できる。

ただし，近年は睡眠そのものに記憶を増強させる効果があることも知られている。また，記憶に重要な役割を果たす脳領域である海馬において，神経細胞の結合が時間とともに弱まることを示すデータもある。したがって，忘却では干渉と減衰の双方が生じていると考えるのが近年の主流になっている。

(2) 記憶の変容

記憶は固定的なものではなく，流動的なものである。カーマイケル(Carmichael, L.)は，抽象的な図形に名前をつけて呈示すると，その名前を反映した形状に変化した図形が想起されることを示した。これをラベルづけの効果とよぶ。図5-15にいくつか例を載せた。たとえば，同じ曲線の図形を見せられても"三日月"とラベルをつけられると図形は太くなり，"文字のC"とつけられると図形は細く，右側の開いた部分も小さくなる。記憶の変容は，記憶された情報がそのまま保存されるのではないことを示している。情報は解釈され，既存の知識や枠組みに当てはめるなどダイナミックに再構成され，保存されると考えられる。

(3) 目撃証言と偽りの記憶

記憶がダイナミックに変容することは，目撃証言の研究からも示されている。ロフタス(Loftus, E. F.)は実験参加者にある交通事故に関する図5-16のような一連のスライドを呈示した。その後，スライドに関していくつかの質問を行った。そのとき，呈示されたスライドには"止まれ"の標識が写って

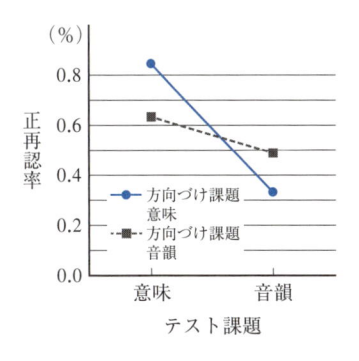

図 5-13 転移適切性処理実験の結果(Morris, Bransford, & Franks, 1977)
二つの課題を連続して行うとき，処理の共通性が高いとき成績が高くなる。最初の課題（方向づけ課題）で意味処理をすればその後の意味に関するテスト課題の成績が良くなり，音韻の処理をすれば音韻に関するテスト課題の成績が良くなる。

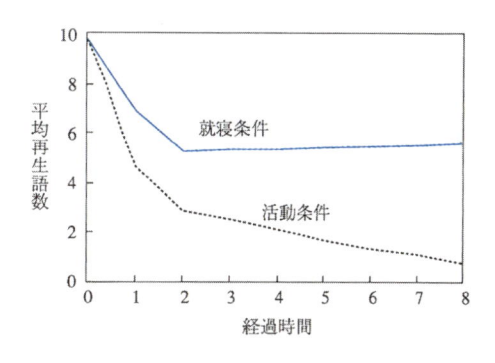

図 5-14 忘却の干渉説と減衰説の比較(Jenkins & Dallenback, 1924)
情報を記銘した後，活動している条件と就寝している条件を比べると活動している方が記憶成績が悪い。これは活動をしているときに入力される情報が，入力済みの情報に干渉するために，成績が低下すると考えられる。つまり，忘却の干渉説を支持する。

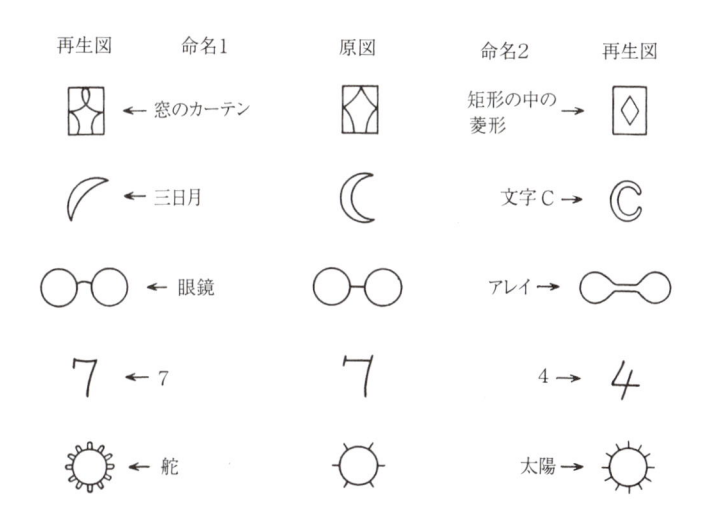

図 5-15 ラベル付けの効果(Carmichael et al., 1932)
同一の画像を呈示されても，付けられたラベルによって記憶内容が変化する。ラベルに一致した変容が生ずる。

図 5-16 ロフタスによる目撃証言の実験で呈示されたスライドの模式図(Loftus et al., 1978)

いたにも関わらず「"徐行"の標識が写っていたスライドはありましたか？」という誤った情報を含む質問も行った。この質問のあと，スライドの再認課題を行った。すると，実際には呈示されていない"徐行"の標識が写っているスライドを，多くの参加者は"見たことがある"と回答したのだった。このような誤った情報を与えることで記憶を作り出すことを誤情報効果とよぶ。また，事実とは異なるが，本人が事実と認識して想起した記憶を偽りの記憶とよぶ。ロフタスの研究は，犯罪捜査における尋問などで記憶が歪められる可能性を示唆しており，応用的にも大きな影響力を与えた。

偽りの記憶はコントロールされた状況でも作り出すことができる。ローディガー(Roediger, III, H. L. I.)らは，単語リストの再生実験でも偽りの記憶を作り出せることを示した。彼らは"歩く，蹴る，靴"などの足を連想しやすい単語を呈示した。ただし，"足"という単語そのものは呈示しなかった。そして，単語リストの再生を求めたところ呈示されていない"足"という単語が，呈示された単語と同じくらいの割合で再生された。この手法はDRMパラダイムと呼ばれ，統制された条件で偽りの記憶(虚記憶)を検討する代表的な手法となっている。

5・1・6　知識の表現

記憶として保存された情報は，無造作に放り込まれているのではなく，構造化され，検索可能な状態になっている。前説のDRMパラダイムで偽りの記憶が作られてしまうことも，この構造化と直接関連がある。認知心理学では，記憶される情報は，情報と情報の間の関係も含めて保存されると考える。

(1) 意味ネットワーク

意味ネットワークは，関係も含めた情報表現の代表例である。図5-17にコリンズ(Collins, A. M)とキリアン(Quillian, R. M.)の意味ネットワークを示した。このネットワークでは，ある概念が関連した概念と結びつけられている。単に結びつきがあるだけでなく，階層構造があり，いくつかのレベルに分けることができる。ネットワークのそれぞれの概念をノード，それらを結ぶ線をリンクとよぶ。ある概念が想起され，それが活性化するとその活性化はリンクを伝って伝播する。このような活性化拡散がDRMパラダイムにおける偽りの記憶の生成に関与している。

(2) 命題表現と命題ネットワーク

抽象的な知識は命題として表現されると考えられている。命題とは真偽の判定できる最小の意味単位である。たとえば，日本語では"トリは空を飛ぶ"でも"空をトリは飛ぶ"でもそれほど意味は変わらない。英語で"Birds fly in the sky"と書くと字面としての見た目も，それを音読したときの音も全く異なる。しかし，日本語の文"トリは空を飛ぶ"と意味内容は同じである。このように情報は表現の形式に関わらない意味レベルでの記述が可能である。このような抽象レベルでの意味の記述を命題とよぶ。

命題は図5-18で示した命題ネットワークで表現できる。この図はひとつの命題をあらわす単純なネットワークだが，これらをつなげることで巨大なネットワークを構築できる。たとえば，図5-17のネットワークはすべて命題形式で記述することができる。命題ネットワークをつなげることで，複雑な意味体系の記述が可能である。我々の知識は，複数の命題が構造化された命題ネットワークの形式を取っていると考えられている。

我々の知識が命題の形式を取っている証拠として，文の再認において命題レベル(意味内容のレベル)で同じような文は誤再認されやすいことが上げられる。たとえば，"マサヒコはマスミに指輪を贈った"という文と"指輪はマサヒコによってマスミに贈られた"という文は混同されやすい。また，文章の長さを文字や音のレベルで統制しても，命題の数が多くなると音読時間が長くなったり，記憶成績が低下したりする。これらの事実は我々が命題のような意味内容のレベルで情報を処理していることを示している。

(3) 心的イメージ

我々が記憶する情報は，抽象的なものだけでなく，色や明るさなどの視覚情報，音の高さ強さのような聴覚情報など具体的なものも含まれる。知識の表現としても命題のような抽象的な表現だけでなく，視覚や聴覚で受け取る具体的な情報も表現される。直接の知覚入力なしに生ずる知覚の疑似現象を心的イメージという。たとえば，トイプードルの耳が立っているか垂れているかと尋ねられたら，頭の中にトイプードルの姿を思い浮かべるだろう。この

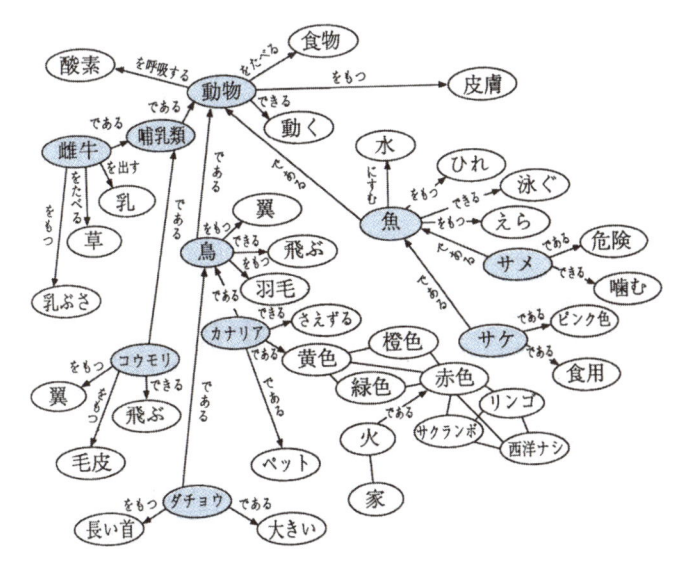

図 5-17　意味ネットワーク(Lachman et al., 1979)
　鳥などの個々の概念は円(ノード)で囲まれ，他の概念と線(リンク)で結ばれている。ネットワークは階層構造をしており，たとえば鳥は動物という上位概念に結びついている。

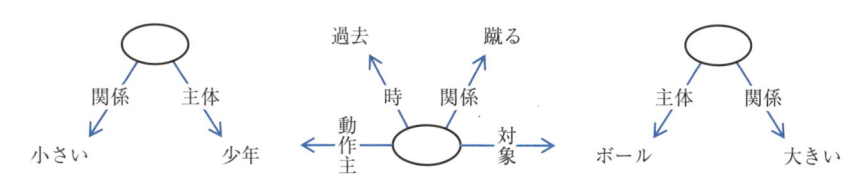

図 5-18　命題ネットワーク
　命題を図的に表したものが命題ネットワークである。

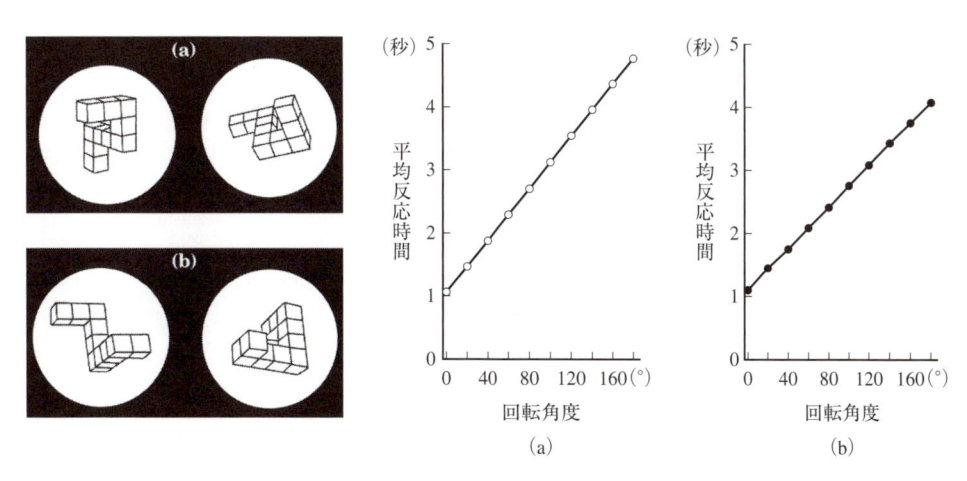

図 5-19　心的回転で用いられた図形と典型的な実験結果(Shepard & Metzler, 1971)
　提示された二つの図形が同一か判断する。提示される画像は同一の場合と，一方がもう一方の鏡映像の場合がある。さらに二つの画像は様々に回転されている。回転角度の差に比例して反応時間が延びていることがグラフからわかる。これは課題を遂行するため，頭の中で画像を回転させていることを示唆する。

頭に浮かぶトイプードルが心的イメージである。もちろん視覚像だけでなく，音，手触り，味などの五感に対応したイメージが存在する。

心的イメージが情報処理プロセスとして本質的なものか，それともただの付帯現象にすぎないか，長く議論が続いてきた。心的イメージを本質的なものとする立場はプラトンのイデア論にまでさかのぼる。近年の心理学ではイメージ論争とよばれ，心的イメージの重要性を唱えるイメージ派と情報処理の本質は命題であり，イメージは付帯現象にすぎないとする命題派で長く論争が続いた。

心的イメージの実在を支持する初期の研究としてシェパード(Shepard, R. N.)の心的回転やコスリン(Kosslyn, S. M)の心的走査がある。心的回転の実験では図5-19aのような布置された向きや角度が異なる図形を呈示し，それらが同一か判断することが求められる。実験の結果，図5-19bのように2つの図形の角度差が大きいほど，反応に時間がかかることが示された。このような角度差に伴う直線的な反応時間の増加は，図形を心的イメージとして頭に思い浮かべ，実物を回転させるように操作したことを示唆する。実空間における回転のような操作を行ったからこそ，角度差があるほど反応に時間がかかったと解釈できる。

しかし，命題派の代表であるピリシン(Pylyshyn, Z. W.)は，たとえ反応時間が角度差に伴い直線的に増加しても，心的イメージを思い浮かべている証拠にはならないと主張した。コンピュータプログラムでも処理が多いほどプログラムリストは長くなる。リストの長さに伴って処理の時間が増加しても全く不思議ではない。また，角度差があるほど反応は長くなるという参加者がもつ常識にしたがって反応を演じてしまう可能性もある。心的回転や心的操作の実験は一見イメージ派の主張を支持するように見える。しかし，初期のイメージ派が行った実験は，多くの場合，命題派の立場からも説明できるものだった。

コスリンは，神経心理学的研究や神経科学的研究を行いイメージ派の主張を支持する証拠を示した。彼は脳の障害によって生ずる皮質性色盲の患者で色の心的イメージができなくなることや，初期視覚野を切除した患者で生成するイメージのサイズが小さくなることを取り上げ，脳内での知覚的なアナログ処理が心的イメージの処理に不可欠であると主張した。また，図5-20に示したようにPETやfMRIなど脳画像計測を用い，何かを見るとき(知覚条件)と同じものをイメージしたとき(イメージ条件)で，脳の同じような部位が活動することを示した。特にどちらの場合でも，初期視覚情報処理を担う後頭領域の活動が観察された。さらに，健常者を対象に脳の機能を一時的に阻害する経頭蓋磁気刺激法(7章参照)により，初期視覚情報処理を担う後頭領域を刺激したところ，心的イメージ課題の成績が大きく低下することを示した(図5-21)。これらの結果は脳内の知覚的アナログ処理が，心的イメージに不可欠であることを因果的に示すもので，イメージ派の主張を支持するものである。

コスリンによる一連の実験により，イメージ派の主張は支持された。ただし，イメージ論争の当初にあった，イメージは何か絵のようなものであるという素朴なイメージ感がそのまま支持されたわけではない。我々の情報処理の中心が抽象的なものであるという命題派の主張は，イメージ派の研究者すべてがイメージ論争をへて受け入れるようになった。コンピュータのハードディスクに保存された抽象的な情報から，ディスプレイに画像が浮かぶように，脳内に保存された抽象的な情報から心的イメージは構築されると考えられる。コスリンはこのようなアイデアを心的イメージのコンピュータディスプレイモデルとよび，さらにそれを脳の機能と関連づけて理論化した。

5・1・7 日常の記憶

我々は日常的に記憶を使って生活をしている。買い物のリストを覚えられないと生活は不便である。そもそもこの文章を読むにも文字の意味を記憶していなくてはならない。記憶は日常で使われるものだが，心理学の実験ではしばしばその日常性が失われがちである。エビングハウスの無意味綴りを使った実験は統制されたすばらしいものである。しかし，日常生活で無意味綴りを覚える必要がある人はほとんどいない。このような問題意識から，日常的な場面や材料に対する記憶の研究も最近になり行われるようになってきた。

近年における日常記憶研究の先駆けとなったのはナイサー(Neisser, U. R)による"観察された記憶

(*Memory Observed*)"という書籍である。ナイサーは実験室で行われる記憶実験が日常生活の記憶体験と大きくかけ離れていることを指摘した。そして，日常の記憶を探るさまざまな研究を集めて出版した（5・1・5で紹介した目撃証言もこの書籍で取り上げられた代表的な日常記憶研究である）。その中で，とくに注目を集めたのが自伝的記憶の研究である。これは自分自身の人生を振り返ったとき思い浮かぶ記憶のことである。自伝的記憶については，図5-22に示したように，成人以上の参加者については，おおむねどの世代でも思春期（10代後半から20代）の出来事に関する想起が多くなるレミニセンス・バンプとよばれる現象があることが知られている。

自伝的記憶にまつわる現象の中でフラッシュバルブ記憶も紹介された。非常に印象的な出来事の記憶を想起すると，その出来事だけではなく，その周辺のことまでカメラのフラッシュで照らされたかのようにありありと思い出すことがある。たとえば，ブ

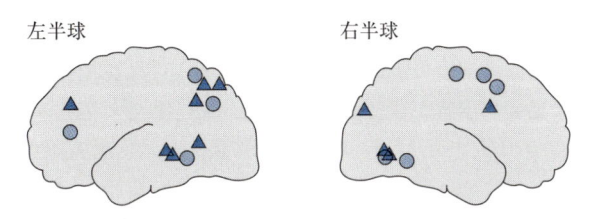

図5-20 コスリンによる脳画像計測を用いた知覚とイメージの比較。知覚条件（丸）とイメージ条件（三角）で類似した場所が活動した。（Kosslyn, Ganis, & Thompson, 2001）

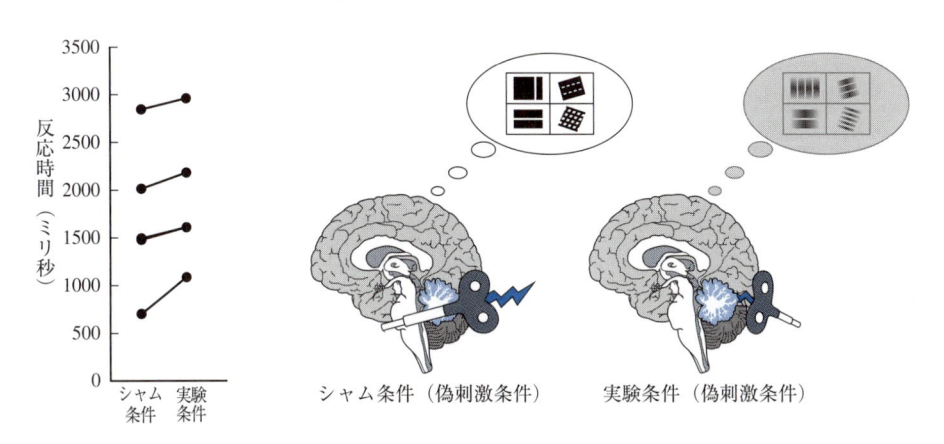

図5-21 経頭蓋磁気刺激法による初期視覚領域への刺激はイメージ生成に干渉する（Kosslyn, Ganis, & Thompson, 2001）

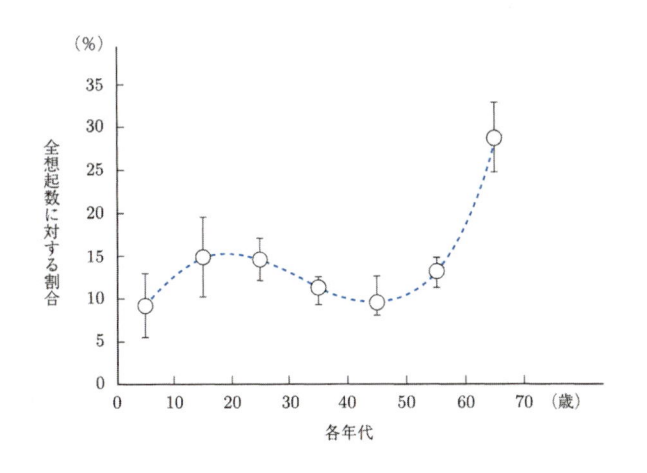

←図5-22 レミニセンスバンプ（Rubin & Schulkind, 1997）高齢者に過去の体験を思い出してもらうと思春期（レミニセンス）周辺の時期のことを多く思い出す。

ラウンとカリックは先述のナイサーの書籍において，ケネディ大統領暗殺を出来事として取り上げた．この出来事について，何を覚えているか尋ねられた参加者は，単に出来事について回答しただけでなく，どこでそのニュースを知ったか，そのとき誰といたか，周りの様子はどうだったかといった周辺情報まで細かく回答できた．フラッシュバルブ記憶は，強い情動を引き起こす出来事が，深く記憶に残るために生ずると説明される．ただし，ただの感情の強さだけでなく，印象的な出来事は繰り返し想起されたり，報道されたりするため，記憶が定着しやすいという側面もある．実際，スペースシャトルチャレンジャーの爆発事故の記憶について調べたところ，事故直後と3年後では記憶の内容が変化した参加者が多かった．また，アメリカの9.11テロに関する記憶では，本来，事故当日に知り得なかった情報を記憶している人が多くいることが示された．9.11のテロでは2機の飛行機が世界貿易センタービルに突っ込んだ．ただし，最初の航空機が突っ込んだ映像は，事故当日ではなく次の日まで報道されることはなかった．それにもかかわらず，多くの人はテロの当日に2機の飛行機が突っ込んだニュースを見たと回答した．しかも，そのように思い込んでおり，確信度は高かった．これは繰り返し放映されたニュースなどの映像のため，記憶がすり替わってしまったためだと考えられる．

日常記憶については，将来行うことに関する記憶である展望記憶，顔を材料とした顔の記憶，日常の記憶違いや行動の失敗を扱うアクションスリップなどさまざまな発展を遂げている．日常的な材料を実験室的な状況で調べるものもあれば，日記をつけるようなかたちで日常の生活でデータを取る日誌法を用いるものもある．

5・2 言　　語

5・2・1 言語とは何か

ヒトが複雑な情報をやり取りするために，言語は不可欠な機能である．そもそもこのテキストも言語で書かれている．我々は音声にしろ，文字にしろ，さまざまな言語情報に囲まれて暮らしている．これほどまで日常的なものにもかかわらず，言語の厳密な定義は難しい．話を簡単にするため，意図を伝達する手段と言語を定義してみよう．残念ながらこの定義では，いろいろ支障がある．たとえば，この定義では表情も言語に含まれてしまう．花のありかを教えるミツバチのダンスも言語となる(図5-23)．笑顔もミツバチのダンスも確かに発信者の意図を伝える．しかし，我々が考える言語の性質を備えていないように思える．

(1) ホケットによるヒトの言語特性

ホケット(Hockett, C. F.)はヒトの言語の特性として表5-1に示した4つをあげた．それぞれ(1)恣意性，(2)転移性，(3)二重性，(4)生産性である．これらの4つの特性は犬の遠吠えやミツバチのダンスにはない特徴である．

a. 恣意性

恣意性とは言語表現(音声や文字)と意味の結びつきに必然性がないことである．パーソナルコンピュータを"パソコン"とも"PC(ピーシー)"ともよぶ．どちらでも意味が通ずるし，入れ替え可能である．唯一決まった表現だけが意味を持つわけではない．"スマホ"，"朝活"など新しい言葉が次々生まれることにも言葉の恣意性が一役買っている．

b. 転移性

転移性とは特定の時間に縛られず情報を伝達できることをさす．たとえば，文字で書かれた情報は1年後でも1000年後でも同じように情報を伝達できる．また，目の前に対象がなくともそれについて言及できる．たとえば，私たちは『枕草子』のような1000年前の文章を読むことができるし，1000年前の作品について話し合うこともできる．上に挙げた，ミツバチのダンスにこのような転移性はない．

c. 二重性

二重性とは言語がただの音声の羅列ではなく，階層化した複数の構造を持っていることをさす．たとえば，単語はいくつかの音からなり(たとえば，"ね"＋"こ"="ねこ")，それ自体で意味を有する．ただし，単語だけでは言語の規則として十分ではなく，単語を並べ方に対するルールである文法がある．人の言語にはこのような複数の階層がある規則を有するという特徴がある．

d. 生産性

生産性とは，表現を無限に作り出せることをさす．また，その無限の表現を聞き手が理解できることも重要である．たとえば，スターウォーズのような

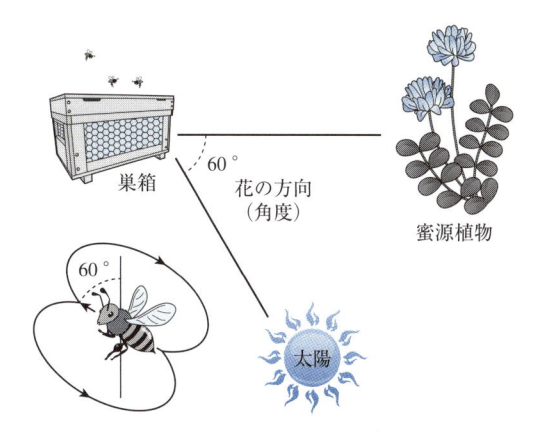

← 図 5-23　ミツバチのダンス：ミツバチは 8 の字に飛ぶダンスで蜜や花粉などのありかを伝える。このようなコミュニケーションはヒトの言語とどのようにことなるだろうか？

表 5-1　ホケットによるヒトの言語における 4 つの特性 (Hockett, 1960)

特性	内容
恣意性	言語表現とその意味の結びつきに必然性がないこと
転移性	特定の時間に縛られず情報を伝達できること
二重性	階層構造のある文法規則があること
生産性	無限の表現を作り出せること

SF 物語を我々は創作できるし，読んで理解できる。ちいさな子どもは限られた語彙しかないが，実におしゃべりである。私たちが飽きることなくおしゃべりできるのも，言語に生産性があるからである。

(2) 文法の重要性

文法はホケットがあげた 4 つの特性のうち二重性と生産性に強く関わる。文法があるからこそ，言語を使い複雑な情報を伝達できる。チョムスキー(Chomsky, N.)は，ヒトには生まれながら文法能力を備えており，それが人間の言語能力を支えていると考えた。なお，ここでの文法は単語の並べ替えだけでなく（いわゆる統語だけなく），音韻や意味など言語に関するあらゆる規則をさす。ヒトの脳には言語を理解し，算出する機能が生まれつき備わっており，環境によってそれらが刺激され，言語を使えるようになるとチョムスキーは考えた。

5・2・2 単語の理解

二重性の項で指摘したように，言語には単語レベルの規則と文レベルの規則がある。まず，単語レベルの規則を我々がどのように用いて理解するか考えてみよう。

(1) 音声の認識

単語を認識するためには，音や明るさという物理的特徴から意味を持つ固まりにまとめなければならない。音声単語（口から発せられる単語）の場合，物理的には全く異なる高さの音を同じものとして扱わなくてはならない。たとえば，"しんりがく"という言葉は，男性が話すときと女性が話すときでは音の高さが異なる。それどころか，同じ人がゆっくり話すときと急いで話すときでも大きく異なる。このようなさまざまな違いに関わらず，我々は言語音から同一の意味を聞き取ることができる。視覚言語についても同様のことが言える。人によって書く文字はさまざまである。手書き文字と活字の差も大きい。このようなさまざまな入力の違いを超えて，我々は単語の意味を読み取っている。

音声言語の最小単位を音素とよぶ。たとえば，"うみ"という音は /u/, /m/, /i/ の 3 つに分割できる。音素は発話者の違いなど物理的な差異を超えて同一のものとして捉えられる（/u/ という音素は誰が発音しても /u/ と聞こえる）。音素は音の変化に表れる特徴を捉え，認知される。代表的な特徴として有声開始時間がある。図 5-24 を見てみよう。声には声帯が震える有声音と震えない無声音がある。た

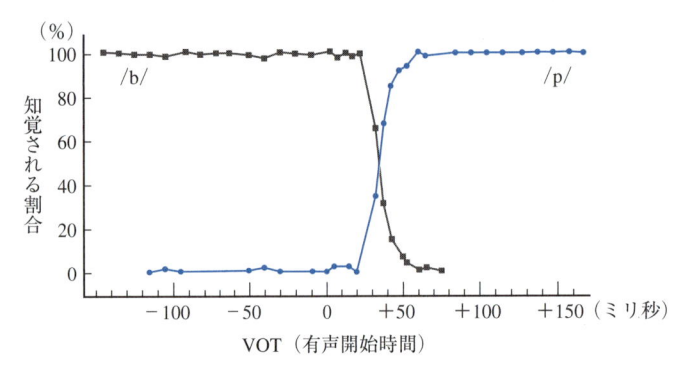

図5-24 有声開始時間の違い：/p/と/b/(Lisker & Abramson, 1970)

/p/と/b/の発音において口の形はおよそ同じである。しかし，有声開始時間（声帯が震え始める時間）が早いと/b/と聞こえ，遅いと/p/と聞こえる。

えば/b/と/p/では口のかたちは同じであるが，のどを震わせると（有声音になると）/b/となり，そうでないと/p/と聞こえる。また，音の前後関係によって音素を聞き分ける聴音結合や文脈による理解である音素修復などの機能を用い，音が音素として認知される。

(2) 単語認知のモデル

音素がいくつかまとまると単語となる。単語として認識された音声は，心内辞書に保存された意味情報にアクセスができるようになる。心内辞書は，5・1・6で紹介した意味ネットワークあるいは命題ネットワークのような構造をしていると考えてよい。意味情報へのアクセスのモデルとしていくつか代表的なものを紹介しよう。

a. ロゴジェン・モデル

モートン(Morton, J.)は，ロゴジェンとよぶ言語の基礎単位があると考えた。彼はロゴジェンの活性パターンで単語の認知を説明するモデルを提案した。ロゴジェンとは言語を表すlogoと起源を表す-genをモートンが結びつけた造語である。図5-25にロゴジェン・モデルの模式図を示した。まず，視覚言語や音声言語が入力され，ロゴジェン・システムに送られる。入力情報と各ロゴジェンの適合度合いに基づき活性化の値が決まる。この活性化は文脈にも影響され，たとえば，食事の話をしていると，食べ物カテゴリーが活性化する。このような活性化が閾値に達すると単語としての認知が成立し，理解やそれに基づく行動が生じる。

b. 相互活性化モデルと分散表現モデル

相互活性化モデルは計算機科学のアイデアに基づくものである。マクレランド(McClelland, J. L.)とルメルハート(Rumelhart, D. E.)は図5-26に示した複雑なネットワークモデルを提案した。このモデルにおけるネットワーク結合は脳内の神経結合がヒントになっている。このモデルは3層のレベルとそれらの間の複雑な結合から構成される。それぞれ特徴レベル，文字レベル，単語レベルと呼ばれる。ある言語が呈示されるとネットワーク全体が活動をはじめる。このモデルの特徴は，異なるレベル間だけでなく，同じレベルの結合も存在する。また，低いレベルから高いレベルの結合だけでなく，逆の結合もあり，知識に基づくフィードバックの効果もモデルの中に織り込んでいる。

並列分散処理のアイデアを加え，相互活性化モデルを発展させたものが分散表現モデルである。このモデルを図5-27に示した。分散表現モデルでは，単語をユニットという単体で表現する局所表現ではなく，ネットワークの活性のパタンとして表現する分散表現が用いられる。

5・2・3 文の理解

単語だけでは複雑な内容を伝えられない。"うどん"という単語だけではうどんが好きなのか，嫌いなのか区別がつかない。複雑な内容を伝達するには単語だけでは困難である。単語を並べてできた文を使う必要がある。文は単語の羅列ではなく，規則に基づいて形作られる。この規則に関する知識を統語知識と呼び，それに基づいて構造を解析することを統語解析とよぶ。

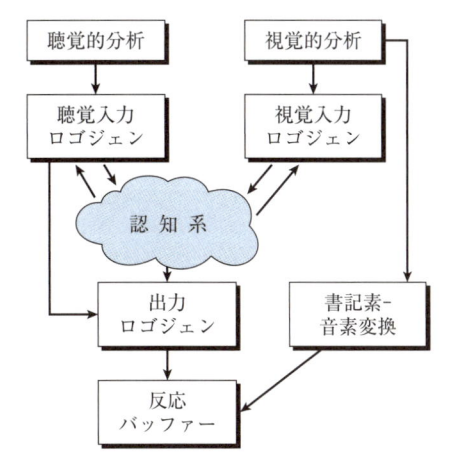

図5-25 モートンのロゴジェンモデル
　　　　（Morton, 1980）

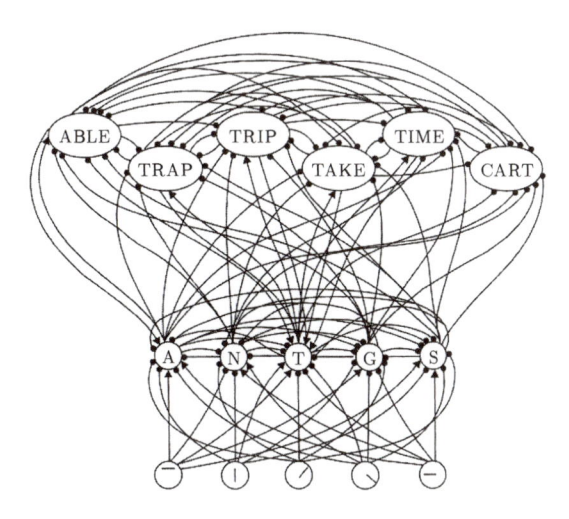

図5-26 マクレランドとルメルハートの相互活性化モデル
　　　　（McClelland & Rumelhart, 1981）

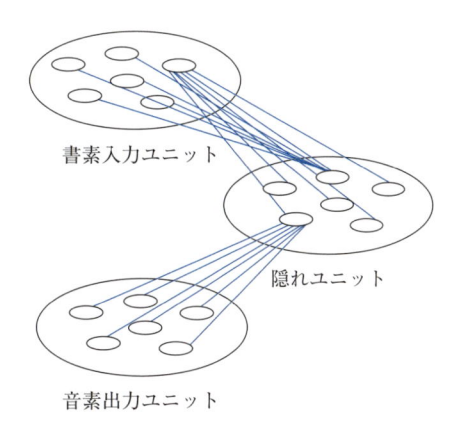

図5-27 分散表現モデル（Seidenberg & McClelland, 1989）
　書素出力ユニット，隠れユニット，音素出力ユニットの間
　にある相互の結合の活性パタンとして単語が表現される。

(1) 統語と意味

チョムスキーは統語と意味の処理が異なることを端的な例から示した。彼は次のような文を考えた。"Colorless green ideas sleep furiously.(色のない緑色のアイデアが怒りたぎってねむる)" 英語でも，日本語でもこの文は意味をなさない。しかし，文法的には意味が通るように感ずる。この語順を並べ替えると(特に英語では)文法的にあきらかにおかしく感ずる(例，Furiously sleep ideas green colorless／怒りたぎってねむるアイデアが緑色の色のない)。

(2) 統語知識と統語解析

チョムスキーは統語知識として句構造規則を提案した。その例を表5-2に示した。表5-2の各行における矢印の左の要素は右の要素から成り立つことを意味している。これは左の要素が右の要素に書き換えられることを意味するため，句構造規則を書き換え規則とよぶこともある。

句構造規則に基づくと，文は図5-28ような樹形図で表すことができる。チョムスキーが提唱した生成文法という立場に基づくと，このように文を句構造規則に基づいて理解することが統語解析である。

5・2・4 言語の産出

言語は聞き手と話し手がいて成り立つ。独り言を言ったり，自分しか読まないメモを書いたりする場合でも，自分自身が話し手(書き手)であり，聞き手(読み手)となる。言語を話したり，書いたりすることを言語の産出とよぶ。

フロムキン(Fromkin, V.)によると言語の産出は表5-3に示した6段階のプロセスから成り立っている。それでは，今日の天気について話すことを例に考えてみよう。まず，天気について話すこと，たとえば晴れている，暖かいなどの内容を決定する(意味の同定)。次にその内容にふさわしい構文構造を選び(構文構造の選択)，声色や強調部など言葉の抑揚を決める(抑揚輪郭の生成)。そして，具体的に"天気"などの名詞や"暖かい"などの形容詞を構文構造に当てはめる(内容語の挿入)。最後に"ところで"のような接続詞など機能語や過去形などに変化させる接辞を付け加える(接辞と機能語の形成)。こうして話す内容が全部固まると，実際どのような声を出すか音韻の規則に基づき決定する(音声要素の特定)。これらのプロセスの多くは意図的でなく自動的に進行し言語が産出される。

5・2・5 コミュニケーションとしての言語

コミュニケーションが機能的にそして的確に行われるためには条件がある。表5-4に示したグライス(Grice, P.)の会話マキシムはその条件を的確にまとめたものである(Grice, 1975)。量の公準とは会話において必要十分な情報を与えることである。情報が多すぎても少なすぎても理解を阻害する。質の公準とは真実を告げることをさす。嘘やでまかせを並べるとつじつまが合わなくなる。関連性の公準とは会話に関連することを話すことをさす。あっちこっちに話が飛び関係がないことが出てくると理解が進まない。最後は様式の公準である。これははっきり，明確に順序立てて話すことをさす。これらの4つの公準を守ると，言語コミュニケーションは円滑になる。

実際のコミュニケーションにおいては，的確に質問をし，それに返答することが重要な役割を果たす。また，聞き手の理解に応じ言い換えたり，言い直したりすることが理解を促進する。クラーク(Clark, H. H.)たちは，図5-29のような16個の複雑な図形の並び順を口頭のみで伝えるという課題を行った。このとき図形の並び順を見て伝える"話し手"と話し手の言葉だけから正しい順に並べる"聞き手"，そして，この二人の会話を聞いて聞き手と同じく図形を並べる"第3者"の3つの役割があった。話し手と聞き手の間には壁があり音声によるコミュニケーションのみが可能であった。図5-29にある図形はどれも一言で言い表しづらい複雑なものである。この並び順を話し言葉だけで伝えるのはかなり難しい。なお，聞き手は，話し手と直接コミュニケーションができ，わからなかったら聞き直したり，質問をしたりすることができた。実験の結果が図5-30である。何回か実験セッションを行ったところ，聞き手は最初からほぼ間違いなく課題を遂行でき，常に第三者よりも正答率が高かった。セッションを重ねるごとに，第三者の成績もセッションごとに上昇したが，聞き手には及ばなかった。ここで大切なのは，聞き手も第三者も音声の情報としては完全に同一のものを受け取っていることである。ただし，第三者は話し手と直接コミュニケーションができなかった。したがって，話し手は第三者がわ

表 5-2 句構造規則の例

文	→名詞句＋動詞句
名 詞 句	→冠詞＋名詞句
動 詞 句	→動詞句＋名詞句
冠　　詞	→ a, the
名　　詞	→ boy, girl, ball
動　　詞	→ play, have

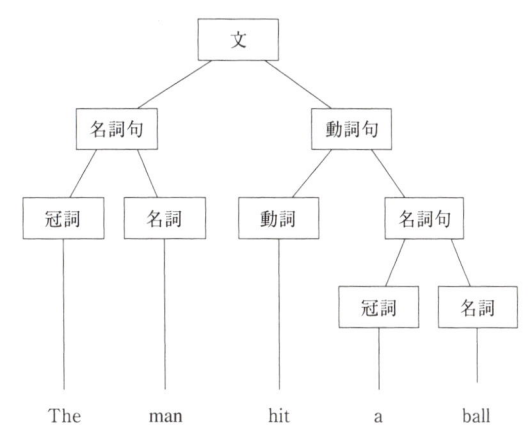

図 5-28 句構造規則を用いた統語解析結果の樹形図表現

表 5-3 言語の表出プロセス（Fromkin, 1971）

段　階	処　理
1	意味の同定
2	構文構造の選択
3	抑揚輪郭の生成
4	内容語の挿入
5	接辞と機能語の形成
6	音声要素の特定

表 5-4 グライスの会話マキシム（Grace, 1975）

	内　容
量の公準	必要十分な情報量（多すぎず少なすぎない量）を伝える
質の公準	正しい情報を伝える
関連性の公準	関連する情報を伝える
様式の公準	はっきりと明瞭に伝える

図 5-29 ショーバーとクラークが用いた実験刺激（Schober & Clark, 1989）
同じ言語情報を受け取っていても，コミュニケーションの当事者である聞き手は第三者よりも正確に情報を認識できる。

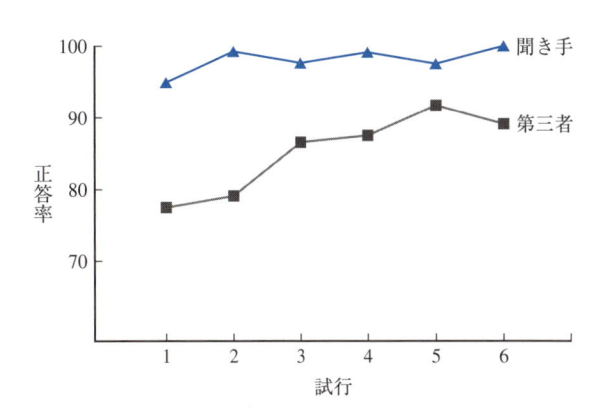

図 5-30 クラークの実験結果（Schober & Clark, 1989）

かっているか確認することもできず，第三者も自分がわからないことを質問できない。クラークらの実験はコミュニケーションにおける質問や確認，そして，それに伴う言い換えや言い直しが理解を向上させるカギとなることを示している。

5・3 思　考

5・3・1 思考とは何か

思考とは，ある状況に対して，なにがしかの結論を得るためになされる比較的複雑な内的な情報処理である。この過程において，記憶に保存された情報や外界の情報など，複数の情報を統合的に分析することがしばしば求められる。感覚・知覚の情報処理や条件反射など一瞬で行われる心的活動は，一般的に思考の範疇ではない。思考の研究は，認知心理学の創成に伴って大きく発展してきた。このテーマについて扱われる代表的なトピックとして，(1)問題解決，(2)推論，(3)意思決定と判断がある。

5・3・2 問題解決

問題と聞くと試験問題を思い浮かべる人が多いだろう。もちろんそれも問題である。ただし，心理学における問題解決では，初期状態を目標状態に変えることを問題ととらえる。したがって，試験問題だけでなく，家のカギを忘れたときどのようにして家に入るか，父の日のプレゼントを何にするかといった日常の出来事も問題解決のトピックとなる。家のカギの例では，カギを忘れて家に入れないという初期状態を，家の中に入るという目標状態にするための手段を明らかにすることが問題解決である。なお，初期状態から目標状態に変化するため必要な個々の手段を操作子とよぶ。つまり，問題解決とは，初期状態を目標状態にするため，適切な操作子を適用していく過程と考えることができる。

(1) 問題空間

サイモン(Simon, H. A.)は，問題空間を用いて問題解決の過程を表現した。ここで，問題解決の研究でよく用いられるハノイの塔を例に話を進めよう。図5-31に示すように，この問題では3本の棒のうち一番左に3つの円盤が刺さっている。これが初期状態である。この3つの円盤を一番右の棒にすべて移すことが求められる。つまり，これが目標状態である。ただし，いくつか制約があり，(1)円盤は一度に1つしか動かせず，(2)円盤を重ねるとき上の円盤は下の円盤より小さくなくてはならない。また，(3)一番上に乗っている円盤しか動かせない。図5-31にハノイの塔の問題空間を示した。これを見ると，どの操作子を選択すれば目標状態に近づくかわかるだろう。問題空間の中で初期状態と目標状態の差が小さくなる操作子を分析することを手段－目標分析とよぶ。なお，問題が複雑な場合，目標達成までのサブ目標を作り徐々に目標に近づくと効率的である。

(2) 洞察と試行錯誤

何気なくハノイの塔を解こうとすると，左端にある一番小さな円盤を一番右の棒に移し，手詰まりになってしまうことがある。読者の中にもそうなった人がいるだろう。手詰まりになり，少し考えると何かがひらめくことがある。このひらめきを洞察とよぶ。ケーラー(Köhler, W.)は，問題が徐々にではなく，非連続的・飛躍的に解決されるときが洞察を得た瞬間であると述べた。彼は子どもが迷路で遊ぶ様子を観察し，出口がわかった瞬間に目を輝かせて走り出す行動から，洞察という概念を発案するに至った。

図5-32は9点問題とよばれるものである。この問題では一筆書きで，9つの点を結ぶことが求められる。ただし，4つの直線しか用いることができない。これは難問である。正答にたどり着くまで，あれこれ試すのではないだろうか。このようなさまざまな操作子を試すことを試行錯誤という。9点問題の解答を図5-38(p.147)に示す。これを見ておどろいた人も多いのではないだろうか。このような発想の転換が必要な問題では，試行錯誤によって正答にたどり着くことはなかなか難しい。

(3) アルゴリズムとヒューリスティクス

初期状態から目標状態に到達する方略は1つでないことも多い。ハノイの塔や9点問題のような細かく設定された問題は，例外的に限られた方略しか使用できない。しかし，多くの問題にはいくつかの，場合によっては多くの方略がある。たとえば，4桁の暗証番号を当てるという問題にはいくつもの方略がある。これらの方略は大きく分けてアルゴリズムとヒューリスティクスに分けられる。アルゴリズムとは正しく適用すれば必ず正解にたどり着く方略である。暗証番号の例なら，0000から順に1つずつ

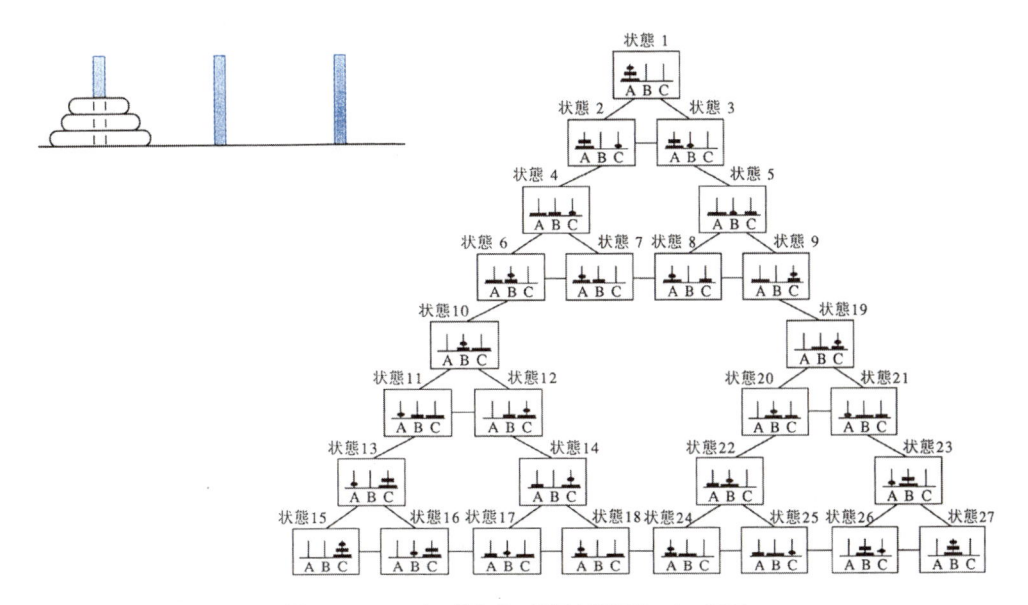

図 5-31 ハノイの塔とその問題空間 (Gilhooly, 1982)

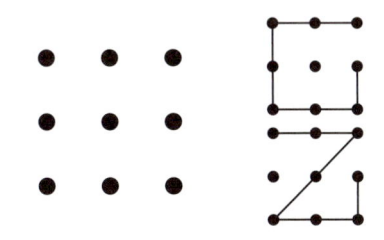

図 5-32 9点問題(左)とその典型的回答例(右)
左の9つの点を4つの線で結ぶにはどのように線を引いたら良いだろう。典型的な答えは右にある。ただし，これらは正解ではない。すべての点を結べていないからである。正解は図 5-38 に示す。

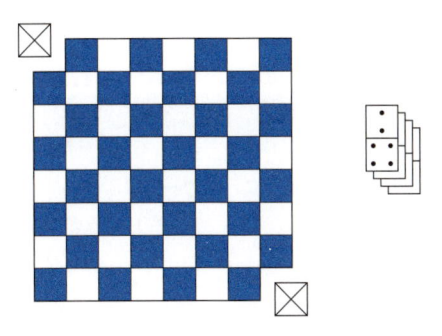

図 5-33 欠けたチェッカーボード問題 (Kaplan & Simon, 1990)
左上と右下の四角が欠けた 62 枚の四角からなるチェッカーボードがある。31 枚の四角 2 つを覆うドミノでチェッカーボードすべてを覆うことが出来るだろうか？

試していくことがアルゴリズムの一例である。しかしこの方法は手間がかかる。たとえば，誕生日や生まれた年などを試す方がずっと簡便である。このような簡便な方法をヒューリスティクスという。ヒューリスティクスは簡便法ともよばれ，必ずしも正解にたどり着くとは限らないが，適用が簡便で正解しそうな方法である。アルゴリズムは一般に適用範囲が広いが，それほど効率的でないことが多く，ヒューリスティクスはその逆であることが多い。

(4) 問題表象

問題解決には，問題をどのように理解するか，あるいは問題を内的にどのように表現するかも重要である。論理的に同一の問題であっても，簡単に正解できるものもあれば，とても難しいものもある。図5-33に欠けたチェッカーボード問題を示した。この問題では，左上，右下の四角が欠けた62枚の四角からなるチェッカーボードと31枚の四角2つが隠れるドミノが用意される。これらのドミノでチェッカーボードをすべて覆うことができるか判断することがこの問題では求められる。回答のために少々頭をひねらなければならない。それでは，図5-34に示した結婚仲介人問題ではどうだろうか？この問題については，すぐに回答を思いついた人が多いだろう。そう，結婚をまとめ上げることはできない。実はこの2つの問題は論理的には全く同一である。つまり，欠けたチェッカーボード問題での正答は，"覆うことができない"である。

この2つの問題では，総数62からなる2つの集団を，制約のもと，31のペアに分けられるかが共通して問われている。制約とは以下の2つである。

(1) 2つの集団にはそれぞれ30, 32が割り当てられる。
(2) 各ペアには2つの集団から1つずつ割り当てられなければならない。

欠けたチェッカーボード問題ではこれらの制約がわかりにくいが，結婚仲介人問題では結婚に関する常識を使えるので制約を自然に理解できる。このような違いによって同一の論理構造でも，異なった問題表象が出来上がり，難易度に差が生ずる。

5・3・3 推 論

推論とは前提から結論を導く過程をさす。一般的な命題を前提として個別の事例について結論を導くことを演繹的推論とよぶ。一方，個別の事例を前提として，一般的な命題について結論を導くことを帰納的推論とよぶ。

(1) 演繹的推論

演繹的推論の代表的なものとして三段論法がある。たとえば，図5-35に示したように"すべての鳥には羽がある"，"ツバメは鳥である"という前提から，"ツバメには羽がある"という結論を導くのが三段論法である（この例は定言三段論法とよばれるものである）。三段論法をはじめとする演繹的推論において，正しく得られた結論は常に論理的に妥当である。もちろん，前提が間違っていたり，推論の規則を誤って適用したりすれば，誤った結論が導かれる。しかし，推論の規則を正しく適用する限り，少なくとも論理的には妥当な結論を導くことができる。

しかし，推論の規則を正しく適応することは簡単ではない。図5-36に2つの三段論法を載せた。上の例における「ある学生は女性である」という結論を妥当だと考えるひとは多いかもしれない。一方，下の例における「ある学生は樹木である」という結論を妥当と判断するひとはほとんどいないだろう。しかしながら，この2つの三段論法はどちらも論理的に妥当でない。しかし，「ある学生は女性である」という結論は現実世界と一致しているため，推論の論理的な妥当性に関わらず，妥当に見えてしまう。このように既存の事実に対する知識などの信念によって，妥当性の判断が影響されることを信念バイアスとよぶ。信念バイアスは，推論の規則を正しく適用することの難しさを示している。

ウエイソン（Wason, P. C.）による4枚カード問題（選択問題とも呼ばれる）も，その難しさを示すよい例である（Wason, 1968）。図5-37に示した問題では「E」「K」「4」「7」という4枚のカードが呈示される。それぞれのカードには一方にはアルファベット，もう一方には数字が書かれている。これらのカードについて"一方の面が母音なら，もう一方の面には偶数が書かれている"という規則が正しく適用されているかあなたは確かめなくてはならない。そのとき，"必ず確かめなくてはならない"カードだけを選ぶ必要がある。

"必ず見なくてはならない"というところに気をつけなくてはならない。多くのひとは「E」「4」の

図5-34 結婚仲介人問題(Kaplan & Simon, 1990)

ロシアのある村に32人の未婚男性と32人の未婚女性がいる村がある。結婚仲介人は32組の婚約をまとめ上げた。しかし，婚約祝いの晩，2人の未婚男性が喜びのあまりピロシキを食べ過ぎて死んでしまった。結婚仲介人は残った人々で，31組の結婚をまとめ上げることができるだろうか？

図5-35 三段論法の例

すべてのAはBである
すべてのCはAである
──────────
∴ すべてのCはBである

すべての鳥には羽がある
すべてのツバメは鳥である
──────────
∴ すべてのツバメには羽がある

図5-36 三段論法における推論と信念バイアス (Evans et al., 1983)

すべての学生は人間である
ある人間は女性である
──────────
∴ ある学生は女性である

すべての学生は生物である
ある生物は樹木である
──────────
∴ ある学生は樹木である

図5-37 ウエイソンの4枚カード問題(Wason, 1968)

E　K　4　7

4枚のカードには片面にアルファベットもう片面に数字が書いてある。「一方の面が母音ならもう一方は偶数である」という規則を調べるために必ず確かめなくてはならないカードを選びなさい。

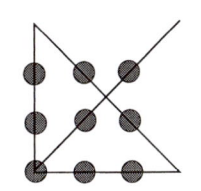

図5-38 9点問題の正解

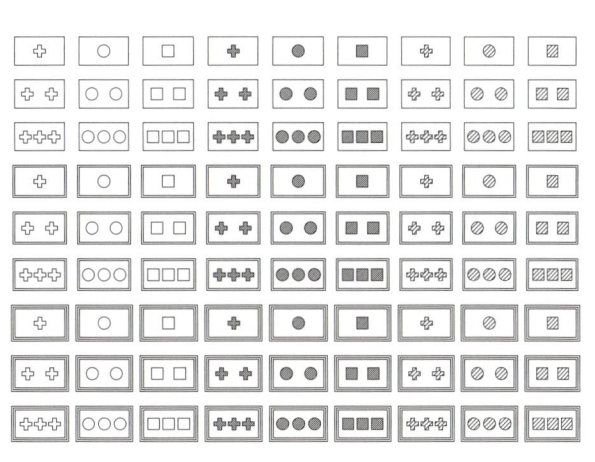

図5-39 ブルーナーによる概念学習で用いられた刺激例(Bruner et al., 1956)

カードを選ぶ。その次に「E」だけを選ぶ人が多い。実はこのふたつとも誤りである。正解は「E」「7」を選択することである。正答するための方略は，規則違反の事例を探すことである。「E」の裏が奇数だと規則違反になる。したがってこのカードは確かめなければならない。「K」は母音ではないので規則と関係がないので確かめる必要がない。「4」がややこしい。規則は「一方の面が母音なら」という条件なので，「4」の裏が母音でも子音でも構わない（一方の面が子音で，もう一方が偶数であることは規則と関係がない）。したがって，「4」を確認する必要はない。しかし，「7」の場合は奇数なので，その裏面は偶数ならば規則違反となる。そのため，必ず確認しなくてはならない。

ウエイソンの選択問題は極めて正答することが難しいことが知られており，正答率はせいぜい10%である。信念バイアスも4枚カード問題での正答率の低さも，人が単純に形式論理に従った推論を行っていないことを示している。

(2) 帰納的推論

帰納的推論は，演繹的推論とは異なり，結論が論理的に妥当であるか保証がない。たとえば，観察した100羽のカラスがすべて黒かったという100件の個別事例から，カラスは黒いという一般的な結論を導くのが帰納的推論である。しかし，この結論は1つでも異なる事例があれば誤りとなる。実際，現実世界で白いカラス（アルビノのカラス）の生存は確認されており，結論が事実としても正しくないことは明らかである。

しかし，個別の事例から一般的法則を導く過程は，人にとって基礎的で重要なものである。ブルーナー（Bruner, J. S.）による概念学習は帰納的推論の能力が我々にあることを示している。この実験で参加者は図5-39にあるようなさまざまな図形を1つずつ呈示される。参加者は呈示される図形が，実験者が想定する人工概念に一致するか判断することが求められる（たとえば，黒い要素が2つある）。ただし，参加者は実験者がその人工概念が何かを知らない。したがって，最初は当てずっぽうで回答する。回答にはフィードバックが与えられるので，参加者は事例に関する知識を積み重ね，帰納的に人工概念にたどり着くことができる。

5・3・4　意思決定と判断

カーネマン（Kahneman, D.）とトヴァスキー（Tversky, A.）は，意志決定と判断の研究に，バイアスとヒューリスティクスのアプローチとよばれるアイデアを持ち込んだ。それまでの研究の多くは，人間が合理的な判断をすることを想定した規範的な意思決定や判断をテーマとしていた。たとえば，人は期待効用を最大化させる選択肢を選ぶと考えたフォン・ノイマン（von Neumann, J.）らの期待効用理論はその代表である。しかし，我々が普段行っている意思決定や判断を振り返ってみても，合理的な判断ばかりしているわけではない。むしろ，非合理な判断を多くしているようにも感ずる。カーネマンとトヴァスキーは人の意思決定過程を記述し，その特徴を記述した。そして，人間の判断には偏り（バイアス）があり，合理的な方略をとるというより，その場しのぎとも思えるヒューリスティクスを用いていることをさまざまな実験から明らかにした。

意思決定にはヒューリスティクスなどを使う自動的なシステム1と，熟考を行い注意的・制御的な意思決定を行うシステム2があるとされる。システム1は直感の，システム2は推論の過程と言い換えることができる。多くの研究者は意思決定や判断が単一のプロセスではなく，少なくとも複数のシステムから成り立つと考えている。

(1)　プロスペクト理論

> あなたは3万円を出して山形へスキー旅行の予約をした。そのあと，1万円の長野へのスキー旅行への予約もした。あなたは長野への旅行の方が楽しめそうだと思っている。
>
> 旅行の2日前にどちらの旅行も同じ日に計画されていたことがわかった。どちらも，もうお金を払ってしまっていて，キャンセルできない。
>
> あなたはどちらの旅行に参加するだろうか？

多くの人は山形へのスキー旅行を選択する。しかし，これは単純に期待効用だけを考えると非合理な選択である。なぜなら，どちらを選んでも支払ったお金は変わらず，主観的には長野へのスキー旅行の方が楽しそうだからである。失うものが変わらないなら，楽しい方を選んだ方が良いに決まっている。しかし，我々は期待効用だけでなく，それまでに支払った費用を考えて選択を行う。これを埋没費用効

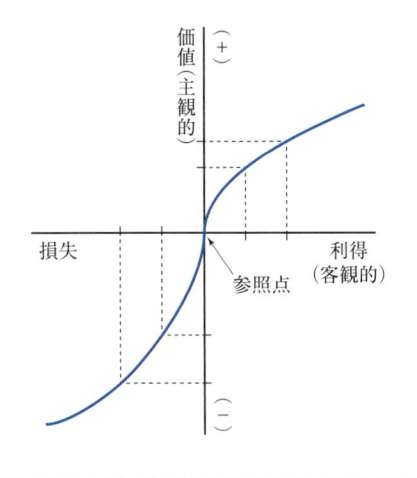

図 5-40　プロスペクト理論に基づく価値関数(Kahneman & Tversky, 1979)
参照点より左側で，つまり損失で，参照点の右側よりも，つまり利得よりも傾きが急になっている。これはわれわれが秘匿に比べ損失を過度に重視することを示す。また，参照点から離れるほど傾きは平行に近くなり，変化による価値の増大や現象が小さくなる。

果とよぶ。これは私たちがひどく損失を嫌うことに由来している。

この結果をカーネマンとトヴァスキーはプロスペクト理論から説明した。この理論では，人間の主観的な価値は損失と利得によって異なると考え，図5-40に示した関数で記述できると主張した。主観的価値は参照点(そのときの値)からの変動で捉えられ，それを下回ると損失，上回ると利得となる。人間は損失には敏感なので，参照点を下回ると価値は急激に減少する。利得にともなう上昇は比較して緩やかである。これは変化量が同じなら主観的に損失の影響が大きいことを示している。また，損失，利得ともに価値の変化が徐々に鈍くなることがわかる。上の問題では，楽しめそうだという利益よりも払い込んだお金の損失を重く見るため，山形への旅行が選択されると説明される。

(2)　フレーミング効果

主観的な価値は，選択肢の呈示の仕方，つまりどのような枠組み(フレーム)で呈示するかによっても影響される。このような枠組みの違いが意思決定に与える影響をフレーミング効果とよぶ。

> ある伝染病が流行する兆しがあり，対策をしないとこの病気で600人が死亡すると予測されている。現在，2つの対策案があり，科学者による対策結果の見積もりは以下の通りである。あなたはどちらの対策が望ましいと考えるか？
> 対策A：200人の人々が救われる。
> 対策B：1/3の確率で600人の人々が救われるが，2/3の確率で誰も救われない。

多くの人は対策Aを選択する。対策AとBは確率的には同じ人数が助かる。だが，"誰も救われない"という否定的な表現が好ましくないので対策Aを選択するのであろう。一方，選択肢として以下のものを用意する選択は劇的に変化する。

> 対策C：400人の人々が死ぬ。
> 対策D：1/3の確率で誰も死なないが，2/3の確率で全員が死ぬ。

このように書くと対策Dを選ぶ人が多い。対策AとC，そして，BとDは表現こそ違うが内容は同じ選択肢である。助かるというポジティブな枠組みで選択肢を呈示すると対策Aが選ばれるが，死ぬというネガティブな枠組みで呈示すると対策Cは選択されない。ヨーグルトなどにも脂肪をカットした商品などがあり，脂肪70％カットなどと書いてある。これだとイメージが良い。しかし，枠組みを変えて"脂肪分30％残存"と書いたらどうだろう。上の問題と同じようにその商品は選ばれないに違いない。

(3)　ギャンブラーの過信

コイントスで賭けをしたとする。出る面を予測できれば賭けに勝てる。では，どのくらい正確に予測できるか試してみよう。5回の賭けにおいて"表，表，表，表，表"と"表，裏，表，裏，裏"のどちらが起こる確率が高いだろうか(図5-41)。

回答を求めると多く人が後者，つまり，"表，裏，表，裏，裏"が生ずる確率が高いと回答する。この回答は間違いである。実はこのふたつの選択肢とも生ずる確率は変わらない。ルーレットの目はその前

図5-41 ギャンブラーの過信
多くの人は表が連続で5回続くより，5回のうち表と裏のどちらもが出る確率が高いと考える。しかし，本文で説明したように両者の確率は等しい。

後の事象によって変化しない（独立である）。そのため，どちらでも各回表が出る確率は0.5である。それを5回掛けた$0.5×0.5×0.5×0.5×0.5=0.03125$が両方のパタンで共通の生起確率である。このような賭け事場面における連続事象に対する主観的確率の誤りをギャンブラーの過信とよぶ。

ギャンブラーの過信は，主観的確率と客観的確率がしばしば一致しないことを示すよい例である。主観的確率とは，ものごとがどのくらい起こりやすうかに関する主観的な見積もりである。思考の研究対象となる確率の多くはこの主観的確率である。

なぜ，ギャンブラーの過信は生ずるのだろう？これは，"表，裏，表，裏，裏"のパタンのほうが，良くある結果に類似しているためである。このパタンに似たパタンは多い（たとえば，"表，表，裏，裏，表"や"裏，表，表，裏，表"）。一方，表が連続して5回出ることは滅多にない。このような事前の知識が確率の評価に影響を与える。

ギャンブラーの過信は，利用可能性ヒューリスティクスという我々がよく使う判断方略の結果である。我々は，その情報がどれくらい容易に検索できるか（利用できるか）に基づいて判断をしがちである。なじみ深い，単に目立ちやすい，想像しやすいといったことだけで，その事象が起こりやすいと判断してしまう。たとえば，周囲で離婚をした人がいると国全体の離婚率を多めに見積もったりする。

(4) 連言錯誤と代表性ヒューリスティクス

リンダは31歳，独身で，意見を率直に言い，また非常に聡明です。彼女は哲学を専攻していました。学生時代，彼女は差別や社会正義の問題に深く関心を持ち，反核デモにも参加していました。リンダの現在の姿についてどちらの確率が高いだろうか？
1. リンダは銀行の出納係である。
2. リンダは銀行の出納係であり，フェミニスト運動の活動家である。

多くの人が2を選択する。しかし，確率が高いのは1である。これは図5-42で示したヴェン図からよくわかるだろう。1つの要素をみたすより，それに加えてもう1つの要素を同時に満たすものの方が少なくなるのは当然である。このような2つの要素をandでつなぐ命題を連言命題とよぶ。このような連言命題における誤りを連言錯誤とよぶ。リンダ問題において連言錯誤がおこるのは，リンダのプロフィールから，その典型像との類似性から判断してしまうからである。トヴァスキーとカーネマンはこの典型像との類似性を代表性と表現して，このような方略を代表性ヒューリスティクスとよんだ。

ここまで思考研究を概観した。人間の思考があまり合理的でないことよくわかったのではないだろうか。カーネマンとトヴァスキーによるバイアスとヒューリスティクスのアプローチが示すように，我々の思考過程は，偏りと思いつきに満ちているように思われる。

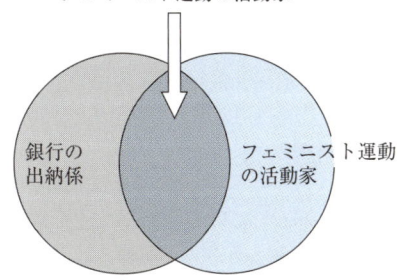

図5-42 リンダ問題の図的表現
このベン図のとおり，銀行の出納係とフェミニストの運動の活動家という2つの条件を満たす方が，どちらか一方を満たすよりも確率は低くなる。しかし，本文中のストーリーだけを聞くとそうは思えない。

■ 5章の参考図書

バドリー，A./井関隆太ほか（訳）（2012）．ワーキングメモリ思考と行為の心理学的基盤　誠信書房

市川伸一（編）（1996）．認知心理学4 思考　東京大学出版会

カーネマン，D./村井章子（訳）（2014）．ファースト＆スロー：あなたの意志はどのように決まるか？（上・下）．ハヤカワ・ノンフィクション文庫

カンデル，E.R.・スクワイア，L.R./小西史朗監修・桐野豊（訳）（2013）．記憶のしくみ（上・下）講談社ブルーバックス

川崎惠里子（2014）．文章理解の認知心理学：ことば・からだ・脳　誠信書房

道又爾・北崎充晃・大久保街亜・今井久登・山川恵子・黒沢学（2011）．認知心理学：知のアーキテクチュアを探る（新版）　有斐閣

奥田秀宇（2008）．意思決定心理学への招待　サイエンス社

大津由紀夫（編）（1996）．認知心理学3 言語　東京大学出版会

高野陽太郎（編）（1996）．認知心理学2 記憶　東京大学出版会

Column 5
ヴェルトハイマーとゲシュタルト心理学者たち

　20世紀の心理学において，それまでの心理学にはなかった新たな潮流を3つ選べと言われれば，行動主義，精神分析，そしてゲシュタルト心理学が上げられるだろう。正確にいえば，ゲシュタルト心理学の源流は1890年にオーストリアのグラーツ大学の心理学者エーレンフェルス（Ehrenfels, C.）の「ゲシュタルト質について」という論文にある。作曲家ブルックナーに師事するなど音楽的才能もあったエーレンフェルスは，移調したときに個々の音の成分が変わってもメロディ自体は保たれることに着目し，個々の音の成分とは別に何かまとめる役割となるもの（「ゲシュタルト質」と命名）が存在していると考えた。

　のちにエーレンフェルスはこの考え方を撤回するが，その契機となったのが20世紀になってゲシュタルト心理学を世界中に知らしめたマックス・ヴェルトハイマー（Wertheimer, M. 1880〜1943，ウェルトハイマーは英語読み）の実験的研究にある。ヴェルトハイマーはプラハ（当時はオーストリア帝国領）に生まれ，プラハ大学では奇しくもエーレンフェルスの授業を受講していた。その後，ベルリン大学で心理学や法学を学ぶが，この時に心理学を教えていたシュトゥンプ（Stumpf, C.）教授の元にはヴェルトハイマーのほかにケーラー（Köhler, W.）やコフカ（Koffka, K.）がおり，集団力学（グループダイナミックス）を考案するレヴィン（Lewin, K.）も少し遅れて加わった。

　ヴェルトハイマーもヴァイオリンの名手だったというが，彼の名前を有名にした研究は聴覚的ではなく視覚的なもので，1912年に発表された「運動視に関する実験的研究」という論文である。この論文のなかで行われた実験は，物理的運動が生じていないはずの視野に運動を知覚するというもので，仮現運動あるいはファイ現象として知られている。実験そのものは1910年の秋から冬にかけて行われたが，その直前の休暇中に列車で移動中にヒントを得たという。当時ヴェルトハイマーはフランクフルト大学に出入りしている研究員で，ケーラーとコフカはともにフランクフルト大学で助手を務めていた。この実験には3人の実験参加者がいたが，ケーラーとコフカ，それにコフカ

夫人が参加していた（昔の論文では実名が書かれていることも珍しくなかったのである）。ヴェルトハイマーとこの3人による共同作業ともいうべきこの論文によって，ゲシュタルト心理学の20世紀バージョンであるフランクフルト／ベルリン学派が形作られたことがよくわかる。

ヴェルトハイマーは1912年の論文によってフランクフルト大学の教授資格を得たが，ドイツはそのあと第一次世界大戦に突入し，そのことはケーラーに思いがけない副産物をもたらすこととなる。ケーラーは1913年にベルリン大学の人類学研究所の研究員としてアフリカ北西部に位置するカナリア諸島に赴いたのだが，戦争が勃発したためにドイツに戻ってくることができなくなってしまった。そこで腰を落ち着けて研究した結果生まれたのが，かの有名なチンパンジーの洞察学習なのである。天井から下がっているバナナを取るために，箱や棒を使うといった行動が試行錯誤的ではなく突然思いついたように出現したことを観察したケーラーは終戦後，帰国して『チンパンジーの知能検査』（日本ではかつて出版された『類人猿の知恵試験』という邦訳のほうが知られている）という本にその研究をまとめた。

ドイツほど心理学が政治の影響を受けた国もないのではないだろうか。1933年にヒトラーを党首とするナチス（国家社会主義ドイツ労働者党の略称）がドイツの政権をにぎると，法律によってユダヤ系の人々が公務員職から追放されることになった。国立大学がほとんどだったドイツにおいて，このことは大学教授職も公務員であったことを意味する。1933年当時のドイツ国内の大学において心理学の教授職にあった15人のうち，ユダヤ系は全部で5人おり，この5人は後に失職あるいは休職扱いになった。ヴェルトハイマーはこの5人のなかの1人で，フランクフルト大学の教授の職を追われ，結果的にアメリカに亡命した。ちなみに，コフカはナチス政権よりはるかに早い1924年にはアメリカへ移り住んでいた。

ベルリン大学で教授職にあったケーラーはユダヤ系ではなかったために，ヴェルトハイマーのようなことはなかったが，大学へのナチスの介入にはがまんできず，やがて1935年に亡命してヴェルトハイマーらが待つアメリカへ向かった。一方，ナチス政権ができた当時まだ講師だったレヴィンはユダヤ系であった。しかも，このときちょうどレヴィンは前年の1932年から渡米して研修旅行中だったので，母国におけるナチス政権の動きに気づいていなかった。しかも1933年にはアメリカ西海岸から船で横浜へやってきた。この来日時にはナチス政権がすでに成立していたものの，

ドイツの学者の代表のように講演にやってきた彼に誰も情報を伝えなかったのだろうか，異国でじゅうぶんな情報を得られないまま，シベリア鉄道に乗ってモスクワ経由でドイツへ戻ろうとした。ところがモスクワではロシア出身の女性心理学者でベルリンに留学したことのあるゼイガルニク（Zeigarnik, B.）が出迎えた。ゼイガルニクはツァイガルニク効果あるいはザイガルニク効果として知られている現象（未完成の課題のほうが完成された課題よりもよく記憶されるという現象）をレヴィンと一緒に研究した人物で，このゼイガルニクがレヴィンに早くドイツへ戻って速やかに国を離れることを勧めたという。こうしてレヴィンはあたふたとドイツをあとにして，アメリカへ向かった。ドイツをあとにするレヴィンをベルリンで見送った人々のなかに，当時日本から留学していた千輪浩（元東京大学教授）がいた。レヴィンは日本人の留学生に対してとてもよくしてくれたという。

結果的に，ヴェルトハイマーは1943年，コフカは1941年，レヴィンも1947年に亡命先でそれほど長生きせずに人生を終わってしまった。ケーラーは長生きしたものの，アメリカ心理学会に影響力を与えるようなことはなかった。唯一，レヴィンだけは集団力学やアクションリサーチなど，アメリカの社会とマッチした研究の方向性を打ち出し，弟子にも恵まれた。ヴェルトハイマーの息子マイケルは父親と同じく心理学者となり，その著書のなかには邦訳された『心理学の歴史』があるので，参考にしていただきたい。

ヴェルトハイマーの主要論文を英訳した本のカバー
写真の人物はヴェルトハイマー本人で，背景に写っている車輪のような物体が実際に用いられたタキストスコープ（瞬間提示装置）である。

Ⅳ部

心のはたらきとしくみ

　私たちの心のはたらきはたいへんに複雑である。この複雑な心のはたらきについて，21世紀の科学では次のように考えられている。心のはたらきは脳によってその多くを担われている。脳と心のはたらきは，生命の進化の過程の中で獲得されてきた。生命体は環境と無関係のままで生存することはできない。環境に対して適応的な反応を行うことが生存のためには必要不可欠である。このためには環境を感受して，環境からの情報を取得する必要がある。このような考え方に基づくならば，6章で取り上げる感覚・知覚のはたらきこそが，最も原始的な心のはたらきの一つということになるのかもしれない。また，7章で概観する脳や神経系と心のはたらきとの結び付きを知ることが，心のはたらきを理解するための重要な鍵となるだろう。このⅣ部では，心がどのようにして外界とのつながりをもっているのかという心のはたらきの原点と，複雑な心のはたらきを実現する機構（メカニズム）すなわち心のはたらきの基盤についてみていこう。

6　感覚・知覚（認知心理学2）

　私たちの心が外界の事象を感じたり知ったりするはたらきを，〈感覚〉あるいは〈知覚〉とよぶ。「見える」「聞こえる」「においがする」「味がする」「触れている」といった心的体験は，すべてこの感覚・知覚のはたらきの結果である。つまり，この感覚・知覚のはたらきこそが，私たちの心が外の世界から情報を得る唯一の手段であり，このはたらきがなければ，私たちは生存のための適切な行動を取ることはできない。

　日常生活においては，感覚・知覚のはたらきそのものについて意識することはほとんどない。そして感覚・知覚の体験において「不思議」を感じることも稀である。しかしながら，感覚・知覚のはたらきを説明しようとしてみるとその言葉が見つからないことに気づくことになる。心と外界を結ぶはたらきの解明は，心理学者の興味をひきつける難解な問題のひとつなのである。

　この章では，私たちの心が世界とどのようにしてつながりを保っているのか，そして，世界をどのようにとらえているのかを考えながら，感覚・知覚のはたらきを詳細にみていこう。

6・1　感覚と知覚

6・1・1　刺激から感覚・知覚へ

　外界の物体や事象，および身体内のさまざまな状況によって，物理化学的エネルギーが発生したり変化したりする。生体の細胞には，外界からのエネルギーやその変化を受けると電気的反応を発生させるものがあり，この細胞で生じた電気的反応の信号が（神経系によって）脳に伝達されると，私たちにさまざまな心的体験が引き起こされる。

　心理学では，この物理化学的エネルギーを〈刺激〉とよび[*1]，これを受容して信号に変換する細胞などを〈感覚受容器（受容細胞）〉とよぶ。感覚受容器は種類ごとに特定の物理化学的エネルギー（刺激）を受容することに特化されていると考えられ，それぞれの感覚受容器に対するこのような刺激を特に〈適刺激〉とよぶ。しかしながら実際には，受容器は適刺激以外の刺激にも反応することがある。受容器の反応を引き起こす適刺激以外の刺激は〈不適刺激〉とよばれる。たとえば，眼という器官には，光を適刺激とする光受容細胞とよばれる感覚受容器があるが，これは強い力学的作用によっても反応を

生じさせる。このため，眼に圧力や衝撃を受けたときにも私たちは「見える」という体験をしてしまうことがある。

〈感覚〉という語は，物理化学的エネルギーを感受するはたらきを表す際に用いられると同時に，はたらきの結果として得られる比較的単純な心的体験（物理化学的エネルギーと直接的な対応関係があるような心的体験）を表す際にも用いられる。これに対して〈知覚〉という語は，物理化学的エネルギーから外界の物体や出来事についての心的体験を作り上げるはたらき，あるいは，そうして得られた比較的複雑な心的体験のことを表す際に用いられる。

「知覚というはたらきによって知覚が得られる」という言い回しは奇妙であるから，はたらきの結果である心的体験を明確に表現する際には「像」という語をつけて〈知覚像〉という表現を用いることがある。

記憶されている情報なども用いてさらに高次の情報を作り上げるはたらきやその結果は〈認知〉とよばれる。感覚が低次で，知覚は高次，認知はさらに高次，というニュアンスで慣用されるが，これらの間に厳密な境界があるわけではない。

刺激と感覚・知覚のはたらきは，図6-1のような枠組みで理解することができる。知覚像やその認知は，はたらきのゴールとしてだけではなく，行動のためのスタートとしての意味ももっている。感覚・知覚のはたらきは，生体と外界との間で循環する過程の一部を構成しているのである。

6・1・2 感覚・知覚系の分類

刺激となる物理化学的エネルギーの種類[*1]，それを感受する受容器の違い，その情報を処理している脳部位の違い，結果として生じる心的体験の質的違いなどのさまざまな観点によって，感覚・知覚のはたらきはいくつかに分類される。こうして分類された感覚・知覚の種類のことを〈モダリティ(modality)〉とよぶ[*2]。現在の一般的な考え方によれば，表6-1に示すようになる。

6・2 感覚的機能

刺激の物理化学的な様相と感覚体験との対応関係を調べる研究アプローチのひとつに，〈心理物理学(psychophysics)〉（精神物理学とよばれることもある）があるが，本章ではこの考え方に沿って感覚のはたらきをみていくことにする。

6・2・1 刺激の感受

日常ではつい忘れてしまうことが多いが，私たちは外界のあらゆることを感知できるわけではない。私たちに備わっている感覚のはたらきが機能できるのは，ある範囲の刺激に限定される。

刺激の物理的な量に着目すると，刺激の存在に気がつくことができる最小の物理的刺激量を想定することができる。これを〈刺激閾(いき)〉という。逆に，それ以上大きくなると，適切な心的体験ではなく，痛みが感じられたり，身体（受容器）が損傷したりしてしまう刺激の許容最大限界量を想定することもできる。これは〈刺激頂〉とよばれるが，刺激頂付近の刺激は生体にとって危険であるから，これを実際に測定することは困難である。

刺激閾の値は，小さいほど「感じる能力」が高いことを意味する。感じる能力の高さを表現する際には，刺激閾の逆数によって定義される〈感度〉が使われることがある。刺激閾値が小さくなれば感度値は大きくなるので，感度を用いて表現すれば，能力の高低を直感的に理解しやすくなる。

視覚の適刺激は，およそ380 nmから780 nmの波長範囲の電磁波である（1 nm(ナノメートル) = 10^{-9} m）。これが可視光ともよばれるいわゆる「光」である（図6-2）。光の強度についての刺激閾は，最良の条件下ならば，太陽光のおよそ1兆分の1程度の光量と考えられている。空間的な大きさについての刺激閾は，明るい背景に暗い線分を呈示するとき（たとえば，白い紙に黒い線を描いて観察するような場合）の線分の太さについていえば，およそ視角0.5秒（およそ1/400 mmを1 mの距離から観察することに相当）と言われている（視角については6・3・1で詳述）。

聴覚の適刺激は，およそ20 Hzから20,000 Hzの

[*1] 嗅覚と味覚というモダリティにおける刺激は，物質分子であり，受容器への物理的接触が反応の要因となっているのだが，本書では，物質や物理的接触も「物理化学的エネルギー」と包括的に表現している。

[*2] 〈モダリティ（感覚様相）〉という語は，もともとは主観的経験の違いによる区分を表す言葉であったが，現在では，他の基準で感覚・知覚を分類した際にも用いられている。

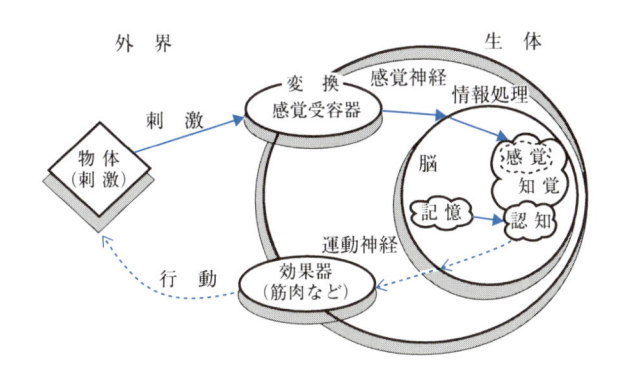

図6-1 知覚過程概念図
生体は，外界の刺激の情報を感覚受容器によって取り入れ，脳においてさまざまな情報処理を行っている。さらに，それを基に外界に対して適切な行動のための指令を作り，実際に行動をとっている。その行動によって変化する外界は，生体にとってまた新たな刺激となる。生体と環境は，知覚と行動によって循環する系をなしている。

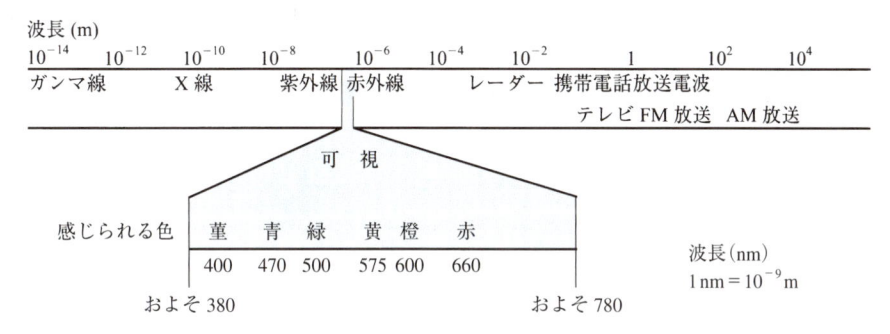

図6-2 可視光線(Kimble et al., 1984を改変)
光は電磁波の一種であり，ヒトが視覚的に感受可能な光を特に可視光とよぶ。光の波長という性質の違いによって，ヒトは色の違いを感じる。虹やプリズムによる分光において，さまざまな色が見えるのはこのことを示す知覚現象の一例である。

表6-1 感覚系の分類(松田, 2000を一部改変)

モダリティ	心的体験	感覚器官(受容器のある身体部位)	受容器(細胞)の呼称	受容器	適刺激
視覚	明るさ，色など	眼	視細胞，光受容器	眼球内網膜の桿体と錐体	光(電磁波の可視領域)
聴覚	音	耳(内耳蝸牛)	有毛細胞	内耳蝸牛基底板上のコルチ器内の有毛細胞	音波(空気の疎密波)
嗅覚	におい	鼻(鼻腔上部の嗅粘膜)	嗅細胞	嗅粘膜の嗅細胞	揮発性があり，水溶性かつ油溶性物質
味覚	味	舌，口腔内の一部	味細胞	味蕾の味細胞	水溶性物質
皮膚感覚	触，圧	皮膚	機械的受容器	皮膚下のメルケル細胞，マイナー小体，ルフィニ終末，パチニ小体など	圧力，振動
	温		温受容器	神経終末(未詳)	熱エネルギー
	冷		冷受容器	無髄神経終末	熱エネルギー
	痛		痛覚受容器，侵害受容器	自由神経終末	強度の侵害刺激(物理的，化学的)
深部感覚(固有感覚)(自己受容感覚)	四肢の位置や運動状態(方向・速度)抵抗感・重量感など	筋	筋受容器	筋紡錘	筋・腱・関節に加わる張力・圧力など
		腱	腱受容器	ゴルジの腱器官	
		関節	関節受容器	各種小体，神経終末	
内臓感覚	空腹，渇き，排泄感，痛みなど	内臓	(圧受容器，化学受容器，神経終末など)		
平衡感覚(前庭機能)	身体の傾き，移動感，重力など	内耳の前庭器官(耳石器，半規管)	有毛細胞	内耳の耳石器と半規管の有毛細胞	重力，直線加速，回転運動

周波数の範囲の音波(気圧の変動)である(周波数とその単位 Hz(ヘルツ) については，6・2・2 で詳述)。強度の刺激閾である〈最小可聴値〉は，個人差が大きく，さらに加齢による変化があることも知られている。強度の可聴範囲を示す刺激閾と刺激頂の比は，およそ1兆倍から100兆倍にも及ぶ(図6-3)。

2つの刺激の間の間隙を感知することができる，すなわち2つの刺激を分離して感じることができる最小の刺激間距離を〈最小分離閾〉という。視覚においては，刺激に用いる図形によって異なるが，平均的なヒトではおよそ視角1分(0.3 mm を1mの距離で観察することに相当)となる*3)。皮膚感覚においては，同時に皮膚上の2点を刺激したときに1点ではなく2点と感知できる最小の間隔を，特に〈触2点弁別閾〉とよぶことがあるが，これは身体部位によって大きく異なっている(図6-4)。皮膚感覚の圧力についての刺激閾を身体部位ごとに図6-5に示した。触られたと感じる敏感さと，2か所を触られていると感じる敏感さとの類似や相違を，その意味の違いとともに比較してほしい。

刺激が2つであると感知した場合でも，2つの刺激が相同ではなく異なっていると感じ取るためには，2つの刺激のなんらかの性質において十分な大きさの差異が必要となる。感じ分けが可能となる刺激の最小の差異を〈最小可知差異〉という。感じ分けることを心理学では〈弁別〉とよぶので，最小可知差異の物理量を〈弁別閾〉という。

弁別閾は，刺激そのものの物理量にあいまって変動することが知られている。一般的には，刺激の物理量が大きいほど弁別閾の値も大きくなる。基準とする刺激の物理量(S)とこのときの弁別閾値(ΔS)との関係を調べると，この比 $\Delta S/S$ は，日常的な中程度の刺激量の範囲においては，それぞれの感覚次元(6・2・2で詳述)においてほぼ一定とみなせることが見出されている(表6-2)。発見した研究者の名から，この比は〈ウェーバー比〉とよばれている。また，この比は，弁別閾を相対的な値で表現していることになるので，〈相対弁別閾〉ともよばれる。

弁別閾と刺激閾については，弁別閾は刺激の相対的な関係に基づくので相対閾，刺激閾は刺激そのものの検出を物理量ゼロとの関係で表現することになるから絶対閾，とよんで対照することもある。

6・2・2　刺激の次元と感覚の次元

単一のモダリティ内であっても，性質や様相の異なる複数の感覚的印象が存在する。これらは〈感覚の次元〉としてとらえることができる。感覚の次元は，刺激の物理的次元と比較対照できることが多い。実際には複雑な関係性があるが，単純化した関係を見ることで，感覚のはたらきと感覚の次元について直感的な理解を深めることができる。

たとえば視覚の場合は，刺激である光には強度と波長の次元があるが，強度の変化によって明るさの連続的な変化を感じるし，単一の波長しか含まない光(単波長光という)を観察した場合には，その波長の違いに応じて，見える色が連続的に変化するように感じる(図6-2)。視覚のはたらきにおいては，刺激の強度次元と感覚の明るさ次元，刺激の波長次元と感覚の色次元とがそれぞれ関わりが深いことが推測される。

色という心的体験は，視覚以外のモダリティでは得られない視覚特有の次元である(これに対してたとえば，「大きさ」という次元は視覚でも触覚でも感じることができる)。また，見えている世界の全ては，色によって構成されているということもできる。ここで，色について少し詳しく見ておこう(ヒトの色の見え方には型の違いがある。本書ではヒトの多数派の見え方を紹介する)。赤色に見える長波長光と青色に見える短波長光とを重ねて混合した光を観察する(〈混色*4)〉)と，赤と青の両方の印象をもたらす紫色が感じられる*5)。この紫色と，単波長光によって感じられるさまざまな色を，「感じられる近さ」にしたがって並べていくと，円環状になる。これを〈色相環〉という(図6-6)。色相環では，中

---

*3)　日常的に用いられる視力の指標値には，最小分離閾値(単位は視角の分)の逆数が用いられることが多い。視角1分なら視力1.0，視角30秒(=0.5分)なら視力2.0となる。なお，日本人の平均視力についての正確な資料はない。ともかくも自身の視力値とその意味を理解しておこう。

*4)　異なる色に見える刺激を，何らかの方法で混合することによって，混合の前とは異なる色が観察される現象あるいはそのような操作を混色という。眼に入射する光の量の変化を考えて，光刺激の足し合わせのように光量が増加する混色を加法混色という。塗料等を足し合わせると光をより吸収し塗布した表面からの反射光の光量は減少するので，このような混色を減法混色という。

*5)　極めて短い波長の可視光は菫色に見えるが，この色からは，長波長光のときの赤色に似た印象も感じられる。

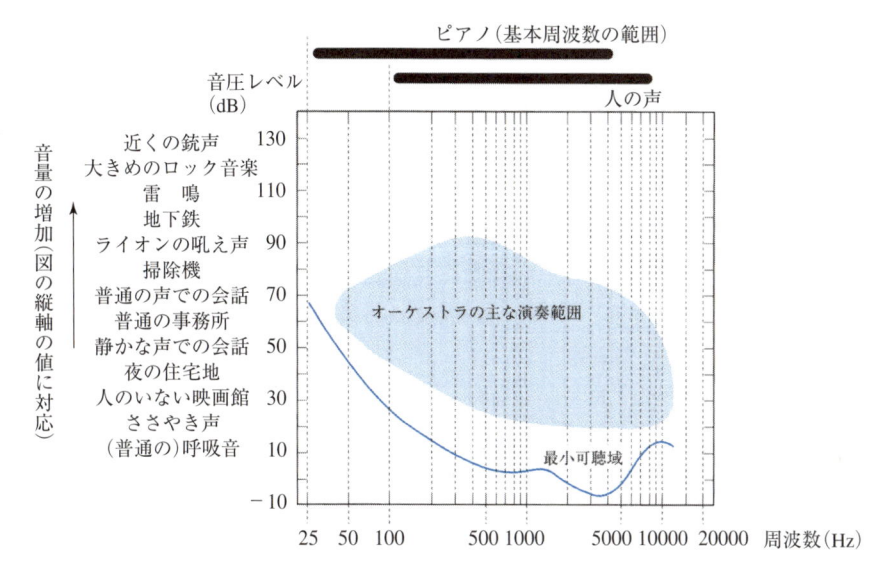

図 6-3 可聴範囲と日常的な音の音響的特徴のおおまかな目安(Sekuler & Blake, 2002)

表6-2 ウェバー比(Teghtsoonian, 1971)

刺激の次元	ウェバー比
光の強さ	0.079
線の長さ	0.029
音の強さ	0.048
持ち上げる重さ	0.020
電気ショック	0.013
指先への振動(250 Hz)	0.046
食塩の濃度	0.083

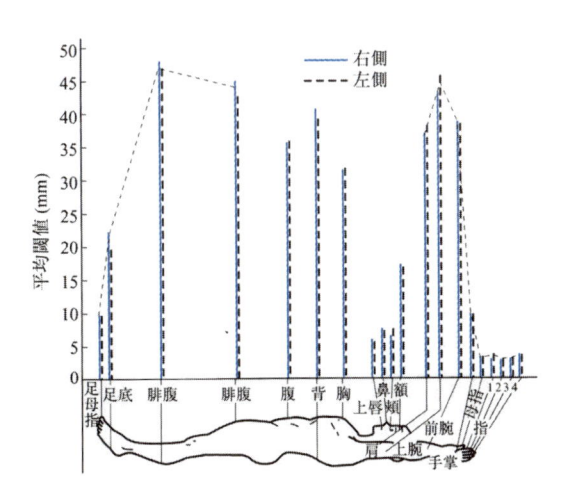

図 6-4 触2点弁別閾(男性)(Weinstein, 1968)
皮膚に接しているのが2カ所か1カ所だけなのかを区別するために必要な間隔を表すのが触2点弁別閾である。手指や口唇部では弁別閾が低いことから、言わば「細かく」知覚されていることが推測される。

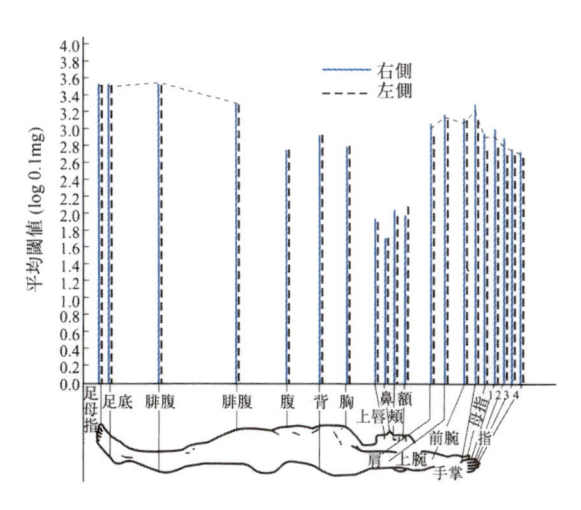

図 6-5 圧覚閾(男性)(Weinstein, 1968)
皮膚に触れられていることがわかるかどうかの敏感さを圧力で表すのが圧覚閾である。皮膚下の構造によって影響を受けるので、平均的には性差がありうる。顔面では閾が低く、わずかな接触にも敏感であるが、足などでは比較的強い圧力が加わらないと触れられたと感じることができないということがわかる。

心をはさんだ対極に，〈反対色〉あるいは〈補色〉とよばれる色を配することができる。赤色と緑色，青色と黄色などの関係がこれに当たる。これらの色を感じさせる2つの塗料を混合して観察する〈減法混色〉を行うと，いずれの色の印象ももたらさない灰色に感じられる。また，それぞれの対の一方の色を長時間観察するなどして〈(陰性)残像〉を形成すると，その残像には対の他方の色が感じられる。あるいは，対の色を隣接させると，「他方の色をいっそう際立たせる現象」である〈色の対比〉という現象が観察される(残像と対比については6・2・3で詳述)。1つの色を見たとき，反対色の関係にある2つの色の印象を同時に感じることはほぼない。「赤みがかっていてかつ緑みがかっている色」も「青みがかった黄色」も感じられることはまずないし，想像することも難しい(少数派の色の見え方においてはそうともいえない)。このことから，ヒトの色を見るはたらき(〈色覚〉のはたらき)においては，色を対極的に取り扱う過程が存在することが示唆される。

感じられる色の印象には，〈色相(色み)〉，〈明度(明るさ)〉，〈彩度(鮮やかさ，色みの濃さ)〉の3つの属性(〈色の3属性〉)がある。これらはそれぞれ別々に変化させることができるので，独立した次元として考えることができる。視覚的次元の一つである色がさらにそれ自体が3次元的に理解されるというように，感覚・知覚の次元は階層構造をなすこともある。〈彩度〉は，刺激光がどのような波長の光の混合であるかという組成(〈スペクトル〉)の違いによって変化するものである。ありとあらゆる異なる色を集めて，これらを心理的距離(感じられる近さ遠さ)に基づいて配していくと，3次元の立体構造を呈する。これは〈色立体〉とよばれる(図6-7)。この色立体は，私たちが感じる色という心的体験を系統的かつ客観的に空間表現したものということができる。

色相の次元は，光の波長という物理的次元に対応させて考えることができるが，波長の物理的特性だけでは，色についての多様な心的体験(混色や，さまざまなスペクトル光によって知覚される色など)を説明することができない。色覚のはたらきの詳細については，参考書を参照してほしい。

聴覚の適刺激である音波の正体は，私たちヒトの日常においては，主に物体の振動によって生じる空気の圧力変化の伝播である。圧力変化(これによって音圧が定義される)における増減の幅によって主に〈音の大きさ〉が，増減の時間的な速さによって主に〈音の高さ(ピッチ)〉が感じられる。感じられる音を表現する際には，大きさや高さの他に〈音色〉(ねいろ・おんしょく)という特徴も必要になる。音色とは，たとえば異なる楽器が同じ大きさ同じ高さで音を奏でたとしても違う音に聞こえるが，その違いであるところの音の質に相当するものである。感じられる色が3つの属性で3次元的に表現できることを既に述べたが，感じられる音もまた3次元的に表現することができる。

物理的な音波を記述する際には，気圧の時間的な変化を時間と圧力の2次元で直接的に記述するのではなく，音波をさまざまな〈純音〉の足し合わせとして数学的に表現する方法がとられることが多い*6)。このときの純音の足し合わせによる表現も〈スペクトル〉という。〈純音〉とは，物理的に最も単純な周期的な変化(数学的には正弦波として表現される)による音波であり，この周期的な気圧変化が1秒間に繰り返される回数を周波数(単位はHz (ヘルツ))という。実際には，音波が純音の足し合わせで「作られて」いるわけではないが，このように記述可能であることもまた，通常の光がさまざまな波長の光*7)の足し合わせであることと対照的で興味深い(図6-8)。

純音に最も近い音を出す事物の例は，楽器の調律(音合わせ)などに用いられる音叉(おんさ)である。純音を聞くと，その周波数の高低に応じて音の高さを感じる。一般的な音階における楽音ラの周波数は440Hzであり，1オクターブ上のラは880Hz，2オクターブ上のラは1,760Hzとなる。1オクターブとは，周波数が2倍の関係にあることを意味する。刺激の属性である周波数においては何倍という表現ができるが，感覚的に「何倍の高さ」として感じられるかどうかは疑問である。1オクターブ上の音や2オクターブ上の音が「2倍の高さ」や「4倍の高さ」に聞こえるかどうか，ぜひ各自で試してみてほしい。

さらに，感じられる音の高さを音楽的な楽音とし

---

*6) 数学的には，どんな複雑な音波であっても，さまざまな周波数の純音の足し合わせとして記述できることが証明されている。
*7) 光は波長で記述されることが多いが，電磁波という「波」の一種であるので，周波数で記述することも可能である。

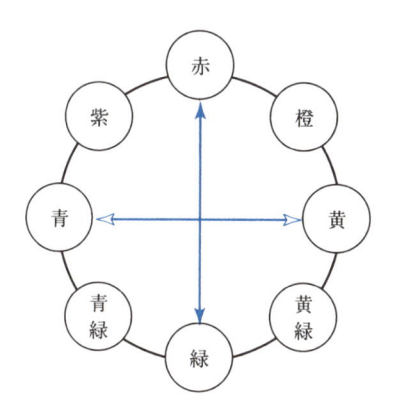

図 6-6 色相環
　さまざまな色味(色相)を徐々に変化していると感じられるように並べていくと、「一列に並んで端と端ができる」のではなく、「環状に循環するように」配置される。この様子を描いたものが色相環である。中心をはさんだ対極には、ある一つの色味においてはその双方の印象を感じることはない「反対色」を配することができる。

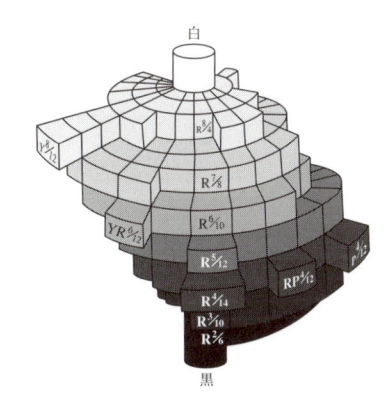

図 6-7　マンセルの色立体(Munsell, 1905; Nickerson, 1940)
　さまざまな色を、感じられる近さに応じた距離に配していくと、3次元的な構造(立体的な構造)を呈することが知られている。マンセルの色立体はこの原理に基づいた色の表現法の1つで、色相は水平方向の角度で、明度は高さで、彩度は中心軸からの距離によってそれぞれ表現されている。中心軸は白－灰－黒の無彩色が並び、中心軸から遠く離れた立体の外側に最も鮮やかな有彩色が現れる。個々の色は、色相を表すアルファベットと、明度と彩度を表す数字を並べて記述される。「R 4/14」は、色相が赤(Red)、明度 4、彩度 14 の意味である。

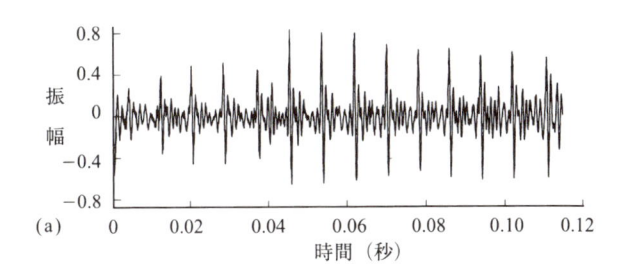

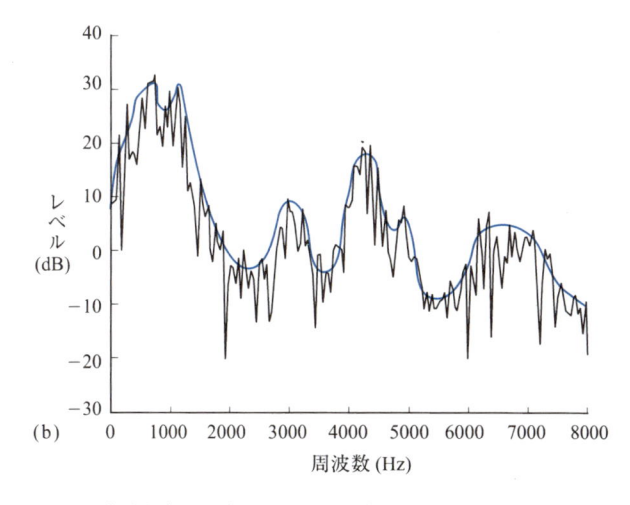

図 6-8　音波と(パワー)スペクトルの例
　(a)は成人男性が発声した"あ"の音の時間波形の一部を示す。縦軸は各時間における空気の圧力の変動量を示す。(b)は各周波数の成分がどれぐらいの量含まれているかを示している(青の線はスペクトルの概形を示す)。各周波数の純音をグラフで示される強さで足し合わせると、(a)の音波となる。

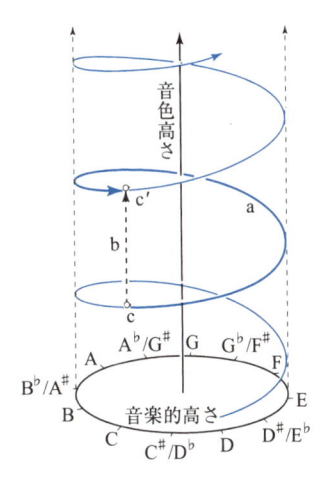

図 6-9　ピッチの螺旋モデル(Shepard, 1965)
　通常、感じる音の高さ(ピッチ)は、主に音の周波数に従って低い方から高い方へと1次元的に変化する。こうした感覚を音色的高さと呼ぶ。一方、音色的高さが異なる2つの音であっても、楽音として同じ階名であるときには、違う階名の音に比べて共通した感覚を覚える(たとえば1オクターブ異なる2つの"ド"同士など)。こうした循環的に変化していく感覚印象を音楽的高さと呼ぶ。図はこれら2つの高さ感覚の関係を示したものの一例であり、垂直方向に音色的高さの変化を、円周方向に音学的高さの変化を示している。

てとらえると，音の高さがオクターブごとに周期的に循環して階層をなしているように感じられる〈調性〉とよばれる現象がある。こうした考え方に基づいて，感じられる音の高さの知覚的構造を立体的に表現しようとする試みもある（図6-9）。波長と色，周波数と音の高さなどのように，刺激の物理的様相と感覚的様相とが，必ずしも相似的な性質をもつとは限らないことに注意してほしい。

他のモダリティでも，その心的体験を構造的に表現しようとする試みがなされてきた。たとえば味覚では，〈四基本味〉という，私たちの感じる味体験が4つの基本的な味要素の足し合わせによって生じているという考え方に基づいて，四面体構造によって感覚的味空間を表現しようとしたものがある（図6-10）。しかしながら現在では，〈うま味〉という5番目の基本味が提唱されており，味覚が四面体構造によって説明できるという考え方は否定されている。そもそも，味の心的体験が要素の足し合わせ的に構成されているという〈基本味〉の考え方に否定的な立場もあり，味覚の説明についての統一された見解は定まっていない。

嗅覚や触覚においても，心的体験の空間構造表現が提唱されたことがある（図6-11, 12）が，いずれにおいても統一的な見解には至ってはおらず，その感覚の構造は研究途上の段階であるといえる。

6・2・3　感覚機能の時間的変化

感覚機能は時間的に定常ではなく，刺激にさらされ続ける（刺激を受容し続ける）ことなどによって，その特性が時間的に変化することが知られている。

日常的な例として，視覚における〈暗順応〉と〈明順応〉を挙げることができる。暗いところに入った直後は何も見えなかったのに，時間が経つにつれて次第に周囲が見えるようになるという体験をしたことがあるだろう。このいわば「暗がりに慣れる」という過程が暗順応である（図6-13）。また，暗いところから明るいところに出た直後はまぶしいと感じても，しばらくすればそのまぶしさがなくなるのが明順応である。いずれの場合も，外界の環境が変化したわけではなく，私たちの視覚系の〈感度〉が変化したことによるものである。嗅覚における順応も日常的である。あっという間に，においが弱くなったり全く感じられなくなったりするのは，空気中の臭気物質濃度の変化ではなく，嗅覚における順応のはたらきによることが多い。

一般的には，同じ刺激に継続的にさらされると，鈍感化である〈負の順応〉が生じる。明順応や嗅覚的な順応はこの例である。

こうした順応のはたらきには，ある種の適応的意義を見出すことができる。刺激が弱いときには感度を上げることによって，弱い刺激でも感受できるようにし，刺激が強いときには感度を下げることによって強い刺激から感覚系を守り，さまざまな環境で幅広い範囲の刺激を受容できるようになっていると考えることができるからである。

他の時間的変化の現象例として，「同じものを長時間見つめる」「明るいものを見る」ということによって生じる〈残像（視覚残像）〉がある。たとえば，赤色の図形をしばらく見つめた後に白い壁面を見ると，赤色の反対色である緑色の同じ形の図形が見える。あるいは，動いているものを見続けることによってその後に見るものの運動印象が変化することがあり，これは〈運動残効〉とよばれる。水が流れ落ち続けている滝をしばらく見つめた後に，近くの静止している岩を見ると，岩が上に昇っていくように見える。この現象は〈滝の錯視〉とよばれる運動残効の一例である。また，回転する渦巻きを見続けると，その後に，遠近感を伴った拡大や縮小が感じられる〈渦巻残効〉という現象も知られている。これらの現象は，視覚のはたらきが，受容器のレベルやより高次なレベルで，はたらき続けたことによっていわば疲弊して反応の強さが減弱したか，もしくは拮抗するはたらきが存在していてその反応のバランスが崩れたか，ということを示唆する。

6・2・4　刺激間の時空間的影響

刺激による感覚的な体験は，その刺激に時空間的に近接する他の刺激によって影響を受ける。たとえば，同一の灰色であっても，その周囲が明るい灰色であるのか暗い灰色であるのかによって，感じられる明るさが変化する（図6-14）。これは，刺激の時空間的近接性によって生じる〈対比〉という現象である。対比はさまざまな感覚的次元において生じる。図6-14に示した〈明るさの対比〉の他に，〈色の対比〉や〈大きさの対比〉などがある。

図6-14の例では，影響する刺激と影響される刺

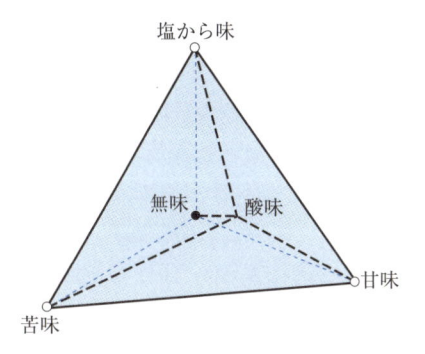

図 6-10 味の四面体と味空間 (Henning, 1916)
　味空間とは，空間的な位置によって私たちの味体験を表現しようとするものである。四基本味の考え方に基づいて提案されたものに＜味の四面体＞がある。四面体の中央に無味に相当する原点があり，各頂点が基本味の方向を表現している。点が頂点へ近づくほど足し合わされているその基本味成分が大きいことを示す。原点と頂点を結ぶ軸上以外の点は，混合されている味を表す。この四面体の内部が私たちの味体験のすべてということになる。

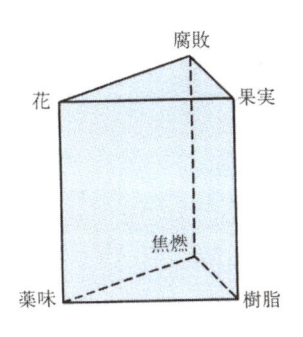

図 6-11 ヘニングのにおいのプリズム (Henning, 1924)
　においの様相として6つの特徴を取り上げ，それを三角柱（プリズム）の頂点に配し，この三角柱の内部の点によってにおいを表現しようとする試みである。ある頂点に近ければ近いほど，その特徴が際だったにおいであることを意味する。

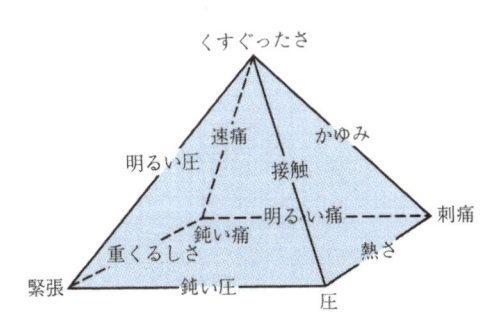

図 6-12 ティッチナーの触覚ピラミッド (Titchener, 1920)
　触覚的体験を，5つの特徴で3次元的に表現しようとする試みである。四角錐の頂点に5つの特徴を配し，辺の中点では，2つの特徴の組み合わせの中間的様相を表現している。たとえば，「くすぐったさ」と「刺痛」の中間は「かゆみ」であるというように。
　こうした3次元立体による知覚体験を記述しようとする試みは，i) 記述するために取り上げたいいくつかの特徴はその数も含めて適切なのか，ii) そもそも4つ以上の特徴を任意の n 次元立体ではなく3次元立体によって表現することは知覚的に妥当なのか，といった批判を受けることになる。

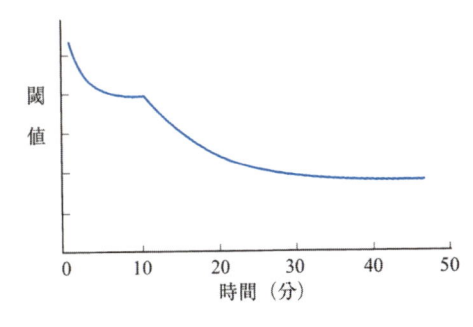

図 6-13 暗順応曲線 (Hecht et al., 1937)
　ヒトの明るさの閾値を暗がりに入ってからの時間経過とともに測定してグラフにした暗順応曲線は，特徴的な形状になる。滑らかではない変化の部分（グラフのとがった部分）は，コールラウシュの屈曲と呼ばれる。この屈曲以前の曲線は，網膜にある2種類の光受容細胞のうちの一方である明所視下ではたらく錐体細胞の暗順応過程によるもので，屈曲以後の曲線は，もう一方の暗所視下ではたらく桿体細胞の暗順応過程によるものであることがわかっている。

図 6-14 明るさの対比
　3つの図では，中央部分の六角形の輝度は一定であるが右の図ほど明るく感じる。これは周囲の部分の輝度が右に行くほど低くなっているため生じており，明るさの対比の一例である。

激とが時間的に同時に存在しているので〈同時対比〉という。対比の現象は，刺激が同時に存在している場合だけに限らない。同時ではなくとも，時間的に十分に近接していれば，対比の現象が生じることがある。このような，同時に刺激が存在していない場合の対比は〈継時対比〉とよばれる。

刺激の時空間的近接の様相によっては，刺激間の違いが強調される対比という現象ではなく，類似化される同化とよばれる現象が生じることもある（図6-15）。対比と同化は，影響による感覚体験の変化の方向が正反対である。

さらに，時空間的に近接した刺激による影響として，〈マスキング（遮蔽）〉という，他の刺激によって別の刺激が感知されなくなったり，感知されにくくなったりする現象を紹介しておこう。くさいにおいが香水のにおいで消えるのは嗅覚的マスキングの例であり，話し声が騒音によって聞こえなくなるのは聴覚的マスキングの例である。くさいにおいの素である刺激物質も話し声も，その刺激が弱くなったから感知できなくなったのではなく，原因は他の刺激の存在である。これらの例では刺激に対してその感知を妨げる作用をもった刺激が同時に呈示されているので，〈同時マスキング〉という。マスキングは，同時に存在していない刺激によっても生じる。たとえば，ある画像が，単独呈示であれば十分見える短時間呈示されたとしても，その直前あるいは直後に，別の刺激画像（ここではノイズ刺激とよぼう）が呈示されることによって，その画像が見えなくなってしまうことがある。これらは，刺激の継時性から〈継時マスキング〉とよばれ，ノイズ刺激の影響の時間的方向性から，前者（ノイズが先）を〈順向マスキング〉，後者（ノイズが後）を〈逆向マスキング〉とよぶ。

6・3 知　覚

ここまでの話だけでは，私たちが感じている心的体験は感覚受容器に到達した刺激そのものである，と誤解されてしまうかもしれない。しかし，物理的な刺激と主観的な体験との関係を探っていくと，私たちの心的体験（知覚像）は，刺激を単純にそのまま受け入れた結果ではないということがわかる。視覚で述べれば，そもそも日常的には，「見えている」のは光ではなく，外界の事物である。刺激と知覚像とがどのような関係にあるのか，より高次な知覚のはたらきを見ていこう。

6・3・1　知覚の恒常性

視覚において，網膜に映った像と主観的な体験（「見え」の知覚像）との関係を考えてみよう。図6-16(a)は，離れたところにある木が眼球内の網膜上に像を形成する様子を模式的に示したものである。大まかに言うと，木の1点からの反射光は，眼のレンズ（水晶体）によって，眼の奥にある網膜上の1点に収束する。木の近接した点からの反射光は網膜上でも近接した点に収束し，網膜上に2次元的に広がる投影像が作られる。これが網膜像となる。このようにして光学的に形成される網膜像もまた，視覚の感覚受容器にとっては刺激（〈近刺激〉[*8]）として理解することができる。

単純に考えれば，「網膜像がそのまま『見え』となる」と予想することになるのだが，この予想は，さまざまな知見によって完全に否定される。

たとえば，知覚される大きさについて考えてみよう。対象までの距離が大きくなれば，網膜での対象の像は小さくなる（図6-17）。図中の α, β は，同じ大きさの2つの事物が異なる距離にあるときに網膜に張る角度を表している。同時にこの角度は像の大きさも表すことになる。網膜での像の大きさを記述する際には，この〈視角（visual angle）〉を用いることが多い。網膜像での長さは，対象までの距離に反比例する。つまり，もし私たちが網膜像をそのまま忠実に受け入れることで「見ている」のであれば，知覚される大きさは，見ている距離に応じて，たとえば3倍の距離に遠ざかれば，長さにして1/3倍に，面積にして1/9倍に縮んで見えることにな

[*8)] 刺激という語は，広い意味では生体に影響を与える事象を示す際に用いられる。感覚のはたらきにとっての刺激は，厳密に考えれば，外界に存在する物体や出来事ではなく，感覚受容器に届くもの（光や音など）である。しかしながら，その刺激を生み出すものであり，知覚される対象ともなっている物体や出来事も，知覚のはたらきにとっては刺激であるということができる。このため，感覚受容器に到達する刺激を近刺激，物体や出来事を遠刺激とよんで区別することがある。たとえば視覚の場合，観察者から離れて存在する事物が遠刺激であり，そこから放射あるいは反射されて網膜に入射する光が近刺激である。視知覚系にとっては，光によって光学的に網膜に結ばれた網膜像も近刺激とよぶことができる。

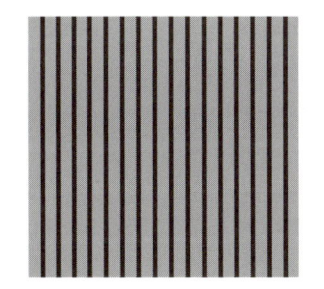

図 6-15　明るさの同化
　　　左右 2 つの図で灰色の領域の輝度は一定であるが，黒い線が入っているときには，白い線が入っているときよりも，明るさの同化によって暗く感じられる。

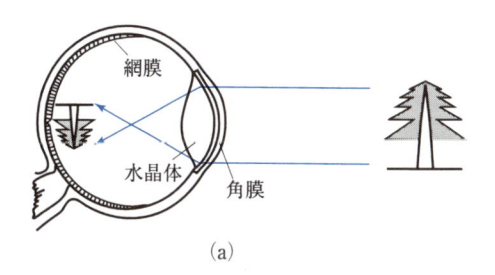

図 6-16　網膜像形成の模式図と眼球解剖図
　(a) 外界の物体（上の図では木）が眼球に映る様子の模式図 (Rock, 1984)。(b) 眼球の解剖図（八木，1967）。

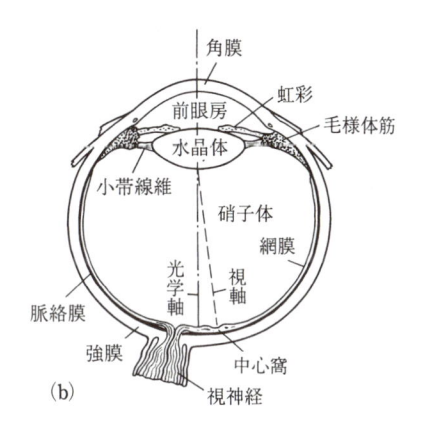

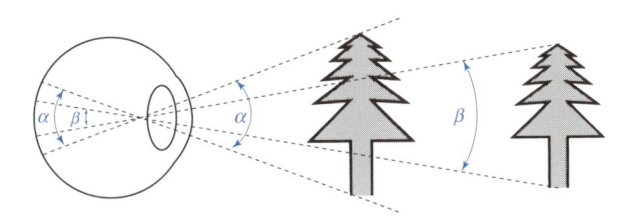

図 6-17　遠近 2 つの物体が眼の中で作る像の大きさ (Rock, 1984 を改変)
　　　物体の大きさは等しいが，網膜像の張る視角は近距離のもの (α) の方が，遠距離のもの (β) よりも大きい。

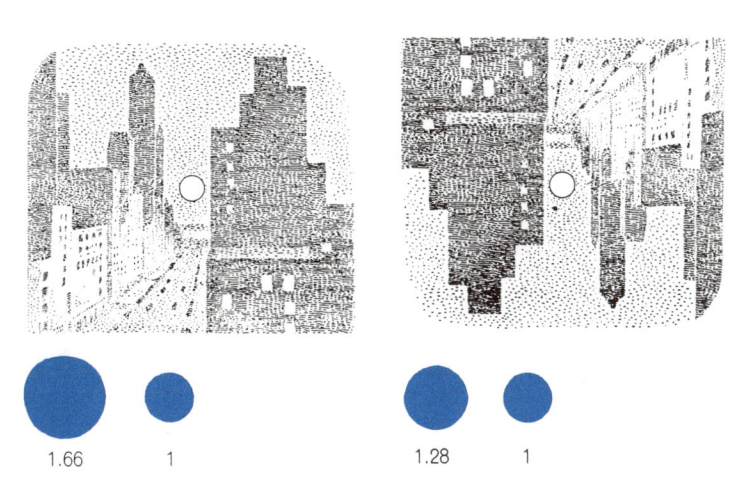

図 6-18　月の錯視 (Kaufman & Rock, 1962)
　　　地平線方向の月を地面（風景）とともに見ると，中天の月の 1.66 倍に見える。しかしプリズムを使って風景をさかさまに見ると，1.28 倍にしか見えなくなる。

る。しかし実際には，距離が何倍かに離れたとしても，対象の大きさはそれほど縮んで感じられることはない（あるいは全く縮んでは感じられない）。網膜像の大きさが変化したとしても，知覚される大きさが比較的不変に保たれるこの現象は，〈大きさ知覚の恒常性〉とよばれる。

なぜ私たちは，網膜像の大きさの変化に関わらず対象の大きさを不変に見る傾向があるのだろうか。これを考える前に，まず「どのようにして」これが実現されているかを考えてみる。多くの研究者達は，私たちの視覚系が網膜像の大きさと対象までの距離の情報の両方を用いて対象の知覚像を作り出し，大きさを知覚していると考えている。対象までの距離に関する情報は，後の6・5・1で述べるようなさまざまな奥行き手がかりからもたらされると考えられている。

これに関連して，〈月の錯視〉という現象を紹介しておこう（図6-18）。地平線付近の月は，中天の月よりも大きく見える。この現象が生じる一因として，地平線付近の月までの距離と中天の月までの距離とを，視知覚系が異なって評価していることが考えられている。

一般に，感覚受容器に到達する近刺激は，ヒトと対象との位置関係などのさまざまな要因によって大きく変動する。しかしながら，近刺激の変動にもかかわらず，遠刺激である物体や出来事のなんらかの性質の知覚が比較的一定に，つまり恒常的に保たれることが多い。この現象が〈知覚の恒常性〉である。恒常性は，大きさだけではなく，形や色などのさまざまな知覚的次元でみられる。たとえば，形の恒常性について考えてみよう。この教科書のような長方形（正確には直方体）の物体を，右斜めから観察すると（図6-19(c)），左右の縦の辺に眼からの距離の遠近差が生じるため，網膜像は台形になる（図6-19(d)）。しかし私たちは，本を傾けて斜めから見ているときでも，その本が台形であるとは知覚せず，長方形という一貫した形状を知覚し続ける。

知覚的恒常性のはたらきによれば，近刺激が変動したとしても，遠刺激を恒常的に知覚し続けることができる。私たちの知覚のはたらきは，近刺激を正確に感じ取ることではなく，外界の事象を一貫して知覚することの方を選択したのかもしれない。

6・3・2 図と地の知覚

何かを見るときに，形をもって他と区別される領域を〈図(figure)〉とよび，それを囲む背景の領域を〈地(ground)〉とよぶ。図は，より手前に，より明確に感じられる。こうした図と地の分化がなされなければ，私たちはどんな「形」も見ることはできない。

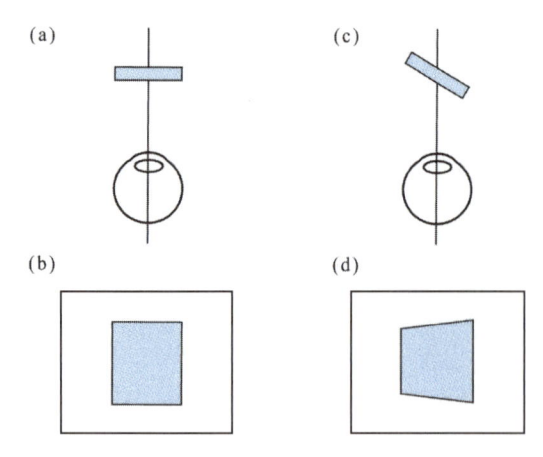

図6-19 形の恒常性（Rock, 1984を改変）
本のような物体を立てて表紙の面を見るとき（左上のaは真上から眼球と物体を眺めた図。cも同様），その網膜像は(b)のようにおおむね長方形となる。一方，物体を(c)のように正面の左辺を遠ざけるように角度を変えて見ると，網膜像は(d)のように左辺が短い台形状になる。

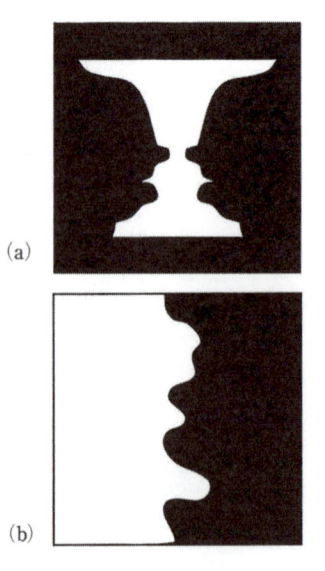

図6-20 図地反転図形（Atteneave, 1971）
(a)では黒く描かれた横顔と白い壺の両者がそれぞれ図として知覚され得る。(b) 無意味な図形で図地の反転が生じる。

図6-20(a)は,「ルビンの壺」とよばれる有名な画像である。この画像を見ると,白い背景に2つの黒い横顔か,あるいは黒い背景に1つの白い壺かのいずれかが見える。つまり,図と地の領域が交替・反転するのである。こうした図形は〈図地反転図形〉とよばれ,不変である境界線(輪郭線)から2つの異なる形が知覚されるという奇妙な特徴をもっている。

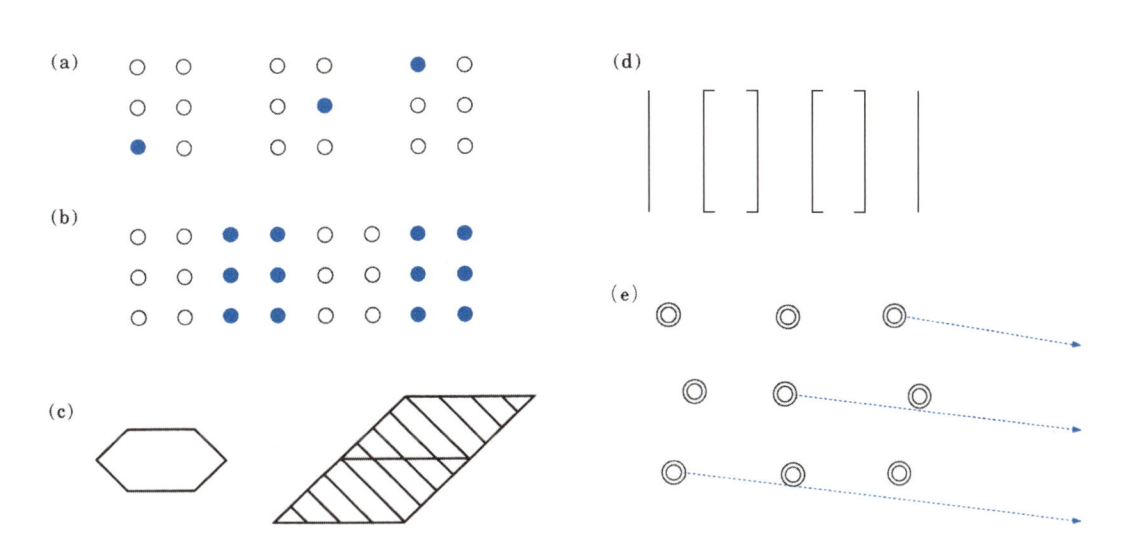

図6-21　群化の法則
　(a)近接,(b)類同,(c)連続性と良い形態,(d)閉合,(e)共通運命；矢印を付記した図形だけが動くと,これらの要素がまとまって感じられる(a,b,dはWertheimer, 1923)。

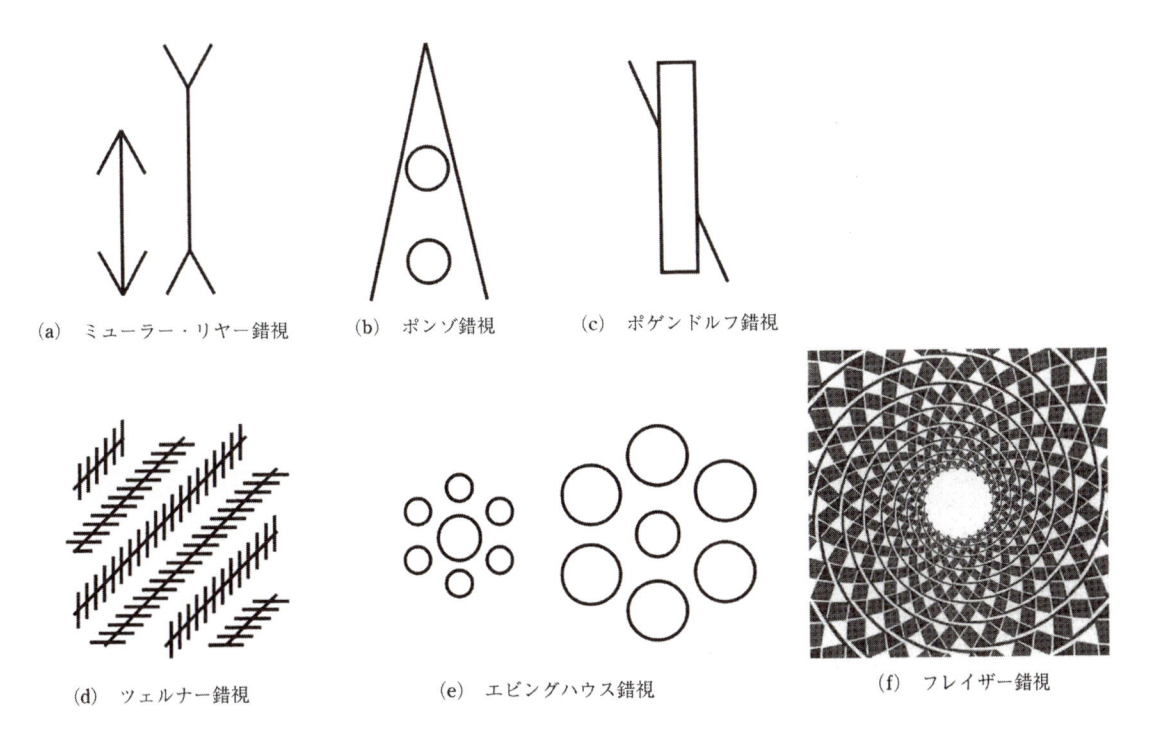

(a)　ミューラー・リヤー錯視　　(b)　ポンゾ錯視　　(c)　ポゲンドルフ錯視

(d)　ツェルナー錯視　　(e)　エビングハウス錯視　　(f)　フレイザー錯視

図6-22　幾何学的錯視の例(大山ほか,1994)
　(a)左右の垂直な線分の長さは等しい。(b)2つの円の大きさは等しい。(c)途切れている2つの線分は一直線上にある。(d)右上から左下に走る線分はすべて平行。(e)中央の円の大きさは等しい。(f)渦巻きではなく,模様は同心円状。

図地反転は無意味な形からも生じる(図6-20(b))ので，図地の分化は知識によるものではないことがわかる。また，図形が不変で，網膜像も不変であるにも関わらず，見える形が変化するという図地反転の現象は，「見える形」が網膜像そのものだという考え方を否定する。知覚系は，網膜像における図を解釈し，ときにはそれを更新変更して「見える形」を作り出していると考えるべきなのである。

6・3・3 群化知覚

私たちの知覚系には，刺激要素を個々ばらばらに知覚するのではなく，複数のまとまりとして知覚する傾向がある。たとえば，図6-21(a)では，縦に並んだ3つの円形が2列ずつ3つのグループにまとまっているように見える。個々の図形要素にどのような関係があるときにまとまって知覚されるかは，〈群化の要因〉として主に〈ゲシュタルト心理学〉派によって明らかにされてきた。たとえば，各要素が互いに近接しているとき(図6-21(a))，互いに類似しているとき(図6-21(b))などのさまざまな要因によってまとまって知覚されることが知られている(図6-21)。

6・3・4 幾何学的錯視

図6-22を見てみよう。これらはいわゆる〈錯覚〉とよばれる現象を生じさせる図形の例である。これらの図形は，幾何学的性質(長さ，大きさ，形，傾きなど)が，物理的な状態とは異なって見えることから，〈幾何学的錯視〉とよばれる。

留意したいのは，こうした錯視図形を見るときに，実際の図形の物理的な状態を知識として正しく知っていたとしても，錯視現象は消失しないということである。このことは，錯視現象を生み出している視覚のはたらきが，知識とはかなり独立にかつ自動的にはたらいていることを示唆している。

6・3・5 主観的輪郭

図6-23を見てみよう。(a)では中央付近を縦方向に走る波線が，(b)と(c)では正立する三角形が見える。しかしながら，波線も三角形の輪郭も物理的には描かれていない。このように物理的に存在していないのにもかかわらず知覚される輪郭線のことを〈主観的輪郭(錯視的輪郭)〉とよぶ。

錯視や主観的輪郭という現象からも，知覚像が刺激の単純なコピーとはいえないことがわかる。さらに，これらの現象は，視覚のはたらきの失敗による「見誤り」ではなく，視覚のはたらきの必然的な結果だと考えられている。こうした現象を調べていくことで，知覚系のはたらきを明らかにしていくことができるのである。

6・3・6 音像の分離知覚

次に聴覚による知覚体験について考えてみよう。

日常的な場面では，〈音源〉(音波を発生させている事象)が一つしか存在しないという事態は極めて稀で，通常は幾つものさまざまな音源が同時に音波を発生させている。音波は気圧の変動の伝播であるが，結局のところ私たちにたどりつくのは，いくつもの音源の影響が足し合わされた結果としての気圧の変動である。複数の音源からの音波が合成された音波の一例を，気圧(音圧)の時間的変化として図6-24に示した。(c)の音波を実際に聞いてみると，「1つの音」として聞こえるのではなく，音声とサイレンという「2つの音」として，言わば「正しく」分離されて聞こえるのが普通である。知覚した結果を知覚像とよぶことにならって，知覚された個々の音を〈音像〉とよぶことにしよう。聴覚のはたらきは，音波から単純に知覚像を作り出しているのではなく，音波を音源に対応した音像に分離するという巧妙なはたらきなのである。このはたらきがなければ，楽器の伴奏で歌手が歌っている声は，楽器の音でも人の声でもない音として聞こえてしまうことになる。

6・3・7 知覚的補完

再生する音波データの一部を加工し，無音となる瞬間を作れば，当然その瞬間は音が途切れて聞こえるようになる。しかし，その無音部分に全く別のノイズ音などを挿入すると，その時間帯には，ノイズ音だけではなく，もともとの音が続いているように聞こえることがある。このように，刺激が存在していないのに，刺激と刺激の間隙を補ってつなげるかのような知覚現象を〈知覚的補完(知覚的修復)〉とよぶ。こうした知覚的補完のはたらきは，知覚対象の情報が部分的に欠落して取得できない場合でも，対象の全体的な知覚を成立させることが可能となる

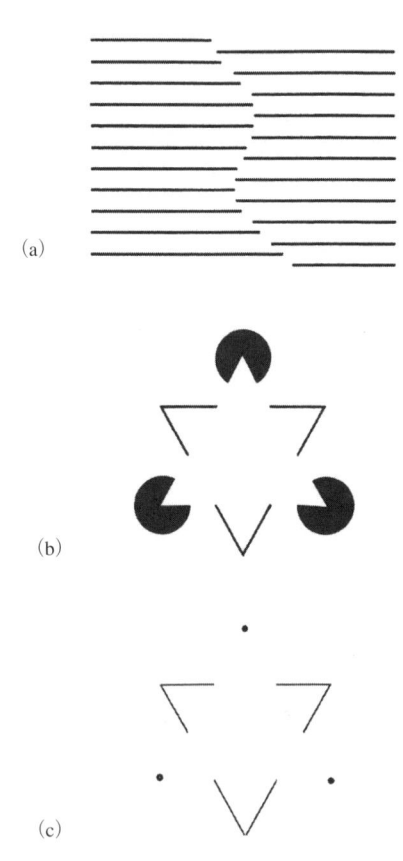

図6-23 主観的輪郭(Kanizsa, 1979)
(a)では中央付近に縦方向に波線様の曲線的な輪郭が見える。(b)では扇形(円の一部が欠けた図形)の中心を頂点とする正立した(上向きの)三角形が，(c)では黒い小点を頂点とした正立した三角形が見える。波線も三角形の輪郭も物理的には描かれていないが，明確な知覚印象を生じされる。

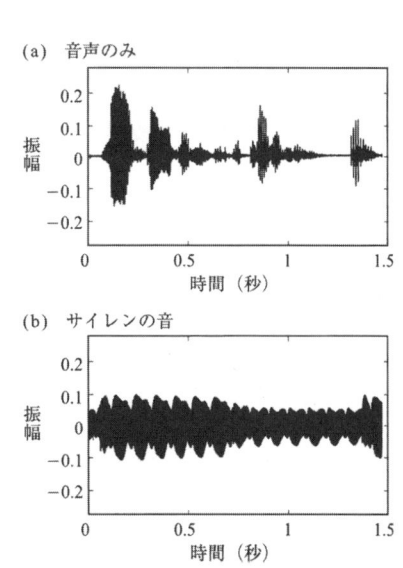

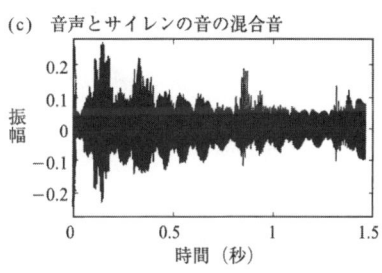

図6-24 音の分離知覚
(a)は音声の時間波形，(b)は救急車のサイレンの音の時間波形である。(c)は(a)と(b)を加算したもの。(c)の音波は元の(a)や(b)の波形とは大きく変わっているが，私たちは音声とサイレンを分離して同時に聞き取ることができる。

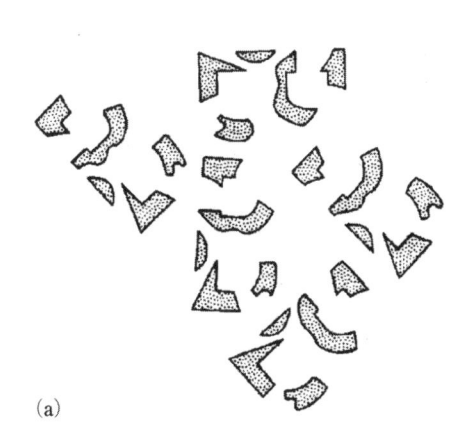

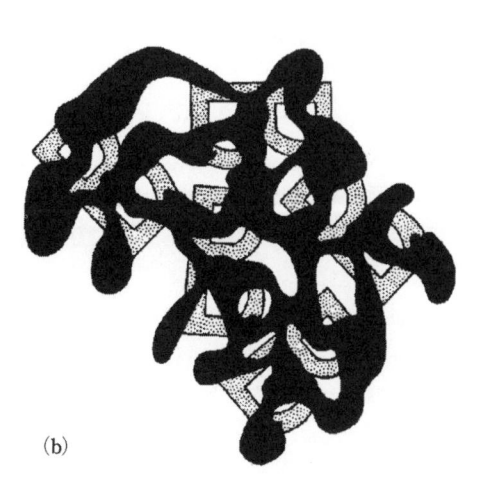

図6-25 知覚的補完(Bregman, 1981)
(a)ではアルファベットのBの文字に隙間があいている。(b)では，隙間が他の図形で埋められている。

という点で，非常に興味深い。

視覚的な補完の例を図6-25(b)に示す。全体が見えていないのにアルファベットのBという文字の形を「見る」ことができる。ところが，図6-25(a)のように，文字Bの見えている部分だけを取り出すと，文字Bを「見る」ことは極めて困難となる。ここで重要なのは，(a)と(b)で，文字Bについて見えている部分は同一だということである。つまり，この場合は，見えない部分に別の図形が存在しているということが，形をつなげて文字Bの「完成した形」に見えることを促進しているのである。

6・3・8 知覚における文脈の効果

ここでは，周囲の刺激が及ぼす，知覚的・認知的な影響を見てみよう。

図6-26の(a)と(b)において，中央の図形は全く同じ形状である。両隣が数字である(a)では「13」という数字に，両隣がアルファベットである(b)では「B」という文字に見える。このような印象の変化は，観察者が数字とアルファベットに関する知識をもっている場合に生じるもので，知識に基づく文脈が知覚に影響を及ぼす例だと考えられる。幾何学的錯視は知覚が知識からの影響を受けないことを示しているが，図6-26の例に示されるように知識が知覚に影響する場合もある。私たちの知覚・認知のはたらきは，知識に基づく予期や期待を用いたり用いなかったりのいずれの場合もある複雑なはたらきなのである。

私たちが図6-26(a),(b)の中央の図を知覚するときには，当然のことながら，まわりの文字から生じる予期や期待の前に，中央の図形の網膜像情報が使われている(もし使われていないのであれば，中央の図形が別の図形に変わったとしても，同じに見えることになってしまう)。心理学者が考える文字の知覚・認知過程の候補の一つは，網膜像の情報が無数の点や線素に分解され，それらが後に結合されて形となり，最終的に文字の認知に至るというものである[*9]。おおよそヒトの知覚過程においては，刺激が感覚受容器に到達することで開始し進行する過程(〈ボトムアップ過程〉，〈データ駆動型処理〉)と，観察者のもつ知識や予期などを基にして情報を処理する過程(〈トップダウン過程〉，〈概念駆動型処理〉)の2種類があり，この両者が同時にはたらいていると考えられている。

6・3・1以降に示してきたことから，知覚像は，眼や耳に到達する刺激が単純に受け入れられただけのものではないことがわかってもらえたであろう。ここからは，さらに知覚のはたらきの複雑さと巧妙さについてみていくことにしよう。

6・4 顔の知覚（視覚）

私たちは，たくさんの顔にあふれた大勢の人混みの中からであっても，知っている人をあっという間に探し出すことができるし，ずっと会っていなかったとしてもその人の顔に昔の「面影」を感じたりすることもできる。また，顔の表情の変化からその人の情動を読み取ることもできる。人の顔では，目鼻口のパーツの位置は決まりきっており，誰でもがほとんど同じ位置にあるし，表情による変化といってもパーツの位置や形の変化はごくわずかなものでしかない。にもかかわらず，極めて高い精度で弁別を行い，情報を抽出することができる。顔を見る私たちの能力は，極めて精緻なものなのである。

図6-27(a)を見てみよう。ほとんど違和感を抱くことなく，(b)と同一人物に見えるのではないだろうか。では(a)を正立の顔の状態で観察してみよう(本の上下をひっくり返して見てほしい)。誰であるかという印象は変わらないかもしれないが，「人間の顔」かどうかすら危うい奇異な顔だったことに気が付く。この錯視現象は，イギリスのサッチャー首相(当時)の顔写真を使って紹介されたことから，「サッチャー錯視」とよばれている。

サッチャー錯視の現象は，精緻であるヒトの顔知覚のはたらきにおいても，上下反転した倒立顔からは，個人識別の情報抽出は可能であっても，表情情報はほとんど抽出不可能となることを示している。顔の知覚においては，顔の正立性は重要な意味を

[*9] 私たちは，自身が感じている知覚像がどのようにして自身の中で形成されているのかという知覚過程そのものについてを感じ取ることはできない。このためもあって，視覚系が網膜像から知覚像を形成する過程で，点や線分などに分解するという操作を行っていることは，初学者には意外だと感じられてしまうことが多い。しかし，脳内の視覚情報処理過程において，ある一定の長さや傾きをもった線分に応答する神経細胞の存在が確認されていることから，このような考え方は神経生理学的に支持された視覚理論の一部なのである。

(a) 12 13 14

(b) A B C

図6-26 知覚における文脈の効果。(a)と(b)の中央の図形は同一

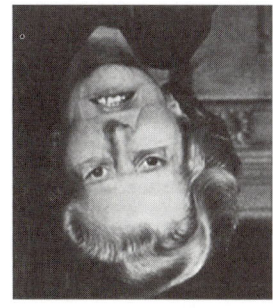

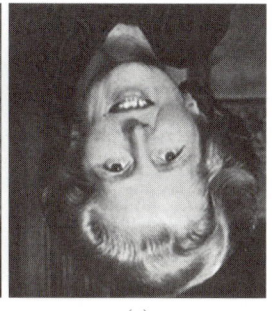

図6-27 サッチャー錯視（Thompson, 1980を改変）
　顔を，上下逆さまの倒立の状態で観察すると，特段の違和感は感じないが，本の上下をひっくり返して正立の状態で観察すると，その異様さに驚くことになる。(a)は，(b)の眼と口の部分の向きを180度回転して作成されている。ヒトの顔の知覚認知においては，顔の向きが重要な意味を持っていることがわかる。

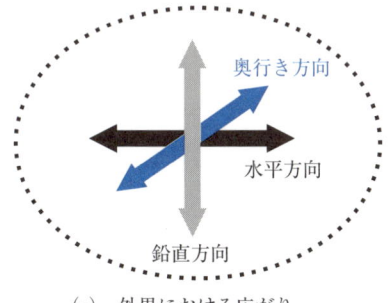

(a) 外界における広がり　　(b) 網膜像

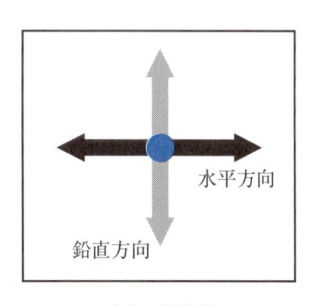

図6-28 外界空間の広がりと網膜像への投影
　(a) 外界空間での水平方向，鉛直方向，奥行き方向の広がり。
　(b) (a)の網膜像への投影。水平方向は横方向の広がりとして，鉛直方向は縦方向の広がりとして投影されるが，奥行き方向の投影はつぶれてしまう。

もっているのである。また，表情情報の抽出が，単純な図形的処理によって行われているわけではないということもわかる。なぜなら，180度回転させたとしても顔写真は図形的には「合同」のままなのだから。神経科学的な知見によって，顔の情報処理は他の事物の情報処理とは異なる特別なはたらきが関与している可能性が示唆されている。

6・5　空間知覚と定位（位置の知覚）

　ここからは，私たちが周囲の事象の空間的な位置やその変化，周囲の環境の広がりなどをどのように知覚しているのかをみていこう。

6・5・1　奥行きと距離の知覚

　私たちは，視覚によって，対象までの距離や対象同士の遠近関係を知覚することができる。しかし，網膜に映る像は2次元的な平面画像でしかなく，以下に述べるように，そこでは外界の3次元的な立体的構造関係が失われてしまうのである。
　今，さまざまな長さの棒が網膜にどのような像を作るのかを考えてみよう（図6-28）。左右の横方向や上下の縦方向に伸びている棒を観察すれば，棒の長さと観察距離に応じた長さの像ができる。ところ

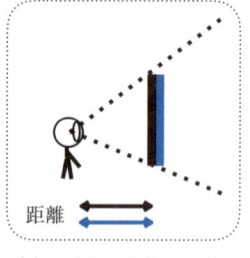

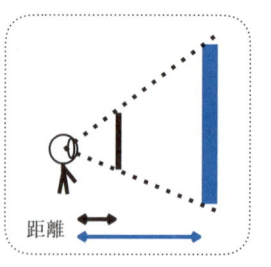

図6-29 網膜像と外界との関係
(a)は2つの棒状の像が網膜像に結ばれていることを表している。(b)と(c)は，観察者の眼球位置と2本の棒の位置を横から見た図である。(b)では，2つの同じ棒が等距離にある。(c)では，短く細い棒が近くに，長く太い棒が遠くに存在している。どちらも同じ(a)の網膜像を生じさせる。

が，棒が手前から遠方への遠近方向（視覚の研究では「奥行き方向」とよぶことが多い）に伸びていて，視線の方向と一致していると，棒の長さや観察距離にかかわらず，棒の像は長さのない1つの点になってしまう。また，2本の棒が実際には遠近で遥かに離れているとしても，網膜での像は交差することもある。つまり，外界の遠近の長さや距離は，網膜像に正しく反映されるとは限らないのである。

今度は，網膜像の中に同じ長さの棒状の像が2つあるとしよう（図6-29）。その像を作った棒が同じ距離にあるのかどうかはわからない。なぜなら，一方の棒は遠くにあるのだが，他方よりも長いため，たまたま同じ長さの像になったのかもしれないからである。つまり，実際の長さがわからなければ，作られた像の長さだけからでは，奥行き関係（遠近関係）を正しく判断することはできないのである。

こうしてみると，網膜像では正しい奥行き情報が失われてしまうかに思え，それを知覚することには困難が予想される。それでも私たちの視覚のはたらきは，感覚情報に含まれるさまざまな手がかりを利用して，知覚像の中に奥行きを再構成しているのである。この〈奥行き手がかり〉を具体的に見ていこう。

(1) 絵画的手がかり

私たちは，紙などの2次元平面上に描かれているイラストや絵画にも奥行きを感じることができる。図6-30に，強い奥行き感が感じられる例を示した。視覚のはたらきは，2次元画像から3次元的な奥行き感を作り出すのである。奥行き感をもたらす要因のうち，このように図画像中に描写できるもの，つまり網膜像中に存在しているものを〈絵画的手がか

り〉とよぶ。絵画的手がかりには，重なり，線遠近，大きさ，陰影，肌理の勾配などがある（図6-31）。

(2) 眼球の筋運動の手がかり

a. 輻輳

私たちが何かを見ようとするとき，その対象の像が左右それぞれの眼の網膜中心窩に結ばれるように，眼球が回転して向きを変える。左右それぞれの眼の中心窩と瞳孔を結ぶ2本の視線は，見ようとしている一点で交わる（注視点，凝視点とよばれる）。2つの眼は，注視点を自分の方に近づければさらに内側に回転し，遠ざければ外側に回転することになり，対象までの距離に応じて回転の度合いが変わる（図6-32）。こうした2つの眼球の内転・外転の度合いを〈輻輳〉という。輻輳を実現している眼球を回転させる筋緊張は，比較的近いところにある対象までの距離を知覚する際の手がかりとして用いられていることが知られている。

b. 調節

眼は，対象の網膜像を形成する際に，水晶体（レンズ）の厚さを筋肉によって変化させることでピントを合わせて，できるだけ鮮明な像を結ぼうとする。この機能を〈調節〉という。調節の度合いは対象までの距離に依存し（図6-33），この手がかりも視覚系に用いられていることが確認されている。

(3) 両眼視差の手がかり

私たちヒトの2つの眼は，水平に離れて配置されているので，それぞれが外界を少しだけ異なるところから「見て」いることになる。これによって，左右の眼における2つの網膜像は全く同じものにはならない。たとえば，左右2本の人差し指を自分から

← 図 6-30 2次元的な絵画における奥行き感(Rock, 1984)
　左下の柱の元にある2人の人影と，絵のほぼ中央にある人型の図形は同一のものであるが，左下のものがより小さく感じられる。この一因は，人の絵がどの奥行きにあると視覚系が評価しているかの違いにあると考えられる(6・3・1も参照のこと)。

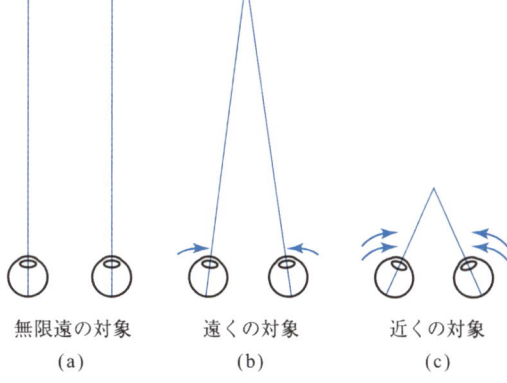

図 6-32　輻輳運動(Rock, 1984を改変)
　対象が近いほど，左右の眼は内側を向くように回転する。これは眼球筋によるものであり，その筋の運動が対象までの距離を知覚するための手がかりになり得る。

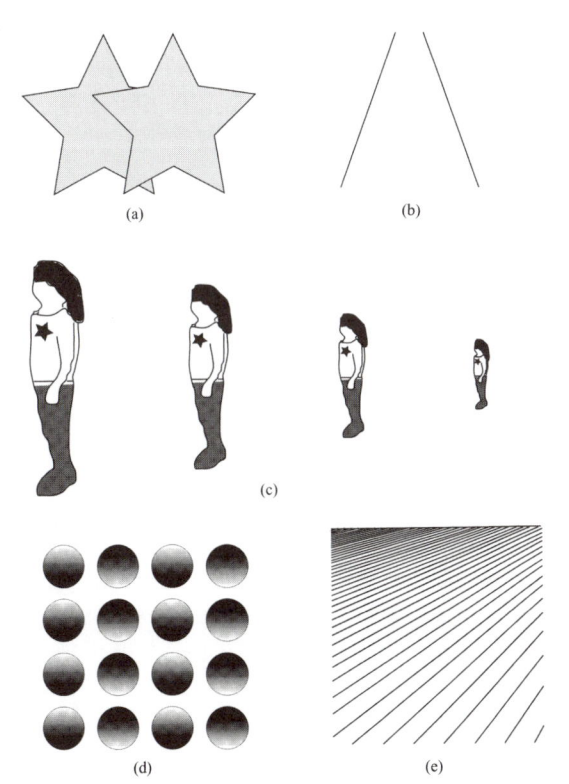

図 6-31　絵画的な奥行き手がかりの例(Rock, 1984を改変)
　(a)重なり，(b)線遠近，(c)大きさ，(d)陰影，(e)肌理の勾配。これらは奥行きの異なる物体が，実際に網膜上で生じさせる性質である点に注意(たとえば奥に伸びる等間隔な平行な線でも，網膜上では線の間の幅が徐々に変化する)。

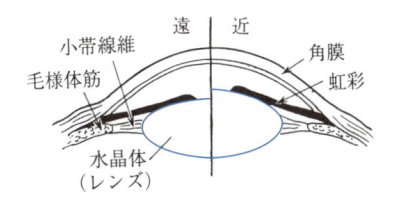

図 6-33　水晶体による調節(村田, 1987)
　ヒトの眼球は，ピントのあった像を網膜に結ぶために，対象までの距離に応じて水晶体の厚さを変えている。近い対象に対しては水晶体を厚くし，遠い対象に対しては薄くする。水晶体の厚さは毛様体筋という筋によって調節されており，この筋緊張の情報が対象までの距離を知る手がかりとなり得る。

異なる距離に立てて、左右の眼を交互に閉じて観察してみると、2本の指の間の距離がそれぞれの眼からは異なって見えることに気づくことができる。図6-34は、2本の指の代わりに2つの紙コップを置いて、左右の眼に相当する位置から撮影した写真である。このような左右眼の網膜像の違いを〈両眼視差〉という。両眼視差の大きさは、対象間の奥行き距離の大きさに応じて変化する。私たちの視覚系は、両眼視差を用いて奥行きを感じるはたらきをもっており、これは〈両眼立体視〉とよばれている。「立体眼鏡」や「3D映像」の実現には、両眼視差と両眼立体視のはたらきが利用されている。

視覚のはたらきが両眼視差の情報を取得するためには、左右の眼からの情報を比較して統合する過程が必要である。また、私たちが感じている視覚世界の単一の知覚像は、左右眼どちらの網膜像にも一致しないし（知覚像には両眼立体視による奥行き感が付与されている）、それらの単純な重ね合わせでもない（異なっているのだから完全には重ならない）。知覚像は、2つの網膜像が巧妙に「融合（融像）」された結果なのである。

(4) 運動視差の手がかり

ある一点を注視しつつ、身体を左右に移動させると、見かけ上（＝網膜像中において）では、その注視点よりも近いところにある事物は身体の移動方向とは反対方向に動き、注視点よりも遠くにある事物は移動方向と同方向に動く。さらに、見かけ上の動きの速さは、注視点からの奥行き方向の距離が大きいほど速くなる。このような見かけ上の動きに生じる差のことを〈運動視差〉という。これも奥行き知覚の重要な手がかりとなっていることが知られている（図6-35）。私たちは、自身の身体移動によって視覚的な奥行き情報を作り出すことができるのである。

6・5・2 視覚における物体の運動の知覚

運動している対象が視野内に存在しているとき、網膜像には「動き」が生じる。視覚における動きを見るはたらき（〈運動視〉のはたらきとよぶことにしよう）がこれを検知して、「動いている」という知覚を達成するという仕組みを考えることは自然である。しかしながら、ヒトの運動視のはたらきは、網膜像の変化から単純なやり方で「動き」の知覚像を作り出しているわけではないことが知られている。これを示す知覚現象を紹介しよう。

a. 仮現運動

横に並んだ数個のライトを、適切な時間間隔で次々に点滅させると、1つの光が滑らかに横に動いているように感じられることがある。ライトとライトの間隙をあたかも光が移動しているかのように感じるのである。このときの網膜像には「動き」はない。さまざまな場所で別々の光点が点滅をしているだけである。このように、実際には運動している刺激が存在していないのに、運動が感じられる現象を〈仮現運動〉という（図6-36）。

仮現運動という現象が存在することは、私たちの知覚世界と現実世界が実は乖離（かいり）しているということを教えてくれる。知覚による「見え」の世界では「スタート地点にあった対象が、『動いて、その結果』ゴール地点にたどり着いた」わけだが、運動視のはたらきが仮現運動の方向と量を定めることができるのは、ゴール地点の場所の情報が得られた後でしかない（そうでなければ、運動視のはたらきは、見る前に対象がどこに行くかを知っていたことになる！）。つまり、知覚のはたらきは、ゴール地点を知ったとしても、即座にその位置での知覚像を作ることはせず、まずはその情報から作り出した仮現運動を知覚像とし、その後にゴール地点に存在している（到達した）知覚像を作る、という知覚上の時間的組み替えを行っているのである。

b. 誘導運動

実際には静止している対象が、周囲の刺激の動きによって、動いていると知覚されることがある。たとえば、暗い部屋で、明るい枠の中にある小さい光点を観察しているときに、周囲の枠を動かすと、静止している光点が枠とは反対の方向に動いているように感じられる（図6-37）。この現象を〈誘導運動〉という。風で流れる雲があるときに、そばにある月が動いて見えるのは、この例である。

ときには、自分についての知覚すら歪められることもある。駅などで、隣の電車が動き出したのを見て、自分が乗っている止まったままの電車が動き出したように感じてしまったことはないだろうか。あるいはテーマパークのアトラクションなどで、実際にはその場で座っているだけなのに、高速移動しているように感じたことはないだろうか。このよう

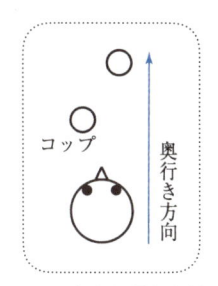

(a) 左側からの像　　(b) 右側からの像　　(c) 上から見た配置

図 6-34　両眼視差(Sekuler & Blake, 2001 を改変)
　　上の 2 枚の写真は 2 つの紙コップを奥行きを変えて配置し，眼の距離程度に離れた 2 点からカメラで写したもの(c を参照)。コップの間の距離が(a)と(b)の間で異なっている。(a)を左眼，(b)を右眼で観察すると，2 つのコップには生き生きとした奥行き(奥行きの差)が感じられる。

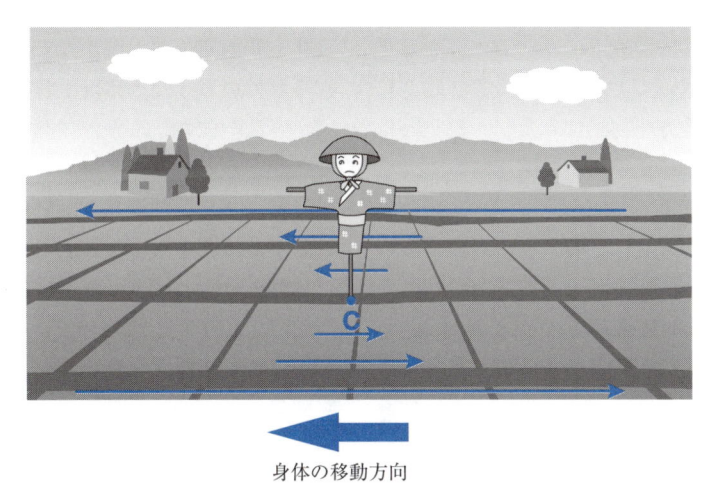

(a)　運動視差のある光景（Schiffman, 1995 を改変）

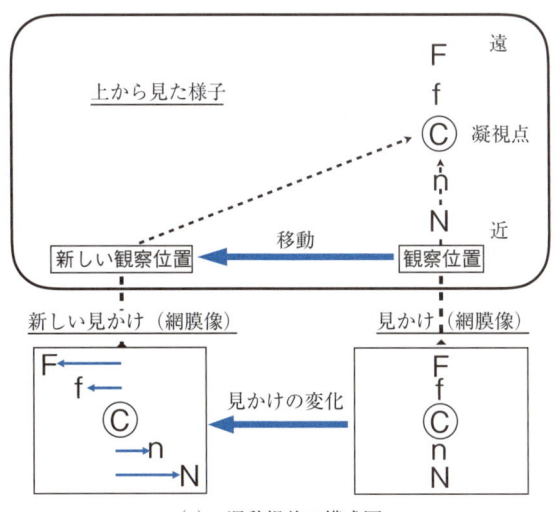

(b)　運動視差の模式図

図 6-35　運動視差
　　一点を見つめながら移動しているときに観察される光景の変化。光景を(a)に，そのときの変化の様子を模式的に(b)に表した。C の位置を凝視したままで，観察者が左方向に移動すると，凝視点より近い手前の光景は右(移動方向と逆方向)に，遠い奥の光景は左(移動方向と同方向)に見かけ上で動いていく。

に，自分の身体は静止していたり移動したりしていないのにもかかわらず，変化する光景を見ることで，自身の実際の状態とは異なる身体の動きを感じることがある。これは〈自己誘導運動〉とよばれる（図6-38）。これも広い意味では誘導運動である。自己誘導運動は，視覚情報によって身体感覚が影響を受けるという，知覚のはたらきにおける異種モダリティ情報の統合を示している。

6・5・3 音源の定位

事物の空間的な位置の知覚は〈定位〉とよばれる。定位は，聴覚や触覚など，視覚以外の感覚モダリティによっても行われる。聴覚による方向と距離の知覚（〈音源の定位〉）は，以下に述べるようなさまざまな手がかりに基づいて実現されている。聴覚による定位は，身体の後方や物陰にも及び，視覚とは異なる広がりをもった知覚空間が展開される。

(1) 両耳手がかり

音源から音波が左右の耳にどのように到達するのかを考えてみよう。今，音源が正面右方向にあるとする（図6-39）。右耳は音源に近く，左耳は遠い。音波は，右耳には直線的に到達できるが，左耳には回り込まないと到達できない。音波の伝播速度はおよそ340 m/sであり，距離の差は数cmかもしれないが，距離に差がある以上，わずかな時間差であっても，近い耳には早く到達するし，遠い耳には遅く到達する（〈両耳間時間差〉）。また，音波が直線的に到達できる耳と比較して，自身の頭部が直線的進路を妨害している耳には，その影響で減弱した音波が到達することになる（〈両耳間強度差〉）。

時間差や強度差を付けた一対の聴覚刺激を作成して，左右それぞれの耳にヘッドホンなどで呈示する両耳聴実験を行うと，両耳間時間差や両耳間強度差の程度に応じて，知覚される音像の位置が変化する。ヒトの聴覚のはたらきは，これらを手がかりとして，音源（音像）の定位を行っているのである[10]。

また，頭部を回転させたり前後左右に動かしたりすると，音源の定位の精度が向上する。これは左右耳の位置が変化したことによって，上述の手がかり情報が変化し，複数の手がかり情報を総合的に用いて知覚像が形成されたことによると考えられる。

(2) 単耳手がかり

音源からの音波は，鼓膜やその奥の聴覚受容器に到達する前に，身体の外的構造である耳介（日常的に「耳」とよばれているいわゆる「耳たぶ」と，その付近の複雑な凹凸形状を有した部分）によって影響を受ける。この部分に音波が当たると，音波は反射されたり減衰したりする。耳介は形状が複雑なので，音波のやってくる方向やスペクトルによって影響の度合いが変わる。大きく影響を受けるのは，スペクトルでいうと6,000 Hz程度以上の比較的高い周波数成分である。ヒトの聴覚のはたらきは，この変化も音源定位の手がかりとして用いていることが知られている。たとえば，音源までの距離の知覚には，音波の強さ，反響，スペクトルの高周波成分量などが手がかりとして用いられ，概して，音波が強いほど，また反響が大きいほど，さらに高い周波数成分が多く含まれるほど，「近く」に感じられる。

反響成分などによって，自身が存在している環境空間の広がりも知覚されている。単純化すれば，反響が強くて時間ずれが小さいときには囲まれた狭い空間に感じられ，反響がないときには開かれた（壁のない）広い空間に感じられる。さらに，自身が発する足音や発話音による反響を無自覚的に利用して広さの知覚が行なわれることもある。

私たちは身体を移動させたり頭部を動かしたりすることなどによって，両耳や単耳の手がかりの変化を自ら作り出し，音源の方向や距離の定位を行って聴覚空間を構築しているのである。

6・5・4 嗅覚における定位

私たちは，においの発生源の位置を定めることができる。この際には，ただじっとして空気中を漂ってくるにおい物質を受容するのではなく，頭部を動かしたり，自身が移動したりして，何度もにおいを嗅ぎ，強いにおいをたどって，においの元を探す。

感じられるにおいの強さは，におい物質の濃度に依存する。におい物質の濃度の空間的な勾配は，

---

[10] 日常自然な状態では，知覚される音像は外界に存在する音源と一致するように定位される。しかしながら，ヘッドホン聴取などの特殊な環境下では，知覚される音像が音源に一致しないことがある。ヘッドホン聴取の場合，音源は耳元にある2つのスピーカーであるが，知覚されるのは，2つのスピーカーの間の頭蓋内の位置に定位される1つの音像となることが多い。また，多数のスピーカーを用いるAVシステム（映画館やホームシアターなど）では，スピーカーの位置以外の，視聴者の前方にある画面の位置から背後の位置にまで及ぶ広範囲のさまざまな位置に，音像が定位されるように工夫がこらされている。

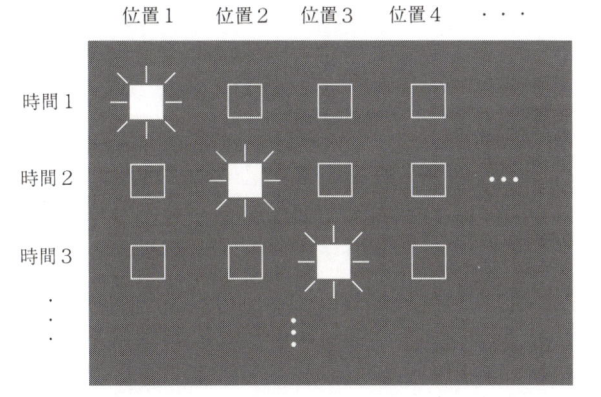

(a) 実際の光の点滅の様子

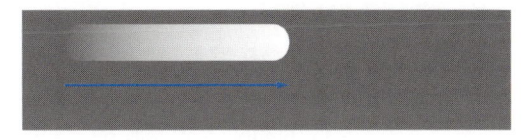

位置1　位置2　位置3　位置4　・・・

時間1
時間2
時間3

(b) 仮現運動による知覚印象

図6-36　仮現運動
離れた位置にある光点が，時間的に間を置きながら点滅しているだけであるにもかかわらず(a)，1つの光点が連続的に移動しているという知覚が生じる(b)。

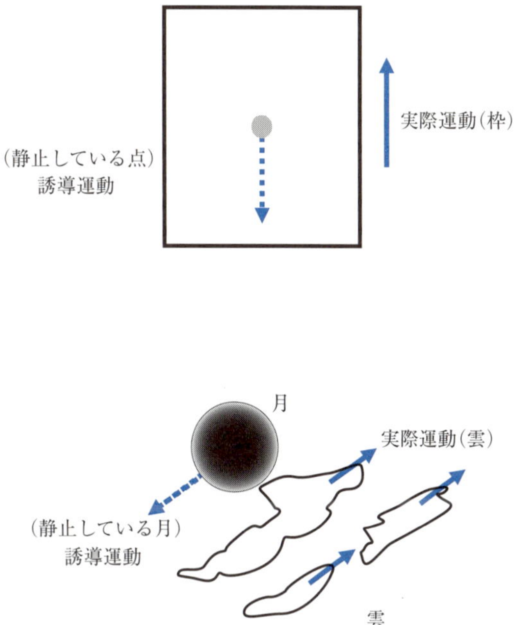

実際運動（枠）
（静止している点）
誘導運動

月
実際運動（雲）
（静止している月）
誘導運動
雲

図6-37　誘導運動(Metzger, 1953を改変)
本文参照。

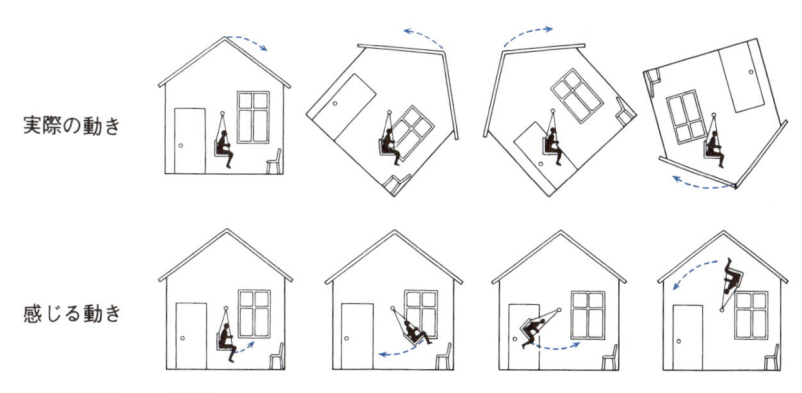

実際の動き

感じる動き

図6-38　自己誘導運動(Metzger, 1953)
自分が運動していなくても，周囲の環境全体が回っているのが見えると，自分が回転しているように感じる。

(さまざまな要因によって撹乱されるものの、基本的には)においの発生源からの距離に依存する。私たちは、「さまざまな空間位置においてにおい物質をサンプリングし」、「においの強度勾配を知り」、「最も高い濃度の場所にある対象を特定しようとする」ということを行っていることになるのだが、この一連の行動は、非常に「理に適った」ものなのである。

さらにこれは、知覚によって行動(探索の方向)が決まり、それによって得られる刺激(におい物質の濃度)が変化し、その刺激に基づく新たな知覚(においの強さ)によってまた新たな行動が引き起こされるというように、知覚が循環過程の一部であることの例でもある(図6-1)。

6・5・5 触覚における物体知覚と空間的定位

触覚によって事物の形を判断する際には、〈受動触〉とよばれる単なる皮膚接触ではなく、身体を動かして触れようとする〈能動触〉を行うのが普通である。能動触においては、身体の接触部位における皮膚感覚情報だけでなく、筋運動感覚情報や身体部位の空間的な位置情報を統合的に用いることによって、対象となる事物の形状を知覚することができる。このような知覚の様式は、皮膚接触感覚を表す狭義の触覚と区別するために、〈触覚的知覚〉とよばれることがあり、さまざまな考え方に基づいて細かく分類もされている(たとえば表6-3)。

身体全体を移動させながら周囲の事物に触れていくことによって、広い空間内での事物の定位も可能となる。これは、移動による自己身体の空間的な位置情報と、触覚によって得られた周囲の事物の形や位置の情報が集積されて、知覚空間が構成されることを示している。これも広い意味では触覚的知覚ということができるだろう。

6・6 能動的な知覚

感覚器に到達した近刺激は、外界の事象を的確に反映しているとは限らない(形の恒常性(6・3・1)や音像の分離知覚(6・3・6)を参照)。知覚のはたらきによって作られる知覚像は、近刺激の単なるコピーではなく、刺激からさまざまな情報が抽出され、複雑な処理を経て、構築された結果である。

さまざまなモダリティにおける定位(6・5)の例によってわかるように、私たちは自己身体を動かして、知覚にとって有益な刺激情報を作り出している。また、既に有している知識が関わるような認知過程によってもたらされる文脈なども、知覚像の構築に重要な役割を果たしている(6・3・8)。

つまり、知覚のはたらきは、対象から受動的に得られる近刺激だけによって単純な像を形成する過程ではなく、自ら作り出した情報や既有の情報も用いて、複雑な分析を行うことによって遠方の対象を把握し、外界と心を適切につなごうとする能動的なはたらきとして理解すべきものなのである。

感覚・知覚には、本章で挙げた以外にも興味深いさまざまな問題や性質があり、研究が進められている。たとえば、感覚・知覚のはたらきは、どの程度生得的遺伝的に決まっていて、どの程度生後の経験によって後天的獲得的に作られるのかという問題がある。これらは、乳幼児の感覚・知覚や、成人における知覚変容の事態(変換視など)での訓練の効果などを通して検証されている。さらに、本章では感覚器に到達した刺激から知覚像が構成されるまでの具体的詳細な処理過程についてはほとんど言及することができていない。7章とともに、参考図書などを用いて、ぜひより広くより詳細に学んでいただきたい。

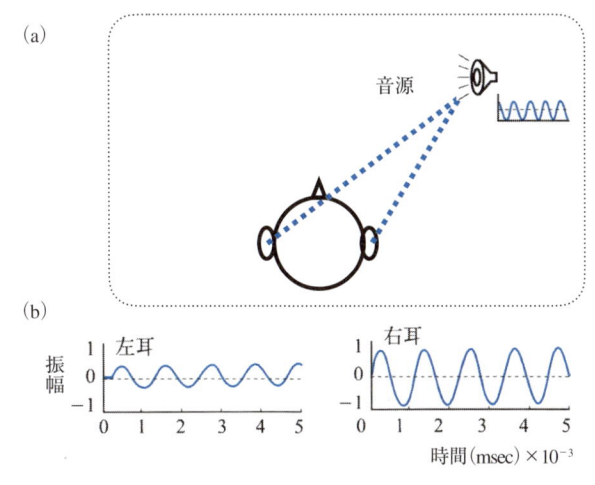

図 6-39 両耳間時間差と両耳間強度差(Grahtham, 1995 を改変)
(a)頭部正面に対して，右方向にある音源からの音波が左右耳に到達する様子の模式図。音波は，右耳には直線的に到達できるが，左耳には直線的には到達できない。(b)それぞれの耳に到達する音波を時刻と振幅(大気圧の振動)で表した。左耳には音波は遅れて到達し，その振幅は小さく音波の強度は小さくなる。

表 6-3 感覚的知覚のモード(Loomis & Lederman, 1986)

モード	皮膚感覚情報	運動感覚情報	具体的な場面の例
触知覚	使う	使わない	背中に書いた文字を当てる
触運動知覚	使う	使う	物体を触って何であるかを当てる
運動感覚による知覚	使わない	使う	棒でつついたり，かき混ぜたりして，固さや粘性を感じる

■ 6 章の参考図書

綾部早穂・熊田孝恒(編) (2014). スタンダード感覚知覚心理学(ライブラリスタンダード心理学) サイエンス社

ハーヴィッチ, L. /鳥居修晃・和氣典二(監訳) (1981/2002). カラー・ヴィジョン―色の知覚と反対色説 誠信書房

乾 敏郎(編) (1995). 認知心理学 I. 知覚と運動 東京大学出版会

鹿取廣人・杉本敏夫・鳥居修晃(編) (2011). 心理学(第4版) 東京大学出版会

菊地 正(編) (2008). 感覚知覚心理学 (朝倉心理学講座 6) 朝倉書店

リンゼイ, P. H.・ノーマン, D. A. /中溝幸夫・箱田裕司・近藤倫明(訳) (1977/1983). 情報処理心理学入門 I サイエンス社

松田隆夫 (2000). 知覚心理学の基礎 培風館

Moore, B.C.J. (1997). *An Introduction to the psychology of hearing* (4th ed.). Academic Press.

村上郁也(編)・大山 正(監修) (2011). 心理学研究法 1 感覚・知覚 誠信書房

日本音響学会(編) (1996). 音の何でも小辞典―脳が音を聴くしくみから超音波顕微鏡まで 講談社ブルーバックス(B-1150)

Rock, I. (1984). *Perception Scientific*. American Library.

セミュール・ゼキ/河内十郎(訳) (1993/1995). 脳のヴィジョン 医学書院

重野 純 (2003). 音の世界の心理学 ナカニシヤ出版

下條信輔 (1996). 視覚の冒険 産業図書

スティーブン・ピンカー/椋田直子(訳) (2003). 心の仕組み―人間関係にどう関わるか NHK ブックス

内川惠二・岡嶋克典(編) (2008). 感覚・知覚実験法(講座 "感覚・知覚の科学") 朝倉書店

Column 6

エビングハウス
(Ebbinghaus, H., 1850〜1909)

　1885年にヘルマン・エビングハウスは『記憶について』という小さな冊子を発表した。その当時、科学的な精密な実験的研究といえば、感覚の研究や反応時間の測定などに限られていたのであるが、そこに記憶の研究がはじめて加わったのである。

　エビングハウスは17歳のときにボン大学で史学の勉強を始めたが、その後いくつかの大学を渡り歩いてさまざまな領域に関心を持った。博士論文は哲学で無意識の問題に関するものであったが、学位取得後に国内外で勉強を続けており、語学にも堪能で、一時期はイギリスで語学教師もやっていたという。そうこうするうちにエビングハウスは心理学において独自の分野というべき記憶の実験を始めていた。

　エビングハウスはフェヒナー(Fechner, G. T.)の『精神物理学要論』(1860)に大いに影響を受けたようで、記憶の研究においても感覚の精神物理学の方程式のように実験を積み重ねて堅固なデータに基づく法則を求めようとしていた。そのため、彼の記憶の研究には数年を要し、1879〜80年に最初の実験を行っていったんその結果をまとめたものの、再度、条件を統制して1883年に実験を行い、その結果が1885年の著書となって現れたのである。

　意外と知られていないことであるが、19世紀に生まれた実験心理学は当初、被験者は実験者本人がふつうであった。したがって、エビングハウスの記憶の研究も本人が実験者＝被験者であった。再学習の節約率を用いた方法として記憶の研究史に残る無意味綴りの実験は、すべてエビングハウス1名の結果を元にしたものだったのである。

　エビングハウスの無意味綴りの作り方は、子音＋母音＋子音という3つの音から成っている。しかし、これは3文字という意味ではない。使われたリストの中にはchin, chom, chauf, zhenなど4文字以上の語も見られる。母音も二重母音が1つの音として考えられていたことがわかる。適当な組み合わせを優先しすぎたのか、なかにはtürという語もあり(大文字で始まる名詞のTürはドアという意味)、完全に無意味ではないものも含まれていた。いずれにせよ、こつこつと無意味綴りのリストを作って自分で何度も実験していたわけであるから、努力の人であったことがうかがえる。

　その甲斐あって、エビングハウスは『記憶について』をベルリン大学の教授資格論文として提出し、1886年にベルリン大学の員外教授(正教授ではないポストで、今の准教授のようなものに近い)となった。そこで最初の心理学実験室を整備し、のちにそこから5章のコラムに書いたようなゲシュタルト心理学者が育っていくわけであるが、歴史はそんなに優しいものではなかった。エビングハウスは正教授のポストをめぐって、当時すでに正教授であった哲学者ディルタイ(Dilthey, W.)が推していたシュトゥンプ(Stumpf, C.)と争うこととなったのである。エビングハウスの研究は同じベルリン大学で物理学の教授であったヘルムホルツ(Helmholtz, H.)からは高く評価されていたのだが、ディルタイの暗躍によって1894年にベルリン大学実験心理学の正教授はシュトゥンプに引き継がれることとなった(エビングハウスは同年に出版されたディルタイの著書に辛らつなコメントを加えたと言われている)。異動せざるを得なくなったエビングハウスは1894年にブレスラウ大学の正教授、のちに1905年にハレ大学の正教授となり、ハレ大学に在職中に亡くなった。

　亡くなる前年の著書『心理学概論』(1908)の冒頭でエビングハウスは「心理学の過去は長いが歴史は短い」という有名な一節を残している。これはボーリング(Boring, E. G.)の『実験心理学史』(1929)で使われたこともあって、世界中に知られることとなった。

(Hergenhahn, 2009)

7 心的活動の生理学的基礎（生理心理学）

IV部 心のはたらきとしくみ

　現代心理学では，脳のはたらきが心に関連することを示す研究が多い。また，心理学に限らず，広く科学の世界において「脳は心の生物学的基盤である」ことを暗黙の了解としている。実験技術が進歩する以前より，研究者は脳や関連する身体のはたらきで心を説明することに挑戦してきたが，低次機能などの一部を除いてうまくいかなかった。しかしながら，1960年代以降に主として動物を用いた実験技法や測定法が飛躍的に発展し，知覚・記憶・情動などといった心の機能について関連する脳機能を調べることが可能になった。その結果，脳と心の関係に関する基礎的知見が膨大に蓄積された。現在では，動物だけでなく，人間についても心的活動中の脳活動を，非侵襲的に画像化する技術が開発され，より直接的に脳のはたらきと心の関係を解明することが可能となってきている。

　本章では，心の生物学的基盤として考えられている脳及び関連する身体について，その基礎的な事項と心的機能との関連を紹介する。

7・1　ニューロン

　脳を構成する最も小さな機能単位として〈ニューロン(neuron，神経細胞)〉を説明する。このニューロンの膨大な組み合わせとそのはたらきにより，最終的に複雑な心的機能が実現されることを前提として研究が行われている。

7・1・1　ニューロンの構造

　ニューロンは細胞膜に包まれており，大きく分けて〈細胞体〉，〈樹状突起〉，〈軸索〉からなる（図7-1A）。細胞体にはDNAとして遺伝情報を含む核があり，生きた細胞としてのニューロンの生命維持を司る。また，樹状突起はその名の通り，細胞体から樹木の枝のように分岐した突起であり，他のニューロンから放出された〈神経伝達物質〉を受容し，電気信号を介してその情報を細胞体に伝える，ニューロンにおける情報の受け取り側の構造である。細胞体では複数の樹状突起から入力される情報が加算される。入力されるのは興奮性のものもあれば，抑制性のものもあり，それらの総和が一定の値を超えると1,000分の1秒（1ミリ秒）程度のごく短い電気パルスである〈活動電位〉が発生する。したがって細胞体は，ニューロンにおける出力を決定する構造である。軸索は細胞体から長く伸び，細胞体で発生した活動電位が伝導する。軸索の終末部は他のニューロンの樹状突起と〈シナプス(synapse)〉を形成し，活動電位が到達すると他のニューロンに対して神経伝達物質を放出する（図7-1B）。したがって，軸索はニューロンにおける情報の送り出し側の構造である。軸索には，ニューロンの機能を支えるグリア細胞の一部からなるミエリン鞘（絶縁体としてはたらく）が一定間隔で巻き付いており（髄鞘化），活動電位はミエリン鞘とミエリン鞘の間にあるランビエの絞輪を飛び飛びに伝導する。この構造により軸索を伝導する活動電位の速度はより速くなっている。このような活動電位の伝導を跳躍伝導とよぶ。

7・1・2　ニューロンの機能

　ニューロンは他のニューロンが放出した神経伝達物質を樹状突起で受容する（図7-1B）。神経伝達物質は複数存在するが，鍵と鍵穴の関係のように，特定の神経伝達物質だけと結合する〈受容体(receptor)〉が樹状突起のシナプス結合部に高密度に存在する。神経伝達物質と結合した受容体は直接または間接的にイオンチャネルを開き，細胞内外のイオンの流出入を引き起こす。ニューロンは活動していない状態では細胞膜の外側と比較してマイナス側に充電されている。細胞膜の外側と比較した細胞内の電位を膜電位とよぶ。活動していない状態のニューロ

ンの膜電位を静止膜電位とよび，おおよそ−60 mV前後である。たとえば，他のニューロンから神経伝達物質であるグルタミン酸が放出され，興奮性の伝達が行われた場合には，グルタミン酸と特異的に結合するグルタミン酸受容体のはたらきによりイオンチャネルを介して陽イオンが細胞内に流入し，膜電位が上昇する。この膜電位上昇を〈興奮性シナプス後電位〉とよぶ。神経伝達物質によっては，抑制性の伝達が行われる。たとえば，GABA（ガンマアミノ酪酸）が他のニューロンから放出された場合には，GABA受容体に結合し，イオンチャネルを介して塩化物イオン（Cl^-）が細胞内に流入して膜電位が下降する。この膜電位の下降を〈抑制性シナプス後電位〉とよぶ。樹状突起は複数に分かれ，同時に複数の箇所で興奮性や抑制性の入力が行われ，それらの電気的活動は細胞体まで伝導し，細胞体ではその総和が計算され，膜電位に反映される。興奮性の入力が優勢であり，膜電位が一定の閾値を越えて上昇すると活動電位が発生する（図7-2）。この活動電位の発生には膜電位依存性ナトリウムイオンチャネルが大きな役割を果たす。このイオンチャネルは膜電位が一定の値（閾値）より大きくなったときだけ一斉に開き（活性化），ナトリウムイオン（Na^+）だけを透過させる性質を持っており，ナトリウムイオンは細胞外から細胞内に流入する。また，このナトリウムイオンチャネルは一旦開いた後にはすぐに閉じてしまい（不活性化），一定期間は絶対に開くことはない。この期間を〈絶対不応期〉とよぶ。活動電位が発生

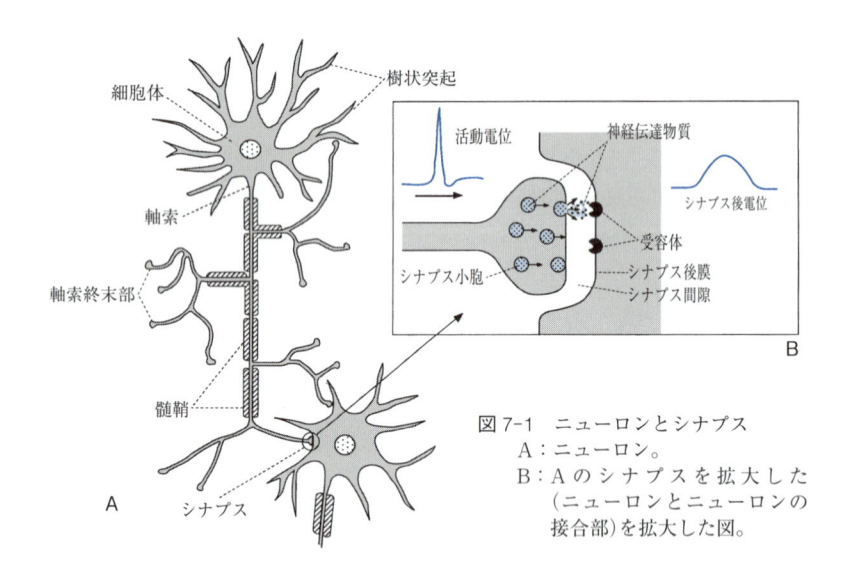

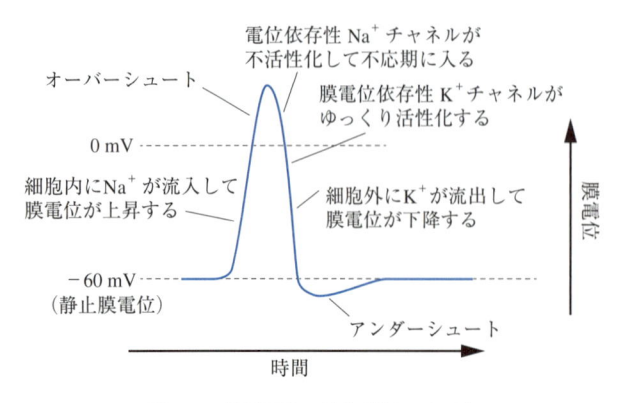

図7-1 ニューロンとシナプス
A：ニューロン。
B：Aのシナプスを拡大した（ニューロンとニューロンの接合部）を拡大した図。

図7-2 活動電位の発生（村上，2010）

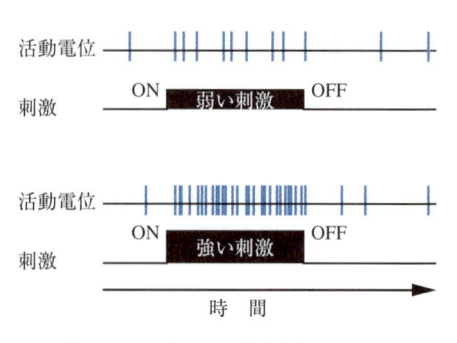

図7-3 頻度による表現（村上，2010）

する際，ナトリウムイオンチャネルの速い活性化に続いてゆっくりとカリウムイオンチャンネルが活性化し，カリウムイオン(K^+)が細胞内から細胞外に流出する。この過程により，一旦急激に上昇した膜電位は静止膜電位まで戻る。ナトリウムイオンチャネルの絶対不応期が終わると再び活動電位を発生することができる。細胞膜に発現しているナトリウムポンプのはたらきによりナトリウムイオンが細胞外に排出され，カリウムイオンが細胞内に取り込まれることで濃度変化が元に戻され，活動電位の発生が長期的に維持される。

活動電位の振幅は基本的に一定であり，全か無かの法則に従って発生する。他のニューロンからの入力強度は活動電位の振幅ではなく，活動電位の発生頻度に反映される（図7-3）。また，感覚を司るニューロンであれば，感覚入力が強いと活動電位の頻度が上昇し，運動を司るニューロンであれば，活動電位の頻度が上昇すると筋肉への出力が強くなる。このように，ニューロンが取り扱う情報は活動電位の頻度により表現される。

7・1・3 ニューロン活動の調べ方

ニューロンは電気的な活動を行い，情報処理を行う。この基本的な単位のレベルでの現象を調べることは，私たちの心的機能を解明する上で基礎的な知見となるだけでなく，機能的脳イメージングなどのより巨視的な視点からの測定法の解釈を行う上でも重要である。ニューロン活動の記録は動物を用いて

表7-1 ニューロン活動の測定法

電気生理学的測定法	細胞外記録法	先端の尖ったタングステン電極やガラス電極を組織に刺入し，電極先端に存在するニューロンの電気的活動を測定する方法（図7-4）。単一ニューロン由来の活動電位を測定したり，近傍のニューロン群の活動を反映するフィールドポテンシャルを記録したりすることが可能。
	細胞内記録法	ガラス電極を組織に刺入し，さらに電極先端をニューロン内部に差し込むことで，ニューロンの膜電位を測定する方法（図7-4）。予めガラス電極内に充填した蛍光色素をニューロン内に注入することで記録したニューロンだけを可視化し，形態の特徴を観察することが可能。
	パッチクランプ法	ニューロンにガラス製の微小ピペットを押し当て，その先端内側の細胞膜の電気的活動を記録したり，ニューロン全体の膜電位と細胞膜を横切って流れる電流を測定する方法（図7-4）。細胞内記録法より安定して記録が可能であり，膜電流や膜電位の操作や試薬を細胞内に導入したりすることも可能。ニューロンの細胞膜上に発現しているイオンチャネルの種類を同定したり，その開閉などの挙動を調べたりする目的で適用される。
光学的測定法	膜電位イメージング	膜電位に依存して蛍光特性が変化する膜電位感受性色素を組織に導入して測定。光学的測定法では，データをビデオカメラで映像記録することにより，広い範囲のニューロン群の活動を同時記録できる。
	カルシウムイメージング	細胞内カルシウムイオン濃度の変化を蛍光特性の変化として可視化する蛍光カルシウム指示薬を細胞内に導入する方法。

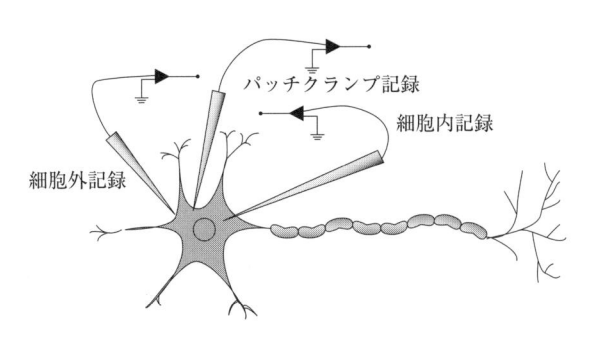

図7-4 電気生理学的記録法（小島，2013を改変）

行う。ニューロン活動の測定法と実験操作法について表にまとめた(表 7-1, 7-2)。

7・2 神経系の区分と構造

神経系は大きく〈中枢神経系〉と〈末梢神経系〉とに区別される。神経系の区分については，表 7-3 にまとめた。中枢神経系は脳と脊髄からなり，末梢神経系は脳と脊髄を除いた神経系からなる。脳は前脳，中脳，菱脳に分かれる。図 7-5 に脳の主要部位を示した。前脳は大脳半球(終脳)と間脳からなり，大脳半球は〈大脳皮質〉(新皮質と古・旧皮質を含む)と〈大脳基底核〉からなる。間脳は〈視床〉と〈視床下部〉からなる。菱脳は後脳と延髄からなり，後脳は橋と〈小脳〉からなる。また，延髄，橋，中脳，間脳を合わせた脳の軸となる部分を〈脳幹〉とよび，間脳が脳幹の最上部の構造となる。脊椎動物では，進化の程度により脳の各部位の発達の度合いが異なるが，上述した脳の基本的構成要素は変わらない。

脳は長い年月をかけて進化が作り上げたシステムであり，系統発生的に古い脳部位の上に新しい脳部位が積み重ねられた形になっている。私たちの「心のはたらき」はこの多層構造のシステムにより担われている。

7・2・1 脳
(1) 脳　幹

脳幹は系統発生順で最も古い脳である(図 7-5B)。脊髄から頭蓋骨に入って最初に存在する膨大

表 7-2　実験操作法

物理的操作	組織を切除したり破壊したりする手法。操作後の機能変化を調べることで特定部位が司る機能を解明する目的で実施される。可逆的な方法として，冷却を行う場合もある。極めて示唆的な結果を得ることは可能であるが，操作の範囲や質を緻密に制御することが難しい。また，その部位を通過するだけの神経連絡に影響したために間違った結論を導き出す可能性がある。
薬理学的操作	ニューロンの細胞膜に発現しているイオンチャネル，受容体，トランスポーター等に作用する薬物を導入して選択的に活性化したり，阻害したりする方法。その薬物の作用の特異性に注意して適用する必要がある。
電気的操作	対象となるニューロン近傍に電極を刺入し，電流を流すことでニューロンに活動電位を発生させる方法。
遺伝子操作	特定タンパク質の機能を調べるため，その遺伝子を欠失させたり，挿入したりしてその発現を制御する手法。近年では，部位や時期を限定してタンパク質の発現を調整する手法も開発されている。また，ウィルスを使って遺伝子を導入する手法もある。光を照射すると開く特性を持つ光感受性のイオンチャネルの遺伝子を特定ニューロン群に導入することで，光照射によりその特定ニューロン群の電気的活動を制御する方法も開発されており(光遺伝学)，神経回路網を解明する目的で適用されている。

表 7-3　神経系の区分

神経系	中枢神経系	脳	前脳	大脳半球(終脳)	大脳皮質(新皮質,古・旧皮質) 大脳基底核
				間脳	視　床 視床下部
			中脳		
			菱脳	後脳	橋 小　脳
				延　髄	
		脊　髄			
	末梢神経系	体性神経系	運動神経(遠心性線維) 感覚神経(求心性線維)		
		自律神経系	交感神経系(求心性線維を含む) 副交感神経系(　〃　)		

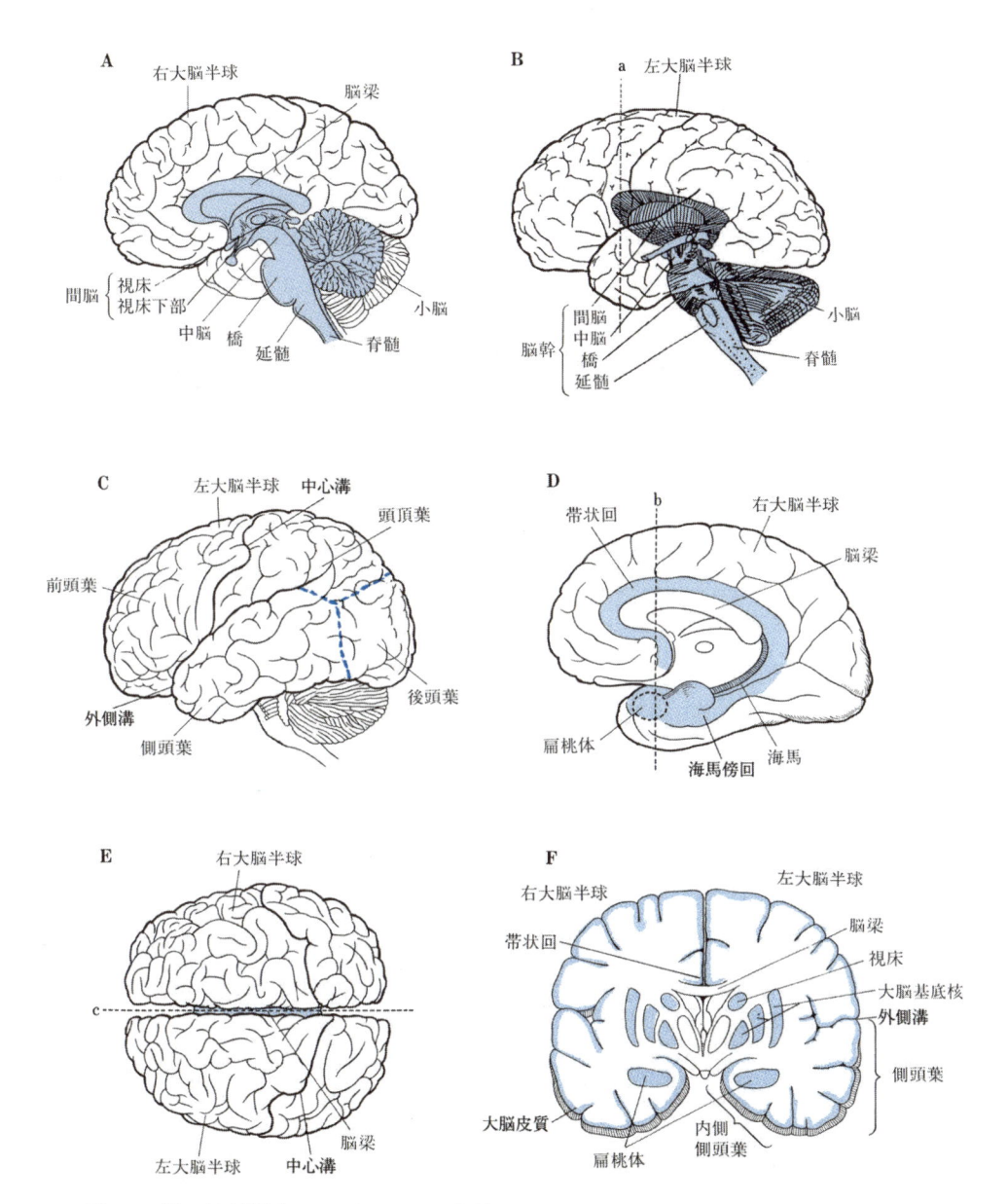

図 7-5 脳の主要部位（B：Penfield et al., 1959）
　A：左右大脳半球を E の c で示した面で切断して，左大脳半球と脳幹の左半分とを取り除き，右大脳半球の内側面と脳幹の切断面を見た図。青色の部分は脳幹の断面を示す。
　B：左大脳半球の外側から脳幹を透視した図。青色の部分が脳幹である。
　C：外側から見た左大脳半球で，脳葉の区分を示した。
　D：A の図の脳幹と小脳を取り除き，大脳辺縁系の主要部（青色に彩色を施した部分）を見やすくした。
　E：大脳半球を上方より見た図。
　F：B の a，D の b で示した面で切断した大脳半球の断面。ニューロンの細胞体が存在する部位（大脳皮質，視床，大脳基底核，扁桃体）を青色で示した。

部が延髄であり，ここで呼吸や心拍が制御される。その上の橋では協調的な動作が制御される。また，脳幹の網様体は覚醒水準も制御する。このように脳幹は生命の維持に関わる基本的な機能を担っており，たとえ脳幹から上の高次な脳が離断された状態でも生命を維持することは可能であり，ある程度の運動はできるが，個体として目的に方向づけられた行動をとることはできない。

(2) 視　床

視床は脳幹の上部にある(図7-5A, B, F)。ここは感覚情報(嗅覚を除く)の中継所の役割を担っており，より低次の脳部位から入力を受けてその感覚に関連する高次の脳部位(大脳皮質)に送るとともに，高次の部位から戻ってきた情報を受け取って延髄や小脳に渡す。

(3) 小　脳

小脳は協調的な運動・姿勢制御や運動学習(手続き記憶)に関与する(図7-5A, B)。大脳皮質運動野から筋肉の運動プログラムを受け取るとともに，脊髄からも実行中の運動情報を受け取って意図された動きと実際の運動の軌跡とのズレを即座に算出し，補正する出力を他の脳部位に出す。そして不要な筋肉の動きに関連する神経結合が抑制され，運動が熟達する。また，小脳は運動や知覚における時間判断にも関与することが示されている。

(4) 大　脳

大脳皮質を含む大脳半球はおよそ対称な左半球と右半球からなり，脳幹を覆っている。左半球は体の右半分を司り，右半球は体の左半分を司る。脳の断面を見ると，灰色の薄い領域(図7-5F，青色部)と内部の白い領域(図7-5F，白色部)とに分かれている。脳は主にニューロンとその活動を支えるグリア細胞からなる。そしてグリア細胞は脳全体に存在している。灰色の領域(図7-5F，青色部)にはニューロンの細胞体が多数存在して神経回路網を形成しており，灰白質とよぶ。白い領域(図7-5F，白色部)には神経線維(ニューロンの軸索からなる)が存在し，白質とよぶ。左右半球を連絡する神経線維の束である脳梁(図7-5A, D, E, F)を介して半球間の情報が行き来する。

(5) 大脳辺縁系

〈大脳辺縁系〉は主として海馬，扁桃体，視床下部からなる(図7-5D)。海馬は宣言的記憶や空間学習に関連する機能を持つ。扁桃体は情動に関わる。視床下部は身体状態の維持に関わる機能を持つ。

(6) 大脳皮質

大脳皮質以外のここまで説明した脳部位は系統発生的に古い部分であり，生命の維持に関わる基本的な機能や，記憶・情動に関連する機能を持っている。系統発生的に新しい大脳皮質は，知覚，認知，思考，言語などの機能を司る。高等ほ乳類ではこの大脳皮質が大きく発達している。大脳皮質には4つの葉がある。前頭葉，頭頂葉，後頭葉，側頭葉は脳溝を境目として解剖学的に分かれている(図7-5C)。大脳皮質は特定の部位が特定の機能を持ち，これを機能局在という。しかしながら，各部位や葉の間には相互に連絡があり，全体として機能を果たすことが多い。

7・2・2　末梢神経系

体性神経系と自律神経系に大別される末梢神経系は，中枢神経系と他の器官系とを連結し，感覚受容器が受け取った情報を中枢神経系に伝達するとともに，中枢神経系からの指令を筋肉等への出力として伝達する(表7-3)。

(1) 体性神経系

体性神経系は，受容器で電気的活動に変換された外界の物理的刺激の情報を脳に伝え，脳からの命令を効果器(筋肉)に伝える。受容器から脳に情報を連絡する経路を感覚神経とよび，脳から効果器に命令を連絡する経路を運動神経とよぶ。

(2) 自律神経系

自律神経系は，体性神経系とは異なり基本的に自律的に機能する。自律神経系は自動的にホルモンなどの分泌を制御したり，内臓などの器官の筋肉を制御して心肺機能，消化活動，発汗などに影響を与えたりする(図7-6)。自律神経はさらに交感神経と副交感神経とに分かれる。交感神経は身体の覚醒水準を上げ，活動を活発にする。副交感神経は身体の覚醒水準を下げ，活動を穏やかにする。この自律神経系のはたらきにより，たとえば何らかのストレスが与えられると，交感神経が優位に活動して心拍数，血圧，血糖値が上昇するとともに発汗し，消化のための内臓の活動が遅くなることで生物としての警戒レベルをあげる。そしてそのストレスがなくなると，副交感神経が優位に活動して心拍数，血圧，血

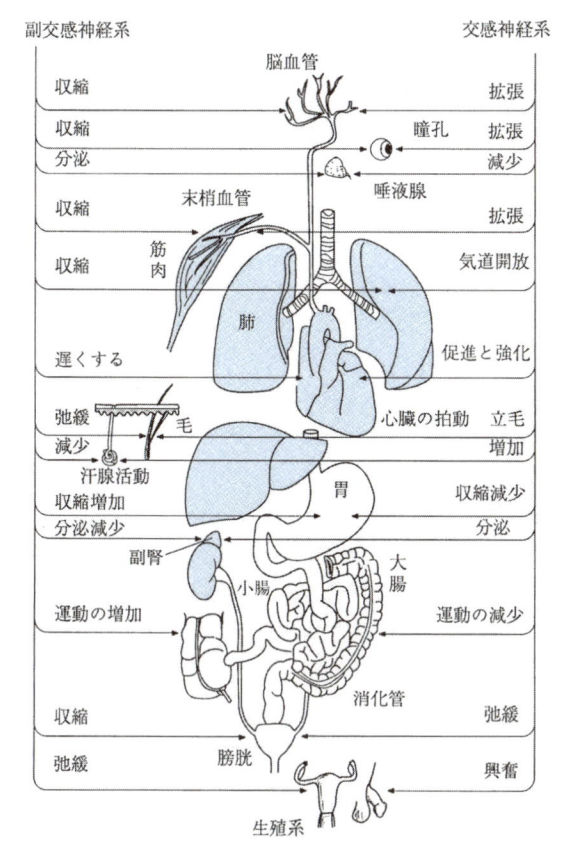

図 7-6　交換神経系と副交換神経系による内部器官の拮抗的支配（Bloom et al, 1985）

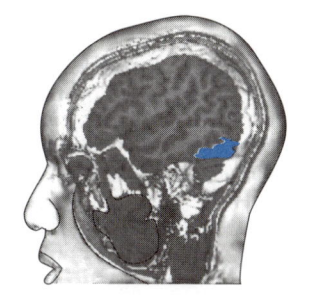

図 7-7　写真を眺めているときの脳活動（村上，2015 を改変）
fMRI のデータから，実験参加者が写真を眺めている際に後頭葉の視覚皮質が活性化していることがわかる。眺めることをやめると，この部位の活性化がやむ。

糖値が下降するとともに発汗が押さえられ，消化のための内臓の活動が活発になり警戒レベルが下がる。外界の状況に応じてこの交感神経と副交感神経が同時にバランスをとって活動することで体内の状態を正常の範囲内に維持することができる。

7・3　脳の非侵襲的測定

7・3・1　構造的測定（CTスキャン，MRI）

　生きている脳の全体構造を分析する手法として，コンピュータ断層撮影法（computed tomography scan, CT スキャン）や核磁気共鳴画像法（magnetic resonance imaging, MRI）がある。CT スキャンは頭部に対してさまざまな角度から X 線を照射した結果からミリメートル単位の空間分解能で脳の断層像を得る。MRI は，X 線を用いず電磁コイルにより磁場をかけて脳を画像化する技術であり，CT スキャンより詳細な1ミリメートル以下の空間分解能をもつ。これらの手法で得られた構造に関する画像は，次に説明する機能的脳イメージングと組み合わせて用いられる。

7・3・2　機能的脳イメージング

　機能的脳イメージングは，特定の心のはたらきが生じている最中に測定を行い，それに関連する脳部位を特定する手法である。

（1）　機能的核磁気共鳴画像法（fMRI）

　〈fMRI（functional magnetic resonance imaging）〉は，MRI と同じ原理を用いて脳内の酸素代謝の時間的変化を測定する手法である（図 7-7）。ニューロンが活動すると，多くの酸素が必要となる。そのため，脳では局所的に血流が増大し，fMRI はこの血流量の増大を反映した信号を測定する。このようにして fMRI では間接的に脳内の局所的なニューロン

群の活動を測定することができると考えられている。ニューロンの電気的活動を直接記録するのではなく，代謝を反映した変化を測定するため時間分解能は劣るが，他の手法と比べて空間分解能が高いことが特徴である。

(2) 脳磁図 (MEG)

〈MEG (magnetoencephalography)〉はニューロン活動の結果生じる磁場変化を測定する。検出可能な信号が生じるには多くのニューロンが活動する必要がある。空間分解能は fMRI より劣るが，脳波より良い。fMRI や NIRS に比較すると高い時間分解能を持つ手法である。

(3) 近赤外スペクトロスコピー (NIRS)

〈NIRS (Near-infrared spectroscopy)〉は，fMRI と同じく代謝を反映した信号を測定する技術である。近赤外線を頭皮越しに脳に照射し，戻ってきた光を測定する。測定は脳の表層にとどまり，脳深部は測定できず，空間分解能は fMRI より劣る。しかしながら，測定中に頭部を厳密に固定する必要がなく，装置が簡便であるため，自然な環境において実験を行えたり，乳幼児で測定したりすることが可能である。

7・3・3 脳　　波

多数のニューロンの電気的活動を反映した電位変化を頭皮上に配置した電極から電気的に記録する手法が〈脳波 (Electroencephalogram, EEG)〉の測定である。広い範囲のニューロンの活動を測定するため，機能的脳イメージングのような空間分解能は得られないが，極めて優れた時間分解能をもつ。脳波は周波数により分類され（デルタ波：0.5〜4 Hz，シータ波：4〜7 Hz，アルファ波：8〜13 Hz，ベータ波：13〜30 Hz，ガンマ波：30 Hz〜），周波数が低いと高振幅となり，周波数が高いと低振幅となる。これらの脳波は覚醒水準と相関するため，指標として用いられる。また，何らかの出来事が生じると，脳内の特定部位における処理の時間経過が電位変化として観察される。1回の記録で得られる信号は小さいが，複数回の試行を重ねて信号を加算平均することで，波形が浮かび上がる。これを〈事象関連電位 (event-related potential, ERP)〉とよぶ。

7・4　知覚と神経機構

外界の情報は感覚受容器によりニューロン活動に変換され，大脳皮質の専門化した皮質に伝達される。感覚情報はそれらの専門化した皮質で処理された後，連合野に送られる。最終的には高次の連合野に送られるが，これらの過程で知覚が成立すると考えられている。各感覚受容器について図で示した（図 7-8, 9, 10, 11, 12）。触覚は皮膚の〈機械受容器 (mechanoreceptor)〉で受容される（図 7-8）。複数の受容器が備わっており，これらの活動の総体が大脳皮質に入力され，統合されて感覚となる。味覚には甘味，苦味，塩味，酸味，うま味の5つの基本味があり，舌に存在する〈味蕾〉により検出される（図 7-9）。味蕾の中には味覚受容細胞があり，化学物質により刺激されることで電気的な活動が生じる。嗅覚も化学物質を受容する感覚であり，鼻腔上部の嗅上皮に存在する〈嗅覚受容細胞〉により受容

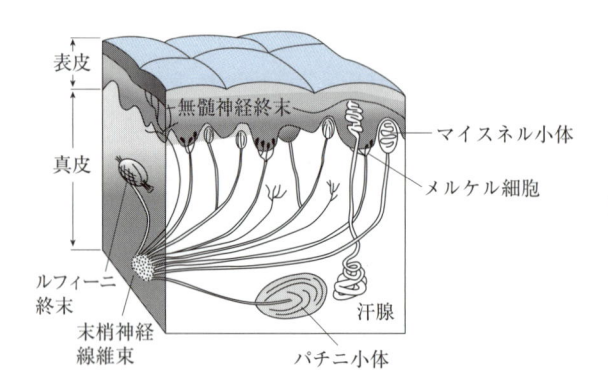

図 7-8　皮膚と触覚に関連する機械受容器（金澤・宮下，2014 を改変）
無毛皮膚の断面図に触覚に関連する受容器が示されている。手において触覚を司るのはマイスネル小体，メルケル細胞，パチニ小体，ルフィーニ終末の4種で，これら受容器の活動の結果が統合されて触覚が成立する。

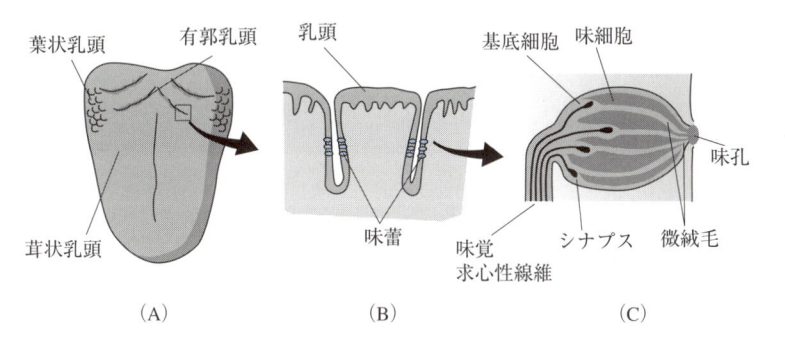

← 図7-9 舌，乳頭，味蕾（加藤ほか，2007を改変）
A：乳頭は味を検出する構造である。B：最も大きな有郭乳頭の断面図。C：味蕾は味覚の受容器である味細胞を含む。味細胞の先端の微絨毛は味孔から突き出ており，化学物質が反応する。

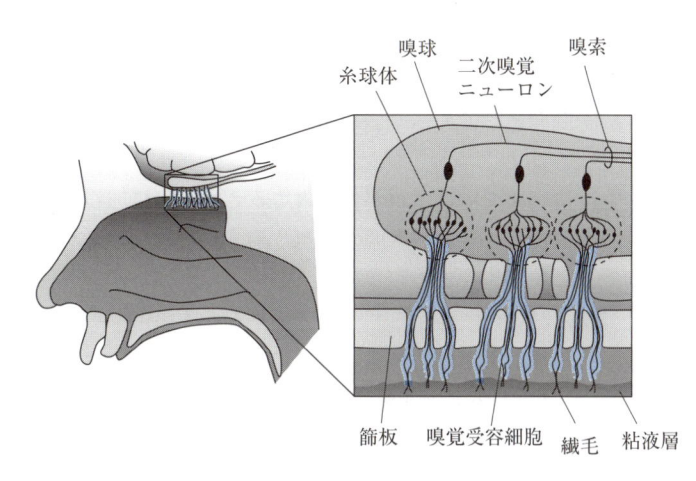

← 図7-10 嗅球と嗅覚受容細胞（加藤ほか，2007を改変）
空気中の化学物質は鼻腔の粘膜の嗅覚受容細胞（嗅覚の受容器）によって感知される。化学物質は嗅覚受容細胞の繊毛に活動を引き起こし，嗅覚受容細胞は活動電位を発生する。嗅覚受容細胞は嗅球で二次嗅覚ニューロンとシナプス結合しており，嗅覚受容細胞が受容した情報は脳に送られる。

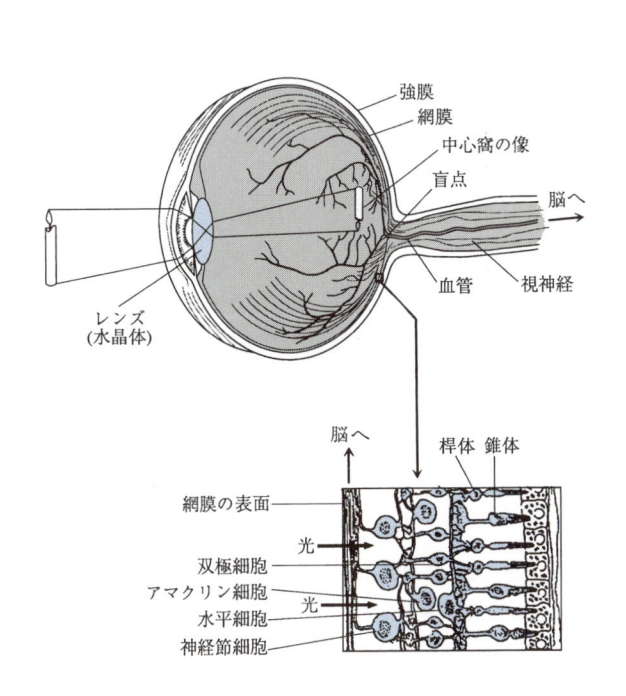

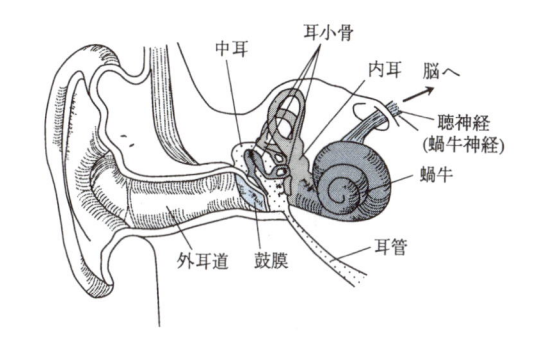

図7-11 耳の構造（Pansky, 1988）
内耳の蝸牛の基底膜上に有毛細胞（聴覚の受容器）がある。空気の振動（音）は鼓膜を振動させ，3つの耳小骨を介して蝸牛内のリンパ液に伝えられ，最終的に基底膜を振動させる。基底膜の振動により，有毛細胞の「毛」が動くと有毛細胞が活動する。

← 図7-12 眼球と網膜（Bloom, 1985）
眼球内に張りついた神経回路網が網膜である。視細胞である錐体と桿体は光を受容して膜電位変化を起こす。視細胞の活動は双極細胞を経て神経節細胞に伝えられる。視細胞と双極細胞のシナプス伝達は水平細胞が修飾し，双極細胞と神経節細胞のシナプス伝達は，アマクリン細胞が修飾する。これらの修飾は，受容した光の像の空間的・時間的な処理に関与する。神経節細胞の軸索は眼球を突き抜けて外側膝状体に投射している。

される(図7-10)。嗅上皮は粘液性の滲出液に覆われており，におい物質が粘液層に溶け込み，嗅覚受容細胞の繊毛に存在するにおい物質の受容体タンパク質に結合することで嗅覚受容細胞が電気的に活動する。聴覚は空気の振動が耳の内部への入り口である外耳道を通り，鼓膜を振動させることからはじまる(図7-11)。鼓膜の振動は3つの耳小骨を介して蝸牛に伝わり，蝸牛内に存在する基底膜上の〈有毛細胞(hair cell)〉の「毛」が動くことで有毛細胞が電気的に活動し，情報が脳に伝えられる。

視覚を支える神経系である〈視覚系(visual system)〉は最も多くの知見が蓄積された感覚系のひとつである。ここではその情報処理過程を段階毎に概説する。

7・4・1 初期過程
(1) 網膜
眼球内で最初に光を受容する検出器は，〈網膜〉に存在する視細胞の〈錐体〉と〈桿体〉である(図7-12)。これらはいずれもニューロンであり，光を受容するとそれを各々の電気的活動に変換する。錐体はその波長感度特性から3種類に分けられ，色覚における3原色の由来となっている。錐体は光強度に関する感度が低く，明るいときにはたらき，桿体は感度が高く，暗いときにはたらく。視線を向けた先の外界像は中心窩とよばれる網膜上の窪みに投影され，高密度に分布した錐体に受容されて高い空間分解能で脳に送られる。錐体・桿体に受容された光情報は双極細胞，神経節細胞に伝達され，神経節細胞の軸索は視神経乳頭から眼球を突き抜けて脳に連絡する。視覚系のニューロンの視野上の担当領域を〈受容野(receptive field)〉とよぶ。視覚系では，末梢側のニューロンほど受容野は小さく，中枢側になるにつれて大きくなる。神経節細胞の受容野は中心部と周辺部で極性の異なる同心円状の構造を持ち，コントラストを検出する機能がある。

(2) 外側膝状体
外側膝状体には網膜神経節細胞の軸索が投射される。左右眼とも右視野に受容野を持つ神経節細胞と左視野に受容野を持つ神経節細胞とが存在するが，視交叉を経て右視野に受容野を持つ神経節細胞の軸索が左半球の外側膝状体に，左視野に受容野を持つ神経節細胞の軸索が右半球の外側膝状体に投射する。外側膝状体の段階では，右眼由来の情報と左眼由来の情報は統合されず，分離したままである。また，受容野は網膜神経節細胞と同じ同心円状の構造を持つ。

7・4・2 特徴抽出
(1) 第1次視覚皮質(V1野)
第1次視覚皮質(V1野)のニューロンは外側膝状体から投射を受ける。V1野には方位選択性ニューロンが存在し(図7-13)，線分の方位情報が処理されて対象物の輪郭情報が抽出される。また，特定方向の運動に反応するニューロンや，特定波長の光に応答するニューロンも存在する。V1野には基本的にほぼ全ての情報が集まってくるが，以降の視覚皮質では，見ているものの色・形・奥行き・運動などの視覚属性ごとに並列して特徴抽出と分析が行われる。この段階から右眼由来の情報と左眼由来の情報の統合が開始される。

(2) 第2次視覚皮質(V2野)
V1野より受容野の大きなニューロンが存在する。ここでは，輪郭の折れ曲りや主観的輪郭の抽出が行われる。また，広域の情報を統合し，図地分離に関連する反応を見せるニューロンも存在する。

7・4・3 背側路と腹側路
視覚情報処理はV1野→V2野→V3野→MT野→MST野→頭頂連合野の〈背側路〉とV1野→V2野→V4野→IT野の〈腹側路〉に分かれる(図7-14)。背側路は運動や奥行き情報が処理される空間視に関わる経路であり，腹側路は色や形が処理される形態視に関わる経路である。

(1) MT野, MST野(背側路)
MT野には運動方向選択性を持つニューロンが存在し，運動情報を抽出する。また，両眼視差に対して依存性を持つ。この段階のニューロンの応答は色や形の条件に影響されない。MST野では，最大40度にもなる大きな受容野を持つニューロンが大域的でより複雑な運動(回転・拡大・縮小など)や奥行きに依存して応答する。より低次の視覚皮質に比べ，MT野の活動は運動知覚と強く相関することが知られている(図7-15)。

(2) 頭頂連合野(背側路)
頭頂連合野では，背側路で処理された運動と奥行

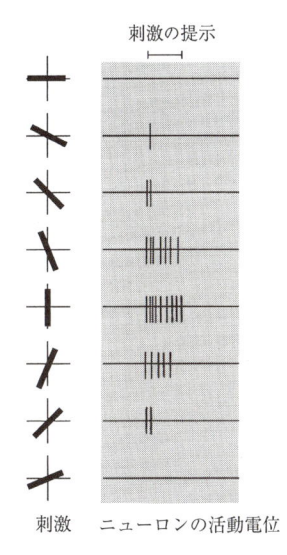

図7-13 方位選択性ニューロン（Hubel & Wiesel, 1962を簡略化。Brown, 1976）
特定の傾きの線分に対して選択的に応答するニューロン。この例では，受容野内に垂直方位の線分が呈示されたとき最も多くの活動電位が観察される。垂直に近い傾きの線分には応答するが，水平方位の線分にはほとんど応答が観察されない。

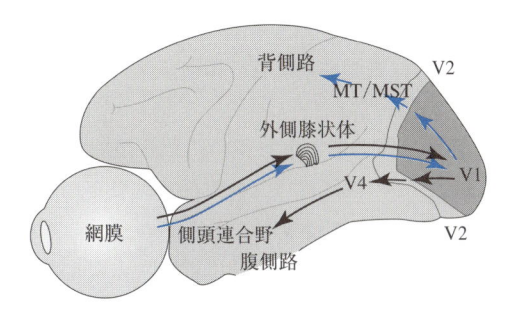

図7-14 背側路と腹側路（金澤・宮下，2014を改変）
マカクザルの背側路と腹側路を示した。背側路は空間視に関わり，腹側路は形態視に関わる。V3野は脳溝にあり，脳表面に露出していない。

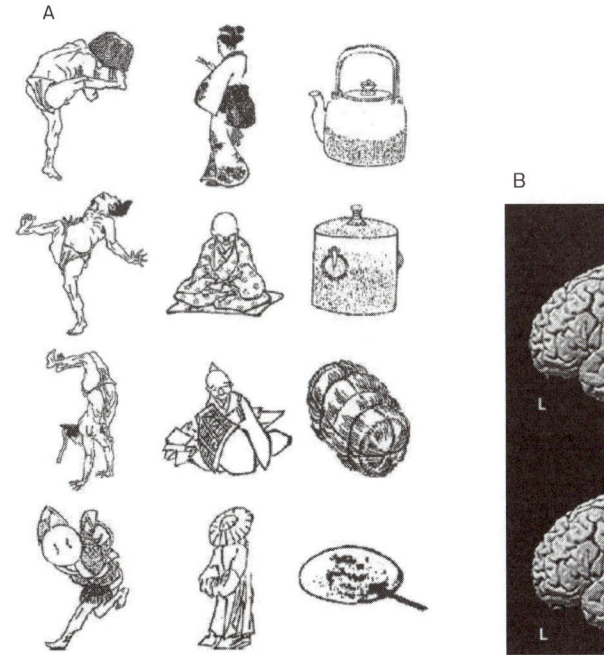

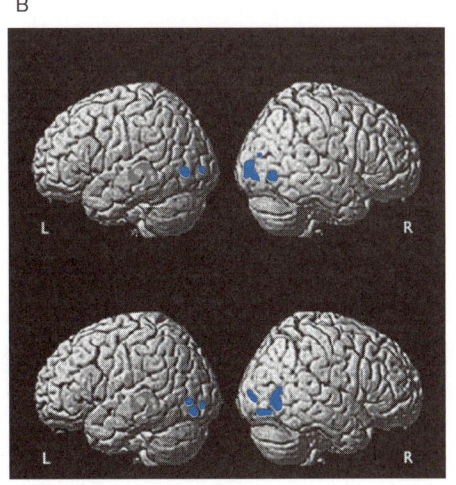

図7-15 動きの印象をもたらす北斎漫画に反応する背側路の皮質領野（Osaka et al., 2010を改変）
背側路のMT野の活動は運動知覚と関係が深い。A：Osakaらは，北斎漫画の動きを感じさせる人物IM（implied motion）の絵（左列），静的な人物の絵（中央列），静止オブジェクト（右列）を呈示した。B：fMRIで脳活動を測定したところ，人物IM条件から静止画人物条件の差分画像（上段）と，人物IM条件から静止オブジェクト条件の差分画像（下段）から，MT+野（MT野とMST野を含む）が活性化したことがわかる。実際には運動していない，示唆的な運動による運動知覚でもMT+野が活動する。

き情報をもとに情報処理が行われる。この部位では視覚情報だけでなく，体性感覚など他のモダリティの情報も受け取り統合する。この部位を損傷すると，形態視は保たれるが空間視や視覚誘導性の行動をうまく行うことができなくなる。たとえば，目の前にコーヒーカップが存在することはわかっているのに手を伸ばしてそれを把持することができない。ここでの情報処理結果はさらに前頭葉に送られる。

(3) V4野(腹側路)

V4野は単純な形と色彩視に関わる情報処理を行う。また，この段階には光の波長ではなく，主観的に感じる色に対して選択性をもつニューロンが存在し，知覚における色の恒常性に対応することが知られる。

(4) IT野(腹側路)

下側頭皮質(IT野)には，複雑な特徴の組み合わせからなる形態に選択的に応答するニューロンがある。また，手の形によく応答するニューロンや，顔写真に対してよく応答するニューロンもある(図7-16)。腹側路を損傷すると，目の前にあるものが見えてはいるが，何であるか分からなくなる視覚失認になる場合がある。また，この部位は視覚的記憶にも関連する。

7・5 記憶と神経機構

記憶とは過去経験を記銘して保持し，必要に応じて再生することである(5・1参照)。記憶には種類があり，それらの神経機構は脳を部分的に損傷して記憶障害となった〈健忘症〉の患者の研究から解明が進んだ。一方ではニューロンレベルでも解明が進んでいる。

7・5・1 脳損傷部位と記憶障害
(1) H.M.の事例

記憶について多くの知見を得るきっかけとなったのは，1953年に脳を切除する手術を受けたH.M.という患者の症例である。H.M.は，脳の病気であるてんかんの治療のため，内側の側頭葉を両半球とも切除する手術を受けた(図7-17)。H.M.の術後の知能指数は健常者の平均以上であったが，重篤な記憶障害になった。H.M.は，ずっと以前の古い記憶は失われなかったが，術前3年ぐらい前までの記憶は失われた。また，7桁程度までの数字列を覚えて復唱することは可能であったが，毎日接する医者や看護師の顔や名前を記憶することができなかった。また，ほんの30分程度前に自分がとった行動や発言を全く覚えていなかった。H.M.は自宅付近の地理はわかっていたが，自分が毎日通っているリハビリテーションセンターへの道順はわからなかった。詳細な検査の結果，H.M.は，① 30秒前に呈示された言語や顔写真の再認に障害があった。ごく短い期間であれば再認できた。② 物を置いた場所を記憶できず，空間記憶に障害があった。③ 1920年代，1930年代，1940年代に活躍した大統領やスポーツ選手などの有名人の写真を見せると誰か答えることができたが，1950年代以降(手術は1953年)の有名人については誰か答えることができなかった(図7-18)。④ 鏡映描写(鏡に映った2本線で描かれた図形の2本線の間をできるだけ速く正確に線に触れずにたどる課題)という運動学習で障害が見られず，パフォーマンスが向上した(図7-19)。また，その向上は翌日も維持された。また，不完全線画テスト(図7-20，不完全な線画から徐々に完全な線画を呈示し，何であるかわかった時点で回答するテスト)も障害はなく，5ヵ月後にテストしても良いパフォーマンスが得られた。ただし，H.M.本人にかつてこの課題を行ったかどうか尋ねると，やったことがないと答えた。

H.M.のこれらの結果から，次のことがわかった。① 脳内の記憶システムは，記憶の制御(生成・検索・想起)と記憶の保持(貯蔵)の2つに分かれる。H.M.は内側側頭葉を切除されたので，記憶の制御システムは内側側頭葉にあり，記憶の保持は切除されなかった部位で行われる。② 記憶には種類があり，内側側頭葉の切除は事実と出来事に関する記憶(宣言的記憶)に障害をもたらす。③ 内側側頭葉の切除では知能が傷害を受けないため，記憶制御システムと知能に関する認知機能などは，互いにある程度独立している。④ H.M.の障害は長期記憶に限られ，短期記憶は正常だったので，長期記憶と短期記憶のシステムはある程度独立している。また，内側側頭葉は運動学習に関与しない。⑤ 一旦記憶が固定された後には，側頭葉内側部は記憶の保持や想起には関与しない。ただし，H.M.の症例において術前数年の記憶は失われたため，固定が完了するには

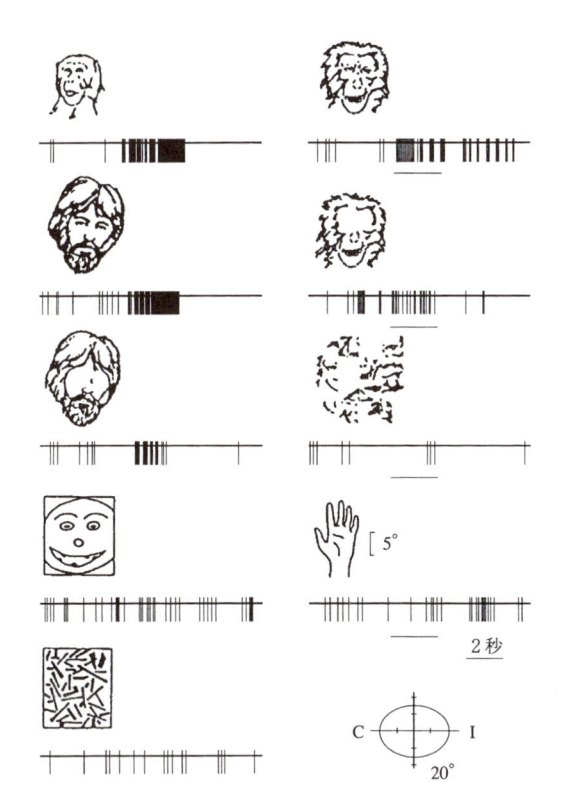

← 図 7-16 顔に対して反応性のあるニューロン（Bruce et al., 1981）
サルに多様な視覚刺激を呈示し，上側頭溝のニューロンから活動電位を記録した。
左側は写真をトレースした絵をゆっくり動かしたときの反応。左上から，サルの顔，ヒトの顔，目を除いたヒトの顔，マンガの顔，ランダム図形。右側は刺激を視野中心に投映したときの反応。横棒で示されている間，刺激が投映されている。右上から，サルの顔，目を除いたサルの顔，サルの顔を16分割してランダムに並び替えたもの，手。ヒトの顔の絵にも，サルの顔の絵にも反応する。目を除くと反応が弱くなる。マンガの絵にも弱く反応する。写真を切ってバラバラにした顔，ランダム図形，手には反応しない。右下は受容野を示している。

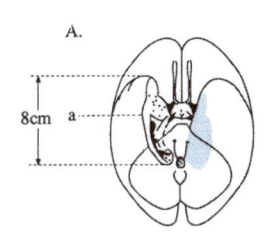

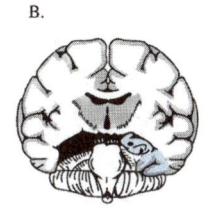

図 7-17　H.M. の脳切除部位（Milner, 1970）
H.M. は，てんかんの治療のために，左右の内側側頭葉を切除する手術を受けた。図では右半球の切除部位のみを示したが，実際には左半球の対応する部位も切除された。A は脳を下から見た図であり，B は A の a を含む垂直な面で切った脳の断面図である。内側側頭葉の位置については，図 7-5 の F を参照のこと。

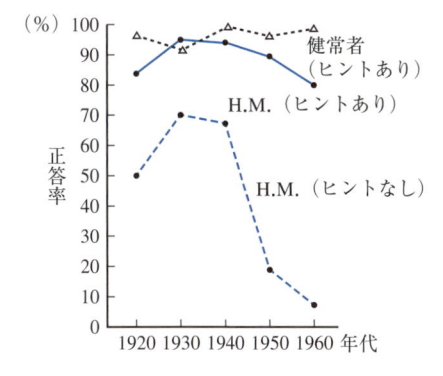

図 7-18　各年代の有名人の顔の再認テストの成績
（Marslen-Wilson & Teuber, 1975 を改変）

側頭葉内側部が必要である。

　H.M. は内側側頭葉を切除されたわけだが，海馬・海馬傍回・扁桃体の大部分が切除され，海馬に入力する嗅皮質も切除されていた。これらの部位が，H.M. において障害が観察された記憶の機能に関与すると考えられている。

7・5・2　記憶に関連する脳領域とメカニズム
(1)　海馬および海馬周辺

　海馬とその周辺部位(図7-5D)は種々の連合野や周辺皮質から入力を受け，ほとんどの大脳皮質領域に出力を出している。海馬とその周辺部位は，種々の感覚情報や情動に関する情報を受け取り，情報処理した結果を大脳皮質に送り返す過程で記憶に関与する。とくに海馬ではシナプスの可塑性が観察される。海馬内のニューロン間のシナプスでは，強い入力が行われると長時間持続的にシナプス伝達の効率が上昇する現象が観察される。これを長期増強(long-term potentiation：LTP)とよび，記憶に関わるメカニズムとして注目されている。

(2)　小脳と大脳基底核

　小脳(図7-5A, B)は運動学習(手続き記憶)に関与する。運動を開始すると，意図した運動軌跡と実際の運動軌跡との間の差分であるエラー信号が小脳に伝えられ，小脳の神経回路内で間違った無駄な運動に関連するシナプスの伝達効率を長時間抑制する。この長期抑圧(long-term depression：LTD)という現象により，無駄な運動に関連するシナプスが削除され，運動が洗練される。大脳基底核(図7-5F)は脳の深部にある神経核の集合体であるが，皮質からの入力を受けて情報を送り返すことで随意運動の制御を行っている。また，報酬に動機づけられた学習にも関与している。

7・6　情動と神経機構

　恐怖，怒り，悲しみ，喜びなど，比較的一過性で身体的反応をともなう心的な過程を情動とよぶ。脳では，① 感覚入力について処理する過程，② それが生物学的にどのような価値を持つか評価し，自分にとってどのような意味があるのか認知する過程，③ その結果に基づいて適応的な身体反応を喚起する処理過程がある。これらの過程は前頭葉により制御される。

7・6・1　大脳辺縁系による評価

　まず，感覚入力は感覚情報処理を行う脳部位での処理を経てから大脳辺縁系(図7-5D)に送られ，評価が行われる。とくに大脳辺縁系の扁桃体(図7-5D, F)では，快，不快の双方の処理に関与するが，扁桃体の損傷では不快情動に大きな影響を与えるため，とくに不快情動に必要な脳部位であることが示されている。ヒトでは扁桃体の電気刺激を行うと怒りや恐怖を感じる。一方，側坐核は快情動に重要である(図7-21)。扁桃体は刺激の生物学的意味を評価することが示されている。サルの扁桃体を実験的に損傷すると，通常は恐怖のため近づかないヘビの模型に平気で近づいて触ったり，これまで接触経験のないサルと同じケージに入れられても平気でそのサルに近づいたりする。また，性行動の亢進や何でも構わず物を口に入れる傾向が観察される。これらの症状はクリューバー・ビューシー症候群とよばれている。

7・6・2　視床下部および脳幹による身体反応の喚起

　大脳辺縁系で評価された情動に関わる情報は，視床下部(図7-5A)と脳幹(図7-5B)に伝えられる。視床下部から脳幹への出力は情動に関連する身体反応に関与する。たとえば，動物で視床下部の内側野を電気刺激すると怒り，恐れ，不安などの不快な情動反応が誘発される(図7-22)。電気刺激する部位により喚起される反応は異なる。たとえば，攻撃行動が誘発される部位と，逃走行動が誘発される部位は異なる。視床下部は下垂体への出力も行い，内分泌系の反応を喚起する。また，視床下部は自律神経系の調整も行うので，自律神経系により制御されている身体反応(心拍数，血圧，発汗等の変化)が生じる。

7・6・3　前頭葉による制御

　評価と身体反応の喚起の過程は，前頭葉(図7-5C)の眼窩前頭皮質と前帯状皮質により制御される。これらの部位は大脳辺縁系に出力を送り，高度に適応的であるように情動を制御する。

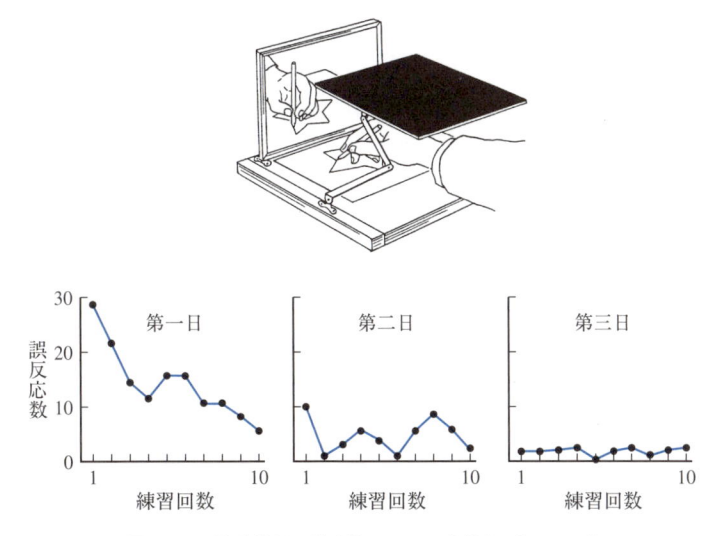

図 7-19　鏡映描写の学習と H.M. の成績(二木, 1984)

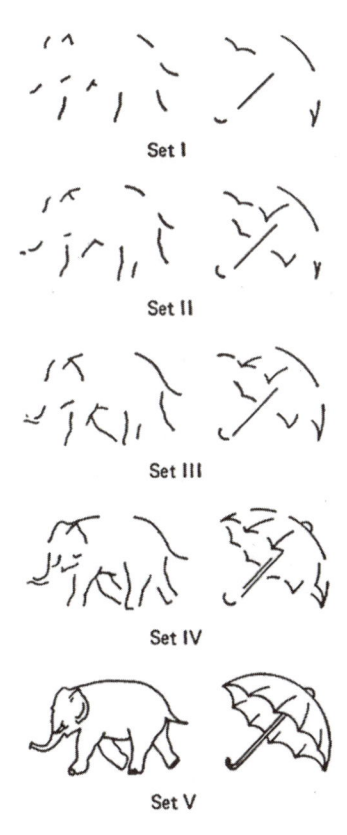

図 7-20　不完全線画テスト
（Gollin, 1960 を改変）

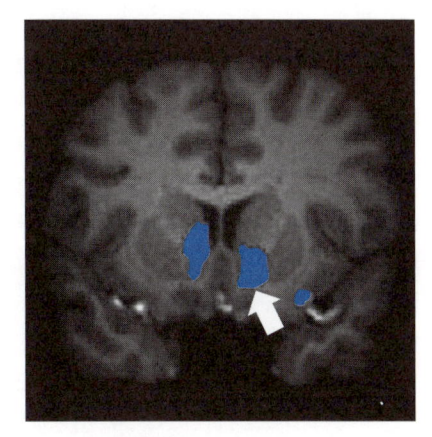

図 7-21　快情動刺激に対する側坐核の活動
（Sabatinelli et al., 2007 を改変）
性的で快な光景，怪我を映した不快な光景，普通の人々の中性な光景を見ているときの脳活動をfMRI で計測したところ，中性な光景と比較して快な光景に対して強く側坐核(矢印)が活動した。

7・6・4 情動と記憶

情動に関連付けられる記憶は残りやすい。これは，情動が生じるような体験をした場合，扁桃体が活動し，その結果，情報の海馬への入力強度が強められるためと考えられている。また，情動はストレスホルモンの分泌を促し，記憶形成を促進することも知られている。

7・7 前頭葉

大脳の前半が前頭葉である(図7-5C)。前頭葉の後部には1次運動野があり，その前に運動前野や補足運動野などの高次運動野がある。これらの部位は高次の随意的な行動出力に関与する。これらの部位より更に前の部位を〈前頭前野〉とよび，高等なほ乳類，とくにヒトで大きく発達している。この前頭前野は最も高次な行動制御に関与し，人間が社会的行動をとる上で重要なはたらきを持つ。

7・7・1 前頭葉の損傷と人格変化

1848年，当時25歳で鉄道工事の現場監督をしていた米国人のゲージ(Gage, P. P.)は，発破の作業中に事故に見舞われた。直径3cm程度の鉄パイプが吹き飛んで彼のあごから左眼の後ろを通り，頭頂をつき抜けて前頭葉を大きく損傷した(図7-23)。奇跡的に命はとりとめたものの，ゲージの人格は一変した。事故前までは冷静で有能であったにもかかわらず，事故後には計画的に仕事を進めることができなくなり，目先のことのみにとらわれ，気分の変化が激しく，感情を爆発させる粗暴な人間になってしまった。周囲の人間は彼のことをもはやゲージではないと感じた。

前頭前野の損傷により現れる症状を前頭葉症状とよぶ。損傷の部位により症状は異なる。前頭前野は大きく外側部，内側部，眼窩部(底面)に分かれるが，損傷により共通して見られる症状は柔軟で臨機応変な行動が出来なくなることである。前頭前野の眼窩部の損傷では，他人を不快にする発言をする，悪ふざけをする，衝動を抑えることが出来なくなることなどが生じ，活動性が亢進する。また，眼窩部と内側部の損傷では，道具を見ると手にとって使わずにはいられないという強迫的使用行動が生じることがある。ゲージは左側の眼窩部と左右の内側部を損傷しており，彼の人格変化はこれらの知見と対応していると考えられる。外側部を損傷すると意欲が低下し，自発性が欠乏して行動が抑制されることが多い。

7・7・2 前頭前野の機能

損傷例からわかるとおり，前頭前野は人格や社会的な行動など，人間らしくあるために重要な役割をもつ。前頭前野は他の連合野と連絡をしている。感覚野や運動野とは直接の連絡はなく，前頭前野が損傷しても感覚や運動は保たれる。また，大脳辺縁系との相互連絡により情動を制御する。さらに，作業記憶も担っている。そのため，前頭前野は個体が目標を達成するために計画的に行動を実行したり，情報処理の資源を適正に配分して並列的な作業を進めたりする執行機能を担っているとも考えられる。他人との関わりの中で情動を制御しつつ，連合野で処理された情報をまとめ上げて目標を達成できるような行動を計画して執行することにより，社会的で人間らしい行動を実現するのが前頭前野の役割である。

7・8 睡 眠

生体はおよそ24時間周期の〈概日リズム(circadian rhythm)〉を持っている。体温や覚醒状態はそのリズムに従っているので，同じ時刻であればおおよそ同じ体温，覚醒状態になる。たとえば，徹夜をすると真夜中には眠気が襲ってくるが，いつも起床する時間になると目が覚めて元気になる。睡眠もリズムを持っている。

7・8・1 レム睡眠とノンレム睡眠

睡眠は〈レム睡眠〉と〈ノンレム睡眠〉の2つに分かれる。ノンレム睡眠はさらに睡眠の深さで4段階に分かれる(図7-24, 25)。レム睡眠は急速眼球運動(Rapid Eye Movement : REM)をともない，脳波は入眠時のパターンに近く，脳は覚醒している状態に近い。しかしながら，筋肉は弛緩しており，体は深く眠っている状態である。入眠するとノンレム睡眠の浅い段階からはじまり，徐々に深くなって浅くなる経過をたどり，レム睡眠に至る(図7-25)。この経過を睡眠周期とよぶが，およそ90分の周期

図7-22 視床下部の電気刺激による情動行動(梅本, 1988)
A：耳を伏せ，歯をむき出し，威嚇の姿勢を示している。次の瞬間，爪を立てて右方の手に飛びかかってきた。
B：刺激されると首を縮め，耐えているが，急に起き上がり，悲鳴を上げる。このまま刺激を続けるとジャンプして逃走してしまう。

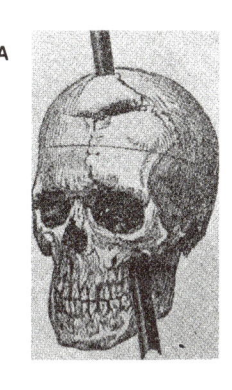

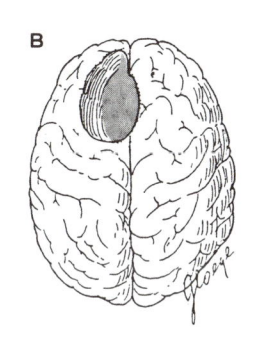

図7-23 ゲージの前頭葉損傷部位(A：Harlow, 1868；時実, 1966. B：Stuss, 1983)
仕事中に，爆発で吹き飛ばされた鉄パイプが，ゲージの顎から頭へとA図のように貫通し，B図に示したように，ゲージの前頭葉に大きな損傷を与えた。これによりゲージの性格は一変した。

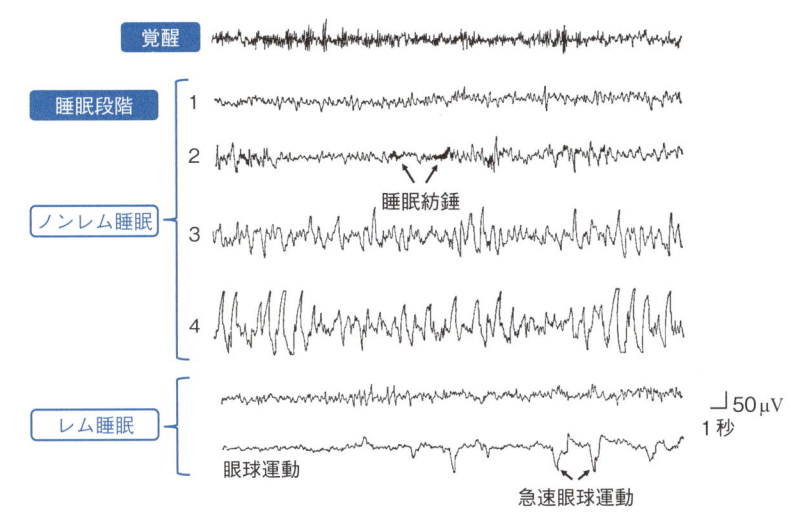

図7-24 ヒトの覚醒時と睡眠時の脳波(高橋・大川・高橋, 1978を改変)

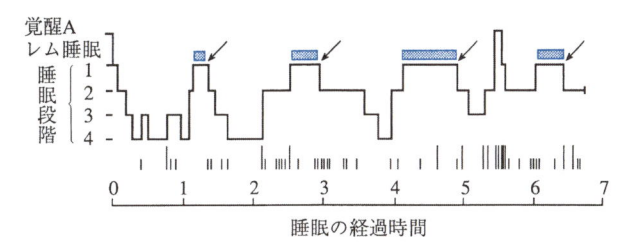

図7-25 睡眠経過(Dement et al., 1957)
入眠後，ノンレム睡眠の段階を，段階1, 2, 3, 4と，順次に深い睡眠へと移行し，その後，再び浅い睡眠に移行したのち，レム睡眠に入る。このような睡眠周期(約90分)を一晩で4～5回繰り返す。レム睡眠中には，夢を見ていることが多い。

である。覚醒するまでこの経過を繰り返すが，徐々に深い睡眠段階には到達しなくなり，1回のレム睡眠の持続時間が長くなる。レム睡眠中に起こすと，明確な夢を見ていることが多い。

7・8・2 睡眠の機能

睡眠を十分とらないと体調不良になるだけでなく，さまざまな認知機能が低下する。正常な認知機能を維持する上で睡眠は必要である。睡眠の機能としては，エネルギー節約，疲労回復，脳の成熟，身体の成長・修復などの仮説が提唱されている。また，睡眠が記憶の固定を促進するという仮説や，睡眠中に海馬を中心とした大脳辺縁系(図7-5D)において記憶を再現して保存すべき情報と削除すべき情報を整理しているという仮説を支持するデータも得られている。

7・8・3 概日リズムの中枢と睡眠

睡眠は概日リズムにしたがっているが，その中枢である視交叉上核は外界の光によって調整されている。朝起床して明るい光を浴びると，網膜から視交叉上核に情報が送られ，最終的に松果体で作られる睡眠誘導ホルモンのメラトニンの量を減らす。夜になるとこのメラトニンの量が増えて眠くなる。

7・9 脳の側性化

見た目では脳の右半球と左半球はおよそ対称であり，両半球間は脳梁でお互いに連絡している(図7-5E, F)。両半球には機能差があり，ここでは失語症の患者の研究が解明のきっかけとなった言語機能の局在と，てんかん治療のため両半球間の連絡を分離した患者の症例で明らかになったことを中心に紹介する。

7・9・1 失語症と言語野

1861年，フランスのブローカ(Broca, P.)は，「タン」としか発話できない患者について報告した。この患者は舌や口は自由に動き，運動機能に障害はないが，話そうとすると言葉が出ない。そして言葉の理解にも障害はなかった。死後の解剖により，左半球前頭葉の一部に異常が見られた。この異常が見られた領域をブローカ中枢とよぶ(図7-26)。この部位の損傷により生じる失語症は発話という運動における障害なので，〈運動性失語〉とよばれる。

一方，1974年，ドイツのウェルニケ(Wernicke, C.)は，発話は可能で耳は聞こえるが，相手の言葉が理解できず，会話が成立しない患者について報告した。この患者では左半球側頭葉の後部に損傷があった。この損傷のあった領域をウェルニケ中枢とよぶ(図7-26)。この部位の損傷により生じる失語症は〈感覚性失語〉とよばれる。

これらの脳損傷患者における失語症の研究により，多くの人間において言語の中枢が左半球に局在していることがわかった。また，言語機能が発話や理解などさまざまな機能で構成され，それらを担う脳部位が局在していることも明らかとなった。ただし，ブローカ中枢が単独で発話機能の全てを担い，ウェルニケ中枢が言語理解の機能の全てを担っているというわけではない。ウェルニケ中枢，ブローカ中枢およびそれらを結ぶ弓状束，角回が言語機能に関する主たる神経機構であるが，ブローカ中枢は発話に必要な運動出力を作成して命令を出す機能，ウェルニケ中枢は聴覚情報を処理して音声知覚を行う機能に関与する。言語機能にはこれらの部位を含めたより広い領域の活動が関与することに注意が必要である。

7・9・2 分離脳患者の研究

てんかん患者は左右いずれかの半球に病巣がある場合，発作が起きると脳梁(図7-5F)を介して反対の半球にも異常な脳活動が行き来することで症状が激化すると考えられた。動物実験において，脳梁を切断しても大きな障害が見受けられなかった。そこで，1960年代にてんかんの発作を抑える目的で脳梁を切断する手術が行われた。この手術を受けた分離脳の患者は，知覚，運動，人格，知能にほとんど影響が観察されず，一見何の問題もなかった。

スペリー(Sperry, R. W.)とガザニガ(Gazzaniga, M. S.)は，〈分離脳(split-brain)〉の患者の協力により数々の実験を行った。その結果から，脳の両半球間の相互作用に関する理解が深まった。健常者では，まず右視野の視覚情報は左半球に，左視野の視覚情報は右半球に送られる(図7-27)。また，左半球には言語機能を司る部位がある。これらの処理結果は脳梁を介して左右両半球で共有される。分離脳

図7-26 言語機能に関連する脳部位（Geschwind, 1972）
言語理解に関与するウェルニケ中枢，発話に関与するブローカ中枢，および両中枢を結ぶ弓状束は，言語機能のための神経機構である。角回は，より高次の言語機能に関与している。実際の言語活動にはこれらの部位の他に，周辺の諸連合野の存在が必要である。

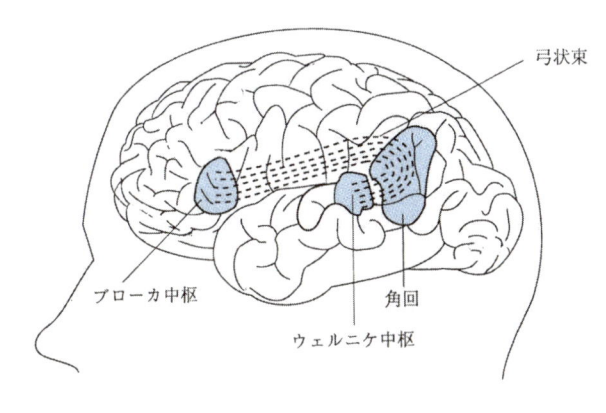

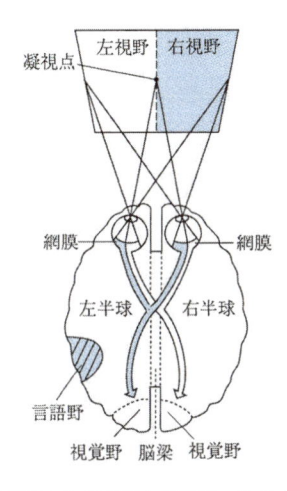

図7-27 左右視野からの左右大脳半球への入力
網膜から視覚野への投射は，内側の網膜では眼球と対側の視覚野へ，外側の網膜は同側の視覚野へなされている。したがって，右視野に呈示された刺激は左半球の視覚野へ，左視野に呈示された刺激は右半球の視覚野へ入力される。入力後，通常は脳梁を介して左右半球間で情報の共有が行われるが，分離脳の患者では脳梁が切断されているので左視野の情報は右半球だけに，右視野の情報は左半球だけにとどまり，共有されない。

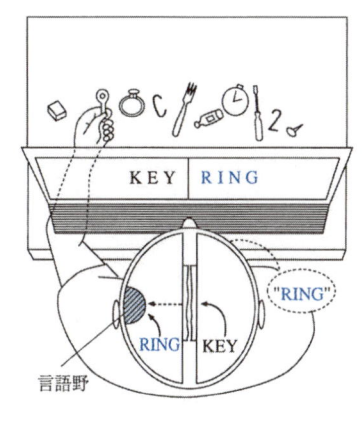

図7-28 分離脳患者の左右両視野に単語を同時呈示する実験（Sperry, 1968）
左視野に"KEY"，右視野に"RING"が呈示された。何を見たかを尋ねると，"RING"と答えた。右半球に入力された"KEY"は，口頭では報告されなかった。これは，脳梁の切断により，"KEY"に関する情報が左半球の言語野に伝達されていないためと考えられる。右半球によって統御されている左手を使って，いくつかの物品の中から，見たものを触覚によって選ばせると，正しく鍵を選ぶことができた。すなわち，右半球は見たものを口頭で報告することはできないが，それが何であるかという認識を持っている。

の患者の場合，脳梁が切断されているのでこの情報共有が起こらない。したがって，分離脳患者には，左右の視野に別々の視覚刺激を呈示することで，右半球と左半球にそれぞれ別の視覚情報を入力することが可能である。患者に凝視点を見つめてもらい，タキストスコープ（瞬間的に刺激を呈示する装置）で右視野と左視野にそれぞれ2つの単語を呈示し，何を見たか口頭で答えてもらったところ（図7-28），右視野（左半球に入力）に呈示された単語は読むことが可能だったが，左視野（右半球に入力）に呈示された単語については，何も呈示されなかったと回答した。だが，驚くべきことに，左手を使って（右半球は左手の触覚入力を受け，左手の運動を制御する）触覚をたよりに先ほど視覚呈示された単語に対応する物を選ぶようにお願いすると（患者からは見えないように衝立の向こうに複数の品物が置かれていた），見えなかったはずなのに左視野に呈示された単語に対応する物を選んだ。さらに不思議なことに，左手で触って選んだ物が何か口頭で答えてもらったところ，右視野に呈示された対応しない単語を回答した。右半球は，入力された単語について言語的に答えることはできないが，何を見たかを知っ

ていたことになる。分離脳の患者は，左手で探り当てた物が正解であったことを告げられると，「見えていないのに正解を手で当てられるとは変な話だ」ときょとんとした。先に紹介したように言語機能は主に左半球にある。言語機能をあまり持たない右半球による行動について，言語機能を持つ左半球が不思議がっているのである。

分離脳の患者の中には，左手の独自な動きについて困惑した人もあった。行動に関しては，常に言語的な左半球が支配しているわけではない。たとえば，右手がシャツのボタンを留めた直後に左手でそのボタンを外してしまったりした。このように，あたかも「2つの分離した心」ができてしまう。この2つの心が食い違う行動を起こした場合，左半球は右半球が行った行動に関して，適当につじつまを合わせて取り繕う言語報告をすることも知られている。たとえば，右半球の指令により分離脳の患者が歩き出した際に，左半球はなぜ自分が歩き出したかわからない。左半球は外に現れた行動を通して右半球のことを知るのである。そこで，左半球は自分の行動を取り繕ってもっともらしく「飲み物をとりに行くために歩き出した」と説明する。

(1) 右半球の言語機能

右半球は全く言語機能を持っていないというわけではない。分離脳の患者において，右半球は単語や言語の聴覚的理解といった言語を受容して理解する機能を持つことが知られている。ただし，発話や書字などの言語表出機能はない。

(2) 右半球が優位な課題

右半球は空間的な知覚や操作が得意である。分離脳の患者に見本通りに積木模様を作成する課題を行ってもらうと(図7-29)，右半球が制御する左手で課題を行った方が，左半球が支配する右手で行うよりもパフォーマンスが高い。

(3) 右半球の損傷

右半球を損傷すると，視覚機能において空間情報処理に関連する障害が起きる。ここでは代表的な〈半側空間無視〉(右側頭頂葉の損傷で発症する)について紹介する。半側空間無視とは，損傷を受けた右半球が入力を受ける左視野の視覚的対象物に気づかないという症状である。左側の障害物に気づかないので避けずにぶつかってしまう。見本の絵を模写してもらうと，見本に描かれている物の右半分しか描かない(図7-30)。食事の際に，ご飯茶碗の右側だけ食べて左側を食べ残したり，出された魚については右半分の身だけ食べて左半分を食べ残したりする。また，よく知っている建物に向かって立っている状況を想定してもらい，周辺の建物を思い出して列挙してもらうと，よく知っている建物に向かって右側の建物は思い出せるが，左側の建物が思い出せない。さらに時間を置いて，そのよく知っている建物を背にした状態を想定してもらい，同じく周囲の建物を思い出してもらうと，今度は先ほど思い出せなかった方の建物を思い出せて，思い出せた方の建物をあげることはなかった。このように，心の中の認知世界でも半側空間無視が起きる。

(4) 健常者における右半球と左半球

左半球は，言語能力に優れているが，右半球は推論を行うことに長けている。先行刺激が呈示されることによって後続刺激の処理が影響を受ける効果をプライミング効果とよぶ。単語の「foot」を瞬間呈示すると，左半球では類似の関連語である「heel」により速く反応できるようになる。しかし，「foot」「cry」「glass」を呈示すると，右半球の方がより速くこの3つの単語と関連する「cut」に反応できるようになる。さらに3つの単語「boot」「summer」「ground」について直観で思い浮かぶことを答えてもらうと右半球はより速く「camp」と答えることができる。他にも半球間で差がある機能が多く見つかっている。

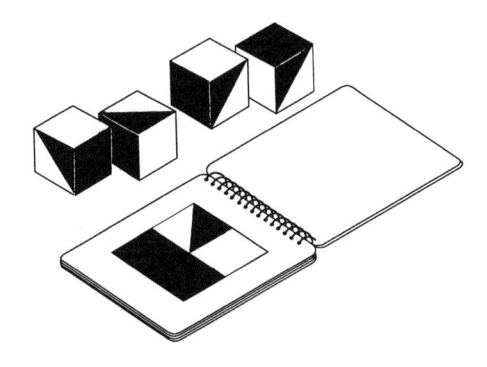

図7-29 積木模様課題（Gazzaniga et al., 1978）
　図のような4個の積木を使って，見本図形のパターンを作る課題。分離脳患者では，右手（左半球）より左手（右半球）で課題を行った方が成績が良い。また，右半球に損傷を受けた場合に，この課題の成績が著しく低下することが多い。

図7-30 半側空間無視の患者が描いた絵（Springer et al., 1981）
　右半球の後部に損傷のある脳卒中患者に見本の絵を模写させた。患者の描いた絵では，絵の左側が無視されている。

■ 7章の参考図書

伊藤正男（監修）（2015）．脳神経科学　三輪書店
加藤宏司・後藤　薫・藤井　聡・山崎良彦（監訳）（2007）．神経科学―脳の探求　西村書店
金澤一郎・宮下保司（日本語版監修）（2014）．カンデル神経科学　メディカル・サイエンス・インターナショナル
小島比呂志（監訳）（2013）．脳・神経科学の研究ガイド　朝倉書店
泰羅雅登・中村克樹（監訳）（2013）．カールソン神経科学テキスト　丸善出版
二木宏明（1984）．脳と心理学　朝倉書店
藤田一郎（2007）．「見る」とはどういうことか―脳と心の関係をさぐる　化学同人
村上郁也（編）（2010）．イラストレクチャー認知神経科学　オーム社
村上郁也（訳）（2015）．マイヤーズ心理学　西村書店

Column 7

ヴント

(Wundt, W., 1832～1920)

　生理心理学(physiological psychology)というと，細分化されている心理学の一領域という印象しか持たれないかもしれないが，19世紀後半にこの用語がついた著作が発表された頃，この分野は最先端の学問だった。英語やドイツ語では現在も同じ単語を用いているので，日本語訳では少し使い分けをして，19世紀のものを「生理学的心理学」とよんでいる。その代表作『生理学的心理学綱要』(1874)が発表されたことで，著者のヴィルヘルム・ヴントは心理学の歴史に大きな一歩を残すこととなった。

　ヴントはドイツ南西部の小村の生まれで，父はその地域では少数派のプロテスタント系の牧師として活動をしていた。そのため，ヴントは小さい頃に周囲の子となじむことがなかったようである。大学を決めるにあたって，叔父が勤めていたテュービンゲン大学へ進学した後，叔父の転出に伴ってハイデルベルク大学に入り直した。そこで医学部を1856年に卒業したのち，ベルリン大学で当時最先端の生理学の研究を行っていたミュラー(Müller, J.)のもとで数か月にわたって研究を手伝い，同研究室の出身であるヘルムホルツ(Helmholtz, H.)のハイデルベルク大学赴任にあたって，生理学教室の助手となった。この助手を5年務めたあと，ヴントは医師になる医学部の学生相手に心理学関連の授業を行っていた。このことがベースとなって，心理学寄りの生理学のテキストをいくつか執筆することになるが，その研究をもとに出版された『生理学的心理学綱要』が認められて，1874年にスイスのチューリッヒ大学哲学部の教授となる。さらに翌年，1875年にドイツのライプツィヒ大学哲学部の教授となり，それ以降亡くなるまで生涯ライプツィヒの地を動かなかった。

　ライプツィヒ大学でヴントは心理学の講義を担当する一方で，心理学研究室を開いた。俗に「1879年にヴントが心理学の実験室を作った」とされるのは，実験室という建物ではなく現在でいうところの研究室であると考えられる。もともと生理学を専門としていたこともあり，実験機器をライプツィヒ大学にも持ち込んでいた。授業のときに講義を行うだけでなく実験も行ったことが，哲学部の授業としては画期的なものであったことは想像に難くない。これはゼミナールという語を生み出したドイツならではの文化であったともいえる。演習(ゼミナール)とは講義だけでなく実際に実験を行うという化学者リービッヒ(Liebig, J.)に由来するものである。

　1880年代になると，ライプツィヒ大学を模して世界各地の大学に実験機器を備えた心理学の研究室が開設されるようになった。2016年に第31回の会議が横浜で開催される国際心理学会議は4年に1度，世界のどこかで行われてきたが，その第1回会議は1889年パリで開催され，当時の正式名称は第1回国際生理学的心理学会議であった。哲学のなかで講義されてきた思弁的な色合いの強い心理学とは異なり，自然科学の方法論も取り入れた新しい心理学の象徴が生理学的心理学という名称に現れていたのである。

　ヴントは生理学的心理学を実験心理学とよぶこともできると当初から書いていた。この名称はすぐに知られることになり，1892年にロンドンで開催された国際心理学会議の第2回会合の折には国際実験心理学会議という正式名称に替わっていた。現在の国際心理学会議という名称が使用されるようになったのは1896年の第3回会議からである。ともあれヴントにとって心理学は実験心理学がすべてというわけではなかった。ヴントにとって実験心理学は実験の指示に従うだけの言語能力を有する正常な成人しか対象にならず，子どもや精神病者あるいは動物を対象とするもう一つの心理学も構想していた。それが民族心理学である。『民族心理学』は1900年に最初の1巻が発表されてから，亡くなる1920年までに全部で10巻が改訂されつつ出版された。晩年はこの本に全力を注いできたといっても過言ではない。ヴントというと実験心理学というイメージが強いかもしれないが，たとえば言語に関する巻で述べられていることは言語学の領域で一時期，影響力を有していたことはあまり知られていない。

　最後に余談として，ヴントと日本のつながりについても触れておこう。そのつながりの有名なものといえば「ヴント文庫」の存在である。京都帝国大学(現在の京都大学)で助教授だった千葉胤成は国費で留学できる外国研究員の資格を得て1920年にライプツィヒ大学に向かったが，彼が到着するころにはヴントはすでに死去していた。ある日，ヴントが所有していた書籍や研究論文など一式がライプツィヒ市内の古書店で売られていることがわかると，千葉はこれを購入するために奔走した。というのも，当時

の千葉は帰国後に新しくできる東北帝国大学(現在の東北大学)の心理学の教授として内定しており，このような貴重な蔵書を日本の新しい大学に持って帰ることができれば世界中の他の大学にもひけを取らないと考えていたからである。実はヴント文庫が売りに出されていた背景には，第一次世界大戦後のドイツ国内の激しいインフレ状態があった。第一次世界大戦後ということでドイツへ留学する者も減少していた。戦争で負けたような国に教わりにいくことはないという態度が日本人のなかにもあったと千葉は書いている。当時は国際的な交渉を手紙で行うような時代であり，現地にいて交渉できる千葉に地の利があったことは幸運であった。無事に文庫を購入するまでの苦労話については，東北大学の心理学研究室に今でも残っている大福帳に千葉自身の筆で記載されている。また，一部の書籍については後任の教授の希望に従ってライプツィヒ大学へ寄贈したので，このあとライプツィヒ大学を訪れた日本人は歓待してもらえたという。

しかし，その後の世界情勢を考えると，千葉にとって幸運だっただけではなく，ヴント文庫そのものについてもそうだったといえる。というのは千葉の購入したヴント文庫は無事に日本に送られ，数千冊の蔵書は現在も東北大学の附属図書館に保管されているが，一方，頼まれてライプツィヒに寄贈してきたほうの書籍は戦火に焼かれてしまった可能性があるからである。

ヴントには息子が1人と娘が2人(うち1人は夭逝)いたが，哲学者としても知られていた息子マックス自身にも4人の息子がおり，そのうちの1人(祖父と同じ名前のヴィルヘルム)は日本の弘前大学でも教えていたことがある。その息子のシュテファン氏(ヴントのひ孫にあたる)は日本の大学でドイツ語を教えていたことがある。ヴント本人は後年ほとんど国外に出なかったと言われるが，その子孫と書籍は日本とも縁があったのである。

(Meischner & Eschler, 1979)

図・表の出典

■ 1章　社会的行動

図 1-1　James, W. (1890). *Principles of psychology*. New York: Honry Holt.
池上知子・遠藤由美 (1998). グラフィック社会心理学　サイエンス社

図 1-2　下斗米淳 (1988). 社会的フィードバックが受け手の自己概念変容に及ぼす効果：送り手についての受け手の認知が果たす役割　心理学研究, 59(3), 164-171.

図 1-3　Turner, J. C. (1987). *Rediscovering the social group: A self-categoraization theory*. Oxford: Blackwel.
池上知子・遠藤由美 (1998). グラフィック社会心理学　サイエンス社

図 1-4　Bruner, J. S. & Goodman, C. C. (1947). Value and need as organizing factors in perception. *Journal of Abnormal and Social Psychology, 42*, 33-44.

図 1-5　McGinnies, E. (1949). Emotionality and perceptual defence. *Psychological Review, 56*, 244-251.

図 1-6　Postman, L., Bruner, J. S., & McGinnies, E. (1948). Personal values as selective factors in perception. *Journal of Abnormal and Social Psychology, 42*, 142-154.

図 1-7　Hirschberg, N., Jones, L. E., & Haggerty, M. (1978). What's in a face: Individual differences in face perception. *Journal of Research in Personality, 12*, 488-491.
林　文俊 (1982). 対人認知構造における個人差の測定 (8)：認知者の自己概念及び欲求との関連について　実験社会心理学研究, 22(1), 1-9.

図 1-8　Heider, F. (1958). *The psychology of interpersonal relations*. New York: Wiley.
Newcomb, T. M. (1961). *The acquaintance process*. New York: Holt, Renehart and Winston.

図 1-9　Schacter, S. (1951). Deviation, rejection, and communication. *Journal of Abnormal and Social Psychology, 46*, 190-208.

図 1-10　Festinger, L. (1957). *A theory of cognitive dissonance*. Evanston: Row, Peterson.

図 1-11　上野徳美 (1994). 態度の形成と態度変容　藤原武弘・高橋超（編）チャートで知る社会心理学　福村出版 pp.85-98.

図 1-12　大坊郁夫 (1986). 対人行動としてのコミュニケーション　対人行動学研究会（編）対人行動の心理学　誠信書房 pp.193-224.

図 1-13　Argyle, M. (1975). *Bodily communication*. London: Methuen and Company.

図 1-14　Hall, E. T. (1955). *The hidden dimension*. New York: Doubleday and Company.

図 1-15　Rosenberg, M. J., & Hovland, C. I. (1960). Cognitive, affective, and behavioral components of attitudes. In M. J. Rosenberg, C. I. Hovland, W. J. Mcguire, R. P. Abelson, & J. W. Brehm (Eds.) *Atttitude organization and change*. New Haven: Yale University Press. pp.1-14.

図 1-16　Hovland, C. I. & Weiss, W. (1951). The influence of source credibility on communication effectiveness. *Public Opinion Quarterly, 15*, 635-650.

図 1-17　Byrne, D. & Nelson, D. (1965). Attraction as a linear function of properties of positive reinforcements. *Journal of Personality and Social psychology, 1*, 659-663.

図 1-18　Schachter, S. (1964). The interaction of cognitive and physiological determinants of emotional state. In L. Berkowitz (Ed.) *Advances in experimental social psychology*, Vol. 1. New York: Academic Press.

Dutton, D. G. & Aron, A. P. (1974). Some evidence for heightened sexual attractions under conditions of high anxiety. *Journal of Personality and Social Psychology, 30*, 94-100.

図 1-19　Festinger, L., Schachter, S., & Back, K. (1963). *Social pressure in informal groups: A study of a housing community*. Stanford: Stanford University Press.

図 1-20　下斗米淳 (2000). 友人関係の親密化過程における満足・不満足感及び葛藤の顕在化に関する研究：役割期待と遂行とのズレからの検討　実験社会心理学研究, 40(1), 1-15.

図 1-21　下斗米淳 (2003). 人間関係のむずかしさ　山岡重行（編著）なかよくしようぜ!!：ダメな大人にならないための心理学　ブレーン出版 pp.1-31.

図 1-22　Davis, K. E. (1985). Near and Dear: Friendship and love compared. *Psychology Today, 19*, 22-30.

図 1-23　Lee, J. A. (1977). A typology of styles of loving. *Peesonality and Social Psychology Bulletin, 3*, 173-182.

図 1-24　Proctor, C. H. & Loomis, C. P. (1951). Analysis of sociometric data. In M. Jahoda, M. Deutsch., & W. W, Cook (Eds.). *Research methods in social relation*. Illinois: Dryden Press.

図 1-25　Levitt, H. J. (1951). Some effect of certain communication patterns on group performance. *Journal of Abnormal and Social Psychology, 46*, 38-50.

図 1-26　Sherif, M. (1935). A study of some social factors in perception. *Archives of Psychology, 27*, 1-60.

図 1-27　Asch, S. E. (1951). Effects of group pressure upon the modification and distortion of judgements. In H. Guetzkow (Ed.) *Groups, Leadership, and men*. Pittsburgh: Carnegie Press. pp.177-190.

図 1-28　Jackson, J. M. (1960). Structural characteristics of norms In I. D. Steiner & M. Feshbein (Eds.) *Current studies in social psychilogy*. New York: Holt, Renehart & Winston. pp.301-309.

図 1-29　Bales, R. F. (1950). *Interaction process analysis*. Cambridge: Addison-Wesley.

図 1-30　三隅二不二 (1984) リーダーシップ：行動の科学　改訂版　有斐閣

図 1-31　Deutsch, M. & Krauss, R. M. (1960). The effect of threat upon interpersonal bargaining. *Journal of Abnormal and Social Psychology, 61*, 181-189.

図 1-33　Latane, B., Williams, K., & Harkins, S. (1979). Many hands make light the work: The causes and consequences of social loafing. *Journal of Personlaity and Social Psychology, 37*, 822-832.

図 1-34　Dunnet, M. D., Campbell, J., & Jaastad, K. (1963). The effect of group participation on brain-stoming effectiveness for two industrial samples. *Journal of Applied Psychology, 47*, 30-37.

図 1-35　古川久敬 (1989). ネットワーク退化と職場集団の硬直　組織科学, 23(1), 27-38.

図 1-36　Brown, R. W. (1954). Mass phenomena. In G. Lindzey (Ed.) *Handbook of social psychology* (1st. ed.) Massachusetts: Addison-wesley. pp.833-876.

図 1-37　Mintz, A. (1951). Non-adaptive group behavior. *Journal of Abnormal and Social Psychology, 46*, 150-159.

図 1-38　Rogers, E. M. (1962). *Diffusion of Innovations*. New York: Free Press.

図 1-39　Rogers, E. M. (1962). *Diffusion of Innovations*. New York: Free Press.

図 1-40　McQuail, D. & Windahl, S. (1981). *Communication models: For the study of mass communication*. New York: Longman.

表 1-1　Buss, A. H. (1980). *Self-consciousness and social anxiety*. San Francisco: Freeman.

表 1-2　Greenwald, A. H. (1980). The totalitarian ego: Fabriction and revise of personal history. *American Psychologist, 35*, 603-618.
Swann, W. B. Jr. (1983). Self-verification: Bringing social

reality into harmony with the self. In J. Suls & A. G. Greenwald ((Eds). *Psychological perspectives on the self*, Vol. 2. London: Lawrence Erlbaum. pp.33-66.
　下斗米淳（1998）．自己概念と対人行動　安藤清志・押見輝男（編）　自己の社会心理　誠信書房　pp.65-96．
表1-3　Asch, S. E. (1946). Forming impressions of personality. *Journal of Abnormal and Social Psychology*, 41, 258-290.
　長田雅喜（1990）．人は現実社会をどのように把握し理解するか　原岡一馬・長田雅喜（編）　社会の中の人間　福村出版　pp.44-71．
表1-4　Asch, S. E. (1946). Forming impressions of personality. *Journal of Abnormal and Social Psychology*, 41, 258-290.
表1-5　O'Hair, M. D., Cody, M. J., & McLaughlin, M. C. (1981). Prepared Lies, spontaneous lies, machiavellianism, and non-verbal communication. *Human Communicaton Research*, 7, 325-339.
表1-6　Janis, I. & Feshback, S. (1953). Effects of fear-arousing communications. *Journal of Abnormal and Social Psychology*, 48, 78-92
表1-9　Tedeschi, J. T. & Norman, N. (1985). Social power, self-presentation, and the self. In B. R. Schlenker (Ed.) *The self and social life*. New York: McGraw-Hill. pp.293-322.
表1-10　Thibaut, J. W. & Kelley, H. H. (1959). *The social psychology of groups*. New York: John Wiley and Sons.
表1-11　下斗米淳（1999）．対人魅力と親密化過程　吉田俊和・松原敏浩（編著）　社会心理学：個人と集団の理解　ナカニシヤ出版　pp.101-122．
表1-12　French, J. R. P. Jr. & Raven, B. H. (1959). The basis of social power. In D. Cartwright(Ed.). *Studies in social power*. University of Michigan. pp.150-167.
表1-13　Shaw, M. E. (1964). Communication network. In L. Berkowitz (Ed.). *Advances in experimental social psychology*, Vol. 1. New York: Academic Press. pp.351-361.
表1-15　Allport, G. W. & Postman, L. (1947). *The psychology of rumor*. New York: Holt, Rinehart & Winston.

■2章　パーソナリティと適応

図2-1　宮崎音弥（1981）．新・心理学入門　岩波書店
図2-2　前田重治（1985）．図説臨床精神分析学　誠信書房
図2-3　同上
図2-4　河合隼雄（1977）．無意識の構造　中公新書
図2-5　同上
図2-6　Rogers, C. R./伊東博（編訳）（1967）．パーソナリティ理論（ロジャーズ全集第8巻）　岩崎学術出版社
図2-7　Kretschmer. E./相場均（訳）（1961）．体格と性格　文光堂
図2-8　塚田　毅（1980）．人格心理学概説　共立出版
図2-9　平松芳樹（1979）．人格の発達と完全な人間性　三谷恵一（他編）医療と看護の心理学　ナカニシヤ出版
図2-10　辻岡美延（1976）．新性格検査法　日本・心理テスト研究所
図2-11　内田勇三郎（1951）．内田－クレペリン精神検査法手引　日本精神技術研究所
図2-12　同上（村田孝次（1987）．教養の心理学（四訂版）培風館より）
図2-13　鎌田　穣（2004）．ベンダー・ゲシュタルト検査　氏原寛（他編）心理臨床大事典（改訂版）培風館
図2-15　住田勝美・林　勝造・一谷　彊（1964）．P-Fスタディ使用手引（改訂版）三京房
図2-16　牛腸茂雄・片口安史（1980）．扉をあけると　片口インクブロット研究所
図2-17　Murray, H. A./外林大作（訳編）（1961）．パーソナリティⅠ・Ⅱ　誠信書房
図2-18　戸川行男・本明　寛・松村康平・小鶴謙四郎（1955）．幼児・児童絵画統覚検査図版（CAT日本版）金子書房
図2-20　馬場禮子（1969）．ロールシャッハ・テスト　片口安史（他編）人格診断（臨床心理学講座2）誠信書房
図2-21　日本文化科学社（2010）．日本版WISC-Ⅳ知能検査パンフレットを一部改変
図2-22　Vinacke, W. E. (1968). *Foundation of psychology*. Van Nostrand.（村田孝次（1987）．教養の心理学（四訂版）培風館より）
図2-23　加藤義明（1978）．要求・行動　詫摩武俊（編）心理学新曜社
図2-24　田中正敏（1987）．ストレスのメカニズムと健康　河野友信（編）産業ストレスの臨床　朝倉書店
図2-25　同上
図2-26　同上
図2-27　下山晴彦（編）（2009）．よくわかる臨床心理学（改訂版）ミネルヴァ書房
図2-28　森　則夫・杉山登志郎・岩田泰秀（編著）（2014）．臨床家のためのDSM-5虎の巻　日本評論社　p40, p65を一部改変
図2-30　前田重治（1985）．前出　専修大学心理教育相談室
図2-32　専修大学心理教育相談室
図2-33　法務総合研究室（編）（2014）．平成26年犯罪白書
図2-34　同上
表2-1　野村東助（1970）．フロイトの人格構造論と性理論　佐治守夫（編）人格（講座心理学10）東京大学出版会
表2-2　前田重治（1985）．前出
表2-3　宮城音弥（1960）．性格　岩波書店
表2-4　Sheldon, W. H. & Stevens, S. S. (1942). *The varieties of temperament*. Harper.（村田孝次（1983）．教養の心理学（三訂版）培風館より）
表2-5　Lazarus, R. S. & Monat, A. /帆足喜与子（訳）(1981)．パーソナリティ　岩波書店
表2-6　荻原たま代（1993）．タイプA　小林司（編）カウンセリング事典　新曜社
表2-7　安藤清志（1985）．性格　森武夫（編著）心理学展望　八千代出版
表2-8　池田　央（1971）．テスト理論　大山正（他編）心理測定・統計法　有斐閣
表2-9　村田孝次（1987）．教養の心理学（四訂版）培風館
表2-10　辻岡美延（1976）．前出
表2-11　日本MMPI研究会（編）（1973）．日本版MMPIハンドブック（増補版）三京房
表2-12　下仲順子ほか（1999）．NEO-PI-R, NEO-FFI共通マニュアル　東京心理
表2-13　Binet, A. & et Simon, Th./中野善達・大沢正子（共訳）(1982)．知能の発達と評価　福村出版
表2-14　田中教育研究所（2003）．田中ビネー知能検査Ⅴ　田研出版
表2-15　日本文化科学社（2010）．日本版WISC-Ⅳ知能検査実施・採点マニュアル　p2. 表1.1を一部改変
表2-17　American Psychiatric Association (2013). *DSM-5 : Diagnostic and Statistical Manual of Mental Disorders*. 5th ed. Arlington, VA : American Psychiatric Publishing.（高橋三郎・大野　裕（監訳）（2014）．DSM-5精神疾患の診断・統計マニュアル　医学書院）
表2-18　同上
表2-19　同上
表2-20　佐治守夫・飯長喜一郎（編）（2011）．ロジャーズ　クライエント中心療法：カウンセリングの核心を学ぶ（新版）　有斐閣

■3章　成熟と成長

図3-2　Martin, P.R., Bateson, P.P.G., & Bateson, P. (1990). *Measuring Behavior : An introductory guide*. Cambridge University Press.
図3-5　Goddard, H. H. (1912). *The Kallikak family: A study in the heredity of feeble-mindedness*. Macmillan.
図3-6　高野清純・林　邦雄（編著）(1975)．図説児童心理学事典　学苑社　p.26
図3-7　Erlenmeyer-Kimling, L. & Jarvik, L. F. (1963). Genetics and intelligence: A review. *Science*, 142, 1477-1479.

図 3-8　Shaffer, D. R. (1985). *Developmental Psychology. Theory, research, and applications.* Arden Shakespear.
図 3-9　Bayley, N. (1969). *Manual for the Baley Scales of infant development.* The Psychological Corporation, p.130 に基づく
図 3-10　Bower, T. G. R. (1977). *A primer of infant development.* Freeman, p.88.
図 3-11　Butterworth, G. & Harris, M. (1994). *Principles of developmental psychology.* Psychology Press.
図 3-12　Myers, D. G. (2013). *Psychology*, 10th ed. Worth Publishers. (村上郁也（訳）(2015). マイヤーズ心理学　西村書店
図 3-13　吉倉範光 (1966). 小児臨床神経学入門　南山堂　p.15.
図 3-14　Zelazo, P., Zelazo, N., & Kolb, S. (1972), "Walking" in the newborn. *Science, 176,* 314-315.
図 3-15　Harlow, H. F. & Harlow, M. K. (1962). Social deprivation in monkeys. *Scientific American, 207,* 136-146.
図 3-16　Gottlieb, G. (1983). The psychobiological approach to developmental issues. In *Handbook of Child Psychology* (Mussen, P. H. ed.), Vol.2. Wiley, pp.1-26.
図 3-17　Hess, E. H. (1973). *Imprinting.* Van Nostrand Reinhold.
図 3-18　同上
図 3-19　https://www.terumozaidan.or.jp より改変
図 3-20　Fantz, R. L. (1961). The origin of form perception. *Scientific American, 204,* 66-72.
図 3-21　Aslin, R. A. (1981). Development of smooth pursuit in human infants. In Fisher, D. F., Monty, R. A., & Senders, J. W. (Eds.) *Eye movements: Cognition and visual perception.* LEA.
図 3-22　Gibson, E. J. & Walk, R. D. (1960). The "visual cliff". *Scientific American, 202,* 64-71.
図 3-23　White, B. L. (1971). *Human infants: Experience and psychological development.* Prentice-Hall.
図 3-24　DeCasper, A. J. & Fifer, W. P. (1980). Of human bonding: Newborns prefer their mother's voices. *Science, 208,* 1174-1176.
図 3-25　Steiner, J. E. (1978). Human facial expressions in response to taste and smell stimulation. In Reese, H. W. & Lipsitt, L. P. (Eds.) *Advances in child development and Behavior* (Vol.13). Academic Press.
図 3-26　Lipsitt, L. P. (1982). Infant learning. In Field, T. M., Huston, A., Quay, H. C., Troll, L., & Finley, G. E. (Eds.) *Review of infant development.* Wiley.
図 3-27　同上
図 3-28　Tomlinson-Keasey, C. (1985). *Child development: Psychological, socio-cultural, and biological factors.* Dorsey Press. p.280.
図 3-29　Wolf, C. G. (1973). The perception of stop consonants by children. *Journal of Experimental Child Psychology, 16,* 318-331.
図 3-30　Fantino, E. & Reynolds, G. S. (1975). *Introduction to contemporary Psychology.* Freeman. p.355.
図 3-31　同上
図 3-32　https://appsychtextbk.wikispaces.com より改変
図 3-33　Vinacke, W. E. (1968). *Foundations of psychology.* Van Nostrand.
図 3-34　Harlow, H. F. (1971). *Learning to love.* Albion.
図 3-35　McKinney, J. P., Fitzgerald, H. E., & Strommen, E. A. (1982). *Developmental Psychology.* Dorsey Press.
表 3-4　Parten, M. M. (1932-33). Social participation among preschool children. *Journal of Abnormal and Social Psychology, 27,* 243-269.
表 3-5　Erikson, E. H. (1963). Childhood and society (2nd ed.). Norton. (仁科弥生（訳）(1997, 1980). 幼児期と社会 I・II　みすず書房)
表 3-6　Kohlberg, L. (1969). Stage and sequence: The cognitive-developmental spproach to socialization. In D. A. Goslin (Ed.) *Handbook of socialization theory and research.* Rand McNally.

■ 4 章　学習と動機づけ・情動

図 4-4　古武彌正・新浜邦夫 (1956). 条件反応　共立出版　p.11.
図 4-5　岩本隆茂・高橋憲男 (1987). 改訂増補　現代学習心理学　川島書店　p.37 に基づいて作図
図 4-6　廣中直行 (2001). 動物による学習障害評価法-マウスの実験を中心に. 分子精神医学, *1,* 504-507.
図 4-7　Garcia, J. & Koelling, R. A. (1966). Relation of cue to consequence in avoidance learning, *Psychonomic Science, 4,* 123-124.
図 4-8　岩本隆茂・高橋憲男 (1987). 前出, p.35.
図 4-9　古武彌正・新浜邦夫 (1956). 前出, p.112.
図 4-11　Mazur, J. E. (2006). *Learning and behavior* (6th ed.). Upper Saddle River, NJ: Prentice Hall. (磯　博行・坂上貴之・川合伸幸（訳）(2008). メイザーの学習と行動（日本語版第 3 版）二瓶社)
図 4-12　今田　寛（監修）・中島定彦（編集）(2003). 学習心理学における古典的条件づけの理論　培風館　p.21.
図 4-13　今田　寛 (1996). 学習の心理学　培風館
図 4-14　岩本隆茂・高橋憲男 (1987). 前出 p.46.
図 4-15　齋藤　勇（編）(1988). 図説心理学入門　誠信書房　p.68.
図 4-16　Reynolds, G. S. (1975). *A primer of operant conditiouing.* Scott, Foresman. (浅野俊夫（訳）(1978). オペラント心理学入門　サイエンス社)
図 4-17　今田　寛（他編）(2003). 心理学の基礎（三訂版）培風館　p.114.
図 4-18　(a) (b) とも　二木宏明 (1984). 脳と心理学　朝倉書店 p.50, 51.
図 4-19　今田純雄（編）(1997). 食行動の心理学　培風館　p.88.
図 4-20　樋渡宏一 (1986). 性の起原をさぐる　岩波新書　p.192.
図 4-21　今田　寛（他編）(2003). 前出, p.107.
図 4-22　Heron, W. (1957). The pathology of boredom, *Scientific American, 196,* 1.
図 4-23　濱　治世・鈴木直人・濱　保久 (2001). 感情心理学への招待―感情・情緒へのアプローチ　サイエンス社　p.23.
図 4-24　鹿取廣人・杉本敏夫・鳥居修晃（編）(2011). 心理学（第 4 版）東京大学出版会
図 4-25　同上
図 4-26　今田　寛（他編）(2003). 前出 p.123.
表 4-1　岩本隆茂・高橋憲男 (1987). 前出　p.33.

■ 5 章　記憶・言語・思考

図 5-2　Shiffrin, R. M. & Atkinson, R. C. (1969). Storage ad retrieval process in log-term memory. *Psychological Review, 76,* 176-193.
図 5-3　Sperling, G. (1960). The information available in brief visual presentation. *Psychological monographs: General and applied, 74,* 1-29.
図 5-4　同上
図 5-5　Craik, F. I. M. (1970). The fate of primary memory items in free recall. *Journal of Verbal Learring & Verbal Behavior, 9,* 143-148.
図 5-6　Baddeley, A.D. (2000). The episodic buffer: a new component of working memory? *Trends in Cognitive Science, 4,* 417-423.
図 5-7　Squire, L. R. (1992). Declarative and nondeclarative memory: muliple brain system supporting learning and memory. *Journal of Cognitive Neuroscience, 4,* 232-243.
図 5-8　Tulving, E., Schacter, D. L., & Stark, H. A. (1982). Priming effects in word-fragment completion are independent of recognition memory. *Journal of Experimental Psychology: Learning, Memory, and Cognition, 8,* 336-342.
図 5-9　Ebbinghaus, H. (1885). *Über das Gedächtnis.* Duncker und Humbolt. (宇津木保（訳）(1978). 記憶について　誠信書

房）

図5-10 Craik, F. I. M. & Lockhart, R. S. (1972). Levels of processing: A framework for memory research. *Journal of Verbal Learning and Verbal Behavior, 11*, 671-684.

図5-11 Craik, F. I. M. & Tulving, E. (1975). Depth of processing and the retention of words in episodic memory. *Journal of Experimental Psychology: General, 104*, 268-294.

図5-12 Godden, D. R. & Baddely, A. D. (1975). Context-Dependent Memory in Two Natural Environments: On Land and Underwater. *British Journal of Psychology, 66*, 325-331.

図5-13 Morris, C. D., Bransford, J. D., & Franks, J. J. (1977). Levels of processing versus transfer appropriate processing. *Journal of Verbal Learning and Verbal Behavior, 16*, 519-533.

図5-14 Jenkins, J. G. & Dallenbach, K. M. (1924). Obliviscence during sleep and waking. *American Journal of Psychology, 35*, 605-612.

図5-15 Carmichael, L., Hogan, H. P., & Walter, A. A. (1932). An experimental study of the effect of language on the reproduction of visually perceived form. *Journal of Experimental Psychology, 15*, 79-86.

図5-16 Loftus, E. F., Miller, D. G., & Burns, H. J. (1978). Semantic integration of verbal information into a visual memory. *Journal of Experimental Psychology: Human Learning & Memory, 4*, 19-31.

図5-17 Lachman, R., Lachman, J. L. & Butterfield, E. C. (1979). *Cognitive psychology and information processing.* Lawrence Erlbaum.（桐村雅彦（1985). 認知と記憶　谷津孝明（編）認知心理学講座2-2　東京大学出版会）

図5-19 Shepard, R. N. & Metzler, J. (1971). Mental rotation of three dimensional objects. *Science, 171*(972), 701-703.

図5-20 Kosslyn, S. M., Ganis, G., & Thompson, W. (2001). Neural foundations of imagery. *Nature, Reviews Neuroscience, 2*, 635-642.

図5-21 同上

図5-22 Rubin, D. C. & Schulkind, M.D. (1997). The distribution of autobiographical memories across the lifespan. *Memory & Cognition, 25*, 859-866.

図5-24 Lisker, L. & Abramson, A. S. (1970). The voicing dimension: Some experiments in comparative phonetics. In *Proceedings of the 6th international congress of phonetic sciences* (Vol. 563, pp.563-567). Academia Prague.

図5-25 Morton, J. (1980). The logogen model and orthographic structure. In Frith, U. (Ed.) *Cognitive Processes in Spelling.* (pp.118-133), London: Academic Press.

図5-26 McClelland, J. L. & Rumelhart, D. E. (1981). An interactive activation model of context effects in letter perception: Part 1. An account of Basic Findings. *Psychological Review, 88*, 375-407.

図5-27 Seidenberg, M. S. & McClelland, J. L. (1989). A Distributed, Developmental Model of Word Recognition and Naming. Psychological Review, 96, 523-568.

図5-29 Schober, M. F. & Clark, H. H. (1989). Understanding by addressees and overhearers. *Cognitive Psychology, 21*, 211-232.

図5-30 同上

図5-31 Gilhooly, K. J. (1982). *Thinking.* Academic Press.

図5-33 Kaplan, C. A. & Simon, H. A. (1990). In search of insight. *Cognitive Psychology, 22*, 374-419.

図5-34 同上

図5-36 Evan, J. S., Barston, J. L., & Pollard P. (1983). On the conflict between logic and belief in Syllogistic reasoning. *Memory and Cognition, 11*, 295-306.

図5-37 Wason, P. C. (1968). Reasoning about a rule. *Quarterly Journal of Experimental Psychology, 20*, 273-281.

図5-39 Bruner, J. S., Goodnow, J., J & Austin, G. A. (1956), *A Study of Thinking.* London: Chapman & Hall.

図5-40 Kahneman, D. & Tversky, A. (1979). Prospect theory: An analysis of decision under risk. *Econometrica: Journal of the Econometric Society, 47*, 263-291.

表5-1 Hockett, C. F. (1960). The Origin of Speech. *Scientific American, 203*, 89-97.

表5-3 Fromkin, V. A. (1971). The non-anomalous nature of anomalous utterances. *Language*, 27-52.

表5-4 Grice, P. (1975). Logic and conversation. In P. Cole & J. L. Morgan (Eds.), *Syntax and semantics 3 : Speech acts.* New York: Seminar Press. pp. 41-58.

■ 6章　感覚・知覚

図6-2 Kimble, G. A., Garmezy, N., & Zigler, E. (1984). *Principles of psychology* (6th ed.). John Wiley & Sons.

図6-3 Sekuler, R. & Blake, R. (2002). *Perception* (4th ed.), McGrawHill. (Figure 8.9). Moore, B. C. J. (1997). *An introduceion to the psychology of hearing* (4th ed.). Academic Press. (Table 1.1). International Organization for Standardization 2003 #226 (Acoustics: Normal equal-loudness-level contours).

図6-4 Weinstein, S. (1968). Intensive and extensive aspects of tactile sensitivity as a function of body part, sex and laterality. In D. R. Kenshalo (Ed.). *The skin senses. Springfield, Ill.*: C. C. Thomas. pp.195-222.（大山　正（他訳）(1994). 新編感覚・知覚心理学ハンドブック　誠信書房　p.1232.)

図6-5 同上.（大山　正（他訳），p.1227.）

図6-7 Newhall, S. M., Nickerson, D., & Judd, D. B. (1943). Final report of the O. S. A. subcommittee on the spacing of the Munsell colors. *Journal of the Optical Society of America, 33*, 385-418.

図6-9 Shepard, R. N. (1965). Approximation to uniform gradients of generalization by monotone transformation of scale. In D. I. Mostofsky (Ed.) *Stimulus generalization: The papers presented at the conference on stimulus generalization.* Stanford, California: Stanford University Press. pp.94-110.

図6-10 Henning, H. (1916). Die Qualitatenreihe des Geschmacks. *Zeitschrift fur Psychologie und Physiologie der Sinnesorgane*, 74, 203-219.（斉藤幸子, Faurion, A., & MacLeod, P. (1982). 心理的味覚空間の検討. 心理学評論, 25, 105-142.）

図6-11 Henning, H. (1924). *Der Geruch.* Barth.

図6-12 Titchener, E. B. (1920). *Textbook of Psychology.* Macmillan.

図6-13 Hecht, S., Haig, C., & Chase, A. M. (1937). The influence of light-adaptation on subsequent dark-adaptation of the eye. *Journal of General Physiology, 20*, 813-850.

図6-16 (a) Rock, I. (1984). *Perception.* Scientific American Library.
(b) 八木　晃（編）(1967) 心理学Ⅰ　培風館　p.82.

図6-17 Rock, I. (1984). 前出

図6-18 Kaufman, L. & Rock, I. (1962). The moon illusion. *Scientific American, 207*, 1, 120-130.（p.128）

図6-19 Rock, I. (1984). 前出

図6-20 Atteneave, F. (1971). Multistability in perception. *Scientific American, 225*, 6, 62-71.

図6-21 Wertheimer, M. (1923). Untersunchungen zur lehre der gestalt. *Psychologische Forschung, 4*, 301-350.（増田直衛（1994). 図の群化と体制化　大山　正（他編）前出 p.622.）

図6-22 田中平八（1994). 幾何学的錯視と残効　大山　正（他編）前出

図6-23 Kaniza, G. (1979). *Organization in vision.* Preager. (Figure 12.12, Figure. 12.23a)

図6-25 Bregman, A. S. (1981). Asking the "what for" question in auditory perception. In M., Kubovy & Pomerantz, J. R. (Eds.) *Perceptual Organization.* Hillsdale, N. J.: Erlbaum. (Figure 4.4, Figure 4.5)

図6-26 佐藤隆夫（1984). 形の知覚. 大山　正（編）実験心理学　東京大学出版会（図4.12）
(Bruner, J. S. & Minturn, A. L. (1955). Perceptual identifi-

cation and perceptual organization. *Journal of General Psychology, 53,* 21-28.）
図 6-27　http://www.jst.go.jp/pr/info/info456/zu1.html
図 6-30　Rock, I.（1984）．前出　p.37．
図 6-31　Rock, I.（1984）．前出
図 6-32　Rock, I.（1984）．前出
図 6-33　村田孝次（1987）．教養の心理学（四訂版）　培風館
図 6-34　Sekuler, R. & Blake, R.（2002）．前出（Figure 8.9）
図 6-35　Schiffman, H. R.（1995）*Sensation and Perception: An integrated approach*（4th ed.）. John Wiley & Sons.
図 6-37　Metzger, W.（1953）．*Gesetze des sehens*. Waldemar Kramer.（盛永四郎（訳）（1968）．視覚の法則　岩波書店）
図 6-38　同上
図 6-39　Grahtham, W.（1995）．Spatial hearing and related phenomena. In Moore, B. *Hearing*. Academic Press.
表 6-1　松田隆夫（2000）．知覚心理学の基礎　培風館
表 6-2　Teghtsoonian, R.（1971）．On the exponents in Stevens'law and the constant in Ehrman's law. *Psychological Review, 78,* 71-80.
表 6-4　Loomis, J. M. & Lederman, S. J.（1986）．Tactual perception. In K. Boff, L. Kaufman, & J. Thomas（Eds.）*Handbook of perception and human performance*. John Wiley.（大山　正（他編）（1994）．前出）

■ 7 章　心的活動の生理学的基礎

図 7-2　村上郁也（編）（2010）．イラストレクチャー認知神経科学　オーム社　図 2.10(a)
図 7-3　同上　図 2.18
図 7-4　小島比呂志（監訳）（2013）．脳・神経科学の研究ガイド　朝倉書店　図 4.4
図 7-5　B: Penfield, W. & Roberts, L.（1959）．*Speech and brain mechanisms*. Princeton Univ. Press. より改変
図 7-6　Bloom, F. E., Lazerson, A., & Hofstadter, L.（1985）．*Brain, Mind, and Behavior*. W. H. Freeman.
図 7-7　村上郁也（訳）（2015）．マイヤーズ心理学　西村書店　図 2.27
図 7-8　金澤一郎・宮下保司（監修）（2014）．カンデル神経科学　メディカル・サイエンス・インターナショナル　図 23-1
図 7-9　加藤宏司・後藤　薫・藤井　聡・山﨑良彦（2007）．神経科学−脳の探求　図 8.2
図 7-10　同上　図 8.14
図 7-11　Pansky, B., Allen, D. J., & Budd, G. C.（1988）．*Review of neuroscience*（2nd ed.）. Macmillan.
図 7-12　八木　冕（編）（1968）．心理学Ⅱ　培風館
図 7-13　Hübel, D. H. & Wiesel, T. N.（1962）．Receptive fields, binocular interaction and functional architecture in the cat's visual cortex. *Journal of Physiology, 160,* 106-154.（Brown, H.（1976）．*Brain and Behavior*. Oxford Univ. Press. より）
図 7-14　金澤・宮下（監訳）（2014）．前出　図 25-14
図 7-15　Osaka, Matsuyoshi, Ikeda, Osaka（2010）．*Neuroreport, 21,* 264-267, Fig. 2, 3 から改変
図 7-16　Bruce, C. J., Desimone, R., & Gross, C. G.（1981）．Visual properties of neurons in a polysensory area in superior temporal sulcus of the macaque. *Journal of Neurophysiology, 46,* 369-384.
図 7-17　Milner, B.（1970）．Memory and medial temporal regions of the brain. In Pribram, K. H. & Broadbent, D. E.（Eds.）*Biology of memory*. Academic Press. pp.29-50.
図 7-18　二木宏明（1984）．脳と心理学　朝倉書店　図 126
図 7-19　同上　図 127

図 7-20　Gollin, E. S.（1960）．*Perceptual and Motor Skills, 11,* 289-298. Fig. 1 より改変
　　　　二木（1984）．同上　図 128
図 7-21　Sabatinelli, D., Bradley, M. M., Lang, P. J., Costa, V. D., & Versace, F.（2007）．*Journal of Neurophysiology, 98,* 1374-1379.
図 7-22　梅本　守（1988）．情動のメカニズム　伊藤正男・桑原武夫（編）　最新脳の科学Ⅰ　同文書院
図 7-23　A: Harlow, J. M.（1868）．Recovery from the passage of an iron bar through the head. *Mass. med. Soc. Publ., 2,* 327-346.（時実利彦（編）（1966）．脳の生理学　朝倉書店）
　　　　B: Stass, D. T. & Benson, D. F.（1983）．*Emotional concominants of psychosurgery*. In Heilman, K. M. & Satz, P.（Eds.）（1983）．*Neuropsychology of human emotion*. Guilford Press.
図 7-24　高橋康郎・大川匡子・高橋清久（1978）．睡眠・覚醒と静止・活動のリズム　佐々木隆・千葉喜彦（編）　時間生物学　朝倉書店　図 7.1.
図 7-25　Dement, W. C. & Kleitman, N.（1957）．Cyclic variation in EEG during sleep and their relation to eye movements, body mobility and dreaming. *Electroenceph. clin. Neurophysiol., 9,* 673-690.
図 7-26　Geschwind, N.（1972）．Language and the brain. *Scientific American, 212,* 341-348.
図 7-28　Sperry, R. W.（1968）．Mental unity following surgical disconnection of the cerebral hemispheres. *The Hervey Lecture, Ser., 62,* 293-323, Academic Press.
図 7-29　Gazzaniga, M. S. & LeDoux, J. E.（1978）．*The integrated mind*. Plenum Press.
図 7-30　Springer, S. P. & Deutsch, G.（1981）．*Left brain, right brain*. W. H. Freeman.

■ 章末のコラムの写真

コラム 1　Lück, H. E. & Miller, R.（Eds.）（1999）．*Illustrierte Geschichte der Psychologie*. 2ed. Psychologie Verlags Union: Weinheim, Germany. p.172.
コラム 2　Lück, H. E. & Miller, R.（Eds.）（1999）．*Illustrierte Geschichte der Psychologie*. 2ed. Psychologie Verlags Union: Weinheim, Germany. p.153.
コラム 3　Lück, H. E. & Miller, R.（Eds.）（1999）．*Illustrierte Geschichte der Psychologie*. 2ed. Psychologie Verlags Union: Weinheim, Germany. p.134.
コラム 4　Popplestone, J. A. & McPherson, M. W.（1994）．*An Illustrated History of American Psychology*. The University of Akron Press: Akron, OH, p.47
コラム 5　Wertheimer, M.（2012）．*On Perceived Motion and Figural Organization*. Edited by L. Spillmann. The MIT Press: Cambridge & London.
コラム 6　Hergenhahn, B. R.（2009）．*An Introduction to the History of Psychology*. 6th ed. Wadsworth: Belmont, CA, p.287.
コラム 7　Meischner, W. & Eschler, E.（1979）．*Wilhelm Wundt*. Urania-Verlag: Leipzig, p.2

■ コラム 1 の引用文献

James, W.（1892）．*Psychology, Briefer Course*. Macmillan.（今田　寛（訳）（1992）．心理学　上・下　岩波書店）
Freud, S.（1925）．*Selbstdarstellung*.（家高洋・三谷研爾（訳）（2007）．みずからを語る　フロイト全集18 所収　岩波書店）
藤波尚美（2009）．ウィリアム・ジェームズと心理学　勁草書房

索 引

■主要外国人名索引

アイゼンク(Eysenck, H. J.)　40, 63
アトキンソン(Atkinson, J. W.)　118
アブラムソン(Abramson, L. Y.)　122
ウエイソン(Wason, P. C.)　146
ウェクスラー(Wechsler, D.)　48
ヴェルトハイマー(Wertheimer, M.)　165
ウェルニケ(Wernicke, C.)　196
ウォルピ(Wolpe, J.)　63
ヴント(Wundt, W.)　200
エクマン(Ekman, P.)　120
エビングハウス(Ebbinghaus, H.)　130, 178
エリクソン(Erikson, E. H.)　8, 96
エリス(Ellis, A.)　64
オルポート(Allprot, G. W.)　35
ガザニガ(Gazzaniga, M. S.)　196
カニッツァ(Kanizsa, G.)　167
カーネマン(Kahneman, D.)　148
カーマイケル(Carmichael, L.)　132
ガルシア(Garcia, J.)　106
カルフ(Kalff, D. M.)　65
ギブソン(Gibson, E. J.)　85
キャッテル(Cattell, R. B.)　40
キャノン(Cannon, W. B.)　52, 119
ギリガン(Gilligan, C.)　99
ギルフォード(Guilford, J. P.)　40
グライス(Grice, P.)　142
クラーク(Clark, H. H.)　142
クーリー(Cooley, C. H.)　6
クレイク(Craik, F. I. M.)　130
クレッチマー(Kretschmer, E.)　38
クレペリン(Kraepelin, E.)　44
ケーラー(Köhler, W.)　144
コスリン(Kosslyn, S. M.)　136
ゴットフレッドソン(Gottfredson, M. R)　68
ゴールドバーグ(Goldberg, L. R.)　40
コールバーグ(Kohlberg, L.)　96
ザイアンス(Zajonc. R. S.)　120

サイモン(Simon, H. A.)　144
シェパード(Shepard, R. N.)　136
ジェームズ(James, W.)　6, 34, 118
シェルドン(Sheldon, W. H.)　38
シャクター(Schachter, S.)　119
シンガー(Singer, J.)　119
スキナー(Skinner, B. F.)　63, 101
スパーリング(Sperling, G.)　126
スペリー(Sperry, R. W.)　196
セリエ(Selye, H.)　52
セリグマン(Seligman, M. E. P.)　121
ソーンダイク(Thorndike, E. L.)　101
ダーウィン(Darwin, C. R.)　120
ターナー(Turner, J. C.)　8
ターマン(Terman, L. M.)　48
タルヴィング(Tulving, E.)　129
チョムスキー(Chomsky, N.)　139
ティッチナー(Titchener, E. B.)　161
トヴァスキー(Tversky, A.)　148
ドッジ(Dodge, K. A)　68
トンプソン(Thompson, P.)　169
ナイサー(Neisser, U. R.)　136
ニューカム(Newcomb. T. M)　10
ハイダー(Heider, F.)　10
バーコヴィッツ(Berkowitz, L.)　121
ハーシー(Hirschi, T.)　68
バデリー(Baddeley, A.)　128
バード(Bard, P.)　119
パーテン(Parten, M.)　94, 95
パブロフ(Pavlov, I. P.)　88, 101
ハル(Hull, C.)　110
ハーロウ(Harlow, H. F.)　80
ハーロウ(Harlow, M. K.)　80
バンデューラ(Bandura, A.)　64, 114
ピアジェ(Piaget, J.)　90, 94, 100
ビネー(Binet, A.)　46
ヒューム(Hume, D.)　101
ピリシン(Pylyshyn, Z. W.)　136
フェスティンガー(Festinger, L.)　12
プラトン(Plato)　101

フリードマン(Friedman, M.)　38
プルチック(Plutchik, R.)　120
ブルーナー(Bruner, J. S.)　148
プレマック(Premack, D.)　112
フロイト(Freud, S.)　36, 62, 69
ブローカ(Broca, P.)　196
フロムキン(Fromkin, V.)　142
ベック(Beck, A. T.)　64
ヘニング(Henning, H.)　161
ベンダー(Bender, L.)　46
ボウルビィ(Bowlby, J.)　94
ホケット(Hockett, C. F.)　138
マクドゥーガル(McDougall, W.)　114
マクレランド(McClelland, D. C.)　116
マクレランド(McClelland, J. L.)　140
マズロー(Maslow, A.)　114
マレー(Murray, H. A.)　46
ミード(Mead, G. H.)　6
ミラー(Miller, G. A.)　128
メッツガー(Metzger, W.)　175
モートン(Morton, J.)　140
モフィット(Moffitt, T. E.)　66
モリス(Morris, C. D.)　132
ユング(Jung, C. G.)　36
ラインゴールド(Rheingold, H. L.)　92
ラザルス(Lazarus, R. S.)　52, 119
ランゲ(Lange, C.)　118
ルメルハート(Rumelhart, D. E.)　140
レヴィン(Lewin, K.)　5, 52
レスコーラ(Rescorla, R. A.)　108
ロジャーズ(Rogers, C. R.)　38, 62
ローゼンマン(Rosenman, R. H.)　38
ロック(Locke, J.)　101
ロックハート(Lockhart, R. S.)　130
ロッター(Rotter, J. B.)　118
ロフタス(Loftus, E. F.)　132
ロールシャッハ(Rorschach, H.)　46
ローレンツ(Lorenz, K.)　82
ワトソン(Watson, J. B.)　110, 123

■事項索引

■あ 行■

IQ　76
アイコニックメモリ　126
愛着　94
IT 野　190
アイデンティティ　8
IP　64
明るさの対比　160, 161
アグーチ遺伝子　82
味の四面体　161
アニマ　36
アニムス　36
アベロンの野生児　80
アルゴリズム　144
暗順応　160
暗順応曲線　161

EAS 傾向　76
怒り　120
育児行動　82
意識　36, 62
意思決定　144
維持リハーサル　130
一語文　90
一語文期　90
1/0 サンプリング法　73
一卵性双生児　76
一貫性原理　16
偽りの記憶　134
遺伝と環境　74
遺伝要因関与率　76
イノベーション　31, 32
意味記憶　128
意味ネットワーク　134
イメージ論争　136
色の対比　158, 160
色立体　158
印象形成　8
陰性症状　58
インプリンティング　80
隠蔽　108

ウェクスラー法知能検査　48
ウェーバー比　156
氏と育ち　71
渦巻残効　160
内田-クレペリン精神検査法　44
うつ病　58
運動残効　160

運動視差　172
運動性失語　196

A-B-X モデル　10
鋭敏化　102
エクスポージャー法　63
エコイックメモリ　126
エス　36, 37, 62
SCT（文章完成法テスト）　46
エストロゲン　116
NIRS　186
エピジェネティックス　82
エピソード記憶　128
エビングハウスの忘却曲線　130
fMRI　185
FPL 法　84
MRI　185
MEG　186
MST 野　188
MMPI　44
MT 野　188
MPI　44
演繹的推論　146
遠視　84
遠刺激　162
延滞条件づけ　104

横断的研究　72
応用行動分析　63
狼に育てられた子ども　80
大きさ知覚の恒常性　164
大きさの対比　160
奥行き手がかり　170
オピニオン・リーダー　32
オペラント行動　101
オペラント条件づけ　63, 86, 88, 108, 110
音韻ループ　128
音源　166
　　──の定位　174
音素　139
音像　166

■か 行■

絵画的手がかり　170
快感原則　36
外向性　38
概日リズム　194

外集団　8
外傷体験　16
外側膝状体　84
概念学習　148
概念駆動型処理　168
海馬　192
回避学習　122
会話マキシム　142
学習　101
学習性無力感　121
学習理論　63
覚醒水準　26
影　36
家系研究（法）　74
欠けたチェッカーボード問題　146
仮現運動　172
過食性障害　60
家族への介入　58
家族療法　64
課題達成機能　24
形の恒常性　164
葛藤　52, 118
活動・探索動機づけ　116
活動電位　179
仮定された類似性　10
加法混色　156
下方比較　8
感覚　153, 154
　　──の次元　156
感覚運動遊び　94
感覚運動期　92
感覚記憶　126
感覚性失語　196
環境閾値説　74
眼瞼条件づけ　104
眼瞼反射　88
観察法　72
慣習的段階　99
感性予備条件づけ　108
間接プライミング　129
桿体　188
感度　154, 160

機械受容器　186
幾何学的錯視　166
気質　35
気性　35
規則遊び　94, 96
期待価値理論　118, 148
帰納的推論　146, 148

基本味　160
記銘　125
逆行条件づけ　104
客観的確率　150
逆向マスキング　162
キャノン＝バード説　119
ギャンブラーの過信　150
嗅覚受容細胞　186
9 点問題　144
橋　182
強化子　111
強化スケジュール　112
凝集性　28
矯正心理学　65
協同遊び　94
強迫症　60
恐怖　120
恐怖条件づけ　104
虚為　14
局所論　62
均衡化　92
均衡理論　10
近刺激　162

句構造規則　142
具体的操作期　92
虞犯少年　66
クライエント中心療法　62
グリア細胞　179
グレートマザー　36
群化の要因　166
群衆　30
群衆行動　30

経験論　74
形式的操作期　92
継時対比　162
継時マスキング　162
芸術療法　58
系列位置効果　127
ゲシュタルト心理学　166
ケース・フォーミュレーション　62
幻覚　58
元型　36
言語的コミュニケーション　12
顕在記憶　129
検索　125
現実原則　36
原始反射　78

減法混色 156, 158
健忘症 190

5因子モデル 40
合意的妥当化 18
抗うつ薬 58
効果の法則 108
後慣習的段階 99
交感神経 184
口唇反射 77
後生遺伝学的 82
向性説 38
行動分析学 110
行動療法 63
光背効果 10
興奮性シナプス後電位 180
刻印づけ 80
コーシャス・シフト 28
誤情報効果 134
個人空間 14
個人的アイデンティティ 8
個人的無意識層 36
個性化の過程 36
ごっこ遊び 96
固定時隔強化スケジュール 112
固定比率強化スケジュール 112
古典的条件づけ 63, 88, 101, 102
コホート系列法 72
コミュニケーション・ネットワーク 22
コミュニケーションの2段階の流れ仮説 32
コールラウシュの屈曲 161
コロラド養子研究 76
混色 156
痕跡条件づけ 104
コンフリクト 52, 118
コンプレックス 36

■さ　行■

最小可知差異 156
最小可聴閾 156
最小分離閾 156
再生課題 126
彩度 158
再認課題 126
裁判心理学 66
細胞体 179
作業記憶 194

作業検査法 44
作業療法 58
錯誤帰属 18
錯覚 166
サッチャー錯視 168
作動記憶 128
サブ目標 144
三位相 20
三項随伴性 111
残像 158, 160
三段論法 146

GSR(皮膚電気反応) 42, 88
恣意性 138
シェイピング 110
シェマ 96
ジェームズ＝ランゲ説 118
自我 36, 37, 62
視角 162
視覚失認 190
視覚的断崖 84
時間サンプリング法 73
時間条件づけ 104
色相 158
色相環 156
視空間スケッチパッド 128
軸索 179
刺激 153
刺激閾 154
刺激置換理論 108
刺激頂 154
自己 36
試行錯誤 144
試行錯誤学習 108
自己開示 16
自己概念 6, 38
自己確証過程 6
自己カテゴリ化理論 8
自己経験 38
自己効力感 118
自己実現の過程 36
自己主張の自己呈示 16
自己呈示 16
自己同一性 96
自己防衛の自己呈示 16
自己誘導運動 174
視床 182
視床下部 182
事象関連電位 186
システム1, 2 148
自然適応 50
実現傾向 38
実験法 72

失語症 196
質問紙法 44
CTスキャン 42, 185
自伝的記憶 137
自動歩行 77, 78, 80
シナプス 179
自発的回復 102
自閉スペクトラム症 56
社会技能訓練 58
社会的・情緒的機能 24
社会的アイデンティティ 8
社会的な痛み 22
社会適応 50
社会的学習 114
社会的交換理論 18
社会的ジレンマ 26
社会的促進 26
社会的手抜き 26
社会的ドラマ遊び 96
社会的排除 22
社会的抑制 26
習慣的性格 35
集合 22
集合現象 30
囚人のジレンマ・ゲーム 26
集団維持機能(M機能) 26
集団規範 24
集団極性化現象 28
縦断的研究 72
集団的浅慮 28
集中学習 82
自由放任型 26
終末効果 128
自由連想法 62
主観的確率 150
主観的輪郭(錯視的輪郭) 166
樹状突起 179
手段―目標分析 144
受動触 176
受容体 179
受容野 188
純音 158
馴化 102
瞬間サンプリング法 73
順行条件づけ 104
順向マスキング 162
生涯持続型犯罪者 66
生涯発達 71
消去 106
条件刺激 104
条件性抑制 104
条件反射 104

条件反応 104
象徴遊び 94, 96
情動 101, 192
　――の二要因理論 18
少年法 66
小脳 182
上方比較 8
初期学習 80, 86
初期経験 80
初期状態 144
触2点弁別閾 156
触法少年 66
触覚ピラミッド 161
初頭(性)効果 10, 128
自律神経系 88, 184
新近性効果 10
神経性過食症 60
神経性やせ症 60
神経節細胞 84
神経伝達物質 179
神経発達症群 56
心的イメージ 136
心的外傷後ストレス障害 60
心的回転 136
心的走査 136
心的装置 36
心内辞書 140
信念バイアス 146
親密化過程 20
信頼性 43
心理アセスメント 42, 56, 61
心理的援助 61
心理的適応 50
心理的不適応 56
心理的問題 56
心理的リアクタンス 16
心理物理学 154
親和動機づけ 116
親和欲求 18

図 164
水泳反射 77
錐体 188
随伴性理論 108
推論 144
スキナー箱 110
スケジュール効果 88
図地反転図形 165
ステレオタイプ 18
ストレス 52, 54
ストレス学説 54
ストレスコーピング 54

209

ストレッサー 54, 122
スペクトル 158

斉一性圧力 24
生産性 138
精神疾患の診断・統計マニュアル 56
精神年齢 46
精神分析 36
精神分析療法 62
精緻化リハーサル 130
生得論 74
青年期限定型犯罪者 68
責任分散 26
接近の法則 110
摂食障害 60
絶対不応期 180
説得 14
説得的コミュニケーション 14
前意識 36, 62
前慣習的段階 99
宣言(的)記憶 128, 190
選好注視法 82
潜在記憶 129
専制型 26
前操作期 92
前頭前野 194
前脳 182

相関係数 72
相関研究 72
想起 125
双極性障害 58
相互依存的関係 26
相互活性化モデル 140
相互作用過程分析 25
相互注視 94
操作子 144
捜査心理学 65
双生児法 76
躁病エピソード 58
側坐核 192
阻止(ブロッキング) 108
ソシオメトリック構造 22

■た 行■

体型説 38
退行反応 52
対人関係療法 58
対人魅力 18
体制化 130

体性神経系 184
態度 14
大脳基底核 182, 192
大脳皮質 182
大脳辺縁系 184
対比 160
対比効果 16
代表性ヒューリスティクス 151
タイプA(B) 38
代理強化 114
滝の錯視 160
多語文 90
脱馴化 102
達成動機づけ 116
妥当性 43
田中－ビネー式知能検査 48
短期記憶 126, 190
単純接触効果 18, 120

地 164
知覚 154, 155
　　――の恒常性 164
知覚像 154
知覚的鋭敏化 9
知覚的促進 9
知覚的防衛 9
知覚的補完(知覚の修復) 166
逐次接近法 110
知的能力障害 56
知能検査 46, 56
知能指数(IQ) 48
注意欠如・多動性症 56
中央実行系 128
中心窩 82
中心的・非中心的構造 24
中枢起源説 119
中枢神経系 182
中脳 182
長期記憶 126, 190
長期増強 192
長期抑圧 192
超自我 36, 37, 62
調整 92
調性 160
調節 170
跳躍伝導 179
直接プライミング 129

月の錯視 164

DRMパラダイム 134

定位 174
TAT 46
DSM, DSM-5 56
啼泣 88
抵抗 63
適応 50
適応機制 54
適刺激 153
テストステロン 116
テスト・バッテリー 46
データ駆動型処理 168
手続き記憶 128, 129, 192
徹底的行動主義 110
デマ 30
転移 63
転移性 138
転移適切処理 132

動因 114
投映法 44, 46
同化 92
動機づけ 101
道具的条件づけ 101, 108
凍結反応 104
統合失調症 58
統合失調症スペクトラム障害 58
瞳孔反射 88
統語解析 142
統語知識 142
洞察 144
動作療法 64
同時条件づけ 104
同時対比 162
同時マスキング 162
頭頂連合野 188
道徳観の発達 96
逃避学習 122
特性(論) 40
トップダウン過程 168
トラッキング・ゲーム 26

■な 行■

内観療法 64
内向性 38
内集団 8
滑らかな追跡眼球運動 84
喃語(期) 90
においのプリズム 161
二次条件づけ 108
二重性 138

ニューロン 179
二要因理論 119
二卵性双生児 76
認知 154
認知行動療法 58, 64
認知的不協和理論 10, 12
認知トレーニング 58
音色 158
NEO-PI-R人格検査 44

脳幹 182
能動触 176
脳波 186, 196
ノンレム睡眠 194

■は 行■

把握反射 77, 78
バイアスとヒューリスティクスのアプローチ 148
排除の動機づけ 116
背側路 188
バウムテスト 46
パーソナリティ 35
パーソナリティ障害 60
パーソナル・スペース 14
初語 90
発生的認識論 92
発達段階(説) 92
パニック 30
ハノイの塔 144
バブキン反射 77, 78
般化 106
般化勾配 106
犯罪原因論 65
犯罪少年 66
犯罪心理学 65
半側空間無視 198
反対色 158
汎適応症候群 54
P-Fスタディ(絵画-欲求不満テスト) 46
飛越的な眼球運動 84
被害者心理学 66
非可逆性 80
ひきこもり 61
非言語的コミュニケーション 12
非行 66
非行臨床 65
被説得性 16

ビッグ・ファイブ　40
ひとり遊び　94
ヒューリスティクス　144
評価懸念　26
標準化　42
標準化テスト　42
標準発見的研究　72
敏感期　82

不安　121
ファンタジー遊び　96
不安定　60
V2野　188
V1野　188
風景構成法　46
普及　30
副交感神経　184
輻輳　170
輻輳説　74
輻輳的　86
腹側路　188
符号化　125
符号化特殊性　130
不適刺激　153
不登校　61
負の順応　160
部分強化スケジュール　112
普遍的無意識層　36
プライミング効果　129
フラストレーション　50, 52, 118
フラストレーション耐性　52
プレマックの原理　113
フレーミング効果　149
プロスペクト理論　149
プロフィール　40
分化条件づけ　107
分散学習　82
分散表現モデル　140
文法　139
分離脳　196

平行遊び　94
ベンダー・ゲシュタルト・テスト　46

変動時隔強化スケジュール　112
扁桃体　192
変動比率強化スケジュール　112
弁別閾　156
弁別刺激　111
返報性原理　16

ポイントサンプリング　73
方位選択性ニューロン　188
防衛機制　54, 62
傍観者遊び　94
保持　125
母子相互作用　92
補色　158
保存　125
保存概念　91
没個性化　26
ポテンシャル・エネルギー法　28
ボトムアップ過程　168
ホメオスタシス　52, 114, 116
本能的衝動　36
本能的漂流　110

■ま　行■

埋没費用効果　148
膜電位　180
マジカルナンバー　128
MAS　44
マスキング（遮蔽）　162
マス・コミュニケーション　30
末梢起源説　118
末梢神経系　182

ミエリン化　84
味覚嫌悪学習　106
ミネソタ養子研究　76
味蕾　186
ミラーリング　20
民主型　26

無意識　36, 62
無条件刺激　102
無条件反応　104
無性生殖　116

明順応　160
命題ネットワーク　134
明度　158
メチル化　82

妄想　58
網膜　188
目標状態　144
目標達成機能（P機能）　26
モダリティ　154
モップ（乱衆）現象　30
森田療法　64
モップ（乱衆）現象　30
モロー反射　77, 78
問題解決　144
問題空間　144
問題表象　146

■や　行■

役割性格　35

誘因　114
遊戯療法　64
有声開始時間　139
有性生殖　116
誘導運動　172
有毛細胞　188

要求水準　52
養子研究　76
要請技法　16
陽性症状　58
抑うつエピソード　58
抑制性シナプス後電位　180
欲求階層　114
欲求不満　118
四基本味　160
4枚カード問題　146

■ら・わ　行■

乱視　84

力動的心理療法　63
リスキー・シフト　28
離巣性　82
リーダーシップ　26
リターン・ポテンシャル・モデル　25
リハーサル　130
流言　30
流行　30
利用可能性ヒューリスティクス　150
両眼視差　172
両眼立体視　172
両耳間強度　174
両耳間時間差　174
菱脳　182
臨界期　80

類型論　38, 40
累積反応記録　112

レスポンデント条件づけ　110
レミニセンス・バンプ　137
レム睡眠　194
連合遊び　94
連言錯誤　151
連続強化スケジュール　112
連続記録法　73

老賢者　36
ローカス・オブ・コントロール（統制の所在）　118
ロゴジェン　140
ロミオとジュリエット効果　18
ロールシャッハ・テスト　46

Y-G性格検査　40, 43, 44

監修者・編者略歴

金城 辰夫
(きんじょう たつお)
- 1953年 東京大学文学部心理学科卒業
- 1955年 東京大学大学院人文科学研究科心理学専攻修士課程修了
- 1970年 専修大学文学部教授
- 1981年 文学博士
- 2001年 専修大学名誉教授
- [専門] 行動心理学

山上 精次
(やまがみ せいじ)
- 1972年 東京大学文学部心理学科卒業
- 1977年 東京大学大学院人文科学研究科心理学専攻博士課程修了
- 1989年 専修大学文学部教授
- 2010年 専修大学人間科学部教授
- 2019年 専修大学名誉教授
- [専門] 発達心理学

藤岡 新治
(ふじおか しんじ)
- 1973年 専修大学文学部人文学科卒業
- 1975年 中京大学大学院文学研究科心理学専攻修士課程修了
- 1985年 医学博士(日本医科大学)
- 1994年 専修大学商学部教授
- 2010年 専修大学人間科学部教授
- 2018年 専修大学名誉教授
- [専門] 臨床心理学

下斗米 淳
(しもとまい あつし)
- 1984年 学習院大学文学部心理学科卒業
- 1990年 学習院大学人文科学研究科心理学専攻博士後期課程修了
- 2004年 専修大学文学部教授
- 2007年 博士(文学)(金沢大学)
- 2010年 専修大学人間科学部教授
- [専門] 社会心理学

© 金城辰夫・山上精次・藤岡新治・下斗米淳 2016

- 1990年 4月10日 初版発行
- 1996年 4月 5日 改訂版発行
- 2006年 2月28日 三訂版発行
- 2016年 3月30日 四訂版発行
- 2025年 3月10日 四訂第9刷発行

図説 現代心理学入門

- 監修者 金城辰夫
- 　　　　山上精次
- 編　者 藤岡新治
- 　　　　下斗米淳
- 発行者 山本　格

発行所 株式会社 培風館
東京都千代田区九段南4-3-12・郵便番号 102-8260
電話(03)3262-5256(代表)・振替 00140-7-44725

中央印刷・牧 製本

PRINTED IN JAPAN

ISBN978-4-563-05244-7 C3011